Premessa

Con *I grandi enigmi della storia*, il canale History raccoglie una nuova importante sfida: proporre un punto di vista, a volte anche sorprendente e insolito, su alcuni degli interrogativi più affascinanti della storia.

Dalla costruzione delle piramidi d'Egitto al legame tra nazismo e scienze occulte, questo libro tratta temi molto diversi tra loro ma tutti accomunati dall'importanza storica e dall'approccio rigoroso con cui sono stati affrontati.

Fin dal suo esordio in Italia nel 2003 sulla piattaforma satellitare Sky, History ha rappresentato un nuovo modo di raccontare la storia, di ripercorrere gli eventi passati, di puntare i riflettori sull'attualità e di ipotizzare cosa potrebbe avvenire nel futuro.

Ventiquattr'ore al giorno, sette giorni su sette, il canale 407 di Sky propone programmi capaci di coniugare autorevolezza delle fonti e modernità di linguaggi, con l'obiettivo di intrattenere lo spettatore. Il passato torna a vivere attraverso la voce di chi ne è stato testimone o protagonista, ma anche grazie a spettacolari ricostruzioni o ai più moderni strumenti di computer grafica, mentre il presente viene raccontato attraverso le vicende di chi fa la storia tutti i giorni.

Inoltre, in questi anni ci siamo avvalsi di molteplici supporti, come quello che avete ora tra le mani, ma anche di siti web, social media, dvd o videogiochi, grazie ai quali il pubblico ha potuto conoscere ed apprezzare la varietà dei nostri contenuti.

Molti dei misteri contenuti in questo libro sono argomento di documentari attualmente trasmessi da History. E allora cosa aspettate? Se ancora non conoscete il nostro canale, vi invito a visitarlo. Troverete un nuovo modo di fare storia.

Auguro una buona lettura a tutti,

SHERIN SALVETTI
Senior Vice President Factual Channels
di Fox International Channels Italy
Direttrice di History Italia

CIVILTÀ SCOMPARSE

1
I segreti di Stonehenge

Stonehenge è il monumento preistorico più famoso della Terra, una delle rovine di pietra più misteriose del mondo. Non è mai stato «scoperto». Prima ancora che arrivassero gli anglosassoni, prima dei Romani, addirittura prima della nascita della scrittura, Stonehenge era lì. Da migliaia di anni e di generazioni, questi blocchi megalitici giganteschi sono stati lì, colmi di segreti. Si ignora quale fosse il fine esatto della costruzione di questo grande monumento, ma ricerche archeologiche recenti sono riuscite a fornire alcune spiegazioni scientifiche su come e perché sia stato eretto, nonché su chi, più di cinquemila anni fa, lavorò a questa preziosa testimonianza senza uguali della cultura preistorica.

Situate nella contea di Wiltshire, 48 chilometri a nord del Canale della Manica e 13 chilometri a nordovest di Salisbury, contornate dalle morbide ondulazioni della campagna inglese, queste rovine hanno dato origine a numerose storie e leggende di grandi cerimonie e rituali. Per il loro carattere misterioso sono state rivendicate sia dai mistici moderni, che assicurano che si tratti del centro di una enorme fonte di energia, sia da adoratori locali o addirittura da buontemponi «paranormali» che, non molto tempo fa, armati di una corda e di un pezzo di legno, tracciarono nel terreno lì accanto, enormi «cerchi nel grano» a mo' di strani segnali, per poi svelare al mondo la loro farsa... La vera storia di Stonehenge, però, ebbe inizio più di cinquemila anni fa e implica molto più del monumento che è giunto fino a noi.

Enorme concentrazione di resti preistorici

I lavori archeologici iniziarono nel 1901 e continuarono fino al 1964. A quel punto, per preservare quanto ancora era rimasto intatto, si decise di lasciare le cose come stavano e le autorità proibirono il proseguimento degli scavi. Gli scienziati si sforzano tuttora di dare una risposta a diversi enigmi.

L'archeologo inglese Julian Richards, autore di uno degli studi più esaustivi condotti su questo argomento, sottolinea nella sua ricerca l'importanza dei tumuli funerari che punteggiano il terreno attorno a Stonehenge e di cui è stato possibile rilevare la presenza solo con un'osservazione aerea. Sorvolando la zona, la visione dall'alto ha permesso di vedere le caratteristiche del paesaggio circostante. In quest'area si trova la concentrazione più alta di resti preistorici di tutto il Regno Unito e alcuni di questi resti sono addirittura più antichi dello stesso Stonehenge. «Dal cielo è stato possibile vedere che queste non sono semplici rovine, ma la rappresentazione di un'intera cultura» afferma Julian Richards.

In un'area di pochi chilometri quadrati troviamo, per esempio, il Cursus, un tracciato fino a poco tempo fa ritenuto parte di un ippodromo romano e che poi si scoprì risalire a duemila anni prima dell'invasione romana, e i Barrow, un campo di tumuli funerari dove gli scavi realizzati hanno riportato alla luce scheletri umani e monili di rame e bronzo.

La parte più antica di Stonehenge è costituita da un fossato e da un terrapieno realizzati su un suolo calcareo che, appena scavato, è di colore bianco intenso brillante. È un cerchio di circa trenta metri di diametro e presenta un'apertura a nordovest. Grazie ai test del carbonio 14 condotti sugli attrezzi lasciati dai costruttori sul fondo del fossato originale, oggi sappiamo che i primi lavori ebbero luogo tra il 3000 e il 2920 a.C. Gli attrezzi utilizzati nell'Età della pietra e nel periodo Neolitico furono picconi fabbricati con corna di cervo.

Il fossato di Stonehenge non è particolarmente profondo, e quindi forse non era troppo complicato scavare con strumenti così rudimentali, ma a Grimes Graves, 320 chilometri a nordest di Stonehenge, questi stessi picconi furono utilizzati per scavare qualcosa di molto diverso: pozzi minerari. In questa miniera gli archeologi hanno scoperto strette gallerie che scendono fino a nove metri sottoterra per poi riemergere alla superficie. In alcune gallerie si vedono i segni lasciati dai colpi sulla pietra nonché impronte digitali risalenti a più di cinquemila anni fa.

A Grimes Graves esistono quattrocento pozzi neolitici nei quali squadre di minatori lavorarono duramente per più di duemila anni con queste semplici corna di cervo per procurarsi la risorsa mineraria più preziosa dell'epoca, un tipo di roccia di silice chiamata selce, presente sotto forma di noduli di colore nero lucente e nota anche come pietra focaia. A quell'epoca la selce era la risorsa mineraria più preziosa, la materia prima di una nuova economia. L'estrazione e il commercio di questa pietra divennero una delle forze motrici del mondo di Stonehenge perché con la selce, adeguatamente scheggiata, si potevano costruire asce e altri arnesi. Fu questo un grande salto tecnologico e sociale.

La selce e il nuovo stile di vita

Contrariamente a quanto può sembrare, il processo di scheggiatura della selce richiede molta tecnica e precisione. Era pertanto indispensabile possedere conoscenza e perizia per trasformare un pezzo di selce in un'ascia. Verso la fine dell'Età della pietra, però, questi arnesi furono utilizzati anche per abbattere un gran numero di alberi così che le popolazioni nomadi, che tradizionalmente vivevano di caccia e di raccolta, poterono divenire stanziali e dedicarsi all'agricoltura e alla pastorizia, trasformando in campi coltivabili le aree prima occupate dagli alberi.

Mentre gli uomini del Neolitico mutavano stile di vita, a Stonehenge – che fino ad allora non era altro che un fossato primitivo scavato con strumenti d'osso – iniziava un'altra fase. L'introduzione di un nuovo materiale, la selce, permise di innalzare sul lato interno del pendio una struttura costituita da cinquantasei travi di legno che seguivano la stessa forma circolare. «Di queste travi non ne resta nessuna, ma gli archeologi hanno analizzato il tipo di terra che riempie i cinquantasei fori in cui erano state collocate, anch'essi scavati nel suolo calcareo, ed è stato possibile sapere che in ognuno di essi si trovava una trave di legno. Ciò che non si può sapere è se, come nel successivo modello di pietra, in cima a questi pali ci fossero dei tronchi a guisa di architravi. Non sarebbe l'unico caso di monumento preistorico costruito principalmente con questo materiale» assicura Julian Richards.

A poco meno di tre chilometri dai blocchi megalitici di Stonehenge si trova Woodhenge (*henge* è il nome che gli archeologi danno a questo tipo di edifici preistorici di forma circolare). Entrambe queste rovine preistoriche sono edificate rispettando uno schema molto simile, a cerchi concentrici. Fino al 1920 si credeva che si trattasse dei resti di un enorme tumulo funerario ormai privo della parte in terra. Dalle prime fotografie aree, però, si scoprì che ognuno dei punti scuri presenti sul terreno indicava la posizione di un palo di legno e che tutti i punti uniti formavano un cerchio.

Questo luogo, però, non si limita ad assomigliare architettonicamente a Stonehenge ma racchiude qualcosa in più. Scavi realizzati al centro della circonferenza portarono alla scoperta dello scheletro di un bambino con il cranio trapanato, forse per un sacrificio rituale che possiamo solo immaginare ma che non conosceremo mai con esattezza. «Attorno ai sei anelli concentrici della sua struttura» spiega Julian Richards «si sono trovati oggetti di diverso tipo, da ossa di animali a manufatti di ceramica decorata e, proprio al centro, la tomba del bambino. La struttura in legno di Woodhenge aveva chiaramente una qualche funzione religiosa e anche se per erigerla fu necessario un grande sforzo, era comunque fatta soltanto di tronchi. Se si confrontano i due complessi preistorici, Woodhenge può essere considerata l'equivalente di un santuario o di una parrocchia locale, mentre Stonehenge sarebbe una cattedrale».

A Stonehenge, spiega Richards, non si sono trovate tracce di sacrifici umani quanto piuttosto di cremazioni all'interno dei fori in cui erano collocati i pali di legno originari. Per quattrocento anni quindi, prima che gli alberi fossero abbattuti, prima che le popolazioni neolitiche che abitavano la zona sostituissero il legno con i giganteschi blocchi di pietra che oggi conosciamo, Stonehenge fu, innanzitutto, un cimitero che ha preservato fino ai giorni nostri anche le ceneri delle pire funebri.

L'arciere misterioso

Verso la fine dell'Età della pietra, nella zona di Stonehenge apparve un uomo misterioso a cui è stato attribuito il nome di Arciere. Secondo ricerche recenti, si sa che dovette compiere un viaggio pericoloso per giungere in Inghilterra e che possedeva capacità e conoscenze sufficienti per dare il via a una rivoluzione. Fu sepolto a circa 5 chilometri da Stonehenge verso il 2500 a.C.

Nell'anno 2002 dell'era moderna, il dottor Andrew Fitzpatrick ne scavò la tomba ed esaminò le sue ossa e i suoi denti, perché durante la crescita nei denti si fissa un'impronta chimica dell'ambiente circostante. Secondo questo studio, l'Arciere veniva da un luogo dal clima più freddo di quello delle isole britanniche, probabilmente dalle Alpi o dall'Europa centrale. Questo lungo viaggio attraverso l'Europa, che implicò anche l'attraversamento del Canale della Manica, dovette essere estremamente pericoloso, eppure l'Arciere riuscì a realizzarlo e divenne uomo di grande importanza nella sua nuova patria. «Chi lo seppellì» dice Fitzpatrick «ci lasciò una buona dimostrazione di tale status, perché fu inumato insieme a un corredo funerario di un centinaio di oggetti preziosi, quando normalmente, in caso di una sepoltura ricca, gli oggetti sepolti erano al massimo una decina». Insieme agli oggetti di ceramica e agli attrezzi del Neolitico, si trovarono tre coltelli di bronzo e l'oro più antico mai scoperto in Gran Bretagna. L'Arciere, con il suo viaggio, portò le nozioni necessarie per la lavorazione del metallo. «Il ritrovamento più importante della sua tomba» sottolinea Fitzpatrick «è, paradossalmente, il pezzo più comune: una semplice pietra nerastra contenente resti d'oro e di rame che dimostra che lo stesso Arciere sapeva come lavorare il metallo».

Secondo questo studioso, la scoperta della metallurgia nelle isole britanniche fu contemporanea all'arrivo dell'Arciere che, a sua volta, fu quasi sicuramente testimone dell'arrivo dei grandi blocchi di pietra all'epoca della costruzione di Stonehenge. «Egli apportò qualcosa di nuovo e incarnò la possibilità di un nuovo ordine. Due cose coincisero con lui: l'inizio della costruzione di un grande tempio e l'introduzione del metallo» spiega Fitzpatrick.

Scavi minerari di più di seimila anni fa

La dimostrazione di come la scoperta del metallo stesse trasformando il mondo di Stonehenge si trova nel Galles settentrionale, in una delle zone minerarie tra le più antiche d'Europa e nella miniera di rame più grande del mondo: Great Orme. Si valuta che il minerale si estraesse da questa miniera fin dall'anno 4000 a.C. e che i lavori di estrazione durarono fino a circa il 2900 a.C.

Great Orme fu scoperta nel 1987 e gli archeologi che la studiarono capirono immediatamente che le miniere erano organizzate su scala tale da superare qualsiasi altro centro di sfruttamento minerario della preistoria. Durante il neolitico si estrassero da quei pozzi giganteschi più di centomila tonnellate di materiale di vena metallifera e gli scavi arrivarono a più di sessanta metri sottoterra. Dove prima c'erano rocce con vene metallifere, ora ci sono enormi e impressionanti spazi vuoti.

Nick Jowett, direttore degli attuali scavi archeologici, ritiene che a Great Orme, nei periodi di massima produzione, possano avere lavorato più di mille persone mentre per l'estrazione della selce a Grimes Graves i minatori impegnati non erano mai più di venti e, oltretutto, scavavano in un unico pozzo. In effetti, nonostante si sia esaminato soltanto un 5 per cento dell'estensione di Great Orme, sono stati trovati, fino a ora, trentamila reperti ossei di animali, migliaia di martelli di pietra – che probabilmente furono usati per scavare la miniera – e ottomila metri di gallerie risalenti all'Età del bronzo. Nelle profondità di queste gallerie si sono trovate numerose prove riguardo al come e al perché sia stato impiegato un numero tanto grande di lavoratori. «In generale» spiega Nick Jowett «le prospezioni minerarie iniziavano quando in superficie si rilevava la presenza di malachite. Si iniziava allora a scavare il suolo e si continuava fino a esaurimento della vena del minerale. A quel punto i minatori semplicemente ne cercavano un'altra. Una volta estratta la malachite la si riduceva in polvere e la si mescolava con carbone anch'esso ridotto in polvere. Dalla reazione tra i due minerali si otteneva il rame puro.»

Nella miniera di Great Orme gli uomini si specializzarono nell'arte dell'estrazione del metallo dalle rocce e diedero così inizio a una nuova era. Il rame era utilizzato per fabbricare milioni di monili e ornamenti rituali. Il desiderio di possedere questi oggetti divenne il motore di un'espansione economica senza precedenti, caratterizzata da rapidi progressi della tecnologia.

Ma quale importanza può avere la scoperta del metallo nella storia di un monumento che si stava costruendo in pietra? La risposta a questa domanda ci viene data dall'archeologo Julian Richards: «Grazie allo sfruttamento del rame, i costruttori ottennero ricchezza e potere in una società in cui questi valori erano visti con occhi nuovi. Chi poteva lavorare e commerciare i metalli diventava una personalità e ostentava nuovi simboli del suo status. Così come oggi indossiamo gioielli d'oro o orologi di marca, l'uomo preistorico portava una daga o un'ascia lucente fatte di rame. Le pietre di Stonehenge sono decorate con immagini di arnesi di metallo, a testimonianza del valore attribuito a questi oggetti dalle popolazioni dell'Età del bronzo. Il simbolo più imponente dello status sociale ed economico era però lo stesso Stonehenge».

Il trasporto dei giganteschi blocchi di pietra

Gli archeologi hanno dimostrato che quasi la metà dei blocchi che costituiscono il monumento giunsero dalla costa occidentale del Galles, situata a 241 chilometri da Stonehenge. Oggi, rocce dello stesso tipo, denominato dolerite screziata, si trovano in punti diversi della campagna gallese, luogo da cui partirono verso Stonehenge. La domanda che sorge spontanea è: come fu possibile trasportare 300 tonnellate di pietra per tutto quel tragitto, prima ancora dell'invenzione della ruota?

In primo luogo, servivano delle corde. Furono fabbricate con fibre ottenute dai gambi d'ortica, una pianta molto comune nella regione, nonché risorsa agricola importante e fondamentale per molti popoli primitivi di tutto il pianeta. Il procedimento era molto semplice: dai gambi delle piante si ricavavano fibre che venivano arrotolate mantenendole in tensione e poi ritorte su se stesse fino a ottenere corde spesse di diversa grossezza, molto efficaci e in grado di sopportare tensioni elevate. In questo modo, con una gran quantità di fibre e con un numero sufficiente di persone dedite a questo lavoro, si potevano produrre senza difficoltà funi in grado di sollevare megaliti della dimensione di quelli di Stonehenge.

Il fatto che i costruttori di Stonehenge possedessero la tecnologia sufficiente per eseguire gli scavi con arnesi di selce e per trasformare le fibre vegetali in corde non spiega il mistero di come fu possibile spostare quelle enormi pietre. Julian Richards crede che gli operai preistorici costruirono piattaforme di legno, simili a slitte, per trascinare le pietre con una tecnica già utilizzata per la costruzione di alcune tombe primitive erette con pietre di grandi dimensioni.

Cionontostante, l'uso di una piattaforma di legno collocata sotto la roccia per ridurre la frizione tra questa e il terreno durante il trascinamento e rendere più facile il trasporto non era sufficiente. La risposta sta nel fatto che queste popolazioni primitive possedevano cognizioni di falegnameria molto avanzate che permisero loro di costruire carreggiate in legno con strutture a volte molto complesse utilizzate, ad esempio, per attraversare aree paludose. Se quindi possedevano la tecnologia, le risorse naturali e la mano d'opera necessaria, non è fuori luogo ipotizzare che abbiano potuto predisporre una di queste vie in legno per trasportare le pietre fino a Stonehenge. La teoria avanzata da Julian Richards è pertanto che la piattaforma di legno scivolasse su una carreggiata, anch'essa di legno, grazie a un sistema di rulli, precursori della ruota; in questo modo l'attrito risultava ulteriormente ridotto e gli uomini potevano realizzare il trasporto a una velocità ragionevole.

Con queste ricerche si è stabilito che non appena ebbe fine l'Età della pietra e iniziò l'Età del bronzo, l'uomo primitivo fu in grado di sollevare grandi blocchi di roccia, trasportarli con sforzi enormi e innalzare le grandi pietre del monumento.

Ma qual era lo scopo di tutto ciò? Questa è un'altra delle incognite di Stonehenge.

Il primo osservatorio astronomico

Ciò che è davvero difficile sapere con sicurezza è quale aspetto avesse Stonehenge a quell'epoca, come accadde che in millecinquecento anni il piccolo fossato originale si trasformò in un rilievo, poi in una struttura di legno e infine in quella costruzione complessa, tuttora visibile tra i blocchi ancora in piedi, aperta su un grande viale che si dirige a nordest. Secondo molti esperti, questa particolare orientazione ci rivela l'enigma della costruzione di Stonehenge: si tratterebbe di un osservatorio astronomico, uno dei primi che gli esseri umani abbiano mai costruito.

Si crede che queste grandi pietre, conosciute come Sarsen, fossero disposte attorno a una circonferenza di 30 metri di diametro. All'interno di questa c'è un altro cerchio, del diametro di 23 metri, costituito da una sessantina di pietre azzurre di dimensione inferiore, alte circa due metri. Al centro del complesso di Stonhenge si trovano altre due formazioni disposte a ferro di cavallo, caratterizzate dal fatto che i blocchi erano collocati in modo tale che la loro altezza aumentava dalle estremità fino al centro del ferro di cavallo. Permaneva l'apertura orientata a nordest, trasformata in un viale per le processioni.

«Questa orientazione verso il punto in cui sorge il sole non è assolutamente casuale. Nel giorno più lungo dell'anno il sole arriva proprio al centro di Stonehenge. I nostri lontani antenati celebravano questo solstizio d'estate utilizzando la luce, la pietra e l'ombra» afferma Richards. Questo fatto significa che erano a conoscenza di un dato molto importante della cosmologia. Quegli uomini primitivi avevano compreso il ciclo derivante dalla rotazione della Terra attorno al sole nonché l'enorme importanza delle stagioni per la loro sopravvivenza al punto di arrivare a costruire questo impressionante monumento fatto di pietre ciclopiche. Per completare l'opera furono necessari più di millecinquecento anni e ancora oggi, a ogni solstizio d'estate, il 21 giugno, Stonehenge ci ricorda che tutta la nostra esistenza si sviluppa attorno ai cicli della natura.

Al di là della sua significatività materiale, però, Stonehenge è il riflesso di un cambiamento della spiritualità dell'uomo primitivo. Come dice il professor Gabriel Camps dell'Université de Provence: «Durante l'Età del bronzo, questa venerazione del sole continuerà a crescere, accompagnata da un nuovo simbolismo che pervaderà tutti i campi artistici, dalle figure incise fino all'oreficeria e ai più diversi oggetti di metallo. A cavallo tra la fine dell'Età del bronzo e l'inizio dell'Età del ferro, dischi, ciondoli di diverso tipo e motivi a forma di croce testimoniano, con la loro abbondanza, il trionfo delle credenze legate al sole. Pur non potendone essere certi, abbiamo quindi l'impressione che le divinità uraniche e cosmiche inizino a sostituirsi ai precedenti dei e geni tellurici della fertilità di origine animista».

2
Atlantide, il continente perduto

Duemilaquattrocento anni fa, il filosofo Platone fu il primo a parlare della storia di Atlantide e dei suoi favolosi abitanti.

Nel *Timeo*, considerato dalla stessa Accademia platonica il dialogo più rappresentativo del pensiero di Platone, Crizia, un amico di Socrate, riporta a quest'ultimo una storia che gli aveva raccontato suo nonno, al quale l'aveva riferita il grande saggio e legislatore Solone, che a sua volta l'aveva sentita da un anziano sacerdote egizio.

Il sacerdote aveva detto: «Narrano le scritture che la vostra città arrestò un tempo la marcia superba di un grande impero proveniente da un luogo lontano, dall'oceano Atlantico, attraverso tutta l'Europa e l'Asia. All'epoca era possibile attraversare l'oceano, perché davanti a quello stretto che voi chiamate Colonne di Eracle sorgeva un'isola».

Le Colonne di Eracle, o Ercole, per usare il nome latino a noi più familiare, corrispondono allo stretto di Gibilterra, dato che, come scrive Baltasar de Vitoria nel *Teatro de los dioses de la gentilidad* («Teatro degli dei del gentilesimo»): «Qui Ercole portò a termine una delle sue imprese: divise a metà quel grande monte per far sì che si unissero i due mari, l'oceano Atlantico e il Mediterraneo».

Dopo aver collocato geograficamente Atlantide, il sacerdote egizio la descriveva: «L'isola era più grande della Libia e dell'Asia insieme, e da lì si potevano raggiungere le altre isole, e dalle isole tutto il continente ... Su quest'isola, Atlantide, era sorta una confederazione di re grande e meravigliosa che governava anche su molte altre isole e su parte della terra ferma. Da questo continente dominavano anche i popoli della Libia, l'Egitto e l'Europa, fino alla Tirrenia».

Dopo aver parlato di un conflitto tra gli abitanti di Atlantide e i Greci, il vecchio sacerdote svelava il mistero della scomparsa dell'isola: «In tempi successivi, dopo un violento terremoto o un diluvio eccezionale, in un giorno e una notte terribili, tutta la vostra classe guerriera sprofondò sottoterra, e l'isola di Atlantide scomparve nello stesso modo, inabissandosi. Per questo ancora oggi l'oceano in quel punto è intransitabile e imperscrutabile, per l'argilla prodotta dall'isola che si è assestata lì non molto in profondità».

In un altro dialogo, il *Crizia*, Platone si dilunga nel descrivere le meraviglie di Atlantide, che quando gli dei si spartirono la Terra toccò in sorte a Poseidone il quale la popolò con i suoi discendenti avuti da una donna mortale.

Sicuramente uno di loro fu il re Gadiro, che regnava sulla regione contigua allo stretto di Gibilterra e da cui deriva il nome di Gades (Cadice).

Nel *Crizia* Platone ci descrive i palazzi, le ricchezze, le piante, gli animali e i minerali di Atlantide, aggiungendo dettagli fiabeschi – come «in particolare, gli elefanti erano molto numerosi» – che, come vedremo in seguito, hanno dato adito a diverse teorie.

A un certo punto però, gli Atlantidei diventarono «pieni di ingiusta superbia e di potere» e Zeus, il padre degli dei, «decise di infliggere loro una punizione perché fossero più ragionevoli e moderati. Riunì tutti gli dei nella sua più importante dimora, quella che, situata al centro dell'universo, vede tutto ciò che fa parte della creazione e, dopo averli riuniti, disse...».

Qui il *Crizia* si interrompe bruscamente; il resto è andato perduto, o forse Platone non scrisse mai il finale, ma sta di fatto che non conosciamo i dettagli della punizione divina che fece sprofondare in mare gli abitanti di Atlantide.

Dato che il racconto di Platone non è concluso, Atlantide ha stuzzicato per secoli la curiosità e l'immaginazione di ricercatori di ogni genere, con interessi più o meno scientifici.

Attualmente, più di duemilaquattrocento anni dopo, sono presenti cinque spedizioni scientifiche in cinque diverse zone del globo, impegnate nella ricerca di resti che provino l'esistenza del mitico continente. Mentre si attende la comparsa di prove inconfutabili, la maggior parte degli scienziati si mostra scettica. Ma esistono anche ricercatori convinti che ci siano nuovi indizi e che, seguendo le piste presenti nel racconto di Platone, sia possibile non solo trovare il continente scomparso e scoprire i segreti di una civiltà leggendaria, ma addirittura risalire ai discendenti degli Atlantidei.

La maggior parte degli scienziati convenzionali è arrivata da tempo alla conclusione che Atlantide sia solo il frutto della fervida immaginazione del filosofo greco: il racconto sarebbe pura fantasia, una favola morale inventata per far riflettere gli Ateniesi sul loro comportamento da cattivi cittadini.

Gli studiosi specializzati nell'opera di Platone segnalano invece che tra i discepoli più prossimi al filosofo la storia di Atlantide era presa molto sul serio e considerata autentica; già in epoca ellenistica la scuola alessandrina vedeva nel racconto di Platone un'allegoria, cosa che, d'altra parte, non escludeva l'esistenza del continente leggendario.

«Altri luoghi considerati mitici, come la Troia di Omero, sono stati poi ritrovati nel mondo reale. Alla fine del XIX secolo Heinrich Schliemann scoprì la vera città di Troia insieme a cinque livelli di costruzioni (nove, se uniamo anche il lavoro di Dörpfeld) che avevano migliaia di anni. Certo, all'inizio tutti si presero gioco di lui e lo criticarono, ma poi fu dimostrato che aveva ragione» scrive l'antropologo George Erikson, autore del libro *Atlantis in America: Navigators of the Ancient World* («Atlantide in America: navigatori del mondo antico»). Potrebbe essere anche il caso di Atlantide?

Nei suoi scritti Platone sottolineava la veridicità di quanto raccontava, ma potrebbe anche trattarsi di un vecchio espediente letterario. Dopo la condanna a morte di Socrate, suo maestro, Platone abbandonò Atene. Non si sa di preciso dove andò, ma con ogni probabilità in Egitto, un paese la cui cultura esercitava un forte fascino sui Greci. È possibile che lì abbia sentito parlare di Atlantide, sotto forma di storia o mito, e che quindi il continente misterioso non sia del tutto una sua invenzione.

D'altra parte, il modo in cui Platone allontana da sé la fonte della storia (identificandola con un anziano sacerdote egizio che la racconta a un personaggio storico del passato come Solone, che poi la racconta al nonno di Crizia, che alla veneranda età di novant'anni la racconta al nipote, che la racconta a Socrate, già morto al tempo in cui Platone scrive) indica la volontà di prendere le distanze dal contenuto dell'opera... O forse è proprio il contrario: cioè potrebbe trattarsi di un modo per dare credibilità al racconto facendolo uscire dalla bocca di autorevoli personaggi dell'antichità, come per esempio Solone.

In cerca di una civiltà leggendaria

I ricercatori che prendono sul serio la storia di Platone affermano che bisognerebbe cercare Atlantide in Grecia e nell'area mediterranea, dove il filosofo visse tra il 428 e il 347 a.C. Un gruppo significativo di scienziati ha però focalizzato la propria attenzione sull'area caraibica, in particolare sul canale dello Yucatan, seguendo l'indizio fornito da Platone secondo cui il continente perduto si trovava nell'oceano Atlantico.

Tra gli studiosi in cerca di Atlantide figurano i dottori Greg e Lora Little secondo i quali l'isola sarebbe sprofondata in America, e più precisamente vicino alle Bahamas. Da quasi quarant'anni questa coppia (entrambi psicologi e scrittori) sta esplorando la zona in cerca di resti degli Atlantidei. Per il momento, quello che più ci si avvicina è il cosiddetto Muro di Bimini: una formazione rocciosa alta 480 metri che si trova sotto il livello del mare vicino alla costa dell'omonima isola. Fu scoperto da un pilota nel 1968, ma dopo aver analizzato alcuni campioni di roccia, un geologo affermò che si trattava di una formazione naturale, con grande delusione dei cercatori di Atlantide. Resta però il fatto che il Muro di Bimini sembra una struttura costruita pietra su pietra, con blocchi quadrati e rettangolari, disposti come seguendo un disegno prestabilito. Greg e Lora Little pensano che il Muro di Bimini possa essere stato un frangiflutti creato per proteggere il porto della capitale (Poseidonia) in cui gli Atlantidei attraccavano le loro navi quando non erano in giro per il mondo.

Oltre alle rocce di Bimini, gli esploratori hanno ritrovato molti altri reperti nelle isole Bahamas: colonne di marmo, blocchi di pietra simili a quelli di Stonehenge, resti di mura e alcune formazioni sottomarine tra i 150 e i 300 metri di diametro, a forma di lettere o figure geometriche. I Little si interessarono anche a una di queste formazioni, ma quando si immersero per vederla da vicino scoprirono che si trattava solo di un ammasso di alghe e spugne, insomma cibo per le tartarughe...

Le false piste non hanno però scoraggiato la coppia di ricercatori, interessata non tanto al ritrovamento di Atlantide, quanto alla scoperta della verità sui resti archeologici delle Bahamas. Nel 2003, con l'aiuto di una piccola telecamera simile a quelle usate dalla NASA per le missioni su Marte, i Little trovarono un'altra formazione rocciosa al largo dell'isola di Andros, a 160 chilometri dal Muro di Bimini, cui diedero il nome di Piattaforma di Andros. Si tratta di uno strato di rocce con una struttura simile a quella del Muro, lungo 364 metri e largo 45, composto da tre file di pietre di 15 metri ciascuna. Dal momento della scoperta sono tornati sul posto altre cinque volte per tracciare una carta geografica della zona e filmare il ritrovamento. Greg e Lora Little pensano che la Piattaforma di Andros sia rimasta per secoli sotto la sabbia finché, nel 1992, l'uragano Andrew l'ha dissotterrata e che non si tratti di una formazione naturale, dato che i blocchi di pietra sono separati a intervalli molto regolari. Inoltre, questi giganteschi blocchi poggiano su altre rocce di origine naturale e, a differenza di queste ultime, diventano più alti con l'aumentare della profondità. Purtroppo, la sfortuna ha fatto sì che con il passaggio dell'uragano Jeanne, nel 2004, la Piattaforma di Andros tornasse a scomparire sotto la sabbia del fondale marino, prima che le ricerche fossero concluse.

Le tracce dei sopravvissuti

Se veramente c'è stato un tempo in cui gli Atlantidei hanno attraccato le loro navi in questa baia, da qui hanno avuto facile accesso agli oceani di tutto il mondo: potrebbero essersi spinti fino a terre poi diventate importanti, terre ancora perdute nel tempo, insieme ai loro antichi segreti e a misteri inquietanti. Proprio su quest'ipotesi si basano le ventennali ricerche dello scrittore e antropologo George Erikson che, a differenza degli altri, non cerca resti del continente perduto, ma tracce dei sopravvissuti. Nel libro *Atlantis in America*, scritto in collaborazione con il professor Ivar Zapp, Erikson sostiene che alcuni Atlantidei siano scampati alla distruzione del continente e si siano rifugiati in zone del Sudamerica e dell'America Centrale, più precisamente nella penisola dello Yucatan. Erikson scrive che il continente americano «si estendeva per altri 240 chilometri verso nord, insieme a Cuba, grande il doppio di oggi, e alle Bahamas, che erano un banco di sabbia. Fino a undicimilacinquecento anni fa tutta questa zona era sopra il livello del mare».

Stando alle spiegazioni più classiche, Atlantide sprofondò sotto migliaia di metri cubi d'acqua a causa di un forte terremoto... proprio undicimilacinquecento anni fa. Invece, pur non conoscendosi, sia George Erikson sia i Little sostengono che Atlantide conobbe una fine diversa: una catastrofe di proporzioni gigantesche, probabilmente causata dall'impatto di una cometa, che la rase al suolo e distrusse qualsiasi forma di vita. Bastò un giorno perché questo potente impero affondasse.

Ma cosa dicono gli astronomi della distruzione di Atlantide? Il dottor Mark Hammergren, del Planetario Adler di Chicago, non ritiene possibile che una cometa abbia distrutto l'isola: «Esaminando la storia geologica della zona,» afferma «non compare nulla che provi l'impatto di una cometa sulla Terra undicimila anni fa». E se veramente fu questa la causa della scomparsa di Atlantide, è impossibile che qualcuno sia sopravvissuto alla catastrofe per raccontare l'accaduto ai discendenti. «Ciò costituisce una grave falla nella teoria di Atlantide. Se l'impatto fu così potente da distruggere completamente l'isola, per cancellarla dalla faccia della Terra e farla sprofondare in mare, com'è possibile che ci fossero dei superstiti nelle zone circostanti?» si chiede Mark Hammergren.

George Erikson sostiene invece che qualcuno sopravvisse, e che alcuni abitanti del continente perduto siano riusciti a scappare nello Yucatan. Gli Atlantidei, esperti navigatori, erano abituati a osservare con attenzione le stelle: forse alcuni di loro notarono qualcosa di diverso, un astro più brillante del solito. O forse gli animali, in grado di captare i disastri naturali imminenti, erano più inquieti del solito e un gruppo di abitanti attento a questi segnali navigò verso lo Yucatan, la terra dei Maya.

Inoltre, secondo questo antropologo, all'inizio non furono i Maya gli artefici delle misteriose rovine scoperte nello Yucatan, ma gli Atlantidei sopravvissuti alla catastrofe. Per avallare la sua teoria, Erikson fa leva su quattro osservazioni. In primo luogo, lo stile architettonico dei Maya è diverso da quello degli Atlantidei. «Le prove dimostrano» dice «che la piramide di Uxmal fu ricostruita in cinque occasioni. Nessuno demolirà mai questa struttura per portare alla luce le costruzioni primitive, ma di solito nel mondo maya le strutture più antiche sono le più perfette, e queste in particolare sono più vicine all'epoca di Atlantide.»

Un'altra prova su cui si basa la teoria di Erikson è che non ci sono dubbi, a suo dire, sull'esistenza di immagini di elefanti negli edifici maya dello Yucatan. Al tempo dei Maya, tra i mille e i tremila anni fa, gli elefanti non erano ancora arrivati nell'America Centrale, ma si ricordi che Platone scrive che «gli elefanti erano molto numerosi» ad Atlantide. La maggior parte degli scienziati afferma con certezza che le figure di animali con la proboscide da elefante in realtà sono are, uccelli simili al pappagallo. Ma Erikson riporta un altro dato: sulle rocce compaiono varie sculture di uomini con barba e baffi, e i Maya non avevano peli sul viso. Infine, la presenza di rilievi e immagini scolpite di figure umane con forme buddiste e tratti negroidi proverebbe l'arrivo di stranieri attraverso il corridoio navigabile di Atlantide, idea a sua volta avvalorata dalle parole di Platone, secondo le quali il continente perduto comunicava con tutti i mari della Terra. «Platone ha detto svariate volte» afferma Erikson «che Atlantide era un'isola continentale, e che metteva in comunicazione i mari degli altri continenti del mondo. Questo è esattamente ciò che fa il centro delle Americhe», la zona della penisola dello Yucatan.

Secondo Gary Feinman, conservatore del Dipartimento di Antropologia del Museo Field di storia naturale di Chicago, le sculture e i bassorilievi che per George Erikson costituiscono prove schiaccianti hanno un'altra spiegazione. Egli afferma che i Maya cambiarono stile architettonico e scultoreo nel corso della loro storia, e che gli uomini baffuti e gli elefanti non sono altro che la rappresentazione stilizzata di esseri soprannaturali e divinità maya. In ogni caso, gli scienziati calcolano che finora sia stato ritrovato solo il 10 per cento delle rovine dello Yucatan, mentre la maggior parte è ancora ricoperta dalla giungla lussureggiante. È possibile che in futuro, con il procedere delle analisi, questi templi gettino nuova luce sul dibattito riguardante l'esistenza del continente perduto.

Molto vicina all'ipotesi di George Erikson è quella che muove l'équipe di Greg e Lora Little, i quali sostengono che durante l'Età del Ghiaccio ci fu una civiltà marittima nell'area caraibica e nel Golfo del Messico che usava come porti il nord dell'isola di Andros e, dall'altra parte della costa, Bimini. Al centro di Andros ci sarebbe poi un terzo porto, in un luogo adatto per attraccare le navi e sorvegliare tutti gli altri canali di navigazione. Inoltre, in tutto il continente americano, proliferano leggende che parlano di antichi navigatori provenienti da un luogo in mezzo all'oceano.

I sogni di un veggente

Verso la metà del XX secolo, le ricerche su Atlantide presero una nuova piega, più enigmatica se vogliamo, grazie a un visionario chiamato Edgar Cayce che annunciò di averla vista nei suoi sogni e di sapere esattamente dove trovarla. Durante gli anni Trenta e Quaranta, Cayce era considerato da molti una sorta di Nostradamus dell'età moderna, e in effetti molte delle sue profezie sulle guerre mondiali, sulla crisi del '29 e sull'indipendenza dell'India si rivelarono esatte. I sogni di Cayce fornivano anche una vivida descrizione dei progressi degli Atlantidei, che padroneggiavano la chirurgia laser, erano in grado di navigare nell'aria e sott'acqua, costruivano i loro templi utilizzando gas speciali per sollevare le pietre più pesanti e possedevano una macchina per concentrare l'energia del sole mediante un potente cristallo. Cayce profetizzò che alla fine degli anni Sessanta sarebbero state scoperte alcune parti di Atlantide, e proprio nel 1968 comparve il Muro di Bimini.

Dopo la sua morte, nel 1945, la Fondazione Edgar Cayce ha sponsorizzato diverse missioni esplorative alla ricerca di Atlantide. Oggi, l'équipe più importante a carico della fondazione è quella formata da Greg e Lora Little, che si trova a dover fronteggiare un grosso ostacolo: la mancanza di finanziamenti che finora ha impedito operazioni molto semplici come, per esempio, portare sulle isole geologi che possano esaminare le scoperte fatte.

Dopo il ritrovamento della Piattaforma di Andros, la più grande delle isole Bahamas, i Little si interessarono a una grotta sottomarina scoperta nella stessa zona nel 1973 dall'esploratore Herb Sawinski, che riportò una grande quantità di materiale grafico a dimostrazione del fatto che le pareti della caverna erano piene di geroglifici. Purtroppo i coniugi Little non hanno mai potuto trovare prove simili per metterle a confronto dato che, stando a quanto dicono i nativi, le numerose grotte presenti sotto la superficie dell'isola di Andros compaiono e scompaiono periodicamente. Le incisioni dentro le caverne sono piuttosto rare e, per quanto riguarda l'isola di Andros, si tratterebbe del primo caso in assoluto, se solo si riuscisse a documentarlo. Ogni viaggio in questa regione porta alla luce nuovi indizi e dà origine a nuove ricerche, ma per il momento l'isola di Andros rimane un enigma senza soluzione.

«Siamo interessati a questo luogo anche perché sembra confutare quello che l'archeologia tradizionale afferma riguardo ai primi abitanti della zona» spiega Greg Little. I racconti su antichi navigatori giunti da un luogo in mezzo all'oceano circolano tra i nativi da generazioni e generazioni, dalle Bahamas agli Stati Uniti e allo Yucatan. C'è anche chi crede che al giorno d'oggi ci siano ancora, da qualche parte nel mondo, i discendenti degli Atlantidei.

Greg e Lora Little avvalorano la teoria dei sopravvissuti basandosi su studi genetici, oltre che sull'esplorazione del territorio. Con le loro indagini, raccolte nel libro *Mound Builders: Edgar Cayce's Forgotten History of Ancient America* («Mound Builders: la storia dimenticata dell'America antica secondo Edgar Cayce»), cercano i discendenti di questa civiltà tra le popolazioni odierne che possiedono un'antica varietà di DNA chiamata Aplogruppo X. «Abbiamo esaminato tutti gli studi sul DNA mitocondriale» spiega Greg Little «e nei 42 gruppi di DNA mitocondriale conosciuti fino a oggi, l'Aplogruppo X dimostra che non tutti i nativi americani arrivarono attraverso lo stretto di Bering nel 9500 a.C.» L'aspetto più interessante per questi due esperti è che l'Aplogruppo X compare proprio negli abitanti dei luoghi che il veggente Edgar Cayce segnalava come rifugi degli Atlantidei: si troverebbe nei baschi, negli Irochesi del Nordamerica, nell'America Centrale e in Sudamerica e, con minore incidenza, nel Vicino Oriente.

Ritrovamenti nei cenote

Anche il documentarista e sub Wes Skiles ha concentrato le sue ricerche in questa zona. Nel giugno 2002 scoprì una grotta sottomarina vicino al Golfo del Messico, piena di oggetti perfettamente conservati e di scheletri umani. Alcuni credono che prima di essere ricoperti dall'acqua durante l'Età del Ghiaccio, questi pozzi sottomarini fossero abitati.

L'immersione di Skiles e degli scienziati messicani che lo accompagnarono nell'esplorazione di queste caverne sottomarine risultò irta di pericoli. Per addentrarsi in alcune zone dei cenote (parola che in lingua maya significa pozzo o abisso) le cui imboccature erano particolarmente strette, dovettero togliersi tutto l'equipaggiamento, comprese le bombole d'ossigeno, e nuotare nella completa oscurità. I palombari avevano solo quaranta minuti per raggiungere la caverna, venti per lavorarci, e altri quaranta per tornare indietro prima di rimanere senz'aria. Ma alla fine, trovarono qualcosa che compensò tutte le loro fatiche: nelle profondità del pozzo, per la prima volta in assoluto, comparve in un cenote uno scheletro umano completo. Nelle spedizioni successive, gli scienziati messicani ne individuarono altri.

Due anni dopo, grazie al metodo di datazione con il radiocarbonio, fu possibile stabilire approssimativamente l'età di questi scheletri tra gli otto e i tredicimila anni, all'incirca quella dell'uomo di Kennewick, ritrovato nello Stato di Washington, nel nord degli Stati Uniti. Gli scheletri dei cenote avevano quindi circa cinquemila anni più dei Maya, ed erano precedenti anche ai Clovis, i primi abitanti conosciuti del continente americano: vennero perciò chiamati pre-Clovis.

Per George Erikson questi resti umani dal cranio dolicocefalo e dal viso allungato (e non piatto come ci si aspetterebbe in un paleoindio), apparterrebbero ai sopravvissuti di Atlantide. Secondo l'antropologo tutte le prove coincidono: uno scheletro di diecimila anni con tratti diversi da tutti gli altri nativi del Centroamerica; sculture di uomini appartenenti a razze non presenti in America duemila anni fa; antichi rilievi di uomini con barba e baffi, quando i Maya non avevano peli sul viso... Sono tutti frammenti di storia che non hanno ancora trovato una spiegazione, ma mettono in discussione le teorie tradizionali sulle civiltà più antiche e hanno portato studiosi come Erikson a credere non solo all'esistenza di Atlantide, ma anche alla presenza di sopravvissuti all'ecatombe che lasciarono le loro tracce per farci sapere che un tempo si trovavano lì.

Leggende ancestrali

Per i ricercatori che credono all'esistenza di Atlantide, la prova più schiacciante è costituita dalle leggende popolari tramandate di generazione in generazione, come memorie collettive di fatti realmente accaduti. I Maya spiegano le proprie origini parlando di un arrivo dal mare, e troviamo miti di fondazione identici nelle leggende inca di Kon-Tiki e Viracocha, e perfino in Egitto, dove si narra che Thot giunse dall'ovest, solcando i mari, per creare le arti e la civiltà.

L'antropologo Roberto Ramírez Rodríguez, dell'Università di Veracruz, raccoglie in *Atlanticú* le storie tramandate tra gli indigeni. Una di queste parla di una popolazione sprofondata nel mare perché la sua cupidigia aveva scatenato l'ira degli dei, proprio come scriveva Platone nel IV secolo a.C.

Il dibattito tra gli scienziati è aperto ormai da decenni. Non è ancora stata trovata una prova inconfutabile e agli studiosi in cerca di Atlantide resta ancora molta strada da fare. Se mai gli scienziati ammetteranno l'esistenza di Atlantide, sarà solo davanti a prove ben più convincenti di congetture e teorie. Sappiamo che nella storia delle civiltà i centri urbani nascono e muoiono in continuazione. Tuttavia, secondo molti storici, come il conservatore del Dipartimento di Antropologia del Museo Field di Chicago, «pensare che la distruzione di Atlantide abbia portato alla creazione di altre civiltà in tutto il pianeta è una mera illazione senza fondamento».

Il professor Tad Brennan, del Dipartimento di Filosofia e Lettere classiche dell'Università di Northwestern, parlando della ricerca di Atlantide spiega con un parallelismo il fenomeno che porta a ricercare elementi generici del mito nel mondo reale.

«È come se tra mille anni qualcuno trovasse una copia del *Mago di Oz* e andasse in Kansas a cercare case con rifugi antitornado. Di certo ne troverebbe qualcuna, e magari si imbatterebbe anche in qualche ragazzina di nome Dorothy, ma sbaglierebbe se da ciò arrivasse alla conclusione che i Munchkin e la città di Smeraldo sono esistiti davvero. L'intento di Platone era quello di creare un racconto morale per denunciare le mancanze di Atene, la sua città.»

Il caso di Atlantide è ancora molto lontano dal trovare una conclusione, e compaiono continuamente nuovi indizi a favore della sua esistenza. Nel 2004, un'altra équipe affermò di aver trovato a Cipro le rovine di un'antica città con sessanta caratteristiche che corrispondevano alle descrizioni fornite da Platone. Sulla costa di Cuba anche Paulina Zelintski, ingegnere oceanografico che cercava imbarcazioni affondate utilizzando un sonar, trovò a 600 metri di profondità quelli che sembravano i resti di un'antica città. Gli archeologi cubani che hanno esaminato i video girati dalla Zelintski affermano che nella struttura si possono osservare simboli e rilievi. Si trova esattamente a 144 chilometri dallo Yucatan e a 208 dalle Bahamas. I coniugi Little credono sia possibile che in futuro Cuba risolva il mistero del continente perduto. E anche se non dovesse trattarsi di Atlantide, così come l'ha descritta Platone agli ateniesi, sia loro che George Erikson e numerosi altri scienziati di tutto il mondo sono ansiosi di dimostrare che undicimila anni fa esistette una civiltà essenzialmente marittima che in seguito alla scomparsa delle proprie terre si stabilì in altre zone del pianeta.

«Sono convinto, come tanti altri, che Atlantide comprendesse diverse regioni» dice Greg Little. «È proprio questo il problema. Era un impero marittimo insulare e probabilmente aveva una sola capitale non ancora ritrovata, ma un impero insulare dispone di porti e città sparsi ovunque. E credo che tutti i ritrovamenti sulle coste dell'India, in alcune zone del Sudamerica, nelle Bahamas, e anche in alcuni punti del Mediterraneo, in Spagna e in Francia, facessero parte di Atlantide.»

George Erikson, autore di *Atlantis in America*, aggiunge che: «Se la leggenda di Atlantide è vera, e se lo sono le leggende dei Maya secondo le quali ciclicamente l'arroganza dell'uomo dà luogo a una catastrofe, dovremmo riflettere su come ci comportiamo oggi, e capire che stiamo contaminando il pianeta, correndo il rischio di dare origine a un disastro ecologico proprio come fecero gli Atlantidei; e dobbiamo ricordarci che Platone disse che fu l'arroganza la causa della loro distruzione».

3
Il mistero degli Anasazi

Mesa Verde, nel sudovest del Colorado, è una terra di canyon profondi e alti tavolati in cui sorgono alcune delle rovine preistoriche più imponenti degli Stati Uniti e alcuni dei più grandi misteri dell'archeologia nordamericana. Fin dal loro ritrovamento alla fine del XIX secolo, questi villaggi abbandonati hanno continuato a suscitare stupore tra visitatori e archeologi. Nessuno, però, è ancora riuscito a spiegare perché gli indiani Anasazi, antichi abitanti del sudovest degli Stati Uniti, avessero costruito questi eccezionali insediamenti sulle pareti dei canyon per poi abbandonarli a distanza di qualche decennio e non farvi mai più ritorno. Perché una civiltà così evoluta scomparve all'improvviso? Molti archeologi pensano che gli antichi Anasazi celassero un lato oscuro, che si manifestò con massacri e perfino atti di cannibalismo. Potrebbero queste violenze giustificare la fuga sui pendii rocciosi? Ancora oggi archeologi e indiani del Nordamerica s'interrogano su questo mistero.

Nella regione ritroviamo centinaia di insediamenti simili a quelli di Mesa Verde. Per la mancanza di testimonianze scritte la loro storia rimane ancora un mistero. Tuttavia, gli studi archeologici hanno permesso di stabilire che il popolo a noi noto col nome di Anasazi cominciò a colonizzare questo territorio nella parte sudoccidentale del Nordamerica nell'anno 1 d.C. Vissero per la maggior parte della loro storia in piccole comunità sparse sugli altopiani e nelle vallate. A partire dal X secolo questi villaggi cominciarono a ospitare diverse centinaia di abitanti. Gli insediamenti sorgevano sui tavolati, come a Chaco Canyon (anni 950-1100). Ma a metà del XIII secolo accadde qualcosa e gli Anasazi cominciarono a raggrupparsi. Costruirono alte mura attorno ai loro insediamenti o presero la sorprendente decisione di trasferire villaggi interi sulle scarpate dei grandi canyon del Colorado, luoghi di straordinaria bellezza ma che risultano ostili all'uomo per le loro condizioni ambientali. Il rifugio nei villaggi trogloditici rudimentali di Mesa Verde segnò il declino della loro civiltà. Dopo soli cinquant'anni abbandonarono anche queste abitazioni, lasciandosi dietro la maggior parte dei loro averi, come se stessero progettando di tornarvi. E invece, scomparvero dalla storia.

L'esodo sui dirupi

Sono state formulate diverse teorie per spiegare la ragione che nel XIII secolo spinse gli Anasazi a stanziarsi a ridosso di questi impressionanti dirupi. Stando a una prima ipotesi, ci fu un mutamento climatico che minacciava i raccolti o un deterioramento ambientale che ridusse le terre coltivabili a disposizione. Lorisa Qumawuun, guardia forestale del Parco Nazionale di Mesa Verde – dichiarato patrimonio dell'umanità dall'Unesco nel 1978 – e membro della tribù degli Hopi, autoproclamatisi discendenti degli Anasazi, sostiene che l'esodo fu determinato dalla necessità di trovare riserve idriche in seguito a una grande siccità. Tuttavia, altri esperti non condividono questa tesi, dato che gli Anasazi avrebbero potuto rifornirsi d'acqua alle sorgenti senza il bisogno di vivere nelle cavità di queste pareti, situate in un territorio prevalentemente arido. Perché esporre l'intera comunità a un simile rischio?

Per più di cent'anni gli Anasazi vissero in una regione chiamata Four Corners, «i Quattro Angoli», dove s'incrociano i confini dell'Arizona, del Colorado, dello Utah e del Nuovo Messico. L'intero altopiano è solcato da canyon scoscesi, remoti e inospitali, ben celati tra le rocce. I due fiumi più importanti che scorrono in questo territorio sono il Rio Grande e il Colorado. Oggi la maggior parte della regione è ricoperta di pini domestici e ginepri. Ma novecento anni fa, qui, prosperavano campi di mais, zucche e fagioli. Secondo gli archeologi con queste coltivazioni gli Anasazi potevano sostentare quarantamila o cinquantamila persone.

Grazie alle ricerche archeologiche oggi conosciamo una miriade di complessi anasazi. Vaughn Hadenfeldt, alpinista esperto e guida locale, ha dedicato gli ultimi vent'anni a esplorare le rovine anasazi nel sudest dello Utah, nella regione di Cedar Mesa, svolgendo un ruolo importante nella conservazione e nella scoperta di molti degli insediamenti più interessanti per gli archeologi. A Cedar Mesa sono state rinvenute le prime prove concrete che fu la paura a spingere gli Anasazi nei rifugi ricavati nella roccia. Vaughn Hadenfeldt sostiene che «si spostarono in cerca di protezione e cominciarono a stabilirsi in queste piccole cavità dove disponevano di acqua. L'orientazione dei villaggi li proteggeva dalla pioggia e dalla neve in inverno, e dal caldo in estate. Inoltre, avevano il vantaggio di fungere da protezione naturale contro eventuali attacchi. Negli insediamenti possiamo osservare molte torri, e ciò dimostrerebbe che sorvegliavano la loro piccola sorgente o il nemico» spiega. L'ubicazione nei canyon, però, li allontanava dalle coltivazioni, rendendole meno accessibili.

Sui rilievi di Cedar Mesa sono stati ritrovati dei peculiari reperti: disegni di orsi, leoni di montagna, montoni dalle grandi corna e figure antropomorfiche ricoprono intere pareti rocciose sulla cima dell'altopiano, testimoniando la ricchezza e la dinamicità di questa cultura. Ciò che più sorprende gli archeologi è il fatto che popolazioni capaci di realizzare tali opere abbiano poi abbandonato tutto. Secondo Vaughn Hadenfeldt accadde qualcosa che li costrinse a fuggire. «Sono sicuro che ci furono degli scontri. Deve esserci stata una ragione che li spinse a insediare le loro comunità in questi luoghi per poi allontanarsene. Su quelle pareti, dai vertiginosi precipizi, dovevano procurarsi lo stucco per costruire, portare l'acqua per mescolarlo e ammassare tutte le pietre. È uno sforzo impressionante, giustificabile solo se stessero fuggendo da qualcosa» sottolinea. Nella zona, inoltre, ci sono parecchie feritoie, rivolte in direzioni diverse. «Molti interpretano queste pareti forate come un efficace strumento di difesa. Da qui» spiega «avrebbero potuto controllare l'acqua, come pure il versante roccioso, possibile via d'accesso per attaccare l'insediamento, o vigilare su qualsiasi altra cosa.» Il nascondiglio degli Anasazi assomiglia a un avamposto o a una torre di guardia. Ma cosa sorvegliavano? Hadenfeldt afferma che i loro nemici più probabili, i Navajo, non raggiunsero quest'area se non almeno cent'anni dopo. Effettivamente non sembrano esserci prove della presenza di altre tribù in questi luoghi nel XIII secolo. Ma chi era allora il nemico?

Un popolo violento e cannibale

A Cortez, nel Colorado, seguendo la strada che porta all'ingresso del Parco Nazionale di Mesa Verde, sono state riportate alla luce quattrocento rovine, villaggi interi dove risiedevano le tribù prima di spostarsi sulle scarpate. Archie Hansen ha rinvenuto in questo terreno, di cui è proprietario, circa duecentocinquanta insediamenti colmi di resti archeologici che testimoniano le abilità degli Anasazi nella ceramica, nelle arti tessili e nell'irrigazione. Il villaggio più importante è costituito da un nucleo in parte ricostruito nel quale probabilmente viveva una ventina di persone, circa quattro famiglie. Fu abitato dal 650 al 1150 d.C. Tra le scoperte più affascinanti ritroviamo le gallerie sotterranee che collegavano le *kiva* con le altre aree del villaggio. Le *kiva* erano degli spazi comuni circolari scavati nel suolo e coperti da un tetto, destinati alle pratiche religiose o alle riunioni del consiglio del villaggio.

Gli scavi, inoltre, hanno riportato alla luce centinaia di manufatti in ceramica, resti macrobotanici, resti bioarcheologici disarticolati e resti animali. I ritrovamenti di Archie Hansen e della sua squadra di archeologi non rispecchiano precisamente l'immagine di popolo pacifico che tradizionalmente si associa agli Anasazi. «È chiaro» afferma «che da qui non se ne andarono pacificamente. Questo luogo, evidentemente, segnò la fine di un ciclo per loro. Qui ci sono tracce di morte e violenza.» Nell'insediamento c'erano tre *kiva* sotterranee. In queste strutture si riuniva la comunità anasazi e, come parrebbe, divennero lo scenario di orribili massacri. Sono emersi segni di violenza estrema e di cannibalismo. «Gli indizi di cannibalismo sono abbastanza chiari, come dimostrano le abrasioni lucide sul fondo delle pentole, le fratture e le ossa completamente spezzate, il midollo separato dalle ossa, i corpi disarticolati, la mancanza di crani, vertebre, mani, piedi...» racconta.

È una questione molto discussa. Gli indiani del Nordamerica rifiutano con risolutezza che i loro antenati siano considerati cannibali. Molti archeologi, però, hanno rinvenuto prove concrete negli insediamenti anasazi. Elencano come tali le piccole abrasioni lucide che si formano quando si cuoce un osso in una pentola di terracotta e i segni di tagli e lesioni sui resti umani identici a quelli che si osservano sugli animali che sono stati mangiati. L'insediamento di Archie Hansen è colmo di questi indizi. «Abbiamo trovato due uomini,» segnala «uno di quattordici anni e l'altro di circa ventuno, che probabilmente furono uccisi e mangiati sul posto, perché abbiamo rinvenuto i loro resti nel rogo e tra i sedili che lo circondano.» Gli indizi lasciano pensare che gli altri abitanti abbandonarono il villaggio dopo il massacro. «Suppongo che vennero in contatto con nemici esterni. Poteva trattarsi di una popolazione vicina, che non aveva cibo a sufficienza e li attaccò perché avevano maggiori risorse alimentari, oppure di tribù provenienti dal Messico, ma questo sarebbe un fatto piuttosto strano per l'epoca» spiega Archie Hansen.

Gli Anasazi lasciarono ossa con segni di possibile cannibalismo in una cinquantina di insediamenti archeologici. Ma l'aspetto più singolare è che tutti i reperti risalgono al medesimo periodo, compreso tra il 900 e il 1150 d.C. circa. Queste date corrispondono esattamente all'epoca in cui la civiltà anasazi faceva capo a una località chiamata Chaco Canyon, una città in mezzo al nulla tanto misteriosa quanto grandiosa; la città più insolita che gli Anasazi ebbero mai costruito, oggi ridotta a un complesso di rovine desolate nel deserto del Nuovo Messico.

Una città misteriosa

Chaco Canyon, al tempo del suo massimo splendore, tra il 900 e il 1150 circa, era il centro culturale più grande dei Quattro Angoli. La gente percorreva molti chilometri trasportando blocchi di pietra per costruire enormi complessi di edifici, che ai conquistatori ricordarono i villaggi spagnoli, i *pueblos*, nome che poi diedero tanto alle costruzioni come agli indiani che vi abitavano.

Il più grande era Pueblo Bonito, costituito da quattro o cinque piani e ottocento ambienti. Gli archeologi non sanno stabilire con esattezza quante persone ci vivessero. All'inizio del XX secolo, in base al numero di ambienti, si stimava che avessero potuto occuparlo diverse migliaia di abitanti. In seguito si pensò che non era possibile che quest'area ospitasse una popolazione così numerosa; in effetti sono stati ritrovati pochi resti di focolari per la cucina domestica. Inoltre, molti ambienti risultavano troppo piccoli per essere abitati; probabilmente servivano da depositi o altro, e pertanto il numero di occupanti ipotetici venne ridotto a un centinaio. Si pensa anche che Pueblo Bonito non avesse funzione residenziale, bensì rituale. A ogni modo, fino alla fine dell'Ottocento venne definito «l'edificio a piani più grande del mondo». Non c'era nulla di simile in tutto il Nordamerica preistorico.

Chaco fu molto più di una semplice città: era un centro cerimoniale verso il quale convergevano abitanti di aree lontane che si riunivano nelle grandi *kiva* per adorare gli dei. Le *kiva* di Chaco, nelle quali si celebravano le feste religiose legate ai cicli agricoli, avevano un diametro di 18 metri ed erano suddivise in spazi in base ai punti cardinali. Nel 1150, però, la città venne completamente abbandonata e i suoi abitanti scomparvero. Gli archeologi stanno ancora accertando cosa accadde. Ci fu forse una fase di siccità? La gente era troppa rispetto alle risorse disponibili? O forse accadde qualcosa di più sinistro che segnò la fine di questa città?

Servendosi delle tecniche della dendrocronologia – la scienza che data il legno studiandone gli anelli – per analizzare le antiche travi di una delle poche abitazioni di Pueblo Bonito rimaste intatte, il dottor Jeff Dean crede che dietro l'abbandono del canyon potrebbe esserci una combinazione di tre fattori: la siccità, l'inondazione dei terreni dovuta all'innalzamento del fiume e l'aumento della popolazione. Tuttavia, il villaggio di Chaco Canyon aveva già superato grandi siccità e i dati ottenuti dagli studi di Jeff Dean sugli anelli degli alberi dimostrano che in quei periodi la costruzione delle abitazioni non si fermò. Eppure, durante il periodo siccitoso del 1100 accadde qualcosa.

Alcuni studiosi ritengono che Chaco Canyon potesse essere un centro di pellegrinaggio per le popolazioni limitrofe, ma un altro dei misteri del luogo consiste nel capire come i suoi sacerdoti riuscirono ad avere così tanto potere da erigere quel grandioso centro cerimoniale. Archie Hansen, riprendendo una delle teorie esistenti, afferma che giunsero delle popolazioni indigene provenienti dal Messico. Alcuni archeologi credono che queste presero Chaco, seminando il terrore nella comunità. Poteva trattarsi dei Toltechi o degli Aztechi, che praticavano riti sanguinosi con sacrifici umani. Forse questo potrebbe spiegare perché il cannibalismo irruppe d'improvviso nella storia degli Anasazi. Ma si tratta solo di una delle molte teorie ipotizzate. Gli Anasazi non lasciarono nessun documento scritto. Tuttavia, gli indiani Navajo, odierni abitanti dei Four Corners, si sono sempre mantenuti a distanza da Chaco Canyon. Se si chiede loro il motivo, rispondono: «Perché lì accadde qualcosa di funesto».

Per dare una risposta ai molti enigmi che avvolgono Chaco, gli archeologi stanno effettuando ricerche nelle piccole comunità che rifornivano la grande città. Il dottor John Kantner e i suoi studenti di archeologia dell'Università statale della Georgia hanno realizzato scavi in uno di questi luoghi, a circa 80 chilometri da Chaco Canyon. Sappiamo che Chaco aveva pochissime risorse: poca acqua, appena sufficiente a qualche coltivazione. È situato in mezzo al nulla e mancava di quasi tutto. Le comunità vicine godevano di una posizione di gran lunga migliore: il clima era più favorevole ed era più facile reperire pietra e legname, e di conseguenza erano esse a provvedere Chaco Canyon del necessario. «Stiamo cercando di scoprire cosa attirasse così tanta gente a Chaco Canyon. Credo, come la maggioranza degli archeologi, che esso si trasformò poco a poco in un centro di pellegrinaggio piuttosto potente, di una religione professata da questo popolo che lo spingeva a viaggiare fin lì» spiega il professor John Kantner.

Nessuno sa con certezza quale fosse la religione dei Chaco, però molti archeologi credono che celassero un lato oscuro e misterioso che potrebbe spiegare gli atti di cannibalismo come pure il fatto che percorressero più di 80 chilometri solo per recarsi nel potente centro cerimoniale. E la popolazione era pervasa così profondamente dalle proprie credenze da essere disposta a portare beni fino a Chaco per consentirne la sussistenza. «Pensiamo che in seguito a Chaco Canyon si produsse quella che gli antropologi definiscono una "materializzazione del sistema religioso". E materializzarono i loro atti fabbricando oggetti imprescindibili per il culto, per i rituali e per le cerimonie, e in questo modo potrebbero essere riusciti a esercitare il controllo sui credenti. Gli abitanti della regione avvertivano la necessità di questi oggetti – che potevano essere fatti di ossa, coralli, giaietto o di pietre come il turchese – e, per ottenerli, erano costretti a recarsi fino a Chaco Canyon, dove li scambiavano con la partecipazione al sistema religioso. In questo modo si diffuse e si affermò tale realtà.»

Secondo questo esperto, l'intero sistema crollò quando i capi religiosi di Chaco Canyon persero il loro potere e la loro autorità, probabilmente in seguito alla siccità che si verificò agli inizi dell'anno 1100. Si trattò di un fenomeno d'importanza relativa, soprattutto se confrontato con altri che colpirono il villaggio, ma sufficiente a scatenare i problemi. «In sostanza, ci fu un vuoto di potere che produsse un enorme caos sociale» afferma John Kantner. «In seguito, il caos sociale potrebbe essere sfociato in atti violenti, che spinsero gli Anasazi a stanziarsi sulle pendici rocciose, come una sorta di rifugio quindi, spostandosi a nord in luoghi come Mesa Verde» conclude lo studioso.

I discendenti attuali

Esiste, però, un'altra versione della stessa storia: quella degli indiani del sud dei Quattro Angoli che si dichiarano discendenti degli Anasazi. Le tribù Zuni e Hopi conservano tradizioni orali proprie sui loro antenati. Gli Hopi affermano che nel sudest dello Utah, lungo il fiume San Juan, ci sono alcuni petroglifi – figure stilizzate, incise nella roccia dagli antichi Anasazi millecinquecento anni fa – che, oltre a riproduzioni umane a grandezza naturale, raffigurano delle spirali, segno inequivocabile che ci fu una migrazione. «Abbandonarono quei luoghi perché era giunto il momento di partire... non per il caos sociale né per le violenze» assicurano Wilton Kooyahoema e Dalton Taylor, membri della riserva hopi in Arizona, a sud dei Quattro Angoli. Così, per gli Hopi, il mistero degli Anasazi non sarebbe altro che una storia di migrazione.

È certo, però, che neppure gli autoproclamatisi discendenti sanno da dove venga il termine Anasazi. Non essendoci testimonianze scritte, si ignora con quale nome gli Anasazi definissero se stessi. Gli indiani Hopi usano la parola *Hisatsinom*, che significa «gli antenati», e considerano spregiativo il termine Anasazi. Esso viene dalla lingua navajo e sta per «antichi nemici». Oggigiorno si preferisce chiamarli «popoli ancestrali». Gli storici raggruppano sotto l'appellativo di Anasazi diverse culture con caratteristiche simili che vissero nella medesima area: gli Hohokam, i Mogollon e i Patayan, tutti scomparsi prima del XVI secolo e l'arrivo degli spagnoli.

Wilton Kooyahoema rifiuta senza esitazione la tesi che si sia trattato di una tribù cannibale, dal momento che «nel periodo in cui iniziarono a migrare, non c'era alcun nemico. Finché non arrivò il secondo gruppo, quello dei Navajo e dei Paiute; furono loro a cominciare la guerra contro il popolo Hopi». Gli Hopi, quindi, escludono la presenza di nemici prima dei Navajo ed essi non arrivarono ai Quattro Angoli se non parecchio tempo dopo la partenza degli Anasazi, lasciando così supporre ad alcuni esperti che il nemico non fu un invasore ma che ci fu piuttosto uno scontro interno. «A mio avviso, probabilmente, la guerra coinvolse solo le popolazioni che vivevano qui e non necessariamente un nemico esterno. Forse si scontrarono con gli abitanti di un canyon vicino» suggerisce Vaughn Hadenfeldt.

In conclusione, stando alle ricerche condotte da esperti quali Vaughn Hadenfeldt, Archie Hansen e John Kantner sulle rovine monumentali e liturgiche di diverse località, furono la violenza e probabilmente la guerra che spinsero gli Anasazi ad arroccarsi sulle pareti dei canyon. Ma è molto probabile che i loro nemici non fossero altri... che gli stessi Anasazi. In questo caso, anche il racconto degli Hopi sulla migrazione avrebbe un fondamento. Gli Anasazi non scomparvero; semplicemente abbandonarono i Quattro Angoli. Inoltre, gli studi di Jeff Dean sugli anelli degli alberi rivelano che alla fine del XIII secolo quest'area fu colpita da una grande siccità e, stanchi di decenni di lotta, i sopravvissuti probabilmente fecero quello che i loro antenati avevano fatto decenni prima: emigrare a sud per cominciare una nuova vita. A ogni modo, si tratta di semplici supposizioni. Forse un giorno nuovi ritrovamenti potranno risolvere questo mistero. Fino ad allora, gli archeologi e gli odierni abitanti di queste terre continueranno a dibattere la questione cercando una chiave nei disegni che ricoprono le pareti di roccia rossa dei canyon nordamericani.

4
Le piramidi segrete del Giappone

Il Mar Cinese nasconde un tesoro di meraviglie naturali, un mondo sottomarino che è stato visitato soltanto da sommozzatori giapponesi. Ma questo non è tutto: nelle acque che circondano l'isola di Yonaguni, nell'arcipelago Ryukyu, 480 chilometri a sudovest di Okinawa, giace una struttura sommersa, simile a una piattaforma o a una struttura parziale di piramide gradonata, che potrebbe essere opera di una civiltà esistita diecimila anni fa. Alcuni ricercatori pensano che queste rovine siano l'edificio più antico del mondo, un territorio perduto della storia dell'umanità.

Yonaguni fa parte dell'arcipelago giapponese di Ryukyu; è il territorio più occidentale del Giappone, situato a 150 chilometri da Taiwan, a ovest delle isole Ishigaki e Iriomote e a est del Mar Cinese. Questa piccola isola è lunga 10 chilometri e larga 3 e bastano meno di quaranta minuti per percorrere il suo perimetro in automobile. Nel 1987, Kihachiro Aratake, istruttore subacqueo, decise di trovare un modo per dare impulso all'attività di immersione nell'isola. Aratake cercava le aree di riproduzione del pesce martello, specie molto abbondante in quel mare a meno di un chilometro dalla costa, perché pensava che se i subacquei avessero avuto la possibilità di vedere queste creature da vicino, sarebbero sicuramente arrivati sul posto numerosi. Ciò che trovò fu, invece, qualcosa di unico e molto più spettacolare di quanto egli stesso avesse immaginato: megaliti di pietra che parevano resti di un antico tempio. «Quando li vidi per la prima volta» ricorda «credetti di trovarmi di fronte a delle rovine e pertanto battezzai il luogo Capo Iseki, il Capo delle Rovine». Innanzi a sé vedeva formazioni topografiche uniche. Un cumulo di pietre che costituiva una struttura dalla forma simile a quella delle piramidi d'Egitto. Una formazione asimmetrica, costituita da giganteschi gradini di pietra dalle dimensioni comprese tra poco meno di mezzo metro e diversi metri di altezza.

Il monumento più antico del mondo

Masaaki Kimura, professore del Dipartimento di Scienze fisiche e Scienze della Terra dell'Università di Ryukyu, è stato il primo scienziato a esplorare, nel 1992, questo complesso sottomarino. Ha realizzato un progetto cartografico sottomarino del monumento Yonaguni in cui si evidenzia che la struttura principale è lunga più di 150 metri, quasi il doppio di un campo da calcio, ed è più alta di un edificio di otto piani. Per Kimura e la sua squadra del Centro Geologico Oceanografico dell'Università di Ryukyu, ci si trovava di fronte a qualcosa di più di un semplice insieme di pietre. «I nostri studi dimostrano che il monolite è artificiale e che è opera dell'uomo.» Se questa ipotesi si rivelasse vera, Yonaguni rappresenterebbe la testimonianza di una civiltà fino a ora sconosciuta, sviluppatasi in tempi molto antichi ma comunque molto avanzata. Le sue ricerche, pubblicate in giapponese e divulgate solo all'interno della sua stessa comunità accademica, non sono giunte in Occidente.

Ciononostante, le fotografie del luogo hanno attirato l'attenzione di diversi subacquei occidentali. Gary e Cecilia Hagland, una coppia di fotografi subacquei con al loro attivo più di novemila immersioni in tutto il mondo, sono stati tra i primi a recarsi sul luogo. «La prima volta che ci siamo immersi vicino al monumento, ho avuto la sensazione di trovarmi in un film di fantascienza e di volare al di sopra di una città enorme. Quando sono risalita sulla barca, non trovavo parole sufficienti per descrivere ciò che avevo visto» spiega Cecilia Hagland. Iseki è indubbiamente un luogo magico per praticare le immersioni, però accedervi è difficile e pericoloso.

Le fotografie scattate dagli Hagland hanno molto colpito Graham Hancock, giornalista e corrispondente di lunga data dell'«Economist», nonché autore di diversi libri sulle strutture più antiche conosciute, tra cui *Impronte degli dei*. Hancock si iscrisse immediatamente a un corso di immersione subacquea per poter essere in grado di vedere il monumento con i propri occhi. «Quando ho visto la struttura principale di Yonaguni, la mia prima impressione è stata di stupore. Vedere ciò che sembra frutto di un progetto e di un'organizzazione in un'immensa struttura sottomarina di pietra, con i massi tagliati quasi ad angolo retto disposti a mo' di scalinata, mi ha trasmesso la grande emozione che si prova davanti a un mistero. È una sensazione paragonabile solo a ciò che si sperimenta quando si entra in una grande cattedrale o nella Grande Piramide d'Egitto» dice Hancock, che dal 1997 ha realizzato più di centocinquanta immersioni a Yonaguni scoprendo altri monumenti. Secondo lui, si evidenziano diverse strutture con caratteristiche anomale e straordinariamente curiose, che presuppongono necessariamente l'intervento umano. Tali strutture si estendono per 5 chilometri di fronte alla costa meridionale di Yonaguni e sono state tutte costruite in uno stesso periodo. «Sinceramente, ritengo che si tratti di una vasta area cerimoniale religiosa» afferma.

Il fatto che il monumento di Yonaguni sia ricoperto dal mare rappresenta un problema di complessità straordinaria. Se tutte queste strutture furono create dall'uomo, significa che furono innalzate quando il terreno emergeva dall'acqua, ovvero nell'era glaciale, quando il livello del mare era molto più basso a causa del congelamento, nell'emisfero nord, della maggior parte dell'acqua. Kimura calcola che questo fatto indicherebbe l'ottavo millennio prima di Cristo come data di costruzione del monumento di Yonaguni, il che significa cinquemila anni prima delle piramidi egiziane. Alcuni esperti affermano addirittura che il monumento potrebbe avere diecimila anni, fatto che lo renderebbe la struttura più antica del mondo, secondo Masaaki Kimura.

Tale affermazione, però, non è in linea con la cronologia attuale ufficialmente accettata dall'archeologia. La costruzione di una struttura di simili dimensioni richiede un livello di organizzazione e pianificazione sociale che gli storici ritengono non potesse esistere diecimila anni fa. «Se si confermasse che la struttura ha davvero diecimila anni, ci vedremmo obbligati a rivedere tutta la storia» dice Graham Hancock. Secondo gli esperti, nell'ottavo millennio a.C. l'uomo era nomade, cacciatore e raccoglitore, viveva in piccoli gruppi e utilizzava rudimentali attrezzi di pietra. Pare evidente che quel tipo di società non fosse in grado di creare il monumento di Yonaguni.

Le condizioni per l'esistenza di ciò che chiamiamo civilizzazione o civilizzazione complessa si verificarono in Mesopotamia e in Egitto verso il terzo millennio a.C., pur se a Gerico (Palestina) esisteva già diecimila anni fa una città con mura di pietra, considerata la prima città dell'umanità. Secondo lo scrittore John Anthony West, esperto di monumenti delle prime civiltà, sul nostro pianeta esistono numerose prove del fatto che durante le glaciazioni possa essere esistita una civiltà avanzata. Una civiltà descritta nei racconti che altre culture si sono tramandate per millenni. Sono molte le leggende che narrano di una civiltà perduta che fu distrutta da un'inondazione, ma fino alla scoperta del monumento di Yonaguni, non c'era prova alcuna della veridicità di tali miti ancestrali. «Non c'erano resti conosciuti di strutture megalitiche, né di edifici monumentali, neppure nel terzo millennio a.C. Per questo motivo, se ora parliamo del sesto o ottavo millennio a.C., la cosa risulta ancora più incredibile» spiega il professor Robert Schoch, geologo dell'Università di Boston. Il professor Masaaki Kimura ritiene che la datazione del monumento di Yonaguni possa essere fatta risalire all'anno 8000 a.C., quando quella parte del Giappone non era ancora stata sommersa. Ma se i dati sono esatti e il monumento è opera dell'uomo, chi lo ha costruito?

Le leggende su Atlantide e altre civiltà sommerse

Nell'anno 360 a.C., il filosofo greco Platone descrisse per la prima volta ciò che fino ad allora non era altro che un mito tramandato oralmente in Occidente: la leggenda di Atlantide, una civiltà tecnologicamente molto avanzata, fiorita intorno al decimo millennio a.C. Tale visione di una grande civiltà preistorica non era però esclusiva di Platone. In tutti i continenti esistono leggende simili. In Asia e nel Sud Pacifico si trovano testi antichi che narrano una storia sorprendentemente simile. Gli scritti cinesi più antichi descrivono un luogo chiamato Peng Jia, un'isola situata verso oriente e abitata da esseri umani in grado di volare e in possesso di una pozione che conferiva loro l'immortalità. Gli abitanti dell'Isola di Pasqua si ritengono discendenti degli dei che loro chiamano Hiva. Un antico canto hawaiano racconta dell'arrivo di una razza magica, proveniente da un'isola galleggiante, posta più a ovest e chiamata Mu ed esistono numerose leggende su una civiltà preistorica presente nell'oceano Pacifico indicata come Lemuria o Mu. I giapponesi chiamavano i loro imperatori preistorici Jimmu, Kammu, ecc., e forse questo indica che i loro avi erano sopravvissuti di questa civiltà... Leggende simili sono tanto diffuse che molti si sono dedicati a studiare la possibilità che esistesse una civiltà addirittura più antica di quanto indicato dagli storici. Yonaguni potrebbe avere qualcosa a che vedere con tutto questo. «Non esistono studi sufficienti per affermare con sicurezza la sua appartenenza a una protocultura o a una protociviltà da cui tutti noi discendiamo» afferma il professor Robert Schoch.

A ogni modo, che si chiamino Mu, Peng Jia o Atlantide, tutti questi luoghi leggendari hanno qualcosa in comune: il fatto che la grande civiltà di cui parlano fu distrutta da una gigantesca inondazione. I miti che narrano di inondazioni in tutto il mondo sono più di seicento, hanno carattere universale. Le prove materiali trovate a Yonaguni corrispondono a quanto indicato nelle leggende. Se il monumento di Yonaguni fu costruito sulla terraferma durante un periodo di glaciazione, è possibile che sia sopravvissuto allo scioglimento delle calotte polari. «Il ghiaccio restò per più di centomila anni e poi, circa diciassettemila anni fa iniziò a sciogliersi, uno scioglimento che durò ottomila anni. In quel periodo si verificarono tre grandi inondazioni e durante una di esse il livello del mare si innalzò di quasi trenta metri, praticamente da un giorno all'altro considerando l'evento in termini geologici» ci dice Graham Hancock. Stando alle leggende, quando quell'inondazione sommerse la terra, alcune popolazioni riuscirono a sopravvivere e furono loro a emigrare e a rendere nota l'esistenza della loro civiltà in tutto il mondo.

Ancora più importante delle prove materiali è però l'esistenza di leggende e miti che testimoniano conoscenze comuni a diverse popolazioni. Ricercatori come John Anthony West credono che se le grandi civiltà nate più di settemila anni or sono hanno costruito strutture simili, non sia una semplice coincidenza. Si tratta di una specie di similitudine progettuale universale, ripetuta in luoghi diversi e distanti tra loro. Le piramidi d'Egitto e i templi di Angkor Wat della Cambogia distano migliaia di chilometri gli uni dagli altri, eppure si assomigliano in modo impressionante. La somiglianza si ripresenta a Okinawa, dove si trova il castello di Nakagusuku, un edificio cerimoniale costruito nel primo millennio a.C. Oppure nell'isola di Pohnpei, in Micronesia, con le antiche rovine conosciute come Nan Madol. La forma a tronco di piramide a gradoni del monumento di Yonaguni trova però particolare corrispondenza con il Tempio del Sole di Trujillo, in

Perù: si tratta di un tempio preincaico, a terrazze irregolari e costruito dall'altra parte dell'oceano, con forma simile a queste rovine. L'analogia tra le strutture citate, però, non si limita alla forma architettonica ma include anche lo scopo per il quale furono costruite. «È un fatto che molte delle costruzioni megalitiche antiche, da Stonehenge in Inghilterra ai templi megalitici di Malta, non soltanto sono state edificate con grandi pietre tagliate e incise dall'uomo, ma sono state organizzate e orientate in base a un preciso riferimento solare o astronomico» spiega Graham Hancock. Anche questa circostanza costituisce un parallelismo con il monumento di Yonaguni.

Novemila o diecimila anni fa probabilmente Yonaguni sorgeva sulla terraferma, su un'isola che si trovava esattamente all'altezza di quello che era allora il Tropico del Cancro. Questa può essere considerata un'ubicazione di grande significato astronomico. «La popolazione che costruì il monumento» dice Masaaki Kimura «potrebbe averlo utilizzato come bussola o avergli attribuito un significato astronomico. Vicino al monumento si trova una pietra, che indichiamo come Pietra del Sole, orientata in direzione nord-sud, che avrebbe potuto essere stata utilizzata come orologio oppure per un qualche fine religioso». Le incognite che ne conseguono sono diverse. È possibile che la leggenda di Atlantide tragga origine dal monumento di Yonaguni? Oppure siamo di fronte soltanto a un mucchio di pietre e a una coincidenza? La comunità scientifica è più favorevole alla seconda ipotesi.

«Gli archeologi e gli storici amano credere di conoscere perfettamente il nostro passato. Così, l'idea che esista un episodio importante totalmente dimenticato è per loro una minaccia. Pertanto, quando si trovano di fronte a un fenomeno curioso, come le strutture sottomarine di Yonaguni, invece di studiarlo in modo razionale per trarne le debite conclusioni, la maggior parte degli accademici lo evita e non vuole interessarsene» dice Graham Hancock. La realtà dimostra che non sempre è così: esistono casi in cui gli accademici hanno esplorato luoghi mitici e hanno scoperto che non si trattava di una leggenda. Nel 1870, l'archeologo tedesco Heinrich Schliemann eseguì degli scavi in una zona di rovine vicine a Hissarlik, in Turchia, e scoprì la città di Troia. Nel 1992, il radar del *Challenger* aiutò a scoprire la leggendaria città di Ubar che, secondo la tradizione islamica, era stata distrutta da Dio e inghiottita dal deserto. Le rovine di Yonaguni potrebbero essere una sorpresa analoga, se fossero studiate con i mezzi e la tecnologia sufficienti. In linea con questa posizione, Graham Hancock critica l'archeologia in quanto «scienza molto limitata, che concentra l'attenzione esclusivamente sulle cose rinvenute sulla superficie della Terra». Secondo lui, si dovrebbero studiare le aree in cui potrebbero avere vissuto degli esseri umani prima della grande inondazione, come forse nel caso del monumento di Yonaguni.

Yonaguni non è il primo monumento sommerso che sembra avere qualche rapporto con la civiltà perduta di cui parlano tante leggende. Negli anni Sessanta, alcuni appassionati di archeologia battezzarono una formazione rocciosa sul fondo del Mar dei Caraibi con il nome di Muro di Bimini, pensando che si trattasse di una strada artificiale diretta ad Atlantide. I geologi insistettero sul fatto che il ritrovamento altro non era che un insieme di pietre spezzate. Negli anni Ottanta alcuni subacquei russi affermarono di avere scoperto diverse strutture di proporzioni gigantesche di fronte alle Azzorre, in mezzo all'Atlantico, ma di tale spedizione non esistono né fotografie né prove.

Naturale o artificiale?

Nel settembre del 1997, il professor Robert Schoch, geologo e geofisico dell'Università di Yale, giunse sull'isola di Yonaguni e fu il primo accademico occidentale a realizzare immersioni allo scopo di studiare il monumento. Aveva iniziato a svolgere ricerche poco convenzionali sui monumenti antichi parecchi anni prima. Nel 1989 si era dedicato a studiare la Grande Sfinge di Giza. Gli scienziati facevano risalire la costruzione della sfinge all'anno 2500 a.C., ma dopo avere esaminato l'erosione della roccia e la natura del clima e dopo avere realizzato diversi studi sismici, Schoch giunse alla conclusione che la parte più antica della sfinge risaliva all'anno 5000 a.C. «Ero aperto alla possibilità che in Giappone fosse esistita una civiltà molto antica» racconta. Nella prima immersione Schoch fu accompagnato da Kihachiro Aratake, lo scopritore del monumento. Insieme a loro c'erano anche gli scrittori John Anthony West e Graham Hancock. Nell'estate del 1998, Schoch ritornò come membro del progetto archeologico sottomarino *Team Atlantis*.

Si realizzarono diverse riprese di queste strutture rocciose, una delle quali mostrava un'enorme formazione piramidale di 80 metri. Alcune strutture erano alte 25 metri e presentavano angoli retti perfettamente squadrati che formavano gradinate nella roccia. Altre si trovavano a soli 10 metri dalla superficie dell'acqua. Si scoprì che su entrambi i lati di una specie di corridoio erano visibili due file di megaliti, posti gli uni sugli altri e che i blocchi orizzontali avevano la stessa forma degli analoghi di Stonehenge. Pareva che le pietre fossero crollate naturalmente formando così una specie di muro. All'uscita del corridoio erano visibili due megaliti che furono battezzati Torri Gemelle, una struttura incredibilmente regolare, che difficilmente avrebbe potuto essere il prodotto della natura. «Considerando la formazione del fondale, le pietre si spezzano orizzontalmente e se questo fenomeno si combina con fratture verticali, l'erosione fa sì che si trasformino in una struttura a gradoni» dice Robert Schoch. Si vedevano tagli orizzontali e verticali assolutamente perfetti e rocce che parevano spostate dalle linee di faglia naturali «per produrre quelle formazioni straordinarie» racconta John Anthony West.

Al centro del luogo in cui si trova il monumento di Yonaguni, le correnti sono incredibilmente forti e la marea è in grado di spaccare la roccia e trascinare blocchi che formano disegni sorprendenti. Il geologo Robert Schoch ritiene pertanto che gli angoli quasi retti e i bordi e gli angoli così ben definiti non siano prova dell'intervento umano e possano essere considerati effetto di azioni naturali. È un fatto che le rocce non possono essere osservate bene perché sono ricoperte da coralli, spugne e alghe che rendono omogenea la loro superficie. «È come avere una superficie ruvida e poi coperta di cemento, che in questo caso è un materiale naturale formato da organismi biologici. Questo fa sì che il risultato sia quello di un aspetto più artificiale in quanto più regolare» dice Schoch. Inoltre, il monumento di Yonaguni si trova in una regione sismica «e i terremoti causano nelle rocce fratture regolari» afferma.

Di direzione contraria sono invece le ricerche del fisico e professore Masaaki Kimura che, basandosi su quanto visto durante le immersioni da lui stesso effettuate, non crede alla teoria dell'erosione naturale. Sulla superficie del monumento ci sono zone che, secondo lui, non sono frutto dell'erosione né sono state livellate dagli organismi biologici; ad esempio, in tre fori allineati, dal diametro di circa settanta centimetri e profondi circa un metro, si può vedere ciò che pare essere una parte di scalinata. Si ritiene che possa essere stata utilizzata per collocare due pilastri in legno. «Due di quei fori sono rotondi, ma il terzo è esagonale e questa non è una forma prodotta dalla natura. Credo che quest'ultimo foro sia stato fatto per fissare una colonna» assicura Masaaki Kimura. Un angolo retto interno, scavato nella roccia, potrebbe essere stato prodotto dall'erosione delle onde, «ma trovare un foro ad angolo retto in un luogo protetto è molto strano» commenta Graham Hancock. Per il geologo Schoch, quel foro potrebbe essersi formato per cause naturali: «La mia ipotesi è che in quel punto ci fosse un'unione debole o uno strato poco resistente in cui si sono introdotti organismi viventi che, sviluppandosi ed estendendosi in modo ordinato, hanno creato queste aperture regolari. Una spiegazione naturale esiste».

I sostenitori dell'ipotesi che le strutture di Yonaguni siano opera dell'uomo affermano che sono presenti altri indizi quantomeno stupefacenti. Ad esempio, sulla terrazza superiore del monumento sono visibili forme che paiono scolpite e, secondo Graham Hancock, la combinazione di questi diversi disegni in una stessa zona potrebbe dimostrare la bassa probabilità che si tratti di una formazione naturale. Come Hancock e Schoch, anche una troupe cinematografica del canale History Channel dichiara di non avere potuto capire con sicurezza l'origine di queste strane formazioni rocciose. «Ci sono alcuni particolari che potrebbero essere artificiali. Ritengo che non possiamo escludere l'ipotesi che l'uomo abbia utilizzato a suo vantaggio una struttura originalmente naturale» dichiara Robert Schoch. L'ipotesi avanzata è quindi che il monumento di Yonaguni sia una formazione naturale ma che una cultura ancestrale abbia considerato tale formazione, che a quel tempo sorgeva sulla terraferma, come luogo sacro, santuario, scenario di antichi rituali. «Dovremmo considerare la possibilità che il monumento di Yonaguni fosse fondamentalmente una struttura naturale che poi gli uomini dell'antichità utilizzarono, ampliarono e modificarono. Avrebbe anche potuto essere una cava da cui venivano prelevati i blocchi di pietra tagliati seguendo la stratigrafia naturale. Questi blocchi potevano poi essere utilizzati per realizzare altre costruzioni poi scomparse» suggerisce Schoch.

Prime immagini

Nel mese di giugno del 2000, una troupe cinematografica del canale History Channel si immerse a Yonaguni per vedere le rovine da vicino. La troupe era composta da tre subacquei locali, tra cui Kihachiro Aratake, e tre operatori cinematografici compresi i veterani Gary e Cecilia Hagland. L'immersione ebbe luogo nelle peggiori condizioni meteorologiche mai sperimentate negli ultimi venti anni (si scatenò persino un tifone). Cionostante, l'operatore cinematografico Tom Holden riuscì a catturare la misteriosa bellezza del monumento e la sua cinepresa fu la prima a filmare una struttura appena scoperta chiamata in inglese *The Stage*, «Il Palcoscenico». La troupe televisiva catturò le prime immagini chiare della costa di Capo Iseki. Le immagini mostrarono che nel promontorio meridionale esistevano diverse terrazze che assomigliavano vagamente al monumento sommerso che si trovava a un chilometro di distanza. Ciò che più colpiva, però, era l'impressionante roccia di 30 metri d'altezza con cui terminava Capo Iseki e che ricordava i moai dell'isola di Pasqua. Nuovamente si presentò una divergenza di opinioni riguardo alla possibilità che si trattasse, oppure no, di una formazione naturale. I sommozzatori videro una grande struttura piatta con due lati rialzati, il cosiddetto Palcoscenico che poteva essere un altare, un palcoscenico o un trono. Il fotografo Tom Holden assicura che accanto al Palcoscenico c'era un volto molto simile alle antiche rappresentazioni dell'America Centrale, particolarmente somigliante ad alcune sculture maya.

La troupe esplorò l'area attorno al Palcoscenico, prendendo diverse misure: la piattaforma era lunga 21 metri e larga 70. Fotografarono anche una pietra isolata che pareva essere stata posta su un grande piedistallo, mentre Aratake scoprì ciò che poteva essere la scultura di una tartaruga nonché diverse scanalature di origine incerta. Per ora gli scienziati non hanno provato a svelare questo mistero. «Le persone che vengono a vedere le rovine sono inizialmente molto scettiche, ma dopo che si immergono e le vedono, il 99 per cento di loro ne resta affascinato» dice Kihachiro Aratake.

In uno dei cimiteri più antichi dell'isola, situato su una collina, tombe non datate mostrano una somiglianza stilistica con i monumenti sommersi che si trovano a un chilometro dalla costa di Yonaguni. Sono tombe molto diverse da quelle tradizionali di Okinawa, sono più antiche e scavate nella pietra. «Credo che anche se il monumento di Yonaguni fosse interamente naturale, è ragionevole supporre che possa essere stato utilizzato, visitato e ammirato da qualche antica civiltà che lì esisteva e che ne riprodusse la struttura nella costruzione di quelle tombe» sostiene Robert Schoch.

Il monumento di Yonaguni è quindi una formazione rocciosa naturale che ispirò gli antichi abitanti dell'isola? O si tratta della struttura artificiale più antica del mondo, opera di una leggendaria civiltà preistorica? Al momento non abbiamo altro che mere congetture. In Giappone soltanto qualche archeologo si è immerso per studiare queste strutture anomale. Per conoscere la reale importanza del monumento, sarebbe necessario che scienziati specializzati lo studiassero in modo approfondito e completo, ma fino a ora nulla è stato programmato. Solo il tempo svelerà il vero significato e la reale importanza di questa scoperta e ciò, forse, cambierà la nostra percezione della storia.

TESORI OCCULTI

5

Il Santo Graal

La ricerca del Santo Graal è un'impresa in cui studiosi e avventurieri si sono cimentati fin da quando, intorno al XII secolo, cominciarono a circolare le prime storie a riguardo. Secondo la credenza popolare più diffusa, si tratterebbe della coppa usata da Cristo durante l'Ultima Cena per simboleggiare il proprio sangue, la stessa coppa in cui Giuseppe di Arimatea raccolse il sangue durante la crocifissione. Data la sua origine, il Graal sarebbe in grado di conferire poteri mistici a chi lo possiede. Si dice che per qualche tempo sia stato nelle mani di re Artù; che durante il Terzo Reich Hitler diede ordine di cercarlo, ma le missioni inviate al Tempio di Gerusalemme si trovarono davanti muri finti, gas tossici e grotte quasi impossibili da raggiungere. L'intreccio di ipotesi e teorie, e i personaggi misteriosi impegnati nella ricerca suscitano da sempre grande curiosità, e sono a volte così sconvolgenti da mettere in discussione tutta la dottrina cristiana. Il Santo Graal potrebbe dimostrare che la vita di Gesù in realtà è stata diversa da come ce la racconta la storia?

Rennes-le-Château è un paesino in cima a una collina nei Pirenei, nel sud della Francia. È un posto tranquillo, circondato da vigneti e castelli medievali... Ma da più di ottocento anni, il mistero aleggia come una nube su queste montagne. Si dice che il Santo Graal, una delle reliquie più sacre e venerate dai cristiani, sia sepolto proprio lì. Il termine «graal» ha origine in Catalogna e nel sud della Francia, dove indicava un recipiente di uso domestico; è documentato per la prima volta in una scrittura urgellense del 1010 in latino medievale, in cui compare il plurale «*gradales*»; da qui sarebbero derivate la forma francese *graal*, quella inglese *grail* e quella castigliana *grial*.

Questa reliquia, un tempo protetta da un gruppo di cavalieri Templari che scalarono queste montagne per custodirla, non è mai stata ritrovata. Non c'è neanche una prova inconfutabile del fatto che si trovi lì, ma esistono indizi sufficienti per far sì che tanti cacciatori di tesori, ma anche tanti cristiani e turisti, continuino a tornare.

La credenza più diffusa è che il Santo Graal sia il calice utilizzato da Gesù Cristo durante l'Ultima Cena per bere il vino, simbolo del suo sangue; ecco perché si pensava che contenesse il vero sangue di Cristo. Invece, per i seguaci della teoria secondo cui Gesù e Maria Maddalena avrebbero dei discendenti, come narra *Il Codice da Vinci*, il Graal non sarebbe altro che l'utero della Maddalena, da cui nacque la figlia di Gesù. Si crede anche che possa trattarsi della Coppa dell'abbondanza (antica leggenda celtica cristianizzata) o di un altro oggetto, come per esempio un vassoio d'argento, una spada o il Vangelo di san Giovanni.

Tra realtà e leggenda, la ricerca continua.

Il parroco milionario di Rennes-le-Château

Tutto ebbe inizio nel XIX secolo, quando il sacerdote del paese, François Bérenger Saunière, diventò improvvisamente ricco. Si trattava di un povero parroco che da un giorno all'altro cominciò a ricevere ospiti dell'alta società e a compiere costosi viaggi a Parigi. La storia tramandata di generazione in generazione narra che Saunière trovò alcuni tubi di legno nascosti in una colonna, a un lato dell'altare della sua chiesa costruita su fondamenta visigote del VI secolo. Arrotolati al loro interno c'erano quattro manoscritti in una calligrafia antica. Due documenti sembravano passaggi della Bibbia, ma con alcune lettere in più nelle parole, come fossero messaggi cifrati: si pensa che potrebbe averli redatti l'abate Bigou, un secolo prima del ritrovamento. A quanto si dice, gli altri documenti erano datati 1244 e 1644 ed erano forse genealogie dei discendenti sconosciuti del re merovingio Dagoberto II. Non sappiamo se Saunière riuscì a decifrare l'antico codice. Fatto sta che a distanza di cent'anni, nonostante gli sforzi di numerosi esperti, il significato dei manoscritti resta ancora un mistero. Alcuni pensano si tratti della mappa di un tesoro nascosto.

Ma non la pensano così le frotte di turisti che ogni anno si recano in pellegrinaggio a questo piccolo paese, mosse dalla convinzione che

Saunière abbia scoperto qualcosa che usò per ricattare la Chiesa cattolica: un segreto tanto sconvolgente da mettere in discussione l'intera dottrina cristiana. Pensano che abbia trovato il vero Santo Graal. Ma non il calice che Gesù passò ai suoi discepoli durante l'Ultima Cena, né la coppa in cui fu raccolto il suo sangue durante la crocifissione; esiste una teoria completamente diversa secondo la quale Gesù si sposò con Maria Maddalena e il Santo Graal non sarebbe altro che la figlia nata dalla loro unione, l'inizio della Sua linea di sangue.

Michael Baigent, Richard Leigh e Henry Lincoln esposero questa teoria nel libro *Il Santo Graal*, pubblicato per la prima volta nel 1982. Per loro la coppa simboleggia un recipiente del lignaggio più santo, del sangue più santo e, di fatto, «l'innegabile recipiente del santo sangue fu Maria Maddalena nel momento in cui diede alla luce un discendente di Gesù. Il nostro ragionamento è che il simbolo del calice sia in realtà un modo per nascondere questa linea di discendenza di Davide» afferma Baigent. Secondo l'esperto, è indubbio che Gesù si sposò con Maria Maddalena, perché così voleva la tradizione tra gli antichi Giudei. Sarebbe stato fuori dal normale che Gesù fosse rimasto celibe. Nel libro, il Santo Graal corrisponde quindi al lignaggio di Davide. Inoltre, prende vita l'ipotesi che i Templari siano nati come ala difensiva di un gruppo che desiderava preservare l'integrità e l'importanza di questa stirpe che, contrariamente a quanto si crede, continuò anche dopo Gesù Cristo. I Templari furono quindi tra i principali custodi del segreto.

Baigent, Leigh e Lincoln non furono i primi a proporre questa teoria: già nel XIII secolo, il poeta tedesco Wolfram von Eschenbach scrisse che i Templari custodivano questa sacra reliquia. Un altro autore medievale, Chrétien de Troyes, che visse nella città francese di Troyes, nel cui concilio l'Ordine ricevette il proprio atto di nascita ufficiale, fu il primo a parlare del Santo Graal intorno al 1187 (data in cui i Templari abbandonarono Gerusalemme) e a dare inizio a una lunga tradizione di scritti e leggende su re Artù e i cavalieri della Tavola Rotonda.

Baigent e i co-autori del *Santo Graal* passarono sei anni a condurre ricerche per scrivere il loro libro, studiando da cima a fondo la Bibbia e gli scritti dei Padri della Chiesa, spulciando tra i documenti di collezioni private e in varie biblioteche in Francia e Inghilterra. Trovarono così, nella Biblioteca nazionale francese, alcuni documenti segreti che parlavano di una cospirazione storica della Chiesa e facevano coincidere i discendenti di Gesù con i primi re di Francia. Gli storici accademici hanno messo in dubbio la loro teoria definendo le prove inconsistenti e assurde.

Le stupefacenti conclusioni a cui giunsero Michael Baigent, Richard Leigh e Henry Lincoln hanno diviso i lettori, provocando sia reazioni di entusiasmo sia di rigetto. Quando fu pubblicata, l'opera si guadagnò i titoli dei giornali, ma anche molte critiche da parte degli storici e della Chiesa cattolica. Nel 2003, con l'uscita del romanzo di Dan Brown *Il Codice da Vinci*, la teoria di Baigent diventò molto popolare. Il best seller è incentrato su una ricerca del Santo Graal basata sulla teoria del matrimonio tra Gesù e Maria Maddalena. E la bibliografia sull'argomento continua ad aumentare; tra storia e occultismo, il Graal suscita ancora oggi grande interesse. Ci sono due principali approcci al tema: da una parte la ricerca storica, dall'altra la lettura occultistica di «iniziati» e ciarlatani.

Nel *Santo Graal* si parla anche del sacerdote diventato ricco dopo aver trovato dei manoscritti cifrati nascosti in una colonna della sua chiesa. «Nel libro sosteniamo quel che a mio parere si avvicina di più alla verità: vale a dire che il sacerdote fu pagato per cercare alcuni documenti genealogici di grande importanza. Li trovò e ricevette in cambio molto denaro. Ci sono varie prove a sostegno di questa ipotesi.» Pare che due dei quattro documenti ritrovati siano andati perduti in un incendio, e che gli altri due siano scomparsi di nuovo. Cosa c'era in questi scritti? Prove a testimonianza del fatto che Gesù e Maria Maddalena si sposarono ed ebbero dei figli? Un certificato di matrimonio? Un atto di nascita? E come arrivarono nel sud della Francia? Saunière morì nel 1917 portando con sé il suo segreto. Ma alcuni affermano che prima di morire lasciò a sua volta dei messaggi cifrati per le generazioni future: durante il restauro della sua chiesa, consacrata a santa Maria Maddalena, fece delle modifiche piuttosto stravaganti, come per esempio alcune decorazioni raffiguranti demoni; fece poi costruire una torre accanto alla chiesa e la chiamò Torre Magdala, come la località palestinese da cui Maria Maddalena prendeva il nome.

Gli abitanti del paese dicono anche che Saunière sotterrò qualcosa sotto uno dei due edifici, o forse sotto entrambi. Sono quasi cento anni che la corporazione municipale di Rennes-le-Château rifiuta di concedere i permessi necessari per scavare sotto gli edifici costruiti dal sacerdote. Qualche tempo fa, il sindaco del paese consentì a un'équipe internazionale di ricercatori di accedere alle costruzioni per studiarle. L'équipe era guidata da Robert Eisenman, professore di religioni del Medio Oriente all'Università statale di Long Beach, negli Stati Uniti. Robert Eisenman cercava però qualcosa di totalmente diverso dal Santo Graal: il suo obiettivo era trovare una connessione con i manoscritti del Mar Morto. «Sembra che a un certo punto delle Crociate, dopo venti o venticinque anni, emerse una nuova sezione dei crociati. A mio parere c'è una profonda relazione con l'ideologia della comunità di Qumran, presso la quale furono ritrovati i manoscritti del Mar Morto. Uno dei più famosi è il «Rotolo della guerra», in cui si parla della "guerra dei figli della luce contro i figli delle tenebre", rendendo chiaro il legame tra questa ideologia e alcune delle nostre conoscenze riguardo all'Ordine dei Templari. Credo che alcune delle idee sorte nel Medioevo abbiano origine dai manoscritti del Mar Morto. E la chiave potrebbe essere sepolta a Rennes-le-Château.»

Chi pensa che Saunière sotterrò i documenti relativi al Santo Graal ha un'altra prova a supporto di questa teoria: l'interesse dei cavalieri Templari per la zona. I leggendari cavalieri che si trasformarono in eroici monaci guerrieri per combattere nel nome di Dio durante le Crociate eressero tre delle loro sedi a pochi chilometri da Rennes-le-Château. Formarono una sorta di rete di sostegno che comprendeva alcune postazioni di grande importanza: Champagne-sur-Aude, il castello di Blanchefort (dove nacque uno dei più influenti maestri del Tempio) e, più a sud, il castello di Saint-Just-et-le-Bézu (una delle maggiori fortificazioni templari). Unendo i tre punti si ottiene una specie di perimetro strategico intorno a Rennes. Nessuno ha saputo spiegare i motivi per cui furono scelti proprio questi luoghi, ma si dice che avessero a che fare con il loro compito di guardiani del Santo Graal.

Molti storici difendono la teoria secondo cui la tradizione del Graal nascerebbe dalla letteratura su re Artù, dove compare come oggetto divino che i cavalieri della Tavola Rotonda devono ritrovare, proprio come nel poema di Robert de Boron, composto intorno al 1180, o nel *Conte du Graal* di Chrétien de Troyes, risalente allo stesso periodo.

Durante il Medioevo erano molto popolari altre storie di questo genere, come *Grand St. Graal, Queste del St. Graal* o *Perlesvaus*, tutte della prima metà del XIII secolo.

Una delle più notevoli composizioni epiche sul Graal, che ha poi ispirato l'opera di Wagner, è *Parzival*, scritta dal tedesco Wolfram von Eschenbach nel XII secolo. Si dice che von Eschenbach andò in visita a Gerusalemme e, al suo ritorno, senza dare alcuna spiegazione, affermò che i veri guardiani del Graal erano i Templari. Da allora si pensa che quei religiosi militari avessero il compito di proteggere il più sacro di tutti i simboli cristiani. Se così fosse, perché furono scelti? La chiesa del Tempio, costruita a Londra dai cavalieri Templari nel 1185, fornisce altri indizi. Lì i Templari edificarono un tempio rotondo per ricordare il Santo Sepolcro, il luogo più sacro di Gerusalemme, dove combatterono nelle Crociate in nome della cristianità. Nel cortile esterno c'è una statua moderna che raffigura due cavalieri in sella allo stesso cavallo, a simboleggiare la vita di povertà e fratellanza che scelsero di condurre. Sul pavimento della parte più antica della chiesa, quella rotonda, circondati da vetrate colorate e protetti dai doccioni, si trovano i monumenti funerari di dieci cavalieri, sotto forma di statue giacenti simili a quelle che si vedono sulle tombe nelle chiese europee; solo che in questo caso sotto non c'è niente.

Gli scavi sotto la Torre Magdala

Ma cosa ne fu del Santo Graal? Se davvero i cavalieri Templari lo trovarono, dove finì dopo la loro scomparsa? Lo ritrovò il povero sacerdote di un paese nel sud della Francia che ricattò la Chiesa per mantenere il segreto, o la leggenda di Rennes-le-Château è una fantasia come tante altre storie sull'argomento? Attualmente molti rivendicano l'onore di custodire o nascondere l'autentico Graal usato da Gesù Cristo nell'Ultima Cena. Nel museo della cattedrale di Valencia è conservato un calice in pietra che è stato identificato come possibile Graal, anche se la Chiesa cattolica non si è mai pronunciata a riguardo. C'è poi il Calice di Antiochia, nei *Cloisters* (Chiostri) del Metropolitan Museum of Art di New York, o il Sacro Catino di Genova.

Ma la storia di Rennes-le-Château spicca su tutte le altre e, avvolta nella leggenda, è ancora molto intrigante. In essa si mescolano vari elementi: un sacerdote che trovò, nascosto in una colonna della sua chiesa, qualcosa che lo rese ricco; i forti legami tra i cavalieri Templari, custodi del Graal, con questa zona nel sud della Francia; la controversa teoria di Baigent contenuta nel *Santo Graal*, secondo cui il Santo Graal sarebbe il frutto dell'unione tra Maria Maddalena e Gesù. Alcuni pensano che le risposte a questo mistero si trovino proprio a Rennes. Per risolvere uno dei più grandi enigmi di tutti i tempi, il sindaco di Rennes-le-Château autorizzò gli scavi sotto la Torre Magdala. Nel 1964, però, le fondamenta delle case circostanti erano così indebolite dai lavori da spingere il sindaco di allora a vietarli del tutto. In seguito, un altro sindaco decise che era giunto il momento di indagare per scoprire se in questa storia ci fosse un fondo di verità.

Durante la prima visita a Rennes, gli scienziati provenienti dalla California, dal Michigan e da Roma realizzarono alcuni studi con un radar a penetrazione del terreno (GPR) sia nella torre, sia nella chiesa. Attraverso pulsazioni, alta frequenza ed energia elettromagnetica, il GPR riesce a localizzare gli oggetti sepolti senza bisogno di scavare. Se sottoterra c'è qualcosa, sullo schermo compare un picco. Sotto la torre, l'analisi del terreno rivelò la presenza di un oggetto. Non si sapeva però che oggetto fosse; poteva essere un forziere, un vecchio lavandino o una grossa pietra. Ne furono individuati altri sotto il pavimento della chiesa, ma poteva trattarsi di qualsiasi cosa. Due dei quattro documenti rinvenuti da Saunière nella colonna della sua chiesa non sono ancora ricomparsi. Potevano contenere la mappa di un tesoro, o la verità su cosa sia il Santo Graal. Per saperne di più era necessario scavare. Essendo la chiesa un monumento francese, l'autorizzazione per le ricerche doveva arrivare dalle autorità pubbliche. La Torre Magdala è invece una proprietà privata ed era dunque più facile cominciare da qui.

Insieme al professor Robert Eisenman, durante gli scavi erano presenti lo scienziato Ron Dubai e l'archeologo romano Andrea Barattolo. Molti altri scienziati si mostrarono riluttanti ad accorrere sul posto a causa della fama che Rennes ha acquisito con il passare del tempo. Da quando Saunière morì nel 1917, il mistero riguardo a questo paese è stato gonfiato al punto da far nascere storie di ogni genere: si dice che sia un luogo dalla geometria sacra, un passaggio verso il mondo spirituale, e addirittura una pista di atterraggio per gli extraterrestri. La gente parla di una sensazione magica, di una forza particolare... Tutto ciò contribuisce ad aumentare il numero dei turisti, ma rende anche più difficile condurre le ricerche con serietà.

I lavori erano cominciati solo da ventitré minuti, quando gli scavatori annunciarono di aver urtato qualcosa. Mostrarono al sindaco quello che avevano trovato: schegge di legno. E continuarono con i lavori. Cinque minuti dopo, il sindaco esaminò le immagini del GPR e richiese una misurazione. Poi, all'improvviso, ordinò agli scavatori di fermarsi. Disse che avevano raggiunto il punto segnalato dalle immagini del GPR. Il ritrovamento fu molto deludente: si trattava solo di una grossa pietra. La cosa stupefacente è che il sindaco, senza addurre spiegazioni, decretò che gli scavi erano terminati. Un secolo di dibattiti sulla relazione tra questo paese e il Santo Graal si era concluso senza una risposta su quelle schegge di legno. Il sindaco decise di non proseguire. E allora sorgono alcune domande inevitabili. Perché gli scavi furono sospesi proprio quando vennero trovati dei frammenti di legno? Potrebbe esserci un forziere sepolto? Forse è solo quello che ci piace pensare. I misteri riguardo al Graal non si risolvono facilmente, e quello di Rennes-le-Château è ancora molto lontano da una soluzione. Due sepolcri nascosti sotto il pavimento di una chiesa sono in attesa di dare una risposta. Intanto, numerosi esperti sono giunti alla conclusione che il mistero che per decenni ha affascinato e stuzzicato l'immaginazione dei crociati, sia soprattutto il simbolo di un'idea di misericordia e clemenza. Il Graal cristiano, ricettacolo del «sangue» di Cristo, è un'immagine archetipica universale che si ritrova in ogni luogo del pianeta, in culture diverse, con nomi diversi e in tutte le epoche conosciute.

6
Alla ricerca di El Dorado

La leggenda narrava che El Dorado fosse una città ricoperta d'oro con una ricchezza che mai nessuno prima aveva immaginato. Conquistatori, esploratori e avventurieri la cercarono instancabilmente per tutto il Sudamerica attratti dall'idea di un luogo dove l'agognato metallo fosse talmente comune da non essere neppure apprezzato. Nella foga di raggiungere quella favolosa città d'oro realizzarono imprese colossali e scoprirono luoghi inimmaginabili, ma fallirono l'obiettivo di scovare quei tesori che si nascondevano in luoghi straordinari sparsi ovunque. Molti morirono durante le ricerche, perché le lunghe spedizioni venivano effettuate nella selva amazzonica e con scarse provviste. S'intesserono leggende e storie che narravano del favoloso oro, e la cupidigia e la presunzione che fosse facile ottenerlo infervorarono a tal punto coloro che sentivano quei racconti da spingerli a viaggiare dal Vecchio Mondo verso il Nuovo, rischiando tutto nell'avventura. Era solo il miraggio dell'antico splendore degli imperi inca e azteco? Erano storie inventate? Ancora oggi rimane un'incognita. Tuttavia, recentemente, una scoperta ha dato nuove speranze agli studiosi e ai cacciatori di tesori.

Cinquecento anni fa, nelle Ande, cominciò a circolare la storia di un luogo colmo d'oro situato sulle montagne. I conquistatori spagnoli gli diedero il nome di El Dorado e lo cercarono per secoli. Non pensavano fosse solo una leggenda. Erano convinti che esistesse veramente perché avevano già scoperto grandi quantità d'oro in Sudamerica. Nel XV secolo gli Inca fondarono l'impero più grande e ricco dell'America precolombiana, che nella loro lingua chiamavano Tahuantinsuyu. Si estendeva per 5.000 chilometri, da quello che oggi è l'Ecuador fino al Cile, ma era di forma allungata e seguiva il rilievo andino e la costa del Pacifico, senza penetrare nel continente. Il sovrano di quest'impero era conosciuto col nome di Inca, appellativo che si generalizzò ai suoi sudditi, ed era adorato come discendente del Sole. Viveva circondato di grandi lussi e ogni giorno indossava ornamenti d'oro, metallo che si impiegava anche per realizzare sfingi, addobbi, monili, vestiti... Sembrava che per gli Inca questo prezioso metallo non finisse mai. Per gli spagnoli, che avevano sentito quei racconti, l'oro inca era un sogno che poteva diventare realtà. Queste leggende incoraggiarono molte spedizioni di ricerca dei conquistatori spagnoli e dei numerosi cacciatori di tesori. La maggior parte fu un fiasco. Esisteva veramente El Dorado? Cosa c'è di vero nella leggenda? Perché attirò così tanta gente?

La sete dell'oro

Il mito nacque nell'anno 1530 nel territorio andino che oggi appartiene alla Colombia. Sembra che il nome di El Dorado sia da attribuire all'estremadurano Sebastián de Belalcázar, che conquistò il Nicaragua e fondò Quito e Guayaquil (in Ecuador), Popayán e Cali (in Colombia). Affascinato dai racconti che circolavano, si mise in viaggio verso l'altopiano di Cundinamarca (Colombia), dove nel 1539 si trovavano altre due spedizioni, partite con le sue stesse aspirazioni: quella di Gonzalo Jiménez de Quesada (fondatore di Santa Fe di Bogotà) e quella di Nikolaus Federmann, un avventuriero tedesco mandato dai banchieri Welser, che avevano ottenuto i diritti di esplorazione del Venezuela da Carlo V. Il conquistatore Gonzalo Jiménez de Quesada scoprì l'esistenza dei Muisca, una comunità insediata in quello che oggi si conosce come altopiano cundiboyacense. La descrizione dei rituali di questo popolo, intrecciata a quelle degli altri esploratori, si trasformò nella leggenda dell'uomo dorato, dell'indigeno dorato, del re dorato... E così, El Dorado, «il dorato», finì per diventare un regno, un impero, la città di questo re leggendario.

Di tutte queste storie fra tradizione e fantasia, se ne distingueva una in particolare: quella di un re talmente ricco che tutti i giorni si ricopriva il corpo d'oro e s'immergeva in un lago come offerta agli dei... Allo stesso racconto facevano da sfondo laghi e lagune diverse. In realtà esso corrispondeva alla cerimonia d'intronizzazione dei capi indigeni delle comunità chibcha, nel nord della Colombia. Tutti i nuovi cacicchi, o *zipa*, si consacravano al Sole, ungendosi il corpo con resina o fango e in seguito venivano rivestiti dalla testa ai piedi con una fine polvere d'oro. Così ricoperti, s'immergevano nelle acque, al centro della laguna di Guatavita, su una barca carica di offerte preziose, per affidare agli dei l'oro che avevano addosso. Sebbene questo rituale non fosse più praticato già prima dell'arrivo degli spagnoli, divenuto leggenda si tramandò di generazione in generazione. La cupidigia alterò il racconto ambientandolo in una città interamente ricoperta d'oro, e a partire dal 1530 vennero organizzate spedizioni alla ricerca della città e del lago del re dorato. Si pensa addirittura che in molti casi, mentre gli spagnoli continuavano a nutrire la grande speranza di arricchirsi con l'oro, furono proprio gli indigeni di queste regioni a diffondere il mito di El Dorado come espediente per allontanare i conquistatori dalle loro terre, convincendoli che quella località leggendaria si trovasse sempre un po' più in là, e per fare in modo che si dimenticassero per qualche tempo di loro.

Inizialmente questi luoghi favolosi vennero situati a est della cordigliera andina. Nelle diverse versioni, El Dorado era sempre fonte di ricchezza facile e inesauribile. La leggenda ebbe soprattutto il merito di far scoprire e mappare gran parte del continente. Stupiti dall'arrivo degli stranieri, molti nativi accolsero questi visitatori come divinità venute dal cielo, e gli offrirono l'oro che gli europei tanto agognavano. In seguito, molti indigeni furono costretti a consegnare i loro gioielli ai conquistatori spagnoli. L'oro e le pietre preziose rappresentavano un lucroso dono del bottino che si spartivano. «Il 20 per cento dell'oro recuperato spettava al re di Spagna come bottino personale della conquista. Inoltre, ogni conquistatore si portò via la sua parte e parecchi di loro, essendo molto cattolici, ne donarono grandi quantità alla Chiesa. Così, una gran percentuale finì ad abbellire gli altari delle chiese. A Cuzco, per esempio, venne fatto innalzare un enorme altare d'oro. E quando la gente dell'epoca vedeva tanto splendore rimaneva impressionata. Questo fu uno degli scopi per i quali venne impiegato l'oro: impressionare i nativi con il potere della religione spagnola» illustra lo storico Peter Frost.

Questo studioso ritiene che quella degli spagnoli fu una mossa astuta: sapevano che l'oro era sacro per gli Inca, che lo usavano per realizzare offerte al loro dio, il Sole. Aveva, perciò, un valore spirituale, sebbene ciò non significhi che non ne avesse anche uno economico, e infatti trattandosi di un materiale così prezioso era divenuto un bene commerciabile e un mezzo per pagare i tributi da parte dei molti popoli assoggettati dagli Inca. Lo si associava al Sole e al suo splendore, aveva carattere sacrificale e di offerta, era simbolo di fecondità, vitalità e potere, ma anche di forza fisica e interiore. «Gli Inca furono costretti a guardare come gli spagnoli trasformavano le loro reliquie sacre in monete e lingotti. Venivano loro strappati simboli e per loro fu un trauma; una parte del trauma della conquista» segnala Frost. L'Inca era padrone di tutto l'oro e inoltre riceveva i tributi dalle terre conquistate. «Possedeva un'enorme fortuna che gli fu sottratta da spagnoli di origini povere che non erano nessuno nei propri villaggi, da dove erano partiti per partecipare alla conquista. E di colpo divennero più ricchi di quanto avessero mai sognato» aggiunge Frost. El Dorado era una chimera per chi non possedeva nulla perché i primi conquistatori riuscirono ad accumulare grandi fortune. Queste voci raggiunsero l'Europa e l'America Centrale, dove i coloni spagnoli si erano stabiliti da tempo. E così si cominciarono a organizzare nuove spedizioni. «Ma, quando arrivavano, non sapevano dove si trovasse l'oro. La maggior parte era in mano ai conquistatori, e se l'erano già portato via. El Dorado divenne un sogno per tutti coloro che arrivarono dopo, qualcosa in cui credere» spiega Peter Frost.

Fu così che El Dorado entrò negli annali della conquista del Nuovo Mondo, nella mira di schiere di cacciatori di tesori, ma quella terra di straordinarie ricchezze si nascondeva sempre dietro alla montagna successiva o al di là del fiume seguente. Alcuni fatti reali, come la cerimonia d'investitura del nuovo *zipa* nella laguna di Guatavita, contribuirono a creare la leggenda dei regni dorati, tuttavia essa «si mantenne viva perché i conquistatori volevano crederci con fervore» pensa Frost. Fu così anche per la versione inca della leggenda, che si diffuse molto tempo dopo l'invasione spagnola del Perù, avvenuta nel 1532. In essa si narra che, nel periodo finale del Tahuantinsuyu, quando i sudditi dell'Inca vennero a sapere che Atahualpa era morto, misero in salvo una parte dei loro tesori e si ritirarono in una zona mitica della foresta tropicale. Non si dice esattamente dove fu nascosto l'oro, ma molti pensano che venne affondato nel lago Titicaca, dalle cui profondità non si potrà più ripescare.

Il lago sacro degli Inca

Oltre agli innumerevoli e secolari sforzi per scovare l'oro sul fondale della laguna di Guatavita, anche il lago Titicaca è da molto tempo associato alla leggenda. Situato a quasi 4000 metri sul livello del mare, si racconta che cinquecento anni fa i re inca gettassero nelle sue acque dei tesori, polvere d'oro e pietre preziose, in segno di offerta. La leggenda, passata di bocca in bocca, alimentò una chimera durata secoli. In una recente esplorazione del lago Titicaca, nel 2004, grazie a un sommergibile con comando a distanza è stato possibile distinguere sul fondale una figura d'oro di circa trentaquattro chili e si suppone che ce ne siano molte altre. Ispezionarne le acque, però, è molto difficile. A una temperatura di 9 °C, i sommozzatori hanno una capacità di movimento limitata e le immersioni non possono durare più di venticinque minuti. Sono state condotte varie esplorazioni subacquee per cercare i tesori, ma nessuna è riuscita a svelare il mistero delle immense quantità d'oro nascoste in fondo al Titicaca. Una leggenda fra le tante, mentre El Dorado continua a vivere nel continente americano e nella sua storia.

Il tempio di Coricancha

Dopo l'arrivo degli spagnoli, i templi indigeni furono trasformati in chiese o conventi allo scopo di convertire gli inca alla religione cattolica. Nel caso del Coricancha, il recinto sacro più importante per gli Inca, una parte del tempio venne conservata all'interno della chiesa. La sua storia risale all'Inca Pachacútec, che ne ordinò la costruzione nell'anno 1438. «Il recinto d'oro», come veniva chiamato, era un luogo sacro dove si adorava la massima divinità inca – Inti (il Sole) – ed era la dimora del *willac umu*, il più potente sacerdote della divinità, che si occupava delle osservazioni astronomiche e delle principali cerimonie religiose dell'impero. L'interno del tempio ospitava le rappresentazioni in oro e argento delle divinità più importanti e della flora e fauna del Perù. Queste sculture, intagliate da orefici di origine chimú, furono saccheggiate dai conquistatori spagnoli che giunsero a Cuzco nel 1533. Addossato alla facciata c'era un altare su cui era stata posta una lastra d'oro che al mattino rifletteva i raggi del sole e che oggi è andata parzialmente distrutta. Tuttavia, si conserva ancora una parte dell'imponente parete frontale, un maestoso muro finemente lavorato, ornato esclusivamente da una lamina continua d'oro puro a tre metri dal suolo. La base venne utilizzata per la costruzione del convento di Santo Domingo.

Fu il riflesso del sole nell'oro a sedurre gli Inca. Appresero a lavorare il minerale creando raffinate riproduzioni. Reperivano facilmente l'oro da altre tribù, scambiandolo con sale o smeraldi, beni di cui godevano in abbondanza, oppure esigendolo come tributo. Era considerato prezioso perché con esso gli artigiani potevano fabbricare gioielli e ornamenti, decorare case e templi. Come materiale di culto e ornamento, l'oro per gli Inca ebbe un'importanza economica pari a quella attribuitagli dagli spagnoli, sebbene non gli associassero un valore strettamente monetario.

Chi indubbiamente trovò il suo personale El Dorado fu Francisco Pizarro, che approdò nell'Impero inca e lo conquistò. Pizarro aveva origini umili: trascorse l'infanzia allevando maiali nella sua Estremadura natale, senza ricevere alcuna istruzione, ma possedeva l'intelligenza, la tenacia e l'audacia del conquistatore e, ovviamente, l'astuzia e la crudeltà necessarie per trionfare in quel mondo ostile. Suscita interesse tra gli storici il fatto che Pizarro sembrò sentire tardi la chiamata del Nuovo Mondo, dal momento che non cominciò le sue esplorazioni fino ai quarantotto anni, un'età in cui all'epoca si era praticamente già anziani. Fino al 1523 si era dedicato all'attività, tranquilla al confronto, di colonizzatore nell'America Centrale, dov'era governatore della città di Panama, ma da allora intraprese diverse spedizioni verso sud con scarsa fortuna, finché nel 1532 giunse a Cajamarca, una delle capitali inca, con duecento uomini e settanta cavalli. Il trono era retto da Atahualpa, che lo aveva conquistato in seguito a una guerra di successione in cui uccise il fratello Huáscar. Atahualpa, che poteva contare su un esercito di trentamila uomini, andò ad affrontare quel visitatore sconosciuto venuto da un altro mondo. Rassicurato dall'esiguo numero di spagnoli, si mise in marcia accompagnato da un nutrito gruppo di quattromila o cinquemila uomini, ma il loro armamento non poteva competere con quello degli spagnoli. Pizarro gli intimò senza indugio di accettare il Cristianesimo e l'autorità del re di Spagna, e, quando Atahualpa rifiutò con comprensibile sdegno, attaccò con determinazione la sua scorta e fece prigioniero il figlio del Sole il 16 novembre del 1532.

Alcune fonti affermano che Atahualpa gli offrì una stanza colma d'oro e due d'argento in cambio della libertà. Altre assicurano che fu invece Pizarro che, per lasciarlo libero, pretese una quantità d'oro pari a un recinto di sei metri di larghezza per otto di lunghezza e alto tanto quanto il prigioniero. Concesse due mesi ad Atahualpa per ottenere la misura d'oro segnata sulla parete della sua cella. «Mandò quattro dei suoi uomini insieme agli indigeni a Cuzco, dove sapevano che avrebbero trovato grandi quantità d'oro. Entrarono nel Coricancha e videro lo splendore di quel tempio ricoperto del prezioso metallo. C'era un giardino decorato da ogni tipo di fiore, frutto e animale fabbricati in oro e argento. Si impossessarono di tutto, senza lasciare nulla, e si portarono via quegli ornamenti per fonderli in lingotti» racconta lo storico Peter Frost. Per settimane, nella cella di Atahualpa, giunse oro da ogni parte dell'impero. Nonostante lo straordinario riscatto, Pizarro lo fece giustiziare con l'accusa di aver ucciso il fratello Huáscar e per insurrezione, appena prima che l'oro raggiungesse la linea tracciata. Fu così che nacque la leggenda secondo cui una parte del tesoro non arrivò mai nelle mani degli spagnoli, ma fu nascosto nella foresta dagli Inca.

La città mitica di Paititi

Per cinque secoli la leggenda dell'uomo dorato ha affascinato e animato cercatori di tesori e avventurieri. Nessuno di essi ha mai trovato un lago sul cui fondale giacesse dell'oro e neppure città pavimentate col prezioso metallo. L'esploratore e psicologo Greg Deyermenjian, di Boston, segue oggi una nuova linea d'indagine. Nel 2001, l'archeologo italiano Mario Polia scoprì negli archivi del Vaticano una pista che ha fornito nuovi dati alla ricerca: una lettera scritta verso la metà del XVI secolo da un gesuita spagnolo, tale Andrés López. In essa si descrive un viaggio a piedi che gli indigeni di allora intrapresero diretti al regno di Paititi, una città che custodiva più oro di Cuzco. «Ciò conferma che gli Inca credevano che esistesse una città più ricca di Cuzco, e potrebbe trattarsi di Paititi» racconta Greg Deyermenjian. Questo manoscritto inedito, che contiene un'autorizzazione del papa diretta ai gesuiti per l'evangelizzazione di Paititi, costituisce quindi una prova dell'«esistenza reale» di quella città mitica, la cui esatta posizione fu mantenuta segreta dai religiosi per evitare una «febbre dell'oro».

Gli Inca credevano di essere i discendenti di un valoroso eroe chiamato Inkari, che emerse dalle acque del lago Titicaca, fondò Cuzco e infine si ritirò a Paititi, nel cuore della foresta. Quando gli spagnoli sentirono questa storia si misero a cercare quel luogo, credendo che si trattasse dell'autentico El Dorado, ma non lo trovarono mai. La lettera del gesuita potrebbe dar credito all'idea che Paititi esistesse realmente «a nordest di Cuzco, attraversando la fitta selva di Pantiacolla, un'area legata alla leggenda peruviana, ma poco esplorata e situata in un luogo remoto dell'Impero Inca» sostiene Greg Deyermenjian.

Oggigiorno, diversi ricercatori considerano Paititi come l'enigma archeologico del Sudamerica. Tuttora c'è chi afferma che nella foresta di Madre de Dios, nell'area sudorientale del Perù, esiste una città in pietra con statue d'oro; continua a essere l'obiettivo di spedizioni scientifiche e private, in cerca dell'oro dell'Impero inca che sarebbe stato nascosto prima dell'arrivo degli spagnoli. Questa leggenda divenne molto popolare nel XVII secolo.

La foresta lungo il fiume Madre de Dios e sull'altopiano di Pantiacolla, però, è così compatta, fitta di fogliame, pantani e precipizi, da rendere difficile qualsiasi esplorazione. Questo è lo scenario del mito. Gli abitanti del luogo e gli aborigeni credono che Paititi sia stato il rifugio degli ultimi Inca e che tutt'oggi vi risiedano, nascosti e lontani dal mondo, preparandosi a tornare per ristabilire in Perù l'antico culto degli antenati *quechua*. «Su quest'attesa poggiava la leggenda di Paititi, e a essa si aggrappano ancora molte comunità andine e amazzoniche per mantenere vive le loro aspirazioni rivendicative e il desiderio di recuperare l'onore di un popolo sconfitto con le armi» afferma lo storico Fernando Jorge Soto Roland. Il racconto fa allusione all'«Inca re», un governante divino che nelle Ande ha avuto funzione di archetipo fin dall'epoca precolombiana: Inkari incarna l'eroe che ricostituirà l'ordine distrutto dagli spagnoli dopo l'invasione del XVI secolo; la leggenda narra che eresse Cuzco e mandò i suoi figli a popolare diverse regioni. Molti anni dopo Inkari decise di abbandonare Cuzco e si ritirò a Paititi.

A sud di Madre de Dios esistono delle insolite formazioni chiamate piramidi di Paratoari. Durante la sua prima spedizione, avvenuta nel 1996, Greg Deyermenjian non poté determinare se si trattasse di una formazione naturale o se invece fossero state costruite dall'uomo. Giungere fin lì è complicato e l'area è molto vasta. Per accedervi bisogna attraversare la Valle Sacra, chiamata così perché era la residenza della nobiltà inca, un luogo di straordinaria bellezza, dove i discendenti di questo popolo ancora oggi coltivano la terra e allevano capre e lama come seicento anni fa. La zona, situata a 150 chilometri dalla città di Choquecancha, presenta un enorme potenziale archeologico e in essa sono state ritrovate vie lastricate, rocce tagliate e rovine inca, enigmatici petroglifi (raffigurazioni astratte incise nella parete di una prominenza litica), testimonianze dello splendore di quella civiltà e delle quali pochi specialisti azzardano il possibile significato o la funzione.

Oggigiorno la città di Choquecancha offre ancora la possibilità di apprezzare lo splendore dell'architettura inca, con le mura che delimitavano la frontiera orientale dell'impero. Al di là c'erano la selva e la città di Paititi. Nell'epoca incaica questa parte dell'impero era chiamata Antisuyu: era un territorio selvaggio e inesplorato, proprio come oggi. La zona è attraversata da antichi sentieri inca che partono da Choquecancha e proseguono verso nord ed est. Gli Inca collegarono l'impero con più di ventiquattromila chilometri di strade. I corrieri, chiamati *chasqui*, portavano la corrispondenza e i pacchi da un capo all'altro dell'impero. Un gruppo di corrieri poteva percorrere quasi cinquecento chilometri in un solo giorno. Oggi, con i moderni mezzi di locomozione, occorre un tempo maggiore per percorrere il medesimo spostamento nella medesima zona.

Greg Deyermenjian afferma che la città segreta, se esiste, deve trovarsi a sud della compatta foresta di Pantiacolla, dove scoprì quelle insolite formazioni chiamate piramidi di Paratoari, nell'ultima selva inesplorata del pianeta, in un punto a valle del Rio delle Amazzoni. «Per dieci anni ho cercato Paititi, con diverse spedizioni. È una specie di ossessione. Come se per ogni metro in più percorso, fossi più vicino a trovarla» racconta Darwin Moscoso, una guida locale.

L'ossessione che ha ispirato tutte le spedizioni peruviane nacque nel 1911, in cima alle montagne andine, a nordest di Cuzco, quando Hiram Bingham, un professore di trentacinque anni, andava alla ricerca della città perduta degli Inca. Dopo molte settimane di enormi sforzi e fallimenti, un bambino nativo lo condusse sulla vetta di una montagna. Risultò essere Macchu Picchu. Quella che un tempo era una città perduta, oggi rappresenta una delle più grandi scoperte dell'archeologia e della cultura inca. Fin dalla conquista spagnola del Perù nel XVI secolo, si è parlato di città inca «perdute» nella selva amazzonica, attorno a Cuzco. Oltre a Macchu Picchu, scoperta nel 1911, anche i ritrovamenti di El Pajatén nel 1963, di Vilcabamba La Vieja nel 1964, di Mamería nel 1980 e di Gran Vilaya nel 1985 costituiscono una prova effettiva dell'estensione dell'impero fino all'altopiano tropicale del Perù e animano molti esploratori a proseguire le ricerche. In questo senso, le storie che circolano sulla città di Paititi potrebbero avere un fondamento, stando alla teoria difesa da Greg Deyermenjian e Fernando Jorge Soto Roland, pur senza le caratteristiche mitologiche della leggenda, e spingono gli esploratori a continuare a inoltrarsi nella selva del Perù, che in certo modo è rimasta inesplorata come cinquecento anni fa.

Ultime scoperte

Centinaia di esploratori hanno perso la vita in queste terre, uccisi da nativi ostili, animali pericolosi e malattie, o vittime delle piene delle decine di affluenti del corso alto del fiume Madre de Dios, in grado di inondare tutto in pochi minuti. Molte spedizioni si sono addentrate lungo questi affluenti ritrovando alcune rovine, creando piste per proseguire la ricerca di Paititi, a solo dieci giorni di viaggio da Cuzco, come riporta la lettera scritta dal religioso spagnolo quattrocento anni fa. Ma la foresta è così fitta che ci si potrebbe trovare a pochi metri dalle piramidi senza vederle. «Possiamo effettuare ricerche per settimane senza notare qualcosa che si trova a soli cento metri» sottolinea Greg Deyermenjian, che ha organizzato varie spedizioni per studiare il territorio, perfino sorvolando la selva per centinaia di chilometri con le Forze aeree peruviane. Fu lui che scoprì gli enormi monticelli piramidali di Paratoari. «Che si tratti di formazioni naturali o edificate dall'uomo è una questione ancora aperta. Insieme all'esploratore e cartografo peruviano Paulino Mamani, fummo i primi ad arrivare fin lì a piedi, nel 1996. Ci fermammo quattro giorni ma fu impossibile esaminarle a fondo. Ne analizzammo solo una parte e scoprimmo che potevano essere di origine naturale, ma ci mancava ancora molto da esplorare. C'è la possibilità che siano state edificate dall'uomo e perfino che si tratti dei resti di una città perduta» assicura.

Nel 2002, dopo due precedenti visite alla zona, e con il sostegno storico della lettera del XVI secolo scoperta nell'archivio vaticano della Compagnia di Gesù, un team internazionale di esploratori, guidato dall'italo-polacco Jacek Pałkiewicz, e trenta ricercatori annunciarono di aver trovato la città inca di Paititi. La spedizione, che durò due anni, comprovò che la città perduta sorge in un'area al confine con il parco nazionale del Manu, tra i dipartimenti di Cuzco e Madre de Dios, a sudest di Lima, a dieci giorni di cammino da Cuzco, l'antica capitale dell'impero, proprio come indicava il manoscritto. E proprio come narrava la leggenda, la città si trova sotto una laguna, su una pianura di 4 chilometri quadrati completamente ricoperti di vegetazione. Specialisti dell'Università di San Pietroburgo che hanno partecipato alla spedizione hanno confermato con l'aiuto di georadar che sotto la laguna esiste un reticolo di caverne e gallerie, dove forse potrebbero nascondersi i tesori e rovine di costruzioni preincaiche, e ciò potrebbe indicare che gli Inca cominciarono a occupare quest'area, ma non riuscirono a portare a termine la conquista dell'Amazzonia a causa dell'arrivo dei conquistatori spagnoli. Da allora sono state effettuate varie esplorazioni scientifiche e, poco a poco, aumentano le informazioni e i dati acquisiti nelle spedizioni precedenti. Ma non è stato scoperto nessun tesoro.

Per due decenni Gregory Deyermenjian e Paulino Mamani hanno perlustrato l'altopiano di Pantiacolla, ai confini dell'Impero inca. La loro ultima scoperta risale al 2006, lungo il fiume Taperachi, a nord del Yavero. Qui ritrovarono gli insediamenti inca più remoti fino ad allora identificati, ancora più in là delle rovine che avevano scoperto nelle zone montuose dell'«Ultimo Punto» nel 2004.

Cinque secoli fa, la sete d'oro spinse i conquistatori a rischiare la vita nelle foreste del Perù. Da allora esploratori e avventurieri non hanno smesso di correre il pericolo; l'ultimo fu l'antropologo norvegese Lars Hafksjold, che nel 1997 scomparve nel fiume Madidi senza lasciare traccia. Gli esploratori odierni, però, non cercano l'oro, bensì l'emozione della scoperta. Si tratta di trovare qualcosa che giace perduto nella storia da molto tempo e risolvere finalmente il mistero.

7
Il mistero dell'oro afgano

Durante l'invasione dell'Afghanistan da parte degli Stati Uniti, subito dopo l'attentato alle Torri gemelle, la capitale Kabul fu oggetto di intensi bombardamenti, anche nell'area attorno alla Banca Centrale. Nonostante stessero perdendo il controllo del paese, i talebani non si rassegnavano a lasciare lì il tesoro più prezioso dell'Afghanistan: un'enorme quantità d'oro dell'epoca di Alessandro Magno e delle colonie greche asiatiche, custodito in una camera blindata della Banca Centrale. Quel 12 novembre 2001, un gruppo di mullah talebani cercò di portare via il tesoro. In linea con la migliore tradizione delle storie di spionaggio, uno degli impiegati disse loro che di quella camera blindata erano state fatte sette chiavi, poi consegnate a sette persone che vivevano in luoghi del mondo diversi. Per poter aprire la cassaforte, sarebbe stato necessario riunire tutte le sette chiavi. I bombardamenti nemici aumentavano, ma i talebani non erano disposti ad andarsene senza quello che consideravano il loro oro. Erano fermamente intenzionati a far saltare la porta della camera blindata della Banca Centrale di Kabul anche se, così facendo, avrebbero distrutto uno dei tesori archeologici più antichi e preziosi del mondo.

La leggenda dell'oro dell'Afghanistan nacque nella Londra vittoriana. Una sera del 1867, durante una cena tra amici, un numismatico commentò che proprio quel giorno un mendicante dell'Asia Centrale gli aveva parlato di una moneta d'oro antica di grandi dimensioni: più di 6 centimetri di diametro e pesante 169 grammi. Il collezionista di monete non aveva preso la cosa sul serio, posto che nessun re dell'antichità aveva coniato monete della dimensione indicata dal mendicante, e tutti i commensali lasciarono perdere l'argomento. Tutti, tranne un numismatico francese che, dopo la cena, cercò e trovò il mendicante in questione in un cadente appartamento londinese e poté vedere la moneta di cui si era parlato. Chiese altre informazioni su quella moneta incredibile e il mendicante raccontò che a trovarla erano stati in sette. Di questi sette, cinque erano morti e i due sopravvissuti avevano deciso di lanciarla in aria per decidere chi dei due sarebbe andato in Europa per venderla a buon prezzo. Il collezionista francese offrì di acquistarla per mille sterline dicendo che l'offerta sarebbe stata valida soltanto per venti minuti. Allo scoccare dei venti minuti, il mendicante accettò. Prese le mille sterline e consegnò al francese la moneta, un pezzo coniato in maniera splendida.

Alessandro Magno e le sue vittorie

La moneta, la più grande moneta d'oro dell'antichità, era stata coniata all'epoca di Eucratide, re della Battriana nel II secolo a.C., che conquistò l'Arachosia (l'attuale Pakistan), fu poi sconfitto dai Parti e finì assassinato dal suo stesso figlio. Come nel caso di molte delle dinastie regnanti all'epoca in Asia, anche la dinastia di Eucratide era di ascendenza greca, frutto dell'espansione ellenica ai tempi di Alessandro Magno (356-323 a.C.). La civiltà greca era fiorita contemporaneamente all'Impero persiano, indiscutibilmente la più grande potenza mondiale prima di Alessandro. Per secoli, periodi di coesistenza e influenza reciproca si erano alternati a grandi scontri tra Greci e Persiani, senza che questi ultimi, pur essendo più forti, fossero riusciti ad avere la meglio sui primi. Con Alessandro, arrivato dalla Macedonia, periferia della tarda Grecia, i ruoli si invertirono. Partendo dal regno di Macedonia, il padre di Alessandro, Filippo, si era impossessato della Grecia causando le proteste del giovane principe che lamentava il fatto che suo padre non gli avesse lasciato «nulla da conquistare». L'obiettivo naturale dell'ansia imperiale di Alessandro non poteva essere altro che l'Impero persiano. Nell'anno 334 a.C. attraversò pertanto l'Ellesponto, che separa l'Asia dall'Europa, e con una serie di campagne successive si impossessò del Mediterraneo orientale, compreso l'Egitto, conquistò in meno di cinque anni l'immenso Impero persiano, si addentrò nel cuore dell'Asia e nel 326 a.C. si spinse fino al fiume Indo in India.

Nel suo cammino, Alessandro passò per una provincia persiana chiamata Battria, o Battriana, corrispondente all'attuale Afghanistan, che allora era un paese fertile e ricco, molto diverso da quello odierno. Il paese si trovava sulla secolare via commerciale tra la Cina e il Mediterraneo che si sarebbe poi chiamata Via della seta. In ragione di ciò, sul suo territorio erano sempre circolati ricchezze e oggetti d'arte ed erano sempre affluiti metalli preziosi prodotti nelle regioni circostanti.

Si dice che la prima cosa che Alessandro vide furono dei cadaveri umani abbandonati alla mercé degli animali quale avvertimento per gli intrusi. Governatore della Battriana era il satrapo persiano Besso, membro della famiglia reale achemenide, che aveva combattuto la battaglia di Gaugamela tra Dario e Alessandro alla testa della cavalleria battriana. Besso era poi fuggito con il Gran Re persiano al quale non era però fedele, tanto che organizzò un complotto per assassinarlo e sostituirlo. Gli uomini di Alessandro trovarono Dario, il grande nemico del macedone, abbandonato su un carro, agonizzante e con il corpo cosparso di ferite di lancia. Prima di morire, Dario volle inviare il suo ringraziamento e una stretta di mano ad Alessandro che si sentì in obbligo di vendicare un avversario tanto nobile.

Nel frattempo, Besso si era già rivestito della tiara, autoproclamandosi Gran Re dei Persiani con il nome di Artaserse V. Alessandro mise a ferro e fuoco la sua satrapia e Besso non poté fare altro che fuggire, attraversando il fiume Oxus (oggi Amu Darya) per rifugiarsi nella Sogdiana, paese centroasiatico corrispondente all'attuale Uzbekistan. Lì fu fatto prigioniero da Spitamene e Dataferne che lo consegnarono ad Alessandro per ingraziarselo. Stando a quanto narra Plutarco, Alessandro inflisse al traditore Besso una punizione terribile: «Fatti piegare per forza alcuni alberi l'uno verso l'altro, fu legato a ciascuno di essi uno de' membri del corpo del parricida. Quindi, essendosi lasciati ritornare allo stato lor naturale, si drizzarono con tanta violenza, che ciascuno si trasse dietro il membro che vi era attaccato, e così lo squartarono».

Il sogno di Alessandro di conquistare tutto il mondo conosciuto, o Ecumene, esprimeva la sua ambizione a un potere egemonico e a una fama imperitura. Non era quindi il conquistatore comune che saccheggia e rade al suolo il territorio, come era normale nei tempi antichi, ma voleva costruire uno Stato universale basato sulla cultura da lui considerata più alta, quella ellenica, pur includendo altre civiltà. Fece sì che diecimila dei suoi soldati sposassero donne persiane per porre le basi demografiche di un nuovo popolo, e in ognuno dei luoghi in cui passò costruì numerose città dando a decine di queste il nome di Alessandria. La stessa Kandahar, la seconda città più importante dell'Afghanistan, fu da lui fondata con il nome di Alessandria di Aracosia.

La regione della Battriana è infatti chiamata anche «terra delle mille città». Il fattore culturale fu fondamentale per rendere più ricca la regione e dall'integrazione tra invasori e tradizioni locali nacque la cultura greco-battriana.

La prosperità materiale si rendeva evidente in città in cui confluivano, dalle aree circostanti, oro e argento che venivano trasformati in monete, gioielli e opere d'arte. In quest'epoca di splendore, si coniarono le monete battriane su cui era inciso il volto dei generali e dei governanti della regione ed è grazie a loro che si può ora sapere chi governò in ogni territorio.

Nonostante le continue vittorie e l'incontenibile ambizione di Alessandro, le conquiste furono interrotte nel 323 a.C quando egli morì a Babilonia, a soli trentatré anni, a causa di un'encefalite virale. Tra le molte spiegazioni leggendarie date alla morte precoce di colui che pareva invincibile, c'è anche quella della maledizione dell'oro battriano ottenuto con il tradimento e con il sangue.

Dopo la morte di Alessandro, l'impero fu suddiviso tra i suoi generali, i diadochi. Dopo un'agitata storia di annessioni e separazioni, con governanti di provenienza diversa ma tutti di ascendenza ellenica, il regno ellenistico di Battriana cadde nell'anno 135 a.C., quando i Greci-battriani non poterono più contenere le tribù nomadi del nord. I Greci, pensando che forse un giorno avrebbero potuto tornare nelle loro antiche terre e riprendere la loro vita abituale, seppellirono i tesori costituiti da metalli preziosi. Poiché non ritornarono più, le monete d'oro e i gioielli restarono sottoterra.

Nel frattempo, la Battriana era contesa tra varie tribù che prendevano il potere con la stessa velocità con cui lo perdevano a vantaggio di un'altra tribù rivale, fino a che giunsero i Kusana attorno all'80 d.C. I Kusana erano il frutto di un'alleanza di cinque forti tribù dell'Asia Centrale, creata allo scopo di impossessarsi della Battriana. L'intento riuscì e i Kusana saccheggiarono tutto quanto trovarono sul loro cammino, soprattutto l'oro e i gioielli con cui amavano adornarsi. Uccisero i discendenti dei Greci che opponevano resistenza e dettarono legge nella regione per un secolo. Non solo si portarono via il patrimonio che i re greci avevano riunito nel corso dei secoli, ma distrussero anche la cultura battriana, i documenti e i resti archeologici che ne testimoniavano l'esistenza e che nel tempo divennero leggendari. Nell'anno 241 d.C., scomparvero anche i Kusana, e con loro i segreti dei Greci dell'Afghanistan, fino a che nel 1867 apparve a Londra la misteriosa moneta antica.

Le mille città leggendarie della Battriana

A seguito di questo episodio numismatico, nacque un interesse crescente per quelle regioni asiatiche praticamente sconosciute in Europa. Gli archeologi iniziarono a farsi domande sulle «mille città» leggendarie della Battriana e nel 1922 l'archeologo francese Alfred Fucher organizzò i primi scavi. Il suo obiettivo personale non era tanto la ricerca dei tesori, quanto piuttosto trovare i resti dell'antico regno greco in Asia, e a questo scopo iniziò a scavare nei luoghi più ovvi, quali la città di Balkh, antica capitale della Battriana. Non riuscì, però, a trovare nulla, dato che i resti erano sepolti sotto numerosi strati di costruzioni di epoche successive. Fucher continuò a scavare in altre località dell'Afghanistan ma, alla fine, dovette rientrare in Francia senza avere trovato una sola prova della cultura greco-battriana che battezzò «miraggio greco-battriano».

Alcuni anni più tardi cominciarono ad apparire i primi indizi. A Kunduz, nel nord del paese, un gruppo di guardie di frontiera scoprì per caso un deposito colmo di monete d'argento che consegnò al Museo di Kabul, dove furono analizzate da esperti mondiali. Per Frank Holt, professore di storia presso l'Università di Houston e autore del libro *Into the land of bones: Alexander the Great in Afghanistan* («Nella terra delle ossa: Alessandro il Grande in Afghanistan»), «questa è la prova di due fattori: dello stato di ricchezza raggiunto dalla Battriana e dell'enorme caos che obbligò i Greci a fuggire verso sud, abbandonando i loro beni». Sarebbero passati altri cinque anni prima della scoperta successiva che avrebbe rivelato qualcosa in più su questa civiltà perduta. E, come spesso accade, fu una conseguenza del caso.

Il re dell'Afghanistan, Mohammed Zahir Shah, era solito cacciare a Kunduz presso il fiume Oxus, oggi Amu Darya. Vicino al villaggio di Ai-Khanum inciampò in uno strano oggetto: un triangolo gigante interrato. Pochi centimetri sotto la superficie del terreno, c'era il perimetro di un'intera città. Il monarca informò immediatamente i componenti di una spedizione archeologica francese che si trovava nel paese. Il dottor Paul Bérnard volle esaminare personalmente il ritrovamento del re afgano e nel 1961 si recò ad Ai-Khanum. Non appena vide le rovine, seppe che si trattava di una città greca e, oltretutto, molto grande. Diede subito inizio ai lavori per poter setacciare con la massima cura e la massima precisione un terreno che conteneva duemila anni di storia. Alla fine venne riportata alla luce una città contornata da mura alte 10 metri e larghe 7, al centro delle quali si trovava un enorme palazzo dotato di stanze reali, sale per le udienze, palestra e una sala del tesoro. Gli scavi rivelarono anche la presenza di un teatro in grado di ospitare cinquemila persone e quindi il teatro greco più grande esistente a est del Mediterraneo. Ma quando Bérnard e la sua équipe realizzarono gli scavi – tra il 1964 e il 1978 – non trovarono traccia dell'oro e dei gioielli battriani. Nonostante non fosse stato possibile trovare il tesoro leggendario, fu dimostrata l'esistenza in Afghanistan di un regno greco ricchissimo e furono trovate preziose testimonianze di come fosse la vita nelle province elleniche. L'oro battriano fu infine trovato in circostanze molto diverse da quelle degli scavi di Bérnard.

Le rovine dell'Impero kusana

Il re Zahir Shah governò un paese prospero tra il 1933 e il 1973 fino a che fu deposto da suo fratello, il principe Dahud, e i comunisti iniziarono a farsi sempre più forti. Questi ultimi non avevano però l'appoggio dell'intera popolazione; i capi di diversi gruppi si opposero loro e cercarono di finanziare la propria lotta saccheggiando i tesori nazionali. L'archeologo russo Victor Sarianidi approfittò della situazione e si recò nel nord del paese, zona poco frequentata dagli occidentali a causa della pericolosità del viaggio, per proseguire alcuni scavi già avviati da sovietici e afgani. Lì, vicino alla piccola località di Shebergan si trovava Yemshi-Tepe, una grande città che i Kusana avevano ereditato dai Greci e che pertanto era ricca di resti di entrambe le civiltà. A mano a mano che la ricerca proseguiva, gli archeologi si accorsero che si trovavano di fronte a un insediamento chiave dell'organizzazione dell'Impero kusana. Come già ad Ai-Khanum, venne alla luce un grande palazzo: era circondato da edifici che occupavano una superficie di circa venti ettari, in cui era compreso anche il cimitero, nonché da una cerchia di mura impenetrabili di 600 metri di diametro. Il palazzo sorgeva su una parte elevata di terreno ed era visibile da ogni direzione, per cui è possibile dedurre che Yemshi-Tepe fosse una capitale.

Victor Sarianidi e la sua squadra iniziarono a lavorare su questi resti medievali alla ricerca dei re kusana. Su una collina chiamata Tillya Tepe, nome che significa «collina dorata», trovarono frammenti di ceramica dipinta. A una profondità maggiore, c'erano le rovine di un tempio che conteneva numerose parti di ferro angolare che risultarono essere servite per assemblare bare. A quel punto iniziò a piovere e i lavori furono sospesi in attesa che tornasse il sole. Non solo la pioggia, ma anche i signori afgani della guerra vigilavano da vicino il gruppo.

Il 15 novembre, quando si ricominciò a scavare, qualcuno vide che sulla sua pala era rimasto un oggetto brillante. Aveva trovato una stanza funeraria e i resti di una donna ricoperta d'oro dalla testa ai piedi e attorniata da una collezione di oggetti vari che rappresentavano le grandi culture della sua epoca. C'erano uno specchio di bronzo della dinastia cinese Han, una moneta dell'Impero dei Parti, una moneta d'oro dell'imperatore romano Tiberio, un ciondolo della dea greca Atena e un pettine d'avorio indiano. I Kusana non facevano economia quando dovevano onorare i propri defunti: li rivestivano degli abiti più belli, spesso spruzzati d'oro, e seppellivano molto rapidamente i cadaveri durante la notte in modo che la mattina dopo nessuno sapesse dove si trovassero e le tombe non corressero il rischio di essere saccheggiate.

Impressionato da questa scoperta sensazionale, Sarianidi si recò a Kabul con alcuni degli oggetti estratti dagli scavi per dare notizia del ritrovamento e chiedere consiglio ad altri archeologi. Uno dei presenti era Paul Bérnard, che aveva cercato senza successo per molti anni quello che Sarianidi era riuscito a trovare in uno solo. Ma il grande tesoro non si limitava a un'unica tomba, perché la zona si rivelò essere un'area cimiteriale in cui erano state scavate sei sepolture e quindi uno dei maggiori giacimenti archeologici mai scoperti d'oggetti d'oro. Gli stessi afgani si recavano con ogni possibile mezzo di trasporto a Tillya Tepe per vedere la "collina dorata" e la stampa paragonò questa scoperta a quella della tomba di Tutankhamon. Chi credeva che questo fosse l'oro che aveva causato la morte di Alessandro, pensò che la maledizione si sarebbe risvegliata.

La maledizione della guerra

Maledizione o no, la verità è che era il 1978 e l'Afghanistan stava vivendo uno dei periodi politici di maggiore tensione e questa situazione di instabilità ebbe molta influenza sul corso degli scavi di Sarianidi. Il governo filosovietico trovò una forte resistenza nei gruppi islamici e presto i mujahiddin iniziarono una guerra sanguinosa contro quello che consideravano un governo straniero. Gli Stati Uniti videro la possibilità di aprire un fronte contro l'URSS e finanziarono i gruppi islamici. Durante la guerra, molti dei giacimenti archeologici furono saccheggiati. Sarianidi racconta che un giorno i mujahiddin arrivarono fino ai suoi scavi e «iniziarono a calpestare gli steccati di protezione senza che nessuno potesse fare nulla, fino a che decidemmo di mettere delle guardie armate per proteggere i lavoratori». A ogni modo, la grande quantità d'oro che si continuava a trovare rendeva molto difficile fidarsi delle persone impegnate nel lavoro e ogni sera, quando se ne andavano, gli archeologi lasciavano segnali collocati in modo strategico per controllare che nessuno rubasse mentre loro dormivano.

L'équipe lavorava a tappe forzate e furono riportate alla luce numerose sepolture: cinque tombe di donne, una di un uomo e una settima tomba che non si ebbe tempo a sufficienza per scavare. Tutte avevano la stessa orientazione e contenevano una gran quantità d'oro. La somiglianza tra di loro era inquietante e rivelava il fatto che i reali kusana morirono praticamente tutti insieme per cause sconosciute. Uno dei crani fu inviato a Mosca, dove l'antropologa Nadezhda Dubova lo ricostruì e vide che si trattava di una donna di età compresa tra i trentacinque e i quarant'anni. I ritrovamenti erano di portata impressionante ma l'équipe di cui Sarianidi era parte poté lavorare soltanto altri due mesi. «Ogni giorno» racconta «ci domandavamo se ci avrebbero attaccati o quando la guerra sarebbe arrivata a Shebergan, la località più vicina agli scavi». Inoltre i fondi si erano esauriti e anche i visti stavano per scadere. Dalla collina, gli archeologi vedevano le nuvole di polvere che i mujahiddin sollevavano nel loro avvicinamento: gli stranieri, soprattutto i sovietici, correvano il rischio di essere sequestrati o assassinati.

Dovevano lavorare a tappe forzate, e fu in quelle situazioni avverse che scoprirono la settima tomba. Non ci fu però il tempo per portarla interamente alla luce: Sarianidi dovette abbandonare il lavoro a metà e l'équipe, formata da afgani e sovietici, fuggì con tutto ciò che riuscì a portare con sé. Gli scavi rimasero senza protezione e con una parte del tesoro ancora sotterrata. Sarianidi riteneva infatti che le tombe fossero almeno dieci. Gli archeologi furono scortati fino al Museo di Kabul dove trascorsero due settimane contando e catalogando, giorno e notte, i 20.600 reperti d'oro. Si trattava di una collezione splendida per qualità e varietà, con oggetti risalenti a epoche e culture diverse. Oltre ad avere un gran valore economico, permetteva di ricostruire la storia di una cultura nomade sulla quale si avevano scarse informazioni.

Nel 1979, Sarianidi e la sua équipe decisero di attendere la primavera successiva per riprendere gli scavi, ma quell'anno ebbe inizio la ventennale guerra in Afghanistan. L'Unione Sovietica aveva invaso il paese nell'ultima settimana di dicembre, avvalendosi del suo diritto di intervenire in qualsiasi paese del mondo retto da un governo comunista per liberarlo dalle forze controrivoluzionarie. Tra gli altri motivi, il presidente Brežnev addusse la pretesa di impedire che l'Islam arrivasse fino all'Asia Centrale. I soldati dell'URSS conquistarono in breve tempo le principali città afgane, senza però arrivare a controllare le zone rurali, dove i capi dei diversi gruppi avevano deciso di unirsi per combattere l'esercito sovietico. Esempio dell'inefficacia delle forze tradizionali di fronte alla grande potenza dei leader locali fu l'invasione della Vallata del Panjshir, territorio di Ahmad Shah Mas'ud, uno dei capi della guerriglia afgana. Quando i russi si assicurarono la zona e si ritirarono in tutta tranquillità, gli afgani comparvero da dietro le rocce e aprirono il fuoco contro di loro, costringendoli a ritirarsi disordinatamente. Episodi simili si ripeterono durante tutta la guerra.

Lo storico Frank Holt rileva alcune similitudini tra la campagna di Alessandro e l'invasione sovietica. «In entrambi i casi, eserciti moderni e bene organizzati, preparati per combattere grandi battaglie, si scontrarono con gruppi di ribelli guidati da signori della guerra e capi di tribù» spiega. Le condizioni furono simili anche per quanto riguarda il clima e il territorio. La differenza sta nel fatto che Alessandro trionfò dove i sovietici fallirono. L'URSS non riuscì a controllare l'Afghanistan, nonostante mantenesse nel paese un esercito di centoquindicimila uomini e avesse utilizzato un potente arsenale, soprattutto di armi aeree, che provocò un numero molto elevato di vittime, pur se la cifra di un milione di morti diffusa dalla propaganda nordamericana fu probabilmente esagerata. Il dato certo è che più di un terzo della popolazione, e cioè cinque dei quattordici milioni di persone che la costituivano, abbandonò la propria terra per fuggire dalla guerra e rifugiarsi nei paesi vicini. Le vittime tra i soldati sovietici furono quindicimila.

Saccheggi per finanziare la lotta

I mujahiddin cercavano ogni mezzo per finanziare la guerra e approfittarono delle zone che non erano state scavate per cercare oro che potesse risultare loro utile. Mentre in Afghanistan si combatteva, fotografie scattate nelle aste di Sotheby's e Christie's mostravano monete e oggetti che potevano provenire soltanto dal giacimento di Tillya Tepe. Oltre a questa fonte di entrate, paesi come Stati Uniti, Arabia Saudita, Pakistan e Cina decisero che l'Afghanistan era uno scenario perfetto per attaccare l'Unione Sovietica e iniziarono a inviare aiuti attraverso il Pakistan.

Nel 1986, quando i mujahiddin iniziarono a ricevere missili Stinger terra-aria di fabbricazione statunitense, il corso della guerra cambiò. In un paese esteso e con poche strade, gli elicotteri erano indispensabili per trasportare soldati e viveri ma ora, grazie ai missili, i mujahiddin potevano abbattere i velivoli sovietici privando il nemico del controllo dei cieli. Gli insorti stavano iniziando a vincere la guerra e le perdite di vite umane nelle file russe furono sempre maggiori, fino a che nel 1989 Michail Gorbačëv prese la decisione di ritirarsi dall'Afghanistan. Molti afgani credettero allora che i sovietici si fossero portati via l'oro battriano. L'oro del Museo di Kabul, invece, era miracolosamente sopravvissuto alla guerra tra l'Afghanistan e l'Unione Sovietica.

Pochi anni dopo la ritirata sovietica il governo comunista afgano collassò e a disputarsi il potere furono i signori della guerra, capi di gruppi senza omogeneità di etnia e con tendenze religiose diverse, che portarono il paese a vivere altri scontri. Nel 1992 la guerra civile tra le diverse fazioni islamiche era stata praticamente dichiarata e si preparava l'attacco alla capitale, Kabul.

L'Afghanistan non è un luogo sicuro per custodire nessun tipo di resto archeologico. Lo stesso Museo Nazionale Afgano, a sudovest di Kabul, fu utilizzato come base operativa da diverse fazioni ribelli e ognuno dei signori della guerra nelle cui mani cadde il museo ne approfittò per saccheggiarlo. Da lì uscivano costantemente monete battriane e immagini di Buddha, come se chiunque potesse prendere ciò che più gli piaceva, e si diceva che questi oggetti erano poi venduti nelle case d'asta o sul mercato nero in cambio di armi. Si giunse al punto in cui qualsiasi oggetto d'interesse storico poteva sparire e con esso una parte della cultura e della storia afgana.

Najibullah, l'ancora presidente comunista, sapeva ciò che stava accadendo e conosceva bene i guerriglieri islamici e i motivi economici che li spingevano a lottare, per cui decise di mettere al sicuro l'oro battriano. Najibullah era un laico che rispettava la religione predominante in Afghanistan ma desiderava conservare i beni culturali del paese. Sapendo che il Museo Nazionale di Kabul sarebbe presto stato distrutto, nascose segretamente novanta milioni di dollari in lingotti d'oro insieme all'oro battriano.

Il luogo scelto come nascondiglio fu la camera blindata della Banca Centrale dell'Afghanistan, un bunker sotterraneo a cui si arrivava per mezzo di tre ascensori. La camera blindata era stata costruita da un'impresa tedesca, su richiesta del re Nadir Shah, durante gli anni Trenta. Era un vero capolavoro d'ingegneria civile. Il presidente Najibullah convocò sette persone di fiducia in qualità di testimoni del momento in cui si sarebbe nascosto il più grande tesoro afgano mai trovato. L'oro fu suddiviso in sette bauli chiusi ermeticamente che si misero poi in una stanza segreta di una cripta impenetrabile. La cripta era protetta da una porta d'acciaio con sette serrature. Si consegnò una chiave a ciascuno dei testimoni che, subito dopo, si separarono andando ognuno per la propria strada, qualcuno anche all'estero. Nessuno conosceva la loro identità, altrimenti i mujahiddin avrebbero potuto rapire i loro genitori o i loro figli e chiedere l'oro in cambio. Finalmente pareva che il tesoro battriano fosse stato messo in salvo.

L'arrivo dei talebani

Un altro fenomeno esplosivo stava però per avere luogo nel già instabile scenario politico afgano: l'ascesa dei talebani e l'instaurazione nel paese della rete di Al-Qaeda. Nel 1995 ebbero inizio una distruzione e un saccheggio massiccio del patrimonio storico e artistico afgano, comprensibili solo dal punto di vista estremista dei talebani. Nei seminari del mullah Omar, che sarebbe diventato il loro leader, si studiava l'Islam ma anche la *jihad* – o guerra santa contro gli infedeli – estremizzata: era un infedele chiunque non seguisse la loro stessa corrente religiosa. In nome della religione, obbligarono le donne a portare un burka che le coprisse interamente fino ai piedi, e gli uomini a lasciar crescere la barba senza più radersi. Arrivarono persino a impedire ai bambini di far volare gli aquiloni perché ritenevano che costituisse un'offesa per Allah. Per quanto riguardava l'arte, impedirono la rappresentazione di qualsiasi figura umana, basandosi su un'interpretazione erronea e rigida del Corano, a cui aggiungevano una politica di eliminazione di ogni resto preislamico. Il 26 febbraio 2001 si raggiunse il culmine: il mullah Omar decretò che tutte le statue e gli idoli del paese dovevano essere distrutti in quanto dei degli infedeli.

Anche l'oro battriano era nel mirino dei talebani e per questo, nel settembre 1996, fecero prigioniero l'ex presidente Mohammed Najibullah e suo fratello, prelevandoli a forza da una base delle Nazioni Unite a Kabul. Nonostante le torture, Najibullah non rivelò dove si trovava l'oro né chi fossero le persone che custodivano le chiavi della cripta della Banca Centrale. L'ex presidente fu torturato, castrato e impiccato a una centralina di controllo dei semafori al centro di Kabul, insieme a suo fratello. Nonostante tutto, non cedette e portò il segreto dell'oro con sé, nella tomba.

I talebani, però, non rinunciavano al loro proposito di trovare il favoloso tesoro battriano e, guidati dalle voci sull'esistenza di una stanza segreta piena di lingotti d'oro, irruppero nella Banca Centrale con i loro fucili AK-47. Rubarono sacche di valuta estera e, servendosi delle minacce, fecero sì che Mustafa, il direttore dell'ufficio valute e responsabile della stanza segreta da più di trentacinque anni, ve li conducesse dopo avere disattivato il sistema di sicurezza. Mustafa si rifiutò di fornire informazioni e mentre i talebani se ne andavano introdusse una chiave nella serratura e la spezzò all'interno, così che la serratura rimase bloccata. Nessuno si accorse di questa manovra. Il suo rifiuto a rivelare il segreto della camera blindata gli valse tre mesi di prigionia e torture.

Ancora una volta, l'oro battriano era riuscito a sopravvivere, ma lo stesso non accadde al resto del patrimonio artistico del paese. Nel marzo 2001 si distrussero tremila statue del Museo di Kabul, azione realizzata con il proposito di risvegliare l'attenzione del mercato d'arte. Il procedimento dei talebani era il seguente: sceglievano un oggetto, lo toglievano dal museo e poi distruggevano gli oggetti simili, per ottenere il prezzo più alto possibile sul mercato nero. Il danno peggiore lo subirono i Buddha di Bamiyan, gigantesche statue di pietra antiche più di milleseicento anni. In un attacco senza precedenti, i talebani utilizzarono tonnellate di dinamite per far saltare le statue buddiste e distruggere le pitture presenti attorno a esse. L'obiettivo di Al-Qaeda e dei talebani era quello di far dimenticare agli afgani che erano stati uno dei primi centri di civilizzazione del mondo, cancellare la loro identità, la loro cultura ed eliminare la possibilità di futuri approfondimenti sul passato dell'Afghanistan.

In quel periodo la comunità archeologica mondiale, che non aveva informazioni concrete su Tillya Tepe, cominciò a temere il peggio. Correvano voci sul fatto che si stava trasportando l'oro da un posto all'altro ma nessuno era in grado di dimostrarlo.

Il primo tentativo di rubare l'oro era fallito, ma i talebani attaccarono una seconda volta la Banca Centrale allo scopo di impossessarsi di tutte le ricchezze lì custodite. Questa volta un elicottero armato sorvolò la banca e, dopo essersi posizionato esattamente sopra la camera blindata, lanciò numerosi razzi per distruggerla dall'alto. Anche questa volta il tentativo di saccheggiare la banca fallì ma i talebani riuscirono a impossessarsi dei sofisticati rilevatori di mine che la comunità internazionale aveva inviato per permettere la disattivazione dei cinque milioni di mine disseminate nel suolo afgano, e utilizzarono questi rilevatori per localizzare monete d'oro o d'argento e qualsiasi altra cosa che si potesse vendere.

Nel giacimento archeologico di Ai-Khanum ebbero luogo innumerevoli scavi illegali. Parte dell'antica città sepolta non sopravvisse ai bombardamenti, senza contare che fu spogliata anche di molte delle sue grandi colonne, alcune delle quali comparvero come decorazioni di ristoranti e caffetterie. Con questi precedenti, molti archeologi e storici, sia stranieri sia afgani, credettero che i talebani avessero fuso l'antico oro battriano per acquistare armi.

Fu allora che avvennero gli eventi dell'11 settembre 2001. L'attentato contro gli Stati Uniti, organizzato dal capo di Al-Qaeda, Osama Bin Laden, mise i talebani nel mirino degli Stati Uniti, che richiesero che tutti i leader di Al-Qaeda nascosti in Afghanistan fossero loro consegnati senza possibilità di trattativa o discussione. Il 7 ottobre 2001 iniziarono i primi bombardamenti nordamericani contro le basi di Al-Qaeda in suolo afgano. Gli Stati Uniti e le loro piccole unità d'attacco dotate di armi a guida laser, impegnate nella lotta a fianco dell'Alleanza del Nord, iniziarono a riportare vittorie sui talebani sottraendo loro il potere.

Il terzo attacco alla Banca Centrale

Nonostante le ripetute sconfitte, i talebani prepararono un terzo attacco alla Banca Centrale di Kabul e andarono nuovamente a cercare il responsabile della camera blindata, Mustafa, che riuscì a fuggire da casa prima che potessero catturarlo. Alla fine, riuscirono a penetrare nella Banca Centrale con la forza e chiesero che venisse aperta la camera blindata. Uno degli impiegati li informò che per aprire la porta occorrevano sette chiavi che erano nelle mani di altrettante persone sparse per il mondo. In un primo momento, i talebani si impossessarono dei tredici milioni di dollari e dei diciotto miliardi di valuta nazionale, ma ciò che cercavano disperatamente era l'oro. Trascinarono quindi due impiegati fino alla porta della camera blindata e quasi ne uccisero uno a forza di botte, perché non era in grado di aprire la porta. I talebani non si rassegnavano a non trovare un modo per raggiungere il tesoro tanto agognato. Provarono tutte le chiavi dei dipendenti, ma senza successo e né leve, né mazze, né cannelli ossidrici diedero alcun risultato. Dopo sei ore di tentativi vani, decisero di far esplodere la porta con la dinamite. Quando avevano già dato ordine di premere il detonatore, uno degli impiegati gridò loro di fermarsi: la camera blindata era stata progettata in modo tale che se qualcuno avesse tentato di aprirla con l'esplosivo, l'intero edificio della Banca Centrale sarebbe crollato, uccidendo le persone che lì si trovavano e distruggendo tutto il suo contenuto. Incalzati dalle forze nordamericane, i talebani furono costretti a fuggire con il denaro contante senza sapere quanto vicini fossero stati all'oro battriano.

Il 12 novembre 2001 il regime talebano fu abbattuto e si instaurò un governo interinale per stabilizzare il paese, sotto il comando del presidente Hamid Karzai. Il nuovo governo, per poter ricostruire la nazione, cominciò a valutare la situazione delle casse del paese. Alcuni mesi più tardi, il 28 agosto 2002, il nuovo presidente Karzai e i sette dignitari che avevano custodito le sette chiavi scesero insieme fino alla stanza più protetta di tutto l'Afghanistan. Un fabbro estrasse il pezzo di chiave che il responsabile della camera blindata, Mustafa, aveva spezzato all'interno di una delle serrature durante la prima incursione talebana e, infine, la porta fu aperta. Dopo trent'anni ininterrotti di guerra, nessuno credeva che lì potesse esserci ancora qualcosa di valore e la sorpresa fu enorme quando si trovarono novanta milioni di dollari in lingotti d'oro. Del tesoro di Tillya Tepe, però, non c'era traccia. Un'ispezione successiva rivelò l'esistenza di una seconda stanza segreta più piccola, ed era lì che il presidente Najibullah – ingiustamente accusato di avere venduto tutto ai russi – aveva nascosto il tesoro nel 1989. La ricca eredità dei Greci e dei nomadi kusana era miracolosamente sopravvissuta alla guerra e all'estrema instabilità politica, e con essa era sopravvissuta anche la storia affascinante di quelle terre oggi conosciute con il nome di Afghanistan.

8
Il recupero del «Titanic»

La spettacolare prua del Titanic, *ricoperta di ruggine, è diventata una delle icone dell'ultimo decennio del XX secolo. La storia di questa nave è già stata raccontata un'infinità di volte, ma il relitto continua a esercitare il fascino di una creatura mitologica. Dopo novant'anni, il punto esatto dell'oceano Atlantico in cui giace il relitto, a più di quattromila metri di profondità, desta ancora grande curiosità. Il* Titanic *non è la nave su cui hanno perso la vita più persone, ma è di certo quella che ha suscitato il maggiore interesse. Per settantatré anni è rimasto nascosto nell'oscurità dell'oceano, fino a quando un gruppo di scienziati e ricercatori ha riportato alla luce le prime immagini del relitto. Da allora, la tecnologia sottomarina ha fatto notevoli progressi, sono stati recuperati ed esposti al pubblico più di seimila oggetti e sono state organizzate perfino gite turistiche a bordo di piccoli sommergibili che hanno provocato forti polemiche. Quello che è il cimitero di un migliaio e mezzo di persone è ancora oggi al centro di un dibattito tra chi vorrebbe lasciarlo riposare sul fondale marino, come un grande monumento subacqueo, e chi invece preferirebbe riportarlo a galla, restaurarlo e mostrarlo al mondo intero.*

La storia di questa mitica nave e quella della tecnologia oceanografica sono inseparabili. Il *Titanic* ha spinto gli scienziati a sviluppare nuove tecniche ed è servito come terreno di prova per le più recenti attrezzature e strumentazioni. Sono stati fatti numerosi progressi, inizialmente con lo scopo di trovare il punto esatto in cui era affondata la nave, poi per ottenere le prime immagini del relitto. In particolare furono significative le ricerche condotte da scienziati e ingegneri dell'Istituto oceanografico Woods Hole (WHOI) del Massachusetts, l'istituto oceanografico indipendente più grande e importante degli Stati Uniti. I membri del Woods Hole sono dediti alla scienza, non alla ricerca di tesori, quindi le loro indagini furono sempre animate da un puro interesse scientifico. Non parteciparono alla raccolta di reperti dal relitto, un'attività che a partire dal 1987 divenne molto diffusa e redditizia. Tuttora non sono favorevoli all'esposizione delle reliquie che hanno alimentato il dilagare della «*Titanic* mania»: questo fenomeno ha conosciuto un incremento notevole dal 1997, anno in cui uscì il film di James Cameron, uno dei maggiori successi cinematografici di tutti i tempi. La questione che oggi preoccupa gli scienziati riguarda il futuro della nave sommersa. Riportarla a galla intera è ancora tecnologicamente impossibile, ma non si sa per quanto tempo possa resistere in fondo al mare, esposta alla corrosione dell'acqua e, soprattutto, al saccheggio dei cacciatori di tesori.

La fede cieca nella tecnologia

Non ci sono dubbi: quella del *Titanic* è una storia affascinante sulla fede cieca nella tecnologia. Fu costruito in un'epoca d'oro, un periodo di incredibili progressi. La maggior parte dei passeggeri del *Titanic* aveva vissuto senza elettricità, telefono o automobili. Sembrava che l'essere umano ora potesse conquistare il mondo, e perfino le onde del mare. In quei giorni tutti ripetevano che il *Titanic* era una nave inaffondabile. Anche il comandante Edward John Smith, il più esperto e illustre della White Star Line, rimase meravigliato dalle innovative tecniche di costruzione utilizzate, e su una rivista dell'epoca commentò: «Non riesco a immaginare una situazione che possa provocare l'affondamento di una nave moderna. La costruzione navale è ormai in grado di prevedere e fronteggiare qualsiasi evenienza».

I passeggeri furono ricevuti in un ambiente festoso quando, il 10 aprile 1912, si imbarcarono sulla Royal Mail Steamship *Titanic*, «la meraviglia dei mari», che salpava da Southampton, Inghilterra, per arrivare a New York. «Aveva undici piani, tutti ricoperti di luci scintillanti. Sembrava un palazzo enorme e lussuoso» ricorderà in seguito la passeggera Edith Russel. Soprannominato «il preferito dai milionari», il *Titanic* era conosciuto per l'arredamento sfarzoso della prima classe. Pochi ricordano che fu registrato come nave di emigranti. In terza classe c'erano persone di ventiquattro nazionalità diverse.

A quanto pare però, né gli emigranti né i milionari erano preoccupati da quello che potrebbe essere considerato uno dei «misteri del *Titanic*»: una profezia della catastrofe molto più chiara di quelle di Nostradamus che, in fin dei conti, si dimostrò anche molto più esatta. In realtà non si trattava propriamente di una profezia, ma di un romanzo scritto nel 1898 da un ex marinaio, Morgan Robertson, intitolato *Futility* («Futilità»), che parlava del naufragio di un grande transatlantico. La cosa curiosa non è che, in anticipo sui progressi nelle costruzioni navali, Robertson descrivesse una nave molto simile (quando non identica) al *Titanic* per grandezza, tonnellaggio e numero di passeggeri; la cosa stupefacente è che il transatlantico del libro si chiama *Titan* e affonda in seguito alla collisione con un iceberg ad aprile, lo stesso mese in cui farà naufragio il *Titanic*, «la nave inaffondabile».

Stando a quanto racconta Charles A. Haas nel libro *Titanic: A Journey Through Time* («*Titanic*: un viaggio attraverso il tempo»), il transatlantico fu definito per la prima volta «inaffondabile» da una rivista inglese che si occupava di costruzione navale. In un articolo si spiegava che il comandante poteva azionare un interruttore per chiudere i compartimenti stagni e rendere la nave «praticamente inaffondabile». La stampa sensazionalista estrasse questa frase e la riadattò eliminando la parola «praticamente» e creando il mito della «nave inaffondabile».

I proprietari del *Titanic* non confermarono mai questa diceria, ma la stampa fece sì che equipaggio e passeggeri ne fossero fermamente convinti. La totale fiducia nel mezzo fu rafforzata anche dalla presenza a bordo di un'invenzione molto recente: il telegrafo senza fili di Marconi. Ma questo innovativo apparecchio radio, il più sensibile e potente del momento, che garantiva una portata di circa 450 chilometri (a piena potenza potevano essere anche 750) di giorno e circa 3700 di notte, non servì a scongiurare la tragedia. Il 14 aprile 1912, il radiotelegrafista ricevette numerosi messaggi in codice Morse da parte di altre imbarcazioni che segnalavano la presenza di blocchi di ghiaccio nella zona. Una delle trasmissioni, giunta dalla vicina nave a vapore *Californian*, fu completamente ignorata dal capo radiotelegrafista Jack Phillips: «Fate silenzio,» rispose «sono molto occupato», mentre ritrasmetteva i telegrammi che i milionari a bordo inviavano ad amici e parenti.

Alle 23.40, quando era già a due terzi del tragitto, la nave più grande che avesse mai solcato i mari, con un peso di 46.000 tonnellate, urtò contro un iceberg a una velocità di 40 chilometri orari. Accadde il peggio: si aprì una grossa falla nello scafo del transatlantico. Il *Titanic* era stato costruito in modo da poter fronteggiare questo tipo di guasto, e infatti sopportò l'inondazione di quattro compartimenti nella parte anteriore. Purtroppo quella notte i compartimenti danneggiati furono sei, e questo risultò fatale per la nave inaffondabile.

Dopo la mezzanotte, il comandante Smith diede ordine di lanciare le scialuppe di salvataggio. La temperatura dell'acqua era di -2 °C e c'erano scialuppe solo per la metà delle 2200 persone a bordo; inoltre molte arrivarono in mare prima che tutti i posti fossero occupati. La nave inaffondabile si inabissò alle 2.20 del 15 aprile 1912. Si spezzò in due e sprofondò per quattro chilometri nell'Atlantico. Morirono circa 1500 persone,[1] tra cui alcuni degli imprenditori più facoltosi dell'epoca, le persone più ricche del mondo, e famose stelle del cinema. Ma soprattutto molti emigranti poco abbienti che speravano di fare fortuna nel Nuovo Mondo. Fin qui la storia del tragico naufragio è abbastanza conosciuta.

I primi tentativi di localizzare la nave

Dopo il naufragio, si cominciò quasi subito a pensare a come localizzare il *Titanic* e recuperarne i resti. Il primo tentativo fu compiuto da Vincent Astor, figlio di John Jacob Astor, uno dei tre uomini più ricchi a bordo del transatlantico; gli altri due erano Isidor Straus, proprietario dei grandi magazzini Macy's, e Benjamin Guggenheim, «il re del rame». La fortuna della famiglia Astor era cominciata grazie al commercio di pelli del bisnonno (il primo milionario nordamericano, creatore del primo trust degli Stati Uniti), e si era poi ampliata attraverso l'acquisto di grandi proprietà, industrie e alberghi da parte delle generazioni successive. Vincent Astor aveva molto a cuore il recupero del corpo di suo padre ed era intenzionato a organizzare una spedizione per trovarlo, ma otto giorni dopo la tragedia un'altra nave, la *Mackay-Bennet*, ritrovò il cadavere, e il figlio del milionario abbandonò l'idea.

Nel corso degli anni vennero avanzate proposte di ogni tipo per riportare a galla il *Titanic*, dall'impiego di elettrocalamite a una bizzarra teoria basata sull'utilizzo di palline da ping-pong.

[1] Il numero esatto delle vittime del naufragio varia considerevolmente a seconda delle fonti. L'*Enciclopedia Britannica*, nell'edizione del 1985, ne conta 1513.

La maggioranza degli ideatori di questi piani di recupero non era però mossa da un interesse scientifico, storico o sentimentale, ma più che altro dalla speranza di un ritorno economico. Il *Titanic* doveva custodire al suo interno un tesoro favoloso. Era data per certa, per esempio, l'esistenza di una cassaforte contenente circa centoventicinque milioni di dollari in pietre preziose, di proprietà della multinazionale sudafricana del diamante De Beers. Si parlava anche di altri tesori, ma probabilmente si trattava di pure illazioni: durante le indagini successive al naufragio, uno stivatore parlò per esempio di un grosso carico di lingotti d'oro. Questa storia diede origine a una delle teorie più assurde riguardo alla tragedia del *Titanic*, secondo cui l'oro sarebbe stato destinato al pagamento di armi acquistate dal governo britannico negli Stati Uniti in previsione della Prima guerra mondiale e, quindi, il naufragio sarebbe in realtà dovuto a un atto di sabotaggio da parte della Germania.

In ogni caso, bisognava prima di tutto localizzare la nave. Sfortunatamente, i metodi di navigazione dell'epoca prevedevano il calcolo della velocità in base alle stelle e all'ora. Oggi sappiamo che l'ultima posizione conosciuta della nave era fuori rotta di circa 22 chilometri, fatto che potrebbe dipendere da un errore nello spostamento delle lancette durante il cambio di fuso orario. L'ufficiale di navigazione della nave inaffondabile aveva fallito quindi nel compito più importante, facendo sì che il comandante mandasse i soccorsi nel posto sbagliato.

Già nel 1953 un'équipe nordamericana si mise alla ricerca del *Titanic*, mentre nel 1977 furono i tedeschi a proporre un progetto di localizzazione e recupero del transatlantico. Un anno dopo, giocando d'anticipo, un ingegnere inglese di nome Douglas Wooly approfittò del fatto che non esistesse alcun proprietario legale e rivendicò in tribunale la proprietà del *Titanic*, al fine di ottenere i finanziamenti necessari per un altro progetto di ricerca che si concluse con un fallimento.

Sempre negli anni Settanta, Robert D. Ballard, un giovane scienziato dell'Istituto oceanografico Woods Hole (WHOI), si prefisse un obiettivo: usare la tecnologia che lui e i suoi colleghi stavano sviluppando per risolvere il più grande mistero marittimo di tutti i tempi. Il piano prese forma nel 1977, quando la società Alcoa cedette all'Istituto la propria imbarcazione di salvataggio, dotata di una sonda molto capiente (appartenuta a un'altra società, la Westinghouse) in grado di mandare la strumentazione a 900 metri di profondità. La Marina americana fornì il sistema di illuminazione e un equipaggiamento per un valore complessivo di 600.000 dollari. La prima uscita si risolse in un clamoroso insuccesso: la sonda si ruppe e il contrappeso cadde sulla coperta, distruggendo l'imbarcazione. Per quasi dieci anni le ricerche del *Titanic* furono abbandonate.

Nel frattempo fecero la loro comparsa altri due personaggi a caccia del transatlantico: il comandante John Grattan e il petroliere Jack Grimm.

Grattan era un ex ufficiale della Marina britannica che aveva partecipato a numerose operazioni di recupero di materiali sommersi. Egli sosteneva che il *Titanic* non fosse affondato dove tutti pensavano, e affermava di aver calcolato le sue coordinate reali. Con grande senso dello spettacolo depositò in banca una cassaforte in cui si supponeva fosse conservata la preziosa informazione. Arrivò a negoziare per la sua compagnia, la Seawise and Titanic Salvage, l'appoggio finanziario da parte di un consorzio giapponese creato per l'occasione, il Japanese Titanic Team, ma il suo progetto non prese mai forma.

Il petroliere texano Jack Grimm si impegnò molto più seriamente, nonostante la sua fama di eccentrico avventuriero e giocatore di poker. Grimm coinvolse nel progetto due figure di grande prestigio nel mondo dell'oceanografia: il dottor William B.F. Ryan, dell'Osservatorio Geologico Lamont-Doherty della Columbia University di New York, e il dottor Fred Spiess, direttore del Laboratorio di Fisica Marina dell'Istituto oceanografico Scripps della California.

Decise però di mettersi in società anche con un personaggio molto più vicino al suo mondo, l'avventuriero Mike Harris, presidente della International Expeditions Inc. Harris aveva organizzato già nel 1974 una spedizione di ricerca del *Titanic* ma, una volta scoperte le difficoltà tecniche dell'impresa – dopo aver apparentemente localizzato il luogo nel naufragio –, cambiò obiettivo e si spostò in Turchia sulle tracce dell'Arca di Noè. Un'altra fantastica impresa in cui si cimentò Harris fu la ricerca del tesoro di Pancho Villa.

Jack Grimm desiderava trovare il *Titanic* al più presto, ma non aveva le attrezzature necessarie; decise quindi di costruirsi tutta la strumentazione a partire da zero e finanziò il progetto per il SeaMARC, un nuovo e sofisticato sistema di sonar a scansione laterale, che funziona attraverso l'emissione di un fascio di suono. Ciò che faceva del

SeaMARC uno strumento rivoluzionario era l'ampiezza della sua portata, di quasi 5 chilometri. Il problema principale era che, pur riuscendo a localizzare oggetti sommersi, non forniva dati sufficienti per distinguere un relitto da una formazione naturale.

La prima spedizione salpò dalla Florida verso la metà di luglio del 1980. Grimm aveva individuato quattordici punti in cui potevano trovarsi i resti del *Titanic*, ma il mare in tempesta e i problemi con l'equipaggiamento lo costrinsero a rientrare già il 17 agosto. L'anno seguente partì una seconda spedizione, in possesso di un sistema di sonar più preciso chiamato Deep-Tow, in grado di mostrare anche gli oggetti più piccoli.

Questa volta i ricercatori si spinsero per 1500 chilometri nel Nord Atlantico e rastrellarono la zona in cui si trovavano i quattordici punti già individuati l'anno precedente, esaminandoli uno per uno. Riuscirono a scandagliarne tredici, poi accadde il disastro: l'argano che lanciava e recuperava il Deep-Tow si ruppe e non fu possibile continuare l'esplorazione. L'équipe di ricercatori non sapeva ancora stabilire con certezza se i resti del *Titanic* si trovassero proprio lì, in quel quattordicesimo punto, sotto chilometri d'acqua. «Si può dire che abbiamo intravisto il luogo in cui giace il *Titanic*. Abbiamo visto il paesaggio circostante. Ma senza un identificatore visivo disponiamo solo di elementi acustici» spiega Bill Ryan, dell'Osservatorio Geologico Lamont-Doherty, uno dei membri della spedizione.

Allora Ryan decise di usare un altro elemento dell'attrezzatura finanziata da Grimm: il sistema video a colori per le riprese in profondità. L'apparecchio era stato progettato per riprendere il *Titanic* qualora l'avessero trovato. Non inviava le immagini direttamente sulla barca, ma le registrava. Durante i quattro giorni del viaggio di ritorno, l'équipe esaminò le immagini catturate e individuò un grosso oggetto ricurvo. «Il mio primo pensiero fu: "Abbiamo trovato un'enorme roccia glaciale", ma Grimm gridò: "È l'elica!"» ricorda Bill Ryan.

Grimm non organizzò un'altra spedizione fino a due anni dopo. Era il 1983, e la missione fallì nell'intento di dimostrare l'esistenza dell'elica. Le tre spedizioni organizzate da Grimm negli anni Ottanta arrivarono molto vicine a vedere il *Titanic*, ma non ci riuscirono. Lasciarono comunque un importante contributo alla scienza: la loro favolosa attrezzatura, grazie alla quale per la prima volta fu possibile illuminare e vedere con chiarezza il fondale marino.

Il grande ritrovamento

Il 1° settembre 1985, il dottor Robert Ballard e la sua équipe dell'Istituto oceanografico Woods Hole realizzarono la più grande scoperta della storia marittima: individuarono oggetti d'uso quotidiano appartenuti ai 2200 passeggeri del *Titanic*, reliquie rimaste nascoste nella fredda oscurità dell'Atlantico per settantatré anni. La localizzazione fu possibile grazie all'utilizzo di tecnologie innovative.

Scienziati, ingegneri e tecnici del Woods Hole stavano lavorando da alcuni anni a un progetto che avrebbe finalmente mostrato agli occhi del mondo intero il misterioso fondale marino: si trattava della telepresenza, che consisteva nel riprendere le profondità oceaniche con delle videocamere. Nel 1982, l'Ufficio per la ricerca navale degli Stati Uniti contribuì con 2.800.000 dollari allo sviluppo di questa tecnologia; in particolare si occupò della creazione dell'*Argo*, così chiamato in onore della mitica nave che portò gli argonauti in cerca del vello d'oro. In cambio, l'équipe del dottor Ballard avrebbe aiutato la Marina statunitense a localizzare due sottomarini scomparsi: l'USS *Thresher*, affondato nel 1963, e l'USS *Scorpion*, naufragato cinque anni dopo, 400 miglia a sudovest delle isole Azzorre. La Marina voleva che Robert Ballard si avvalesse delle nuove tecnologie per una missione classificata come segreta: verificare le condizioni dei due sottomarini e dei loro reattori nucleari.

Nel 1982, con un ulteriore finanziamento da parte della Marina, gli ingegneri e tecnici del Woods Hole cominciarono a lavorare all'*Argo*. Questo dispositivo di 1800 chili, grande quanto un'automobile e dotato di tre telecamere per la visione notturna e un sonar, avrebbe rappresentato un enorme salto qualitativo per le riprese nelle profondità marine. L'*Argo* fu inaugurato nel 1984 con una missione segreta sull'USS *Thresher*. Le immagini catturate dalla superficie mostravano il sottomarino distrutto, completamente schiacciato sul fondo del mare.

Una volta portata a termine questa missione, l'idea di Ballard era di addentrarsi ancora di più nell'oceano Atlantico per arrivare al *Titanic*, ma il Woods Hole è un'istituzione scientifica e la direzione non era convinta che la ricerca di questo o qualsiasi altro relitto costituisse un uso adeguato delle sue risorse. In più era molto pericoloso. Ballard riuscì però a convincere i dirigenti dell'Istituto che il modo migliore per testare la nuova tecnologia e ricevere aiuti internazionali era proprio utilizzarla per individuare il transatlantico affondato.

Poco dopo, l'Istituto Francese per la Ricerca e l'Esplorazione del Mare (IFREMER, l'equivalente europeo del WHOI) si unì alle ricerche.

Il piano prevedeva innanzitutto che i francesi trovassero il relitto grazie al loro sonar, e poi che gli ingegneri del WHOI scendessero a catturare le immagini. La prima parte della spedizione ebbe inizio il 24 giugno 1985. Lo scienziato dell'IFREMER Jean-Louis Michel si mise sulle tracce del *Titanic* a bordo della nave da ricerca francese *Le Sirve*, dotata di un nuovo sonar acustico rimorchiato (SAR): si trattava di un innovativo sonar a scansione laterale che consentiva di ispezionare fino a 6000 metri di profondità. Il SAR venne utilizzato direttamente sopra l'obiettivo che Jack Grimm non era riuscito a esplorare, ma il suo rilevatore di metalli si attivò non appena lo immersero: lo strumento non funzionava bene e doveva essere riparato, così tornarono a terra.

Alcuni giorni dopo, il 12 agosto, Ballard e Michel si unirono all'équipe statunitense sulla nave *Knorr*, che salpò dal porto di Ponta Delgada, nelle Azzorre. Ma prima di mettersi in cerca del *Titanic*, Ballard doveva ancora portare a termine il compito che gli era stato affidato dalla Marina degli Stati Uniti: ispezionare l'altro sottomarino nucleare, l'USS *Scorpion*, affondato 400 miglia a sudovest delle Azzorre. Le telecamere dell'*Argo* permisero di constatare che, a differenza del *Thresher*, lo *Scorpion* era ancora praticamente intatto.

Dopo aver concluso questa seconda missione segreta, il 24 agosto lo *Knorr* arrivò nei pressi della zona in cui si erano arrestate le ricerche della Francia, stracarico di scienziati e ricercatori francesi e americani in trepida attesa. Ballard riteneva che il sistema video fosse uno strumento di ricerca più utile del sonar, ma passarono giorni interi senza che trovassero niente. Mancavano solo quattro giorni alla data prevista per il rientro, e sembrava che il *Titanic* fosse riuscito a evitare anche l'ennesima preparatissima spedizione di ricerca. L'equipaggio cominciava a scoraggiarsi. Poi, a mezzanotte, nei primi istanti del 1° settembre, ci fu la svolta: alcuni piccoli oggetti cominciarono a comparire sul fondo del mare. «Erano frammenti di cose molto spigolose. Come fu chiarito in seguito, le prime immagini registrate mostrarono le caldaie del transatlantico, con un segno di ribaditura ben riconoscibile sulla parte anteriore» ricorda Catherine Offinger, che si trovava a bordo dello *Knorr*. Non c'era alcun dubbio: l'oggetto ritrovato era la caldaia di una nave a vapore dell'inizio del

XX secolo, ma ancora non era stato possibile ottenere un'immagine per mostrare al mondo la misteriosa imbarcazione.

Manovrare la slitta (così chiamavano l'*Argo*) non era affatto semplice, perché rischiava continuamente di rimanere incastrata nel relitto. La difficoltà principale era evitare i cavi che sostenevano le gigantesche ciminiere del *Titanic*. «Le ciminiere» spiega Ballard «si erano staccate, così come tutta l'alberatura. Ed è stata una vera fortuna, perché in questo modo la coperta risultava sgombra. Stavamo riuscendo in un'impresa in cui nessuno era riuscito prima, e sapevamo di disporre dell'ultimo ritrovato della tecnologia. Guidammo l'*Argo* fino al limite e tutto finì per il meglio. Era lì. Non si trattava di un mucchio di ferraglia con alcune parti ancora riconoscibili. Eravamo davanti al *Titanic*.»

Si aspettavano di trovare il *Titanic* intero, ma in mezzo al transatlantico scoprirono una massa confusa di ferri ritorti. Fu una sorpresa, perché solo uno dei sopravvissuti alla notte del naufragio (il giovane Jack Thayer) aveva riferito questa storia, ma le immagini sottomarine confermavano la sua versione: la nave si era spezzata in due tra la terza e la quarta ciminiera. Ora le due parti giacevano in fondo al mare a 600 metri di distanza l'una dall'altra.

Il 2 settembre 1985, nonostante il rischio che il maltempo danneggiasse l'*Argo*, i membri della spedizione decisero di proseguire con lo studio della geologia sottomarina utilizzando un altro strumento, l'*Angus*, che fu immerso sotto lo *Knorr*. L'*Angus* non registrava video, ma scattava fotografie in 35 millimetri, che si potevano sviluppare solo dopo il suo rientro in nave. L'*Angus* scattò migliaia di fotografie, compresa la prima immagine ravvicinata dei resti del naufragio. A quel punto la notizia del ritrovamento del *Titanic* comparve sulle copertine dei giornali di tutto il mondo.

In fondo al mare

L'anno seguente, Ballard e la sua équipe tornarono per vedere finalmente il relitto con i loro occhi, e non attraverso immagini catturate da apparecchiature tecnologiche. Arrivarono sul posto a bordo dell'*Atlantis II*, e per immergersi usarono l'*Alvin*, un sottomarino speciale in grado di scendere a grande profondità che apparteneva alla Marina degli Stati Uniti, ma era stato realizzato dal WHOI. Inoltre, avevano a disposizione il prototipo di una piccola sonda robot progettata per entrare nei lanciasiluri dello *Scorpion*, il sottomarino affondato, ed esaminare così le condizioni delle armi nucleari attive che si trovassero ancora a bordo. Il piccolo robot fu chiamato Jason Jr. e fu assicurato all'*Alvin* con una corda da ormeggio. L'idea era di consentire al sommergibile di far entrare una telecamera in spazi di difficile accesso o che comportavano un certo rischio. Era una specie di «occhio nuotante» per osservare l'interno del relitto.

La prima immersione ebbe luogo alle 8.30 del 13 luglio; scesero Robert Ballard, il pilota Ralph Hollis e il copilota Dudley Foster. Purtroppo andò tutto storto: si verificò una pericolosa perdita d'acqua nelle batterie, che poteva portare a danni notevoli in caso di contatto tra l'acido delle batterie e l'acqua salata. Poi persero il sonar e furono costretti a muoversi sul fondale alla cieca. «Vedevamo solo fino a una decina di metri da noi, per questo trovarlo fu una vera sorpresa» racconta Foster. «Affondavamo, quindi restammo lì solo pochi secondi, ma fu sufficiente» ricorda Ballard.

In tutto furono effettuate dodici immersioni, e per la maggior parte andarono a buon fine. Tra tutti i dati e le immagini raccolti dai tecnici del WHOI spicca un documento chiave: un'immagine-mosaico formata da cento foto scelte tra le 57.000 scattate dall'Angus, che ci fornisce una visuale altrimenti impossibile da ottenere, data l'impossibilità di illuminare l'imponente struttura nel buio dei 4000 metri di profondità a cui si trova. Poco dopo le spedizioni verso il *Titanic*, l'*Atlantis II* salpò di nuovo con l'*Alvin* e con il robot Jason Jr. per esplorare lo *Scorpion* e il *Thresher*, ma la stampa non lo venne mai a sapere.

I cacciatori di tesori

Nell'autunno del 1986 la posizione del *Titanic* non era più un segreto, ma il relitto nascondeva ancora molti misteri e, soprattutto, molti oggetti che tutto il mondo era desideroso di vedere. Sembrava che questa nave leggendaria esercitasse un'attrazione irresistibile. Così, mentre gli scienziati dell'Istituto oceanografico Woods Hole abbandonavano la zona perché consideravano concluse le loro ricerche, nel 1987 l'équipe dell'IFREMER tornò sul *Titanic* con un sommergibile da venti milioni di dollari, il *Nautilus* (simile all'*Alvin*), con lo scopo di raccogliere reperti in collaborazione con un'impresa creata da investitori internazionali. Questa spedizione recuperò circa milleottocento reperti, ma gli scienziati del WHOI la criticarono per essere «priva di un fine storico o archeologico»; arrivarono addirittura ad affermare che si trattasse di un atto di profanazione.

Nel 1993, il recupero dei reperti del *Titanic* aveva già dato vita a un commercio fiorente e venne fondata la società RMS Titanic, Incorporated che, un anno dopo, fu nominata responsabile del recupero del transatlantico dal giudice federale americano Clark. In pratica, la RMS Titanic, Inc. fu dichiarata depositaria dei diritti sui beni contenuti nel relitto, e autorizzata a recuperare tutti i manufatti. Il giudice Clark spiegò di averlo fatto per evitare eventuali problemi legati alla posizione della nave: questa si trovava infatti in acque internazionali, e c'era il rischio che le persone cominciassero a «farsi fuori» davanti agli ambiti tesori. L'ordinanza emanata dal tribunale degli Stati Uniti fu riconfermata nel 1996. Con sette spedizioni (1987, 1993, 1994, 1996, 1998, 2000 e 2004) la RMS Titanic, Inc. ha recuperato circa seimila oggetti. Alcuni, come una sirena a vapore da 3 tonnellate, la più grande mai costruita, hanno cominciato a venire esposti al pubblico in diverse città. Più di dieci milioni di persone, da Londra a Santiago del Cile, sono accorse per ammirarli e molti storici e direttori di musei cominciano a considerare una buona idea il recupero e lo studio di tutte le reliquie possibili.

Il grande sogno di riportare il *Titanic* in superficie rimane irrealizzabile, ma ciò non impedisce un recupero simbolico, attraverso attrezzature tecnologiche che permettono di far riemergere parti sempre più consistenti del grandioso transatlantico. Nel 1996, la RMS Titanic, Inc. annunciò di essere intenzionata a riportare a galla 8 dei 269 metri dello scafo. Fino a quel momento si erano visti solo pezzi di carbone, tazze, piatti, gioielli e altri piccoli oggetti poi restaurati.

Il «grande pezzo», come fu soprannominato, era di ferro, con uno spessore tra i due e i sette centimetri. Per alzarlo fu ideato un sistema che prevedeva l'utilizzo di palloni pieni di gasolio, meno denso dell'acqua. Nel 1996, al centro dell'attenzione mediatica, un'équipe franco-americana agganciò al «grande pezzo» otto palloni, contenenti 19.000 litri di gasolio ciascuno. La lastra di ferro stava ripercorrendo all'indietro lo stesso tragitto di ottantaquattro anni prima quando, a una decina di metri dalla superficie, fu necessario slegarla e lasciarla tornare a fondo a causa di un uragano che si avvicinava alla zona.

La sezione del ponte C con le cabine dalla 79 all'81 si inabissò per la seconda volta. Un anno dopo, l'équipe dell' RMS Titanic, Inc. fece un secondo tentativo, e alla fine una generosa porzione del *Titanic* (circa 20.000 delle sue 46.000 tonnellate) riuscì nell'impresa in cui la nave intera aveva fallito: raggiungere gli Stati Uniti. Il 21 agosto 1998, dopo ottantasei lunghi anni trascorsi sul fondo del mare, entrò nel porto di Boston accolta da una grande cerimonia.

In contrapposizione a quanti sono favorevoli alla raccolta degli oggetti dal fondale marino e alla loro esposizione al pubblico, ci sono coloro che propendono per mantenere il *Titanic* intatto nelle profondità dell'oceano e, magari, organizzare delle «visite subacquee virtuali» sfruttando le moderne tecnologie ad alta definizione che consentono di ottenere immagini e video molto realistici. Condivide quest'ultima posizione l'oceanografo del WHOI David Gallo. «Pensiamo» dice «che sia segno di una maggiore sensibilità da parte nostra lasciare il *Titanic* dove si trova e trattarlo come un monumento, non come un luogo da cui ripescare oggetti.» Anche secondo Ballard, che ha ritrovato il relitto, sarebbe preferibile la creazione di musei sottomarini che sfruttino la telepresenza, e afferma che «la gente è più interessata a visitare il posto in cui la storia ha avuto luogo».

Il futuro del delicato relitto

Dal 1985, gli specialisti dell'Istituto oceanografico WHOI non hanno mai smesso di raccogliere immagini per osservare le modifiche subite dalla nave nel corso degli anni, e hanno dimostrato che le loro telecamere ad alta tecnologia funzionano anche a 4000 metri di profondità e riescono a penetrare l'oscurità e il fango sollevato dal passaggio dei sommergibili. I più pessimisti dicono che per quanto le immagini possano avere una definizione mai vista prima, la gente preferirà comunque ammirare dal vivo questo monumento alla storia. Diverse organizzazioni hanno già cominciato a portare le persone in visita al relitto. Dalla fine degli anni Novanta, chiunque possa permettersi di spendere 36.000 dollari può noleggiare un sottomarino russo Mir (uno dei pochi in grado di raggiungere la profondità a cui si trova il *Titanic*) e vedere dal vivo il famoso transatlantico. La prospettiva di frotte di turisti in visita al delicato relitto fa sorgere però una domanda: la tecnologia subacquea si è forse spinta troppo in là?

Lo stato generale dei resti del *Titanic* preoccupa sempre di più la comunità scientifica: nonostante la scarsa quantità di ossigeno presente nelle acque fredde, a causa delle forti correnti che percorrono il fondale si è registrato un aumento della velocità di corrosione. Nessuno sa dire con certezza quanto tempo passerà prima che il *Titanic* finisca per scomparire. L'unico dato certo è che, dopo cent'anni, il relitto è consumato dall'ossido e la sovrastruttura è estremamente fragile. Inoltre, i batteri dell'ossido amano in particolar modo i ribattini che uniscono le passerelle alla chiglia della nave. «La cosa più probabile è che il relitto alla fine si sgretoli, magari tra cinque o dieci anni» spiega Charles A. Haas, scrittore esperto della storia del *Titanic;* quindi il passare del tempo può essere dannoso quanto l'aumento delle visite.

La cosa certa è che, dopo cent'anni, la gente continua a subire il fascino del gigantesco transatlantico. Alcuni hanno investito una fortuna, altri hanno rischiato la reputazione, se non la vita. Fin dalle prime immagini in bianco e nero, passando per quelle più moderne ad alta definizione per poi arrivare alle incredibili tecnologie che oggi consentono di riportarci indietro nel tempo e ricostruire l'accaduto, questa nave ci ha conquistati, e la curiosità per la sua storia, riscritta anno dopo anno da chi porta avanti le ricerche, non ci ha ancora abbandonati. Il relitto stesso è un monumento alla memoria di quelli che nel naufragio persero la vita.

9
I gemelli del «Titanic»

I grandi transatlantici Olympic, Titanic *e* Britannic *videro la luce nel primo decennio del XX secolo, quando le maestose imbarcazioni di quel tipo dominavano il mondo. Le tre navi, quasi identiche, conobbero un'esistenza insolita e una fine tragica. Si arrivò perfino a parlare di navi perseguitate dalla disgrazia. La fine del* Titanic *e dell'*Olympic *è stata esaustivamente documentata. Invece, si dovettero aspettare più di settant'anni prima che Jacques Cousteau e la sua squadra di intrepidi esploratori subacquei svelassero cosa accadde il 21 novembre 1916, quando la nave ospedale* Britannic *esplose misteriosamente e affondò in meno di un'ora, nel canale di Kea, nel Mediterraneo orientale. Si sperava che i resti rinvenuti dalla spedizione nel dicembre del 1975 potessero dare una risposta ai molti misteri che avvolgevano il naufragio e di poter così scrivere il capitolo finale del* Britannic *e dei suoi famosi gemelli, i transatlantici* Olympic *e* Titanic. *Ma il puzzle non poté essere completato fino agli anni Novanta.*

Nel 1910 l'ondata di emigranti diretti nel Nuovo Mondo trasformò i transatlantici in un buon affare. La dimensione delle navi che solcavano il Nord Atlantico era enorme. Gli armatori dell'epoca volevano spazio sufficiente per accogliere l'incessante flusso di passeggeri desiderosi di raggiungere gli Stati Uniti, ma pretendevano anche che le navi fossero lussuose. Sapevano che si sarebbero potuti arricchire con questi passeggeri, nonostante la situazione non sarebbe durata in eterno: la maggior parte degli emigranti non faceva ritorno ed effettuava un solo viaggio nella vita. La vera ricchezza, le entrate sicure, provenivano dai facoltosi passeggeri di prima classe che attraversavano regolarmente l'oceano per affari o per piacere. In quegli anni, per attirare questi clienti, le compagnie di transatlantici, come la Cunard Line e la White Star Line, si erano lanciate in una concorrenza feroce per costruire le navi più grandi, veloci e lussuose.

La rivalità nell'Atlantico

La Cunard controllava il traffico dei passeggeri nell'Atlantico ed era una delle compagnie più importanti al mondo. Come conseguenza della battaglia per mantenere questo primato e di fronte al timore delle autorità britanniche di perdere il controllo della flotta mercantile in favore dell'International Mercantile Marine Company del finanziere americano J.P. Morgan, governo e armatori si misero d'accordo per costruire due transatlantici veloci: il *Lusitania* e il *Mauritania*. La loro entrata in servizio nel 1907 rappresentò una minaccia per la White Star Line, la società che fino ad allora aveva vantato le navi più sontuose del Nord Atlantico. La sua flotta venne messa in ombra dalla presentazione del *Lusitania* e «per la Cunard ciò significò un grande vantaggio sulla White Star Line perché la sua nave era la più recente, la più grande e la più veloce a solcare i mari. Offriva più servizi di ogni altra nave al mondo e attirò ricchi e potenti di entrambi i continenti» racconta lo storico marittimo Eric Sauder. Il *Lusitania* e il *Mauritania* muovevano 30.396 tonnellate, misuravano all'incirca 232 metri di lunghezza, viaggiavano a una velocità massima di 26,4 nodi con una potenza di 70.000 cavalli.

Nel 1902 J. Bruce Ismay assunse l'incarico di direttore della compagnia White Star. Nel 1907, nel tentativo di rompere il predominio della Cunard, decise insieme a Lord James Pirrie di cominciare a disegnare le imbarcazioni più grandi e lussuose, smettendo di competere in velocità con i suoi rivali per concentrare gli sforzi solo sulla comodità, l'affidabilità e il prezzo dei viaggi. «Ismay e Lord Pirrie si preoccupavano esclusivamente di concepire grandi navi, di 45.000 tonnellate, che vennero definite classe Olympic, e che sarebbero state le più grandi del mondo, distinguendosi dalle altre» spiega lo storico navale e scrittore John Maxtone Graham. I nomi di queste grandi navi erano: *Olympic*, *Titanic* e *Gigantic*; a quest'ultimo venne cambiato il nome in *Britannic* dopo la catastrofe del suo fratello gemello.

Nel 1908-1909 nei cantieri navali Harland & Wolff, a Belfast (Irlanda del Nord), prese avvio la costruzione dell'*Olympic* e del *Titanic*. Era l'inizio dei supertransatlantici nonché la prima volta che due navi di quel tipo venivano costruite simultaneamente e nel medesimo cantiere. L'*Olympic* venne completato per primo. Fu varato nei cantieri di Belfast il 20 ottobre 1910 e impressionò per la sua grandezza e per la sua opulenza. Superando di 30 metri il suo più stretto rivale, al tempo si fregiò con orgoglio del titolo di nave più grande del mondo. In confronto, il *Lusitania* e il *Mauritania*, della compagnia Cunard, sembravano due navi giocattolo. Inoltre, al suo interno vantava un lusso e delle installazioni mai viste prima: palestra, bagni turchi, caffè parigini... tutto l'occorrente per attirare gli influenti passeggeri che viaggiavano con la Cunard. Tutto ciò si accompagnava a misure di sicurezza innovative, come le porte ermetiche elettriche, che ne fecero uno dei transatlantici più affidabili al mondo. Il suo viaggio inaugurale a New York fu un gran successo.

Il primo problema dell'*Olympic* si verificò durante il suo quinto viaggio, vicino a Southampton, quando si dirigeva verso l'isola di Wight. Mentre attraversava gli stretti canali di quel tratto, l'imbarcazione fu sorpassata da una nave da guerra, l'HMS *Hawke*, che finì per scontrarsi con il gigantesco transatlantico. La sua prua urtò un fianco dell'*Olympic*, danneggiando un gruppo di cabine di seconda classe. L'incidente avvenne all'ora di cena, quando la maggior parte dei passeggeri si trovava nelle sale da pranzo, e, per miracolo, non ci fu nessun ferito. «Incolparono l'*Olympic* dell'incidente sostenendo che navigasse troppo veloce. Ma in quella zona c'erano già stati altri incidenti fra transatlantici e navi da guerra troppo imprudenti che si avvicinavano eccessivamente senza badare al forte risucchio che trascinava le piccole imbarcazioni» spiega Maxtone Graham. Entrambe le navi risultarono inutilizzabili dopo l'insolita collisione. L'*Olympic* subì ingenti danni e gli ci vollero sei mesi prima di tornare operativo. Le riparazioni costrinsero il personale dei cantieri Harland & Wolff a ritardare la costruzione del *Titanic*. Il processo stabilì la colpevolezza dell'ufficiale al comando dell'HMS *Hawke* per non aver mantenuto la distanza sufficiente tra le due navi.

Nel gennaio del 1912, l'*Olympic* subì la perdita di una pala dell'elica di dritta e fu costretto a rientrare ai cantieri navali di Belfast per essere riparato e, ancora una volta, venne ritardata la consegna del *Titanic*. Risalgono a quei giorni, al marzo del 1912, le uniche fotografie dei due fratelli insieme: quando l'*Olympic* fu consegnato, attraccò al molo della White Star vicino al nuovo *Titanic*, e i fotografi, che seguivano le vicende di entrambe le navi, le immortalarono insieme.

La sfortuna del «Titanic»

Nel 1912, la fama di transatlantico di lusso del *Titanic* aveva raggiunto il mondo intero; ricchi e uomini illustri si affrettarono a ingrossare la lista dei passeggeri, ansiosi di essere i primi a imbarcarsi. Per assicurarsi che questi ospiti speciali ricevessero il servizio impeccabile che chiedevano, il presidente della White Star Line mise a punto una strategia unica: in vista del viaggio inaugurale, gran parte dell'equipaggio dell'*Olympic* venne trasferita al *Titanic* per accontentare i passeggeri; molti di loro avevano già navigato con l'*Olympic* e volevano essere serviti dallo stesso equipaggio e dagli stessi camerieri.

L'incidente dell'*Olympic* e dell'HMS *Hawke*, avvenuto l'anno prima, era stato presto dimenticato. Fino a quando, l'anno seguente, il suo fratello minore ebbe un incidente simile durante il viaggio inaugurale. Era il 10 aprile 1912 e l'*Olympic* si preparava a salpare da New York per un viaggio ordinario quando, all'altro capo dell'Atlantico, il suo gemello, il *Titanic*, mollò gli ormeggi. La storia di questo viaggio la si conosce fin troppo bene, ma un incidente in uscita da Southampton fu sul punto di cambiarne il destino: il *Titanic* ebbe molte difficoltà a lasciare il molo, ostruito da altri transatlantici, e, ironicamente, il suo viaggio inaugurale per poco non venne sospeso.

«Quando salpò, il *Titanic* passò troppo veloce vicino a due navi: l'*Oceanic* e il *New York*, che erano attraccate al molo, dove si stringeva il canale. Il *New York* ruppe gli ormeggi e navigò alla deriva a un metro dalla poppa del *Titanic* mentre uno dei sei rimorchiatori che avevano trainato il transatlantico rimase impigliato in una delle corde tirandola» racconta Maxtone Graham. Il destino evitò la collisione. Se si fossero scontrati, il viaggio inaugurale sarebbe finito con un semplice rammarico a Southampton, ma non andò così.

Superato l'incidente, il *Titanic* si diresse al porto francese di Cherbourg, dove giunse la sera del 10 aprile. Il giorno dopo salpò di primo mattino verso Queenstown, in Irlanda, dove si imbarcarono e sbarcarono passeggeri e corrispondenza, e si mise in rotta per New York. Il 14 aprile 1912 il *Titanic* andò incontro al suo destino urtando un enorme iceberg che lo fece affondare in meno di tre ore. A 750 chilometri di distanza, l'*Olympic* fu una delle prime navi a ricevere le disperate richieste di soccorso del suo gemello. Ma era troppo lontano per accorrere in suo aiuto.

La terribile sciagura del *Titanic* sciocco profondamente l'industria navale. L'*Olympic* fu ritirato dal servizio per apportargli alcune modifiche che lo rendessero più sicuro. Alcuni dei cambi che introdusse la White Star furono semplici concessioni per far sì che il pubblico non si sentisse a disagio dovendo viaggiare su una replica del *Titanic*. Le paratie stagne vennero prolungate di 10 metri per farle arrivare fino in coperta. Venne aumentato il numero delle scialuppe di salvataggio, misura di assoluta necessità, perché nel *Titanic* non ce n'erano state abbastanza per salvare tutti i viaggiatori.

Il terzo fratello: il «Britannic»

Lo scafo già in parte costruito della terza nave di classe Olympic subì le medesime trasformazioni. Oltre a varie migliorie interne, furono progettati e costruiti degli enormi bracci in coperta ai quali vennero agganciate quarantasei scialuppe di salvataggio. Ciascuna era lunga 10 metri, erano le più grandi mai viste prima e avevano spazio a sufficienza per trasportare tutti i passeggeri e l'equipaggio. Dopo rigorosi test e ispezioni, il terzo fratello della flotta era pronto per navigare, ma non prima di un'ultima modifica: «Gli cambiarono il nome originale di *Gigantic* perché suonava troppo pretenzioso ed era come sfidare la sorte. Queste ostentazioni passarono di moda con il naufragio del *Titanic*. E così, lo chiamarono *Britannic*» racconta Maxtone Graham.

Il *Britannic* fu varato il 26 febbraio 1914 con l'intenzione di unirsi alla rotta transoceanica dell'*Olympic*, ma la Prima guerra mondiale mutò per sempre il destino dei due fratelli gemelli del *Titanic*. Durante la battaglia i transatlantici furono impiegati per il trasporto delle truppe o come navi ospedale per rimpatriare i feriti in Inghilterra. La Marina britannica requisì i grandi transatlantici. Dapprima furono confiscati il *Mauritania* e l'*Aquitania*, della compagnia rivale, la Cunard. In seguito, fu l'*Olympic* a essere destinato al trasporto delle truppe. Nel novembre del 1915 toccò al *Britannic*. Siccome il transatlantico era ancora fermo nel cantiere navale, si decise di trasformarlo in nave ospedale. Equipaggiato con gli stessi lussi dell'*Olympic* e del *Titanic*, i suoi preziosi mobili e le opere d'arte furono sostituiti con attrezzature chirurgiche e letti per 3.300 pazienti.

Il *Britannic* entrò in servizio il 23 dicembre 1915. Dall'inizio dell'anno gli Alleati erano impegnati nella disastrosa campagna di Gallipoli.

Si tratta di una penisola situata sulla costa europea della Turchia, dove nell'aprile del 1915 era sbarcato un corpo di spedizione alleato (inglesi, australiani, neozelandesi, indiani e francesi) nel tentativo di prendere da terra il controllo dei Dardanelli, lo stretto che collega il Mar Mediterraneo con il mare di Marmara, e poi minacciare Istanbul. L'operazione fu un fiasco totale: le forze di spedizione rimasero bloccate nelle teste di ponte, assediate dai turchi, che le sottoponevano a bombardamenti e attacchi, e soffrirono più di duecentomila perdite. La missione del *Britannic* era quella di evacuare l'interminabile flusso di soldati feriti verso gli ospedali di Mudros, sull'isola greca di Lemno, nell'Egeo.

La zona rappresentava un grosso pericolo; era disseminata di sottomarini tedeschi appostati in silenzio, pronti a silurare navi sprovvedute. Ma c'erano anche molte mine sparse sott'acqua e per le navi era impossibile localizzarle. Di regola i capitani dei sottomarini tedeschi non attaccavano le navi ospedale, chiaramente riconoscibili, perché i trattati firmati fino ad allora lo proibivano. Entrambe le fazioni avevano ufficialmente aderito alla Convenzione di Ginevra, in cui si dichiarava che le navi ospedale erano protette da ogni attacco, a condizione che rispettassero certe norme. Più precisamente, oltre al personale medico della nave, potevano salire a bordo soltanto soldati feriti disarmati e dovevano cambiare le loro uniformi con i camici azzurri dell'ospedale.

Secondo alcuni storici, il *Britannic* disattendeva occasionalmente le disposizioni trasportando rinforzi medici militari da e verso il fronte. Sebbene ciò non rappresentasse una violazione diretta della Convenzione di Ginevra, il nemico avrebbe potuto facilmente fraintendere quelle operazioni. Nell'ottobre del 1916 un cittadino austriaco, mentre veniva rimpatriato dall'Egitto verso il suo paese natale, affermò di essere stato testimone del trasporto di soldati a bordo del *Britannic*. Giunto in Austria, non tardò a informare le autorità di queste possibili infrazioni alla Convenzione. Che fosse legato o meno a quella denuncia, fatto sta che il 21 novembre 1916 il *Britannic* affondò. La nave ospedale stava imboccando il canale di Kea per recuperare dei pazienti feriti in Grecia, quando, all'improvviso, una forte esplosione scosse la tranquilla alba. L'equipaggio corse alle scialuppe di salvataggio. Il capitano fece virare la nave verso la costa senza accorgersi che erano già state gettate in mare due scialuppe. Il risucchio generato dalle eliche in movimento le trascinò verso le lame distruggendole. Ci furono 1.036 sopravvissuti e soltanto trenta morti. Il *Britannic* affondò in soli quarantacinque minuti, di modo che sarebbero potute morire molte più persone; e la tragedia sarebbe potuta essere perfino maggiore se la nave sanitaria, invece di essere diretta a Mudros a recuperare i feriti, fosse stata di ritorno. «In quel caso, avrebbe superato di gran lunga il numero di morti del *Titanic*» indica Maxtone Graham. La White Star aveva perso il suo secondo transatlantico e un altro gigante dei mari si trasformava in leggenda.

Nonostante i miglioramenti apportati allo scafo della nave, il *Britannic* affondò in meno di un'ora, quasi tre volte più rapidamente del *Titanic* e, malgrado i sopravvissuti fossero stati tratti in salvo, le dicerie e gli interrogativi sul naufragio non si fecero attendere. Tutti si chiedevano perché fosse affondato così in fretta e, fatto ancora più importante, cosa avesse provocato l'esplosione iniziale. «Si diceva» spiega il consulente tecnico navale Bill Sauder «che fosse stato vittima di un siluro tedesco. Il *Lusitania* era affondato appena un anno prima. E, nonostante i tedeschi avessero promesso di non silurare altre navi, nessuno ci aveva creduto.» Inglesi e tedeschi si accusarono a vicenda. Il corrispondente del giornale «The Times» accusò la Germania di aver affondato il *Britannic* per liberarsi di una nave che avrebbe potuto imporsi come grosso concorrente nel traffico di passeggeri dopo la guerra. Berlino rispose insinuando che il *Britannic* trasportava personale medico militare contravvenendo alla Convenzione di Ginevra. «Inviarono un comunicato al "Times" dichiarando: "Non abbiamo affondato deliberatamente la nave ma sospettiamo che trasportasse parecchio personale militare a bordo". Fu sufficiente per suscitare molti interrogativi» segnala Simon Mills, scrittore e proprietario dei resti del *Britannic*.

La frettolosa indagine della Marina inglese fece poco per mettere a tacere le voci. Il rapporto finale dichiarava che gli effetti dell'esplosione potevano essere imputabili a un siluro, ma privilegiava l'ipotesi di una mina. Simon Mills commenta: «Il rapporto sul *Britannic*, se lo confrontiamo con l'indagine sul *Titanic*, non venne mai completato. I funzionari britannici incaricati di investigare la perdita della nave si scontrarono con molti problemi. I sopravvissuti furono dispersi e rimpatriati velocemente. C'erano pochi testimoni e il rapporto ufficiale pubblicato due giorni dopo era molto superficiale».

Nonostante la controversia, il naufragio del *Britannic* scomparve presto dalla coscienza popolare. L'imperatore austriaco Francesco Giuseppe I d'Asburgo-Lorena, marito della famosa imperatrice Sissi nonché il sovrano che aveva dato inizio al primo conflitto mondiale con la dichiarazione di guerra nei confronti della Serbia, era morto dopo quasi settant'anni di regno e i titoli dell'epoca si concentrarono su questo drammatico fatto. Bisognò aspettare più di sessant'anni prima che il *Britannic* tornasse a occupare le prime pagine delle riviste e dei giornali svelando i molti segreti che si era portato negli abissi.

Il destino finale dell'«Olympic»

A differenza dei suoi fratelli, l'*Olympic* navigò per quasi venticinque anni, tra il 1911 e il 1935. Nel maggio del 1918, durante la sua ventiduesima missione, l'*Olympic* divenne famoso per essere stato l'unico transatlantico capace di affondare un sottomarino tedesco. Per quanto incredibile possa sembrare, e nonostante la nave non fosse facilmente manovrabile, investì un sottomarino; l'affondamento fu il finale epico della sua carriera militare. Qualche mese dopo la Germania si arrese e l'*Olympic* ritornò sulle sue rotte commerciali abituali. Non riacquistò mai la fama precedente alla guerra, ma continuò a solcare gli oceani per parecchi anni ancora, con i suoi soprannomi: Il Vecchio Baluardo, Il Gran Signore del Nord Atlantico e Il Bastione. Ma il 15 maggio 1934 neppure lui riuscì a scampare alla maledizione dei gemelli del *Titanic*.

Aveva alle spalle più di vent'anni di attività, e il passare del tempo era visibile nella sua struttura e nei suoi macchinari. Il 15 maggio 1934, al suo arrivo a New York, l'*Olympic*, a causa della nebbia, urtò il battello-faro *Nantucket*; lo squarciò in due, distruggendolo e uccidendo i sette membri dell'equipaggio. L'incidente segnò la fine del transatlantico. Nel pieno della grande depressione, le compagnie White Star e Cunard, allora già fuse, decisero che la vecchia nave non era più redditizia. Nel 1935 abbandonò le sue rotte, dopo duecentocinquantasette viaggi negli Stati Uniti. La nave rimase ferma a Southampton sei mesi, finché in settembre fu ceduta per 500.000 dollari a Sir John Jervis, membro del Parlamento britannico, il quale, vittima a sua volta della depressione dell'epoca, la rivendette come ferraglia alla Thomas Ward & Sons Ship Breakers a Jarrow, in Scozia. Finì i suoi giorni smantellata per intero dopo che più di quattromilacinquecento oggetti dei suoi interni furono venduti all'asta. «Fu una fine umiliante per il transatlantico a suo tempo lanciato come il più grande del mondo» sottolinea Maxtone Graham. Oggigiorno, i resti dei magnifici interni dell'*Olympic* sono pezzi sciolti che arredano vari hotel inglesi.

Lo strano caso di Violet Jessop

Nel 1911 la giovane Violet Jessop, allora ventitreenne, cominciò a lavorare alla White Star Line come cameriera sull'*Olympic* e visse il primo incidente di questo transatlantico nei pressi dell'isola di Wight, durante la collisione con l'HMS *Hawke*. L'incidente non la scoraggiò minimamente e, in seguito, si arruolò sul *Titanic* come cameriera di prima classe. Come raccontò nelle sue memorie, era ansiosa di esplorare i vari miglioramenti apportati a questa imbarcazione rispetto alla sua prima nave. Il lusso del transatlantico, i suoi capolavori di ebanisteria irlandese e olandese e la lunga lista di nomi distinti tra i passeggeri di prima classe non la delusero. Ma non immaginava il tragico destino di tanta bellezza.

Violet Jessop ebbe fortuna: fu una dei settecento sopravvissuti del naufragio del *Titanic*. Più del doppio morirono nelle crudeli e gelide acque del Nord Atlantico. Maxton Graham spiega che la donna sopravvisse all'affondamento salendo su una scialuppa di salvataggio e che, all'ultimo momento, un ufficiale della nave le affidò un neonato abbandonato in coperta. Il mattino dopo Violet e gli altri sopravvissuti furono soccorsi dal *Carpathia*. «Quando giunse sulla nave ricomparve la madre. Si era salvata salendo su un'altra scialuppa. La madre si riprese il figlio ma non la ringraziò mai» racconta Graham.

Sorprendentemente, nel dicembre del 1915 la coraggiosa Violet Jessop si unì all'equipaggio del *Britannic*. Era sopravvissuta alla collisione dell'*Olympic* e al naufragio del *Titanic*; ciononostante, si presentò come volontaria e fu assegnata come infermiera alla terza nave della compagnia White Star. Il 21 settembre 1916, quando una forte esplosione fece tremare il *Britannic*, la donna si trovava in cucina; l'impatto la fece trasalire: «All'improvviso sentimmo un rumore assordante. Tutto il salone si alzò dalle sedie... Mi richiamò alla mente i ricordi non molto lontani della sciagurata notte del *Titanic*. La calma con cui affrontammo quanto stava accadendo mi lasciò un'impressione che mi ha accompagnato sempre» spiega nelle sue memorie.

Violet Jessop si gettò in mare e fu risucchiata dal movimento delle eliche del *Britannic*. Una scialuppa di salvataggio le urtò la testa, fratturandole il cranio. Stordita, l'infermiera cominciò ad andare a fondo ma, all'ultimo istante, sfiorò il braccio di un altro superstite che la riportò a galla. «Quando la mia vita era ormai solo un dolore convulso e soffocante, riemersi alla luce del giorno. Il mio naso sentì lo sciabordio delle onde. Aprii gli occhi di fronte a una spaventosa strage, che me li fece richiudere» ricordava nel suo libro.

Sopravvivere a queste due tragedie sarebbe stato sufficiente per rinunciare alla navigazione, eppure Violet Jessop si rimbarcò sull'*Olympic* dopo la fine della guerra, con il ritorno sulle rotte commerciali della nave, e riprese il servizio passeggeri nel Nord Atlantico. Nel 1950, a sessantatré anni, lasciò il mare e si ritirò lontano dalla costa, in un pittoresco angolo inglese, Great Ashfield, nel Suffolk, dove visse i suoi ultimi giorni, fino a quando nel 1971 morì colpita da un infarto. Ma prima, immersa in questo ambiente bucolico, Violet non poté sfuggire a un ultimo faccia a faccia con la maledizione del *Titanic* e dei suoi fratelli.

«Una notte Violet era in casa, quando il telefono cominciò a suonare nel bel mezzo di una forte tempesta. Si alzò e, quando rispose al telefono, una voce femminile chiese di lei. Quando si identificò, la donna le domandò: "Lei è la stessa Violet Jessop che salvò un neonato dal *Titanic*?". Lei rispose: "Sì, ma chi mi sta chiamando in piena notte?". La donna si mise a ridere e disse: "Io sono quella neonata" e riappese» racconta Maxtone Graham. «Dissi a Violet che forse si trattava di qualche bambino del villaggio che voleva farle uno scherzo. Ma lei mi rispose che era impossibile perché nessuno era a conoscenza di quella storia oltre a me. È uno di quei misteri che non potremo mai risolvere.»

L'affondamento misterioso

Il *Britannic* non riuscì mai a compiere un trasporto di passeggeri; navigò soltanto con a bordo truppe e feriti. E con le sue 48.158 tonnellate è ancora oggi il transatlantico più grande del mondo che riposa in fondo al mare. Per decenni i misteri che avvolsero il naufragio continuarono a intrigare gli storici marittimi. Nel 1975, quasi sessant'anni dopo la tragedia, il famoso oceanografo Jacques Cousteau decise di localizzare i resti della nave. Inizialmente, non riuscì a trovare il luogo del naufragio. «Non erano nel punto indicato dall'Ammiragliato. Divenne una vera e propria ricerca. Furono rintracciati a

12 chilometri dal luogo segnalato» spiega lo storico marittimo Eric Sauder. La confusione dell'Ammiragliato inglese sulla posizione del *Britannic* potrebbe essere stata accidentale, ma alcuni esperti sostengono che potrebbe essere stata anche intenzionale per continuare a tenere nascosto qualche segreto. Ma quale?

Quando Jacques Cousteau finalmente individuò il *Britannic* a 130 metri di profondità, appoggiato sul fianco destro, fu sorpreso di ritrovarlo in fondo al mare in un eccellente stato di conservazione. «Quando una nave affonda, comincia a deteriorarsi, ma il *Britannic* era rimasto intatto quasi come il giorno del naufragio» commenta Eric Sauder. Nei mesi seguenti la squadra di Cousteau usò la più recente tecnologia sottomarina per esplorare la nave fantasma. Quando si immerse nell'imbarcazione, scoprì gravi danni a babordo, vicino alla prua, appena sotto la coperta. Il grado e l'estensione del danneggiamento disorientarono alcuni esperti. Era molto più grande di quanto ci si potesse aspettare se fosse stato causato da una semplice mina o da un siluro, e così si cominciò a sospettare una seconda esplosione, questa volta interna alla nave. Questa ipotesi alimentò le voci secondo le quali il *Britannic* avrebbe trasportato armi per gli inglesi. Tuttavia, per lo storico marittimo Sauder si trattò semplicemente dell'effetto del colpo provocato dallo scontro con il fondo marino: la nave andò a sbattere con il muso e le lastre di acciaio si staccarono.

Tuttavia, la profondità della tomba marina del *Britannic* non permise a Cousteau di completare l'indagine sul naufragio. «A causa dei limiti tecnici dell'epoca Cousteau poté trattenersi soltanto cinque minuti sul fondo. Non è un tempo sufficiente per esplorare una nave di 270 metri in modo adeguato» afferma Eric Sauder. La squadra di Cousteau lasciò il luogo con più domande che risposte.

Nel 1995, sperando di trovare ciò che Jacques Cousteau aveva lasciato senza spiegazione, il dottor Robert Ballard, famoso scopritore del relitto del *Titanic* nel 1985, e il suo staff dell'Istituto oceanografico Woods Hole, tornarono sul luogo con uno spiegamento di attrezzature di nuova tecnologia: si munì di un sottomarino nucleare e due veicoli teleguidati che potevano esaminare contemporaneamente diverse parti della nave. Scese verso il relitto con i robot sottomarini e ne localizzò i quattro fumaioli, ma non lo esplorò all'interno.

Le telecamere filmarono dettagli inediti del gigante transatlantico. Diverse immagini rivelarono che molti oblò erano aperti. Allora, gli storici cominciarono a chiedersi per quale motivo fossero stati lasciati così e se questo avesse potuto favorire il rapido affondamento del *Britannic*. La spiegazione fornita da Simon Mills è semplice: «Il personale infermieristico lasciò aperti i finestrini per arieggiare le sale. Se fossero stati chiusi, forse la nave si sarebbe salvata». Anche per Bill Sauder questa situazione fu il vero motivo di un affondamento così rapido. «Tutti gli oblò aperti lasciavano passare tra una tonnellata e una tonnellata e mezzo di acqua al secondo. Il *Britannic* affondò di 1 centimetro ogni 75 tonnellate di peso aggiunto. Non dovettero affrontare solo i danni ma anche l'inondazione causata dagli oblò aperti» spiega.

Tuttavia, una prova sfuggì alla squadra di Robert Ballard: non riuscirono a trovare l'ancora a cui sarebbe stata assicurata la supposta mina colpevole della sciagura. Era la prova che avrebbe fornito una risposta concreta all'interrogativo più inquietante sul *Britannic*. Lo affondò una mina o un siluro tedesco? «La maggior parte degli studi si basa su documentazione storica invece di ricorrere ad analisi forensi sui resti. E, attenendoci alla documentazione, possiamo affermare che fu una mina» assicura Bill Sauder. Sulla stessa linea si collocano anche le conclusioni di Simon Mills e Maxtone Graham: «Il *Britannic* urtò una mina e affondò».

Nel 2003 Carl Spencer diresse la prima squadra che si introdusse nel relitto e documentò i resti del naufragio. Scoprì anche varie ancore di mine tedesche sul fondo del mare. A ogni nuova esplorazione, si aggiungevano nuovi pezzi al puzzle del *Britannic*. «Uno dei sommozzatori che entrò nella nave comprovò che, nel punto danneggiato dalla mina, una porta stagna non era chiusa bene e questo contribuì al naufragio» indica Eric Sauder. Un'imbarcazione come il *Britannic* poteva navigare con vari compartimenti inondati, ma non si riuscì a contenere l'acqua perché molti portelli stagni erano stati danneggiati e non si poterono chiudere.

Alcuni ricercatori credono che il mare non svelerà mai tutti i suoi segreti e che la verità sulle sorti del *Britannic* e dei suoi fratelli, l'*Olympic* e il *Titanic*, rimarrà avvolta da un manto di mistero. Altri ribattono affermando che la verità è risaputa; che le tre navi furono vittime sfortunate dell'eterna battaglia dell'uomo per domare l'implacabile mare.

FENOMENI INESPLICABILI

10

Piramidi: il mistero della loro costruzione

Da più di cinquemila anni, le colossali piramidi e i formidabili obelischi innalzati dai faraoni egizi affascinano il mondo intero. Questi monumenti rappresentano un tale prodigio della tecnica che gli archeologi e gli scienziati cercano ancora di capire come sia stato possibile costruirli. Per gli storici è davvero frustrante il fatto che gli antichi Egizi non abbiano documentato nulla al riguardo. Si conoscono tutti i dettagli di questa civiltà: si sa come aravano i campi, quali cibi mangiavano e come li cucinavano, ma non si è trovato nulla che spieghi come si siano costruite queste meraviglie architettoniche, considerate il più grande monumento del mondo antico e uno dei maggiori misteri di tutti i tempi. In questo senso, la dottoressa californiana Maureen Clemmons non concorda con la teoria sulla costruzione delle piramidi che praticamente tutti gli egittologi hanno sostenuto fino a ora: l'idea di migliaia di schiavi che hanno trasportato giganteschi blocchi di pietra su rampe di legno, sabbia e mattoni non le sembra molto credibile. La Clemmons ritiene che questo lavoro implichi uno sforzo di proporzioni troppo grandi per poter essere stato realizzato. Per questo motivo ha elaborato una sua ipotesi basata sullo sfruttamento del vento e ora tutta la comunità scientifica considera verosimile che i costruttori dell'Antico Egitto si siano serviti dell'energia eolica.

Gli antichi Egizi erano marinai e sfruttavano la forza del vento per navigare lungo il fiume Nilo. In effetti, fu in questa zona del pianeta che si utilizzò l'energia eolica per la prima volta, perché è qui che fu inventata la vela prima del 3500 a.C. Si crede che gli antichi Egizi furono il primo popolo al mondo a riuscire a servirsi del vento per far procedere le proprie imbarcazioni. Non è pertanto avventato pensare che potessero applicare la stessa tecnica della navigazione anche agli spostamenti sulla terraferma.

Nel 1997 la dottoressa statunitense Maureen Clemmons, convinta della veridicità di questa ipotesi, si oppose per la prima volta alle convinzioni tradizionali sulla costruzione dei grandi monumenti dell'Antico Egitto. Con tenacia esemplare, si fissò un obiettivo: dimostrare che quella civiltà aveva utilizzato il vento per realizzare i propri progetti d'ingegneria. In questo modo, ciò che era iniziato come un esperimento scientifico di importanza ridotta, ha percorso un lungo cammino di prove ed esperimenti fino a diventare una delle molte teorie avanzate riguardo alla costruzione delle grandi piramidi. Certo è che sollevare e spostare un masso di 11 tonnellate con il solo aiuto di un aquilone non è cosa facile, neppure con i materiali e le conoscenze attuali.

Un esperimento umile come punto di partenza

Maureen Clemmons non è né egittologa né archeologa, ma la sua passione per la scienza l'ha portata a ribaltare le impostazioni tradizionali con la sua tesi di dottorato. Per questo motivo, afferma chiaramente che «la teoria più diffusa è quella del lavoro manuale e dell'uso di rampe. Io sono convinta dell'intelligenza degli antichi Egizi e ritengo che si servirono di rampe e di lavoro manuale ma anche di aquiloni. Non credo che una cosa escluda le altre. Credo che la nostra ipotesi completi e rafforzi le teorie attuali».

Il primo problema per la dottoressa Clemmons fu quello di utilizzare nella pratica le congetture fino ad allora espresse solamente per iscritto. Nel 1997, attorniata da familiari e amici, sperimentò per la prima volta la sua teoria. Provò a sollevare un tronco di sequoia lungo 3 metri servendosi soltanto di due aquiloni e del vento californiano di Santa Ana. Si trattava di mettersi nei panni degli antichi costruttori delle piramidi: che materiali avevano a loro disposizione gli antichi Egizi? Quali tecnologie conoscevano? Se ci trovassimo nella loro stessa situazione, come utilizzeremmo gli elementi disponibili?

Gli antichi Egizi ricavavano i loro obelischi da un unico blocco. Erano pilastri sottili a forma di ago. Gli Egizi credevano nel carattere sacro di questi oggetti e li costruivano a coppie per i templi del dio-Sole. L'aspetto degli obelischi cambiò nel tempo: quelli slanciati del

Nuovo Impero sono molto diversi da quelli primitivi, più piccoli, costruiti secoli prima. Apparentemente, proprio come Maureen Clemmons e la sua équipe, cominciarono con obelischi di piccole dimensioni che pesavano circa due quintali.

In California, l'esperimento con i tronchi di sequoia fu un inizio umile, ma rappresentò il primo passo di un viaggio che sarebbe durato sette anni e la cui importanza sarebbe stata tale da far sì che una ricercatrice «non ufficiale» attirasse l'attenzione di altri studiosi, compresi ingegneri aeronautici di grande prestigio quali Hans Hornung, direttore del laboratorio aeronautico dell'Istituto di tecnologia della California (Caltech). «Inizialmente l'idea così stravagante della dottoressa Clemmons ci stupì ed eravamo restii a occuparci dell'argomento, ma lei stava semplicemente domandandoci se questa cosa fosse possibile» afferma. Maureen Clemmons fu molto insistente: «Feci un bel respiro profondo e riempii i polmoni d'aria. Sarò stata venti minuti senza respirare in attesa di una risposta... Ma alla fine vidi che stavano scrivendo equazioni su un tovagliolino di carta. Dissero che per sollevare un obelisco di 100 tonnellate erano sufficienti sei minuti e quarantasette secondi» ricorda.

Nel 1999, il prestigioso Istituto di tecnologia della California firmò un accordo con lei: era nato il Progetto Aquilone. Per affrontare uno dei più grandi misteri dell'antichità, la dottoressa Clemmons riuscì a riunire esperti di diversi settori: il dottor Mory Gharib, professore di aeronautica, Daniel Correa, supervisore per la costruzione, lo studente d'aeronautica Emilio Graff, lo specialista di spostamento di carichi pesanti Troy Chaput, la dottoressa Elizabeth Barber, esperta di tessuti e perfino un meteorologo della NASA, Edward Teets.

Il Progetto Aquilone

La Clemmons si proponeva di sollevare due obelischi e spostare pietre della stessa dimensione di quelle utilizzate per la costruzione delle grandi piramidi. Il luogo scelto per gli esperimenti fu il deserto del Mojave, nel sud della California. In primo luogo si constatò che gli obelischi, per il loro enorme peso e per la forma allungata, rappresentavano la sfida più grande. Il professore d'aeronautica Mory Gharib ci fornisce questa spiegazione: «In un oggetto con forma allungata, il centro di gravità non è necessariamente nel mezzo, per cui, quando si vuole sollevare un oggetto con queste caratteristiche, così grande e pesante, si presentano diverse difficoltà».

Il primo obelisco che i ricercatori decisero di sollevare pesava tre tonnellate e mezza, quindi più di quanto pesasse una delle normali pietre delle piramidi. Se l'esperimento fosse riuscito, si sarebbe poi provato con un obelisco tre volte più grande. Il primo passo fu quello di progettare un sistema di sollevamento stabile, sicuro e soprattutto corrispondente a ciò che gli antichi Egizi avrebbero potuto fare basandosi sulle conoscenze di allora. Si posero quindi due condizioni per il progetto: prima, doveva essere sicuro e, seconda, doveva essere qualcosa di possibile da costruire senza bisogno di alta tecnologia.

Nella pratica, quasi tutte le teorie si sviluppano a partire da una evidenza storica confermata a posteriori, ma in questo caso il processo avveniva in senso contrario. Il metodo è noto come «procedimento a ritroso»: le prime prove si realizzarono con materiali moderni che furono via via sostituiti da quelli che potevano avere utilizzato gli antichi Egizi. «Il procedimento a ritroso ha una certa logica, perché si sa che gli Egizi sapevano utilizzare la forza del vento per muovere le loro imbarcazioni e che nella fabbricazione degli aquiloni utilizzavano materiali come legno per il telaio, tela per rivestirli e corde per manovrarli. Il problema è che non possiamo essere certi del collegamento esistente» afferma l'egittologo Robert Partridge, presidente della Manchester Ancient Egypt Society.

Gli storici sanno che per gli antichi Egizi il vento era ben più che una parte della loro tecnologia: era qualcosa di magico. Amon, una delle divinità più importanti del pantheon egizio, rappresentava il vento. Nonostante questa importanza, i ricercatori del Progetto Aquilone ritengono che non si siano studiate abbastanza approfonditamente le prove a favore della teoria dello sfruttamento del vento per la costruzione delle piramidi. Fino a quel momento, egittologi e archeologi si erano mossi secondo una direzione prestabilita.

Aquiloni che funzionano da gru

A Tebe, capitale del Nuovo Impero, la dottoressa Clemmons lavorò con Colin Reader, archeologo e ingegnere specializzato in geologia presso l'Università di Londra. All'ombra dei grandi monumenti cercarono di mettere in relazione i risultati scientifici appena ottenuti con le tracce storiche e archeologiche che gli antichi Egizi lasciarono dietro di loro. Sul luogo, il suo scetticismo crebbe. «Devono aver avuto bisogno di un qualche tipo di aiuto, le nostre convinzioni sono molto forzate se ammettiamo che fecero tutto questo utilizzando soltanto la forza umana. Dove trovarono l'aiuto, che cosa utilizzarono... Questo non lo sappiamo. Però dobbiamo esplorare le strade, uscire nei campi, realizzare il lavoro pratico per vedere che cosa riusciamo a scoprire, perché da qualche parte deve esistere la risposta» spiega Reader riguardo al grande mistero della costruzione delle piramidi.

In Egitto, prima delle grandi piramidi, prima degli obelischi colossali, persino prima che i faraoni governassero il paese, era il vento a dare forma e vita al deserto: un vento forte che soffiava sempre nella stessa direzione. Come le stelle nel cielo e le piene del Nilo, il vento era una delle poche costanti della vita degli antichi Egizi. Il meteorologo della NASA Edward Teets ha analizzato i «modelli eolici» del paese e ha scoperto che si producono regolarmente secondo un ritmo costante di ripetizione annuale.

Considerando l'ubicazione del Mar Mediterraneo a nord dell'Egitto, i venti, soprattutto quelli da nordovest e nordest, divennero uno strumento importante per gli Egizi, perché le imbarcazioni a vela cambiarono profondamente il loro modo di viaggiare, commerciare e comunicare. Per questo motivo, fin da un'epoca molto antica, gli Egizi seppero fare uso di questo elemento naturale e servirsi della navigazione a vela per spostarsi da nord a sud. In senso inverso le vele non servivano perché era la stessa corrente del Nilo a spingerli. Eppure, nonostante la grande importanza del fiume, della navigazione a vela e del vento, la documentazione scritta al riguardo è davvero esigua, non ci sono testimonianze archeologiche e si conservano pochissimi dipinti su questo tema. Si sa però che gli antichi Egizi navigavano a vela e che deve essere esistita un'industria ad hoc.

Osservando le vele di un'imbarcazione, la dottoressa Clemmons osservò che forniscono una grande spinta e che letteralmente trascinano la barca sull'acqua. Nella sua ricerca, il punto interessante riguardante gli aquiloni è che questi non soltanto forniscono la spinta ma anche il sollevamento. Questo fatto la portò a lavorare in un'ottica tridimensionale. Nei laboratori di sperimentazione dell'Istituto tecnologico della California, i ricercatori calcolarono la dimensione delle pietre delle piramidi egizie, nonché la forza che si poteva produrre con diverse velocità del vento e con aquiloni di diversa misura. «Abbiamo utilizzato due sensori per misurare la posizione delle ali e un cavo principale per misurare la forza prodotta dagli aquiloni. La prima cosa che abbiamo osservato è che la forza necessaria per sollevare l'obelisco diventa costante quando è applicata verticalmente in tutto il procedimento. Davanti a un risultato che ci soddisfa, come questo, è facile essere portati a pensare che stiamo seguendo la strada giusta» ricorda Emilio Graff, studente di aeronautica al Caltech e membro dell'équipe di ricerca.

Ma uno studio teorico in laboratorio e la successiva sperimentazione sul terreno sono due cose diverse. Gli ingegneri aeronautici dimostrarono di sapere molto sui venti ma non sugli aquiloni. Per l'applicazione pratica fu necessario ricorrere a Tim Nelson, esperto di volo di aquiloni. Le prime prove non furono semplici e misero subito in evidenza che nel momento in cui un aquilone prende il vento e si spiega per la prima volta si sviluppa una forza improvvisa che può essere addirittura dodici volte superiore a quella normale. L'esperimento potrebbe pertanto risultare pericoloso. «Quanti uomini occorrono per sradicare un albero di grandi dimensioni? Il vento può farlo in pochi secondi. Quanta fatica ci vuole per rovesciare un camion cisterna? Per il vento è una questione di pochi secondi. È di questa forza che stiamo parlando» afferma Maureen Clemmons.

Fu questa incredibile forza del vento che si utilizzò per sollevare il primo obelisco. Un aquilone di nylon di 140 metri quadrati fu legato a un obelisco di 3,5 tonnellate collocato su una piattaforma. Una trama ben studiata di corde legata a un sistema di frenaggio e a un altro di pulegge serviva per esercitare trazione sul pesante obelisco. Si studiarono gli angoli per non sprecare nulla della forza del vento. La struttura avrebbe dovuto guidare la pietra fino a farle occupare il posto a lei destinato. Fino a quel momento, tutti i materiali usati nell'esperimento erano stati materiali moderni. La ragione di tale scelta era il procedimento a ritroso. In altre parole, si iniziò servendosi di mezzi conosciuti, per poi retrocedere verso quanto non si conosceva, utilizzando un elemento alla volta per essere certi di capire a che cosa potesse attribuirsi l'eventuale problema che si fosse presentato. Nella seconda fase, poiché gli antichi Egizi non possedevano né nylon né acciaio, i ricercatori utilizzarono materiali simili a quelli del progetto originale. È probabile che gli aquiloni fossero di lino e che tutte le intelaiature fossero di legno. Inoltre, c'erano corde che si sarebbero potute usare per tirare.

L'équipe utilizzò inizialmente un sistema di pulegge metalliche, ma presto se ne riconsiderò l'uso. Gli archeologi hanno registrato dati relativi a pulegge usate dagli antichi Egizi, generalmente dotate di tamburi o dischi molto resistenti in legno. Eppure esiste ancora un certo disaccordo sullo stadio di avanzamento che poteva essere stato raggiunto da tale sistema di pulegge. «Noi le usiamo come complemento meccanico, ma pare che gli Egizi le usassero come mezzi per deviare o cambiare la direzione della spinta, nonché per arretrare» afferma l'egittologo Robert Partridge.

Le teorie più accettate

L'età d'oro per l'innalzamento di obelischi nell'Antico Egitto si registrò nel periodo del Nuovo Impero, trentatré secoli fa. A quel tempo si innalzarono più di novanta obelischi per celebrare conquiste militari e onorare Amon-Ra, il dio-Sole. Il modo in cui queste pietre monumentali furono innalzate continua a essere un mistero e pertanto oggetto di dibattito per gli storici. L'interesse sta nel fatto che non ci sono giunte testimonianze scritte al riguardo e lo stesso vale per le piramidi. Non esistono indicazioni sul modo in cui furono costruite.

La teoria più accettata è quella dei pozzi di sabbia: gli obelischi erano introdotti in un pozzo di sabbia e quando quest'ultima era rimossa, essi scendevano fino a un piedistallo collocato sul fondo del pozzo. Alla fine, si ricorreva alle corde per metterli in piedi. In questo modo non si presentava il problema che l'obelisco cadesse liberamente esercitando tutta la pressione su quel punto, ma era invece assicurato con le corde e lo si faceva scivolare. Era un procedimento semplice e facile.

L'applicazione della pura forza bruta è la seconda teoria più accettata. Da una prospettiva tecnica, però, l'idea di migliaia di uomini impegnati a spingere non ha nessuna logica. «È inimmaginabile che tanti uomini lavorassero all'unisono per muovere e collocare al loro posto le pietre» sostiene il professor Mory Gharib insieme con molti altri storici.

Così come gli antichi Egizi fecero un passo avanti nel campo della costruzione su grande scala, l'équipe del Progetto Aquilone volle affrontare la grande sfida di aumentare la dimensione delle pietre e contemporaneamente «degradare» la tecnologia utilizzata fino a portarla a livello di quella posseduta dai faraoni. Pertanto, nell'aprile 2001, dopo quasi due anni di ricerche e molta progettazione, l'équipe della dottoressa Clemmons si preparò a innalzare un obelisco di 3,5 tonnellate. Si utilizzarono unicamente un ponteggio e un aquilone di 140 metri quadrati. Il meteorologo della NASA, Edward Teets, si occupò di controllare il vento. La sua opera era d'importanza cruciale perché per poter far funzionare tutto al meglio e senza problemi era necessario trovare il momento esatto in cui la corrente avrebbe raggiunto la velocità ideale di 24 chilometri orari.

Alla fine, i 3.500 chili dell'obelisco si sollevarono. Si era previsto che l'operazione durasse meno di un'ora, ma occorse molto più tempo e fu necessario provare una seconda volta. I mezzi di comunicazione seguivano lo svolgersi dell'esperimento con grande aspettativa e nella prova finale l'aquilone sollevò la pietra di 3,5 tonnellate in un tempo record di 25 secondi. Ma neppure per degli specialisti del XXI secolo la cosa fu così semplice come pare che fosse stato per gli antichi costruttori delle piramidi. Emilio Graff ricorda con soddisfazione questo primo grande risultato della primavera 2001: «Il dato ufficiale pubblicato sulla stampa fu che occorsero 25 secondi per realizzare l'operazione, una cosa impressionante se si pensa che si trattava di sollevare una pietra di 3,5 tonnellate fino a portarla a pendere dalla sua struttura come un pendolo».

La sfida dei materiali antichi

La scienza continuò a lavorare. La dottoressa Clemmons era convinta che le mancasse ormai molto poco per dimostrare che gli antichi Egizi avevano utilizzato il vento per erigere i loro enormi monumenti. Intervenne allora il supervisore della costruzione, Daniel Correa, per aiutare l'équipe a raggiungere il proprio scopo. Concentrati su una sfida ancora maggiore, dozzine di nuovi volontari si unirono all'équipe. Nei due mesi successivi, il campo di prova del deserto californiano del Mojave si trasformò in un grande cantiere. Al centro, il nuovo obelisco di cemento, tre volte più grande di quello precedente e pesante 11 tonnellate. La dimensione era comunque ancora ridotta in confronto agli obelischi originali che pesavano tra le 50 e le 455 tonnellate. In realtà, gli obelischi egizi erano di granito, ma poiché si tratta di pietra troppo cara per condurre un esperimento, si optò per il calcestruzzo armato.

Nel suo viaggio verso il mondo antico, l'équipe continuò a sostituire gradualmente questo o quel materiale moderno con altri disponibili al tempo dell'Egitto dei faraoni. Occorreva sostituire le pulegge d'acciaio a cuscinetti e gli aquiloni di nylon e far sparire qualsiasi traccia di tecnologia moderna. Si iniziò sostituendo il ponteggio metallico, perché gli Egizi non conoscevano l'acciaio e ovviamente non erano in grado di saldare i metalli. L'ipotesi più probabile è che abbiano utilizzato il legno. Anticamente si importava dal Libano legno di cedro e di pino e quindi l'équipe usò pali telefonici per fabbricare un ponteggio a forma di A, sostituendo l'acciaio della struttura. La sfida era che la struttura resistesse a una pressione di 11 tonnellate!

D'altra parte, gli studi archeologici dimostrano che gli Egizi utilizzavano corde di canapa. L'équipe dovette ricorrere a test di laboratorio per determinarne la resistenza. In primo luogo se ne misurò la resistenza alla trazione a secco e poi si provvide a bagnarle. I dati indicarono che queste corde, una volta bagnate, potevano essere efficienti con carichi simili a quelli sopportati dal nylon. In questo modo si evitava che i nodi si sciogliessero e che la corda si rompesse prematuramente.

Questo procedimento di viaggio a ritroso nel tempo suscitò in tutto il gruppo una grande ammirazione nei confronti degli antichi Egizi, un popolo che era stato in grado di sviluppare in migliaia di anni un sistema eccellente per il sollevamento delle pietre, che le macchine e la tecnologia moderne non hanno potuto uguagliare per efficacia e precisione. «Nessuno ha fatto una cosa del genere dopo di loro. Questo è il problema. Noi abbiamo perso totalmente la tecnologia e le capacità che loro possedevano» dice l'egittologo Robert Partridge.

Durante un viaggio in Egitto, l'analisi di un obelisco mai terminato che riposa ancora sul suo letto di roccia, abbandonato da un faraone sconosciuto, rivelò alcuni indizi all'équipe di ricerca. Se non si fosse fessurato, sarebbe stato l'obelisco più grande e pesante esistente al mondo. Era molto più largo di tutti gli obelischi fino a quel momento conosciuti e forse era il frutto di un progetto troppo ambizioso persino per quei formidabili costruttori che erano gli antichi Egizi i quali, a quanto pare, non riuscirono a trasportarlo. L'intera équipe di Maureen Clemmons si recò sul posto per esaminarlo. Erano certi che la ricerca sul campo, pur se su scala modesta, avrebbe permesso loro di conoscere alcune delle tecniche e degli strumenti per spostare un oggetto di dimensioni così grandi.

Pietre pesanti fino a 80 tonnellate

Altre teorie tradizionali sulla costruzione delle piramidi parlano di rampe e slitte per il trasporto di blocchi di pietra pesanti mediamente due tonnellate e mezza. I blocchi si facevano salire su un dispositivo costituito da slitte che circondavano la piramide oppure continuavano per un'unica e lunghissima rampa. I calcoli eseguiti indicano che per arrivare alla cima della Grande Piramide di Giza, tenendo conto del gradiente massimo ammissibile per una rampa, quest'ultima avrebbe dovuto misurare più di un chilometro di lunghezza e mezzo chilometro di larghezza. Un altro problema è che l'uomo può manovrare blocchi piccoli, ma la Grande Piramide è costruita con pietre enormi, alcune pesanti anche 80 tonnellate, che sfidano qualsiasi spiegazione ingegneristica. I criteri attuali, inoltre, non reggono quando devono fare i conti con i materiali del tempo. Quei blocchi enormi dovettero rappresentare un grandissimo problema per i costruttori di allora e non sappiamo come lo risolsero.

Le pietre rettangolari delle piramidi sono più facili da manovrare rispetto a un obelisco dove la forma geometrica implica uno spostamento del centro di gravità. A ogni modo, la grande sfida da superare è che le piramidi richiedono movimenti multipli e una precisione quasi impossibile da raggiungere. Il professore di aeronautica Moy Gharib riconosce che «dal punto di vista tecnico, le piramidi sono una sfida che va oltre le possibilità della nostra tecnologia».

Confidando nel fatto che il sollevamento dell'obelisco di 11 tonnellate avrebbe fornito ulteriori elementi per poter risolvere questo problema, l'équipe tornò al campo degli esperimenti nel settembre 2002. Era passato più di un anno da quando era stato sollevato l'obelisco di 3,5 tonnellate sfruttando la forza del vento. Per la prima volta si sarebbe utilizzata una combinazione di materiali moderni e antichi: l'aquilone era antico, le pulegge, invece, erano d'acciaio; l'obelisco era più grande e tutta la struttura era di legno.

Due esperti di aquiloni controllarono il tempo e la strategia. Secondo loro, la cosa migliore sarebbe stata quella di realizzare il tentativo dopo le tre e mezzo del pomeriggio, in quanto nel deserto californiano i venti sono più forti verso sera. Le prove non erano esenti da pericoli. Occorreva essere pronti e non lasciare nulla al caso. Per aiutare lo scivolamento della pietra, si lubrificò la slitta con grasso animale. I ricercatori, però, si pentirono di quest'idea quando la sabbia in sospensione si attaccò alla struttura, facendo aumentare molto l'attrito. Pur se non si trattava di un'équipe di novellini – con l'aiuto del vento avevano già sollevato un primo obelisco di 200 chili e un secondo di 3,5 tonnellate –, impararono che tutto può cambiare in un secondo. Mentre cercavano di dominare la forza del vento, una folata improvvisa spinse l'aquilone verso terra, proprio nella direzione in cui si trovava uno spettatore. Il tutto si risolse in un grosso spavento senza conseguenze, ma il rischio era troppo grande. L'enorme potenza del vento sommata alla straordinaria forza dell'aquilone aveva già causato un ferito durante le prove e l'équipe doveva evitare che la cosa si ripetesse.

I ricercatori si videro obbligati ad apportare delle modifiche al progetto e, ancora una volta, trassero ispirazione dal mondo antico. La dottoressa Clemmons tornò al suo tavolo da lavoro a consultare i geroglifici e lì trovò il pilastro di Djed. Si dice che questo pilastro, tradizionalmente associato al dio Osiride, aiutasse gli esseri umani a trasformarsi in esseri spirituali nell'altra vita. La parola *djed* significa stabilità. Nei suoi studi la dottoressa vide, nella larga base e nelle scanalature che sembravano una specie di capitello, un'applicazione pratica per la costruzione.

Sulla collina di Quartz, dove si realizzarono le prove, l'équipe si mise all'opera per fabbricare pilastri ispirati al pilastro di Djed, ma utilizzando pali del telefono. Gli uomini sostituirono tre pilastri affinché tutto il sistema fosse più autonomo nell'avvio e nella stabilizzazione. Inoltre si tesero due corde parallelamente alla direzione del vento in modo da essere sicuri che nessuno fosse in pericolo.

Prove che collegano due mondi

Nel maggio 2003, otto mesi dopo l'ultimo lavoro sul campo, si fece un nuovo tentativo, ma questa volta molte cose erano diverse. Ricorrendo nuovamente alla tecnica della retrospezione storica, l'équipe era più vicina che mai a stabilire una connessione tra il proprio progetto e il mondo antico. Il vento soffiava a raffiche che arrivavano a 50 chilometri orari e pareva un buon auspicio. Avrebbe aiutato a sollevare la pietra di 11 tonnellate, purché l'aquilone non cadesse, dato che non avevano mai fatto un tentativo in condizioni simili. Anche le modifiche apportate all'esperimento erano parecchie: l'obelisco era molto più grande, la torre era di legno e non d'acciaio, le pulegge, anch'esse di legno, erano prive di cuscinetti e al posto delle corde di nylon si stavano utilizzando due tipi di corde di canapa, intrecciate e ritorte. Gli unici materiali moderni formavano il freno della corda e l'aquilone, fatto di nylon ma con una forma che attirò molto l'attenzione dei critici.

Se gli antichi Egizi avevano utilizzato gli aquiloni, la questione era sapere come fossero fatti. La cosa più logica era che utilizzassero materiali molto semplici che, a loro volta, avrebbero permesso la costruzione di un aquilone molto semplice. I ricercatori optarono però per una soluzione alternativa, pur se ispirata alle scoperte archeologiche. Scelsero una forma che ricordava le ali sovradimensionate dell'uccello che adorna la cuspide degli antichi templi egizi. Somiglia, infatti, più a un aquilone che a un uccello e, agli occhi di questa équipe di ricercatori, dimostrava che gli antichi Egizi possedevano già conoscenze di aerodinamica. «Abbiamo osservato che l'apertura alare è piuttosto ampia, rispetto alla lunghezza del corpo dell'uccello, cosa che definiamo "rapporto d'aspetto". Queste ali sono quelle che più si avvicinano, durante il volo, ai 90 gradi» afferma Emilio Graff. In una raffigurazione egizia, i ricercatori intuirono un sistema di pulegge e otto uomini impegnati a tirare corde per far innalzare in cielo un aquilone. L'assenza di raffigurazioni di aquiloni nell'arte egiziana, secondo la loro teoria, non dimostra che questi non esistessero.

Si lavorò intensamente per tutto il 2003. In autunno l'équipe si trovò per la prima volta a dover osservare tempistiche precise: bisognava terminare il progetto entro la fine dell'anno, nonostante i continui contrattempi che si presentavano. Si dovette studiare il modo per eliminare l'attrito dei materiali e si decise di modificare i cuscinetti in legno. Era necessario che l'aquilone ricevesse un po' più di spinta, ma il vento troppo forte era un problema. La velocità del vento non doveva superare i 40 chilometri orari ma nel deserto californiano arrivava a 80 durante gli esperimenti. Non si poteva correre il rischio di avere un incidente: se la corda di canapa si fosse rotta, sarebbero occorsi più tempo e più denaro ma l'équipe non aveva né l'uno né l'altro. Il progetto non aveva fondi propri e gli esperimenti erano molto costosi.

La dottoressa Clemmons volse allora lo sguardo alla costa della California, cercando di trovare conferma ai principi della sua teoria nell'osservazione dei marinai di oggi. Sulle imbarcazioni moderne cercò indizi collegabili agli strumenti nautici utilizzati dagli antichi Egizi. Trovò un morsetto per fissare le corde la cui forma le ricordò qualcosa che aveva già visto nei geroglifici da lei studiati. Osservò che il sistema non solo serve per bloccare ma che, penetrando, produce pressione. Si convinse allora a fare un altro passo indietro per quanto riguardava la tecnica. Chiese che venisse prodotto per la corda un nuovo freno che divenne l'elemento fondamentale per il controllo del sistema di volo dell'aquilone. Tutti gli angoli furono levigati con attenzione per ottenere le stesse rifiniture del disegno originale.

L'idea si rivelò vincente quando si applicò sul campo, ma non tutti gli egittologi ne furono convinti. Molti specialisti si erano già dichiarati scettici riguardo all'interpretazione innovatrice dell'équipe di Maureen, che parlava di aquiloni dove loro vedevano solamente ali. Anche in questo caso si sorpresero. Secondo loro, il disegno a zig-zag dei geroglifici è soltanto il simbolo dell'acqua. «In realtà è un canale, ma somiglia molto a un morsetto. Credo che si tratti di un'ulteriore coincidenza più che di una vera connessione» afferma Robert Partridge.

Anche dopo che il tentativo di sollevare il grande obelisco di 11 tonnellate era fallito ben cinque volte, il morale era sempre alto. L'équipe della Clemmons proseguì la ricerca. Si lavorava sotto pressione perché restavano ancora tre mesi prima che scadesse il termine assegnato al progetto, ma Maureen Clemmons non volle cambiare nulla di quanto già stabilito. Si limitò ad aggiungere un'altra puleggia e il freno. In questo modo, si poté sollevare di qualche metro la pietra di 11 tonnellate utilizzando la forza del vento. Questo risultato, seppure parziale, riaccese il desiderio di continuare a provare. Restavano però le sfide più impegnative: dimostrare la connessione definitiva tra il progetto degli scienziati moderni e la tecnica più avanzata del mondo antico, e trovare un modo per convincere il mondo che tutto questo era già stato fatto cinquemila anni fa.

L'ultimo tentativo

Restavano da definire alcuni dettagli, come per esempio l'aquilone. Quando gli antichi Egizi sfruttavano la forza del vento per navigare, lo facevano utilizzando vele di lino. Come ultimo passo del suo processo di retrocessione nella storia, la dottoressa Clemmons sottopose alcuni campioni al giudizio di un'esperta di tessuti antichi, la dottoressa Elizabeth Barber. Voleva sapere che tipo di lino avrebbe dovuto utilizzare per fabbricare le vele. Alla fine optò per uno dei tipi più forti e compatti che esistono. Lo acquistò nel Garment District di Los Angeles e Ro Thall, fabbricante di aquiloni dell'Oregon, si occupò della costruzione finale.

In una prova preliminare *in situ*, l'équipe verificò che le corde di canapa appesantivano troppo l'aquilone di lino, ma non c'era tempo per altre prove. Fu un inconveniente frustrante e così, due settimane prima del termine, decisero di tornare a usare l'aquilone di nylon. «Quando abbiamo provato a usare quei materiali antichi non abbiamo avuto altro che problemi. Così è la scienza: quando si trova la risposta a una domanda, ne sorgono subito altre cinquanta che ti colgono alla sprovvista» osserva Emilio Graff.

Intralciati ancora una volta dalla mancanza di tempo e di risorse, i componenti dell'équipe decisero di ritornare al progetto sulla costruzione delle piramidi e concentrarsi sul trasporto e il sollevamento di una pietra di 2 tonnellate. Il vento, essenziale per poter dimostrare la loro teoria, non sembrava voler collaborare. Al contrario dei venti che in Egitto soffiano costantemente da nordovest, nel deserto californiano i ricercatori avevano a che fare con venti che cambiavano continuamente direzione e che durante le prove riducevano l'efficacia dell'aquilone. Eppure, nonostante questo funzionasse a metà, il blocco di 2 tonnellate si muoveva facilmente sui cuscinetti di legno. Fu la conferma dei precedenti esperimenti che la dottoressa Clemmons aveva realizzato con blocchi di cemento e aquiloni di piccole dimensioni. Far muovere una pietra, però, non è la stessa cosa che sollevarla: nelle piramidi, un errore avrebbe potuto distruggere il resto della struttura.

Si decise di costruire una piccola cornice a forma di A attorno a due pietre che costituivano la base di quella che sarebbe stata una piramide composta da tre blocchi. Gli antichi Egizi fabbricavano rampe con mattoni crudi. La rampa costruita dall'équipe, pur essendo di legno, era di consistenza simile, presentava una superficie morbida e nonostante la sua inclinazione fosse molto superiore ai 10 gradi che si suppone avessero le rampe degli antichi Egizi, la pietra di 2 tonnellate si mosse.

C'era a disposizione un solo giorno per la costruzione della minipiramide, mentre gli antichi Egizi impiegarono circa venticinque anni per innalzare la Grande Piramide. Stando ai calcoli eseguiti, collocavano una pietra ogni due minuti. «Noi siamo riusciti a trascinare una pietra di 2 tonnellate su per una rampa e a collocarla esattamente dove volevamo, sopra ad altre due pietre dello stesso peso. Siamo riusciti a costruire la piramide più piccola del mondo!» ricorda la dottoressa Clemmons. Ebbene, anche la Grande Piramide deve essere iniziata con tre pietre! La prova ebbe successo ma si sapeva che la sfida più grande doveva ancora essere affrontata.

Nel gennaio 2004, al limite del tempo disponibile, la tensione era altissima e la dottoressa Clemmons sapeva che tutto sarebbe dipeso dall'ultimo giorno nel deserto. Dopo numerose prove, questa volta l'obelisco di 11 tonnellate doveva sollevarsi a più di 3 metri da terra. L'ultima volta si era alzato di quaranta gradi soltanto, senza contare che durante l'operazione una delle pulegge si era rotta, la corda si era bloccata e l'obelisco era caduto a terra. In quell'esperimento, dopo avere osservato come e perché si era sbagliato, ci si rese conto che bisognava ripristinare le guide, collocare corde nuove, procurarsi pulegge più grandi che si potessero usare con questi materiali... Inoltre, avendo già verificato in laboratorio la resistenza del materiale antico, si decise che in questa occasione si sarebbe potuto utilizzare il nylon per la prova.

L'équipe era pronta perché sette anni di ricerche e di lavoro sul campo dessero frutto. Troy Chaput, specializzato nel trasporto di carichi pesanti, si occupò delle condizioni del vento che soffiava a raffiche: doveva arrivare a 32 chilometri orari per dare inizio alla grande prova. Come nel caso precedente, la magia avvenne, in realtà, tra i 38 e i 40 chilometri. Per questo motivo, quando l'obelisco iniziò a muoversi e a sollevarsi, tutti ne furono impressionati. In ventisette minuti l'obelisco si sollevò 3 metri dal suolo. L'ultima volta che aveva raggiunto questa altezza, il blocco era caduto. Ci furono momenti in cui il rumore prodotto fece pensare che la struttura avrebbe ceduto e che la conclusione sarebbe stata nuovamente disastrosa, ma questa volta l'obelisco continuò a sollevarsi per poi ruotare fino a giungere alla destinazione prevista. Dopo cinquantasette minuti l'obelisco si trovava perfettamente collocato alla giusta altezza, a più di 10 metri sopra il livello del suolo.

Questa pietra pesava 11 tonnellate e l'averla messa in piedi senza ricorrere alla tecnologia moderna, senza gru né altre apparecchiature, utilizzando soltanto il vento e un aquilone, permetteva al mondo intero di osservare, da una nuova prospettiva, la grandezza delle opere erette al tempo dei faraoni. Non si stava dimostrando che gli antichi Egizi lo avessero davvero fatto, ma che avrebbero potuto farlo. Questo era il punto più importante. «Tutto quanto si dice sulla perseveranza, sulla tenacia, sulla speranza e sull'immaginazione è molto importante. I miracoli non si possono compiere senza queste premesse» afferma Maureen Clemmons. Il lavoro era durato sette anni e si era realizzato con la collaborazione di cento persone. Si era iniziato costruendo piccoli monumenti e questo era servito da incentivo per ripetere gli esperimenti con blocchi più grandi.

La teoria dell'aquilone è in chiaro contrasto con il pensiero della maggioranza degli egittologi, ma avere dimostrato che funziona è una buona premessa perché possa essere considerata ortodossa in futuro. In fondo, non è più inverosimile di altre ipotesi. Anzi, la sua attendibilità è stata chiaramente dimostrata.

11
Il mistero del Triangolo delle Bermuda

Nel corso dei secoli, le innumerevoli leggende su navi che scompaiono misteriosamente sono state quasi sempre ambientate in un'area di circa 1 milione di chilometri quadrati, il cui perimetro ha per vertici il sudest di Miami, Puerto Rico e le isole Bermuda. Questa zona, conosciuta come «Triangolo delle Bermuda» dal 1964, quando il giornalista Vincent Gaddis intitolò così un articolo per la rivista «Argosy», ha ispirato storie e dicerie in tutto il mondo, perché è spesso associata a scomparse inspiegabili di navi e aerei. Già Colombo, quando la attraversò durante uno dei suoi viaggi, riportò sul diario di bordo di aver avuto problemi con le bussole e di aver notato strane luci nel cielo. Durante il XVI e il XVII secolo, gli esploratori europei raccontavano spesso di affondamenti inspiegabili e di navi che andavano alla deriva intatte ma senza equipaggio a bordo (quest'ultimo è un motivo ricorrente nelle leggende di naviganti e viaggiatori). Le spiegazioni di tali fenomeni, più o meno esotiche e pittoresche, si sono mescolate con teorie scientifiche tese a smentire tutte le speculazioni mitologiche o paranormali. Eppure, la gente continua a credere che in quest'area operino forze estranee e sconcertanti...

Il caso più conosciuto: la squadriglia 19

Il 5 dicembre 1945, l'equipaggio della squadriglia 19 si preparava a partire per un normale volo di addestramento: avrebbe dovuto percorrere circa 90 chilometri in direzione delle Bahamas e compiere un'esercitazione di bombardamento a bassa intensità su una nave affondata. Al comando della squadriglia c'era il tenente Charles Taylor, istruttore e pilota esperto con più di 2500 ore di volo all'attivo, accompagnato da altri quattro ufficiali alla guida dei bombardieri

Avenger. L'equipaggio di ogni aereo doveva comprendere anche un mitragliatore e un artigliere, ma Allen Cosner, uno degli artiglieri, chiese di essere sollevato dall'incarico: in seguito alcuni dissero che aveva avuto un presentimento. Le previsioni meteorologiche ufficiali della base aerea di Fort Lauderdale, in Florida, non erano allarmanti: il vento soffiava verso est a una velocità di 55 chilometri orari e si stava formando qualche nube in alta quota.

I problemi cominciarono due ore dopo l'inizio della missione, quando le condizioni climatiche cambiarono radicalmente. La bussola del tenente Taylor smise di funzionare e anche se egli riuscì subito a mettersi in contatto con il resto della squadriglia per chiedere verso che direzione si stesse dirigendo, non riuscì a ottenere una risposta certa. Il tenente Robert Cox, in volo sulla stessa zona, ascoltò per caso le chiamate di Taylor e cercò di guidarlo in direzione nord, mentre lui stesso si dirigeva verso sud per raggiungere la squadriglia. Ma sorvolando il sud della penisola e le Florida Keys in condizioni di massima visibilità, Cox non trovò traccia dei cinque bombardieri Avenger, e il segnale radiofonico della squadriglia 19 si faceva sempre più disturbato.

Anche un'unità di recupero della Marina captò una trasmissione radio tra i piloti della squadriglia, da cui emerse che almeno uno di loro era convinto che stessero volando nella direzione sbagliata. Gli operatori radiofonici sulla costa della Florida cercavano di stabilire un contatto con i piloti su tutte le frequenze, ma riuscivano solo ad ascoltare i cinque piloti che si preparavano ad affrontare la tragedia imminente. Nell'ultima comunicazione intercettata si sentiva il tenente Taylor ordinare agli altri di atterrare sull'acqua quando uno di loro fosse rimasto con gli ultimi quaranta litri di carburante, probabilmente pensando che se restavano uniti avevano più possibilità di venire localizzati in mezzo all'Atlantico. L'ultimo segnale dalla squadriglia 19 arrivò alle 19.04. Poi più nulla.

Pochi minuti dopo, la Marina statunitense mandò in cerca dei cinque aerei perduti un Martin Mariner con tredici persone a bordo, ma anche le comunicazioni con l'aereo di salvataggio si interruppero. L'equipaggio della S.S. *Gaines Mill*, un'altra nave che si trovava al largo di Cape Canaveral, diede notizia di una gigantesca palla di fuoco che cadeva lentamente nell'oceano, ma quando si avvicinò al luogo dell'incidente restavano solo alcune macchie d'olio sulla superficie dell'acqua. Dopo questa seconda sparizione, vennero dispiegate altre unità di recupero per «rastrellare» a fondo diversi settori dell'oceano, in cerca di qualsiasi resto degli apparecchi scomparsi. Non fu trovato niente. Nel giro di una notte, sei aerei e ventisette persone erano semplicemente «svaniti» senza lasciare alcuna traccia. E ancora oggi non sono stati localizzati.

Le ricerche andarono avanti per cinque giorni, fino alla sera del 10 dicembre 1945. Poi una commissione d'indagine cominciò a raccogliere registrazioni, trascrizioni, carte di volo, dati meteorologici e testimonianze personali nel tentativo di capire cosa fosse andato storto. Il 24 gennaio furono rese pubbliche le conclusioni che erano emerse: le cause principali della scomparsa della squadriglia 19 erano state «il disorientamento e la confusione del comandante della squadriglia, Charles Taylor».

Nel corso del tempo, il dossier sulla squadriglia 19 è stato riesaminato da militari, ricercatori o scrittori specializzati in enigmi paranormali, alimentando una leggenda senza la quale oggi probabilmente non parleremmo di alcun mistero del Triangolo delle Bermuda. La storia della squadriglia 19 diventò famosa per la portata dell'evento e per i fatti insoliti che l'avevano caratterizzata, ma non era la prima scomparsa misteriosa avvenuta in quella zona.

L'origine del toponimo e la crescita dell'interesse

Nel XIX secolo ci furono almeno tre avvistamenti di navi fantasma: navi da carico e mercantili che solcavano le onde senza nessun membro dell'equipaggio a bordo. Dal XX secolo fino a oggi sono scomparsi nel nulla aerei commerciali, militari e privati ed è giunta notizia di innumerevoli naufragi e incidenti aerei. Lo storico e scrittore Gian Quasar, una delle fonti più autorevoli per quanto riguarda il Triangolo delle Bermuda, nel libro *Into the Bermuda Triangle* («Nel Triangolo delle Bermuda») afferma che «si parla della scomparsa di circa venti aerei e cinquanta navi in tutto, ma la realtà è che oggi potremmo arrivare a contare fino a duecento aeronavi e addirittura duemila imbarcazioni».

Il Triangolo delle Bermuda non è un toponimo riconosciuto dalla geografia ufficiale, e nel corso dei secoli i navigatori gli hanno dato diversi nomi: è stato conosciuto come Mar dei Sargassi, Cimitero dell'Atlantico, Triangolo della Morte e Mare della Perdizione o del Diavolo. Fu solo dopo l'incidente della squadriglia 19 che giornalisti e scrittori cominciarono a mettere in relazione le antiche leggende con la storia più recente.

Nel 1950, l'agenzia Associated Press pubblicò un'inchiesta su buona parte degli incidenti inspiegabili avvenuti in quella zona e di lì a poco cominciarono a comparire molti articoli simili. Nel 1952, George X. Sand scrisse un articolo dal titolo *Il triangolo d'acqua* per la rivista «Fate», e negli anni Cinquanta quell'area acquisì anche il nome di Triangolo Mortale.[2] Il nome con cui oggi conosciamo questa porzione di Atlantico non verrà coniato fino al 1964, anno in cui il giornalista Vincent Gaddis fu il primo a parlare di «Triangolo delle Bermuda» sulla rivista «Argosy» e da lì la leggenda iniziò a circolare.

In quei giorni i mezzi di comunicazione diffondevano spesso storie di navi e aerei dispersi, ma pochi andavano a fondo per cercare di spiegare queste scomparse misteriose. Finché, nel 1974, Charles Berlitz scrisse *Bermuda: il Triangolo maledetto*, un libro che riscosse grande successo e vendette cinque milioni di copie. Berlitz suggeriva che i misteriosi incidenti fossero provocati dagli extraterrestri, dalla presenza di anomalie energetiche, o addirittura dal continente sommerso di Atlantide.

Nello stesso periodo il regista Richard Winner girò un documentario in cui parlava di «Triangolo Diabolico», dato che a suo parere il nome Triangolo delle Bermuda «ricordava più una luna di miele in compagnia della suocera o di un ex fidanzato». Winner metteva in discussione anche la forma geometrica dell'area, che secondo lui era in realtà un trapezio e non un triangolo. Il film raccoglieva le testimonianze di persone che raccontavano di strane alterazioni e tragedie inspiegabili, e diventò subito un cult tra gli appassionati del genere. Il Triangolo delle Bermuda e la sua storia centenaria si stavano già facendo largo nella cultura popolare.

Prime testimonianze di fatti inspiegabili

I primi navigatori ad attraversare l'Atlantico nel XV secolo temevano il passaggio in una regione chiamata Mar dei Sargassi, dove la notevole profondità, l'assenza di vento e le correnti circolari immobilizzavano le navi e favorivano la crescita di alghe simili a serpenti

[2] *Deadly Triangle*. Può essere tradotto anche come «Triangolo Assassino».

marini che terrorizzavano i marinai. Lo scrittore Gian Quasar afferma che già Cristoforo Colombo aveva riportato sul diario di bordo alcuni strani fenomeni che si erano verificati proprio in quella zona: in tre diverse occasioni la bussola aveva cominciato inspiegabilmente a segnare la direzione sbagliata, capitava che il mare si ingrossasse anche se non si alzava il vento, e, poco prima di arrivare nel Nuovo Mondo, Colombo aveva visto una luce levitare all'orizzonte (secondo molti storici si è trattato di un meteorite). Egli era indubbiamente un marinaio esperto, e il fatto che abbia lasciato testimonianza di questi episodi ci fa capire quanto possano essergli sembrati insoliti.

Non tutto il mondo considera però Cristoforo Colombo un genio della navigazione. Nel 1975 Larry Kusche, bibliotecario presso l'Università statale dell'Arizona, ma anche pilota commerciale e istruttore di volo, decise di indagare su sessanta dei casi più significativi che hanno avuto luogo in questa regione misteriosa e il risultato fu il libro *The Bermuda Triangle Mistery – Solved* («Il Triangolo delle Bermuda: mistero risolto»). Kusche sostiene che Colombo e i suoi uomini avessero notato gli strani fenomeni di cui parlano nei loro diari solo perché viaggiavano in un clima di insicurezza dovuto alle loro scarse conoscenze scientifiche: innanzitutto erano convinti che la Terra fosse piatta, e quindi che ci fosse il rischio di precipitare dai bordi. Inoltre, gli strumenti con cui si orientavano all'epoca (bussola e astrolabio) erano piuttosto imprecisi nelle misurazioni. In realtà tutta la teoria di Kusche si basa su un errore grossolano: ai tempi in cui navigava Colombo l'idea che la Terra fosse rotonda era già molto diffusa. E lo stesso Colombo ne era convinto, tanto da volersi cimentare nell'impresa di raggiungere l'India navigando verso ovest.

I marinai del XIX secolo chiamavano familiarmente questa regione la Tomba dell'Atlantico o il Mare della Perdizione, ed è vero che le Florida Keys sono una specie di cimitero per naufraghi e relitti dal XVII secolo ai giorni nostri. Uno dei primi casi anomali di cui ci è giunta notizia risale alla Guerra d'Indipendenza degli Stati Uniti. Nel 1780 scomparve la nave da guerra statunitense *General Gates*, ma nessuna nave inglese rivendicò mai il suo affondamento. Un altro caso significativo ebbe luogo nel 1840: la nave francese *Rosalie* fu ritrovata alla deriva con il carico intatto, ma senza alcuna traccia dei membri dell'equipaggio. In seguito Larry Kusche dimostrò che la *Rosalie* non compariva registrata in nessun archivio delle compagnie assicurative dell'epoca, fatto che ha portato molti esperti, compreso lo stesso Kusche, a credere che non fosse mai esistita. Trentadue anni dopo, la *Mary Celeste* fu ritrovata nelle stesse condizioni. All'interno era tutto in ordine, compresa la tavola ancora imbandita, ma i dieci marinai dell'equipaggio erano scomparsi lasciando il caffè ancora tiepido nelle tazze. In quest'ultimo caso, come spiega Kusche, «non si può parlare di un mistero strettamente legato al Triangolo delle Bermuda, dato che si è verificato a quasi cinque chilometri da lì». Resta il fatto che molti aerei e navi sono scomparsi senza lasciare tracce proprio in questa zona, e anche in tempi molto recenti. Ma anche per quanto riguarda questi casi reali e documentati negli archivi, le cause sono ancora tutte da chiarire.

Casi documentati

Nel corso degli anni sono state avanzate le ipotesi più svariate per spiegare gli incidenti nel Triangolo delle Bermuda: da cause naturali e scientificamente provate (uragani, terremoti sottomarini, navi obsolete ed errori umani) ad altre più fantasiose (serpenti marini, fenomeni elettromagnetici, fonti di energia provenienti da Atlantide o di origine aliena). L'opinione più diffusa nella comunità scientifica è che le sparizioni non nascondano in realtà alcun mistero. C'è però ancora chi pensa che dietro gli incidenti ci sia l'azione di forze estranee e sconosciute. Nessun governo, neanche quello degli Stati Uniti, riconosce l'esistenza di qualcosa di anormale in questa zona, e di fatto la Commissione per le denominazioni geografiche non riconosce neanche il nome «Triangolo delle Bermuda».

Una delle teorie più razionali sulle sparizioni nel Triangolo delle Bermuda (almeno per quanto riguarda le prime navi) consiste nel tenere in considerazione il fenomeno della pirateria. I Caraibi erano tra i campi di manovra preferiti dai più famosi pirati della storia, come Barbanera, Calico Jack (con le sue due piratesse) e Black Caesar. La zona costituiva uno dei passaggi diretti nelle rotte commerciali verso l'Europa, e in alto mare non c'erano regole. Alcune navi misteriosamente scomparse potrebbero essersi imbattute nei pirati che le hanno saccheggiate e hanno venduto i membri dell'equipaggio come schiavi o, peggio ancora, li hanno gettati fuori bordo. Molti storici propendono per questa spiegazione, come per esempio la professoressa Sarah Knott dell'Università dell'Indiana.

Durante il XVII e il XVIII secolo, anche la forte incidenza di malattie altamente contagiose trasmesse dagli schiavi che trasportavano potrebbe essere la causa della deriva di alcune navi. «Era abbastanza comune che sia gli equipaggi sia gli africani contraessero malattie come l'oftalmia, che provoca cecità. Esistono casi documentati di morti di massa sulle navi, e anche di marinai completamente impazziti e in preda al panico che preferivano buttarsi in mare piuttosto che perdere la vista per il resto dei loro giorni» afferma la professoressa Madeleine Burnside, direttrice della Mel Fisher Maritime Heritage Society, con sede in Florida. Ma né la pirateria, né le epidemie chiariscono le circostanze della scomparsa del *Cyclops*: si tratta di una nave carboniera della Marina statunitense che salpò dalle Barbados diretta a Norfolk (Virginia) il 4 marzo 1918 e non arrivò mai. Misurava più di 150 metri di lunghezza e trasportava 309 uomini. Stranamente, nonostante fosse una delle prime navi dotate di radio, non fece mai una chiamata di soccorso. La Marina sospettò che fosse stata vittima dell'attacco di un sottomarino nemico.

La presenza nell'Atlantico di un calamaro o di un polipo gigante è un'altra delle fantasiose teorie sorte anni dopo per giustificare la sparizione del *Cyclops* e di altre navi in circostanze simili e insolite. Nel 1896, alcuni ragazzi trovarono sulla spiaggia di San Agustin uno scheletro enorme (lungo circa 60 metri, secondo la loro testimonianza) e informarono subito l'Università di Yale. Gli scienziati dell'epoca dissero che i resti appartenevano a un polipo gigante.

Questo ritrovamento fece sì che nel 1918 la letteratura e i giornali parlassero di un cefalopode gigante che emergeva dalle acque per ingoiare le navi come fossero insetti; il «Literary Digest» suggerì che il *Cyclops* potesse essere finito tra i tentacoli di un animale del genere. Poco dopo venne fuori che lo scheletro sulla spiaggia di San Agustin era quello di una balena.

Può sembrare strano, ma il cosiddetto «calamaro gigante» non è una creatura mitologica. Si tratta in realtà dell'*Architeuthis*, un cefalopode che vive solo nel nordest del Pacifico, di cui fu trovato un esemplare vicino a Tokyo nel 2005: è un animale di grandezza considerevole (circa 9 metri di lunghezza) e reagisce in modo molto violento alla cattura. È vero che questi giganti del mare potrebbero affondare una piccola imbarcazione, ma i polipi più grandi delle Bermuda hanno dimensioni decisamente inferiori e vivono nelle zone rocciose della costa, non sui fondali sabbiosi come quello del famigerato Triangolo.

La teoria dell'attrazione di Atlantide

Un'altra teoria ancora più bizzarra di quella dei mostri marini vede coinvolta addirittura Atlantide, il mitico continente ricchissimo e abitato da un popolo estremamente avanzato che fu raso al suolo e sommerso (così scrive Platone) da una catastrofe di origine vulcanica. Resta da chiarire se sia esistito davvero e dove si trovasse, ma la storia di questo continente ha affascinato storici e ciarlatani, come per esempio Edgar Cayce, il celebre veggente che nel 1930 credette di aver risolto il mistero dopo essere entrato in contatto con l'anima di un Atlantideo durante una trance.

Cayce era convinto che il continente perduto si trovasse in fondo al mare, dove oggi sorge l'isola di Bimini, e profetizzò che nel 1968 sarebbe riemerso. Se quello degli Atlantidei era stato veramente un popolo così avanzato, anche le potenti tecnologie che aveva messo a punto dovevano trovarsi sul fondo dell'oceano: tra queste, secondo Cayce e i suoi seguaci, c'erano dei potenti cristalli utilizzati per creare energia. I sostenitori di questa fantasiosa teoria ritengono che si trattasse di sorgenti di radiazioni naturali che potrebbero in qualche modo danneggiare gli apparecchi radio e le bussole che si trovano nelle vicinanze. Ciò spiegherebbe le anomalie nei campi magnetici che sono state registrate nel Triangolo delle Bermuda, ma per molti quest'ipotesi rimane poco convincente.

Per i seguaci di Edgar Cayce, la prova dell'esistenza di Atlantide è il cosiddetto Muro di Bimini, una formazione rocciosa tanto regolare da sembrare opera dell'uomo. Il geologo Eugene Shinn, membro della U.S. Geological Survey (USGS), ha condotto ricerche in questa zona per più di trent'anni. A metà degli anni Settanta si dedicò allo studio del Muro di Bimini: prelevò alcuni campioni di roccia da diversi punti della formazione sottomarina e li analizzò per determinarne composizione, origine, ed età. Non trovò alcuna prova o indizio a sostegno dell'ipotesi che si trattasse di una costruzione realizzata dall'uomo.

Ovviamente, senza le prove dell'esistenza di Atlantide, l'ipotesi dei cristalli che emanano energia mandando fuori rotta le navi e gli aerei che passano vicino alle Bermuda rimane una fantasticheria. «La sola cosa che accomuna Atlantide e il Triangolo delle Bermuda è che sono leggende» afferma lo scrittore Richard Ellis, esperto del continente perduto.

La peculiare meteorologia della zona

C'è però qualcosa di più concreto dei continenti perduti che è anche una causa più verosimile degli incidenti in questa zona: si tratta delle particolari condizioni climatiche. Le intemperie, la nebbia e i venti si manifestano all'improvviso, cogliendo spesso i marinai alla sprovvista. Se si analizzano attentamente i bollettini pervenuti da Fort Lauderdale nel caso della squadriglia 19, si riscontra che prima del decollo il vento soffiava in direzione est, come spesso accade nel sud della Florida e nelle Bahamas, ma che durante il volo il tempo cambiò bruscamente.

È dimostrato che le tempeste in questi luoghi possono compromettere il normale funzionamento delle bussole magnetiche, proprio come accadde all'istruttore di volo Charles Taylor, la sera del 5 dicembre 1945. Di solito i piloti, in circostanze simili, tornavano in Florida volando verso ovest e orientandosi con il sole; inspiegabilmente Taylor non lo fece, anche se dalle registrazioni risulta che alcuni degli altri piloti, molto meno esperti di lui, tentarono di suggerirglielo.

Alla fine, le autorità stabilirono che la tragedia era stata provocata dal disorientamento e dalla confusione di Taylor. Qualche mese dopo, il 23 agosto 1946, in seguito alle pressioni esercitate dai familiari delle vittime, il pubblico ministero militare della Marina prese a riesaminare il caso, giungendo alla conclusione che le accuse mosse nei confronti del tenente Taylor erano ingiustificate e che i cinque aerei erano scomparsi per cause sconosciute.

Peter Leffe, investigatore di incidenti aerei, ha analizzato tutte le informazioni disponibili per ricostruire il volo della squadriglia 19 minuto per minuto. Le sue indagini hanno rivelato che i problemi avevano avuto inizio ancora prima che i cinque aerei decollassero. Il tenente Taylor, a capo della missione, quel giorno aveva chiesto di essere sollevato dall'incarico: il permesso gli fu negato, ma il volo partì in ritardo. Non si conosce con esattezza il motivo della sua richiesta; è possibile che non si sentisse bene o che soffrisse di qualche disturbo legato allo stress.

Nonostante le condizioni di salute non ottimali e la scarsa conoscenza della zona, Taylor era un aviatore molto preparato, con circa 2500 ore di volo alle spalle. Gli altri piloti, invece, avevano meno esperienza. L'itinerario stabilito prevedeva che volassero verso est per eseguire alcune esercitazioni di bombardamento, che poi proseguissero in direzione nord-nordovest e infine si dirigessero a sudovest, tornando così a Fort Lauderdale. La missione comprendeva anche un esercizio di navigazione aerea durante il quale dovevano fare a meno del collegamento via radio con la terraferma e basare i loro calcoli su tempo, velocità e distanza.

Un elemento fondamentale per la pianificazione di questi voli sono le correnti aeree predominanti, che se soffiano a favore dei velivoli ne aumentano la velocità. È probabile che la squadriglia 19, con il vento da sudovest a favore, si sia allontanata più del previsto. Erano partiti da meno di due ore quando Taylor cominciò a riscontrare i primi problemi: nella terza fase del volo, in cui dovevano viaggiare verso nordovest, il tenente forse scoprì che qualcosa non andava. In seguito la bussola smise di funzionare e l'istruttore di volo dovette usare l'orizzonte per orientarsi. Taylor vedeva la terra e probabilmente pensò di trovarsi sopra le Florida Keys.

Dalle conversazioni registrate emerge che Taylor si mise per caso in contatto con il tenente Cox, un altro pilota che sorvolava il continente. Taylor gli disse che pensava di essere sopra gli isolotti e che doveva trovare il modo di tornare a Fort Lauderdale. Mentre Cox volava verso sud per andargli incontro, il segnale emesso dalla radio di Taylor si faceva sempre più debole. Questo particolare lascia supporre con una certa sicurezza che Taylor si stesse in realtà addentrando sempre di più nell'oceano, allontanandosi così dalla stazione emittente; ciò accadeva perché in realtà stava sorvolando le Bahamas, non le Florida Keys, alle quali non si è mai neanche avvicinato. Gli operatori radio della costa, basandosi sui loro calcoli, stabilirono che la squadriglia 19 dovesse trovarsi nel mezzo dell'Atlantico. Le ultime trasmissioni intercettate collocavano lo squadrone a 230 chilometri dalla costa.

La confusione del pilota

Le trasmissioni radiofoniche tra i piloti della squadriglia 19 mostrano anche come le condizioni fisiche di Taylor andassero peggiorando e la confusione mentale fosse ormai tale da fargli sbagliare diverse volte il nome del suo aereo, chiamandolo MT-28 anziché FT-28. Continuavano a susseguirsi tragici errori. La stanchezza e la confusione sono un grave problema per i piloti, e se a queste si somma una limitazione del campo visivo o un guasto agli strumenti di navigazione si crea un disorientamento spaziale, con il rischio di cadere in picchiata per la perdita di controllo del mezzo.

Stando a quel che sappiamo sulla tragica vicenda, al tramonto i bombardieri Avenger stavano per rimanere senza carburante: allora Taylor stabilì che quando il primo aereo fosse rimasto col serbatoio quasi vuoto, sarebbero atterrati tutti insieme sull'acqua. Era evidente che le possibilità di sopravvivere erano piuttosto scarse, ma il regolamento militare obbligava i piloti a eseguire alla lettera gli ordini del comandante durante le esercitazioni, e a obbedirgli anche quando prendeva le decisioni sbagliate. Così lo seguirono tutti. Probabilmente Taylor optò per l'ammaraggio congiunto pensando che cinque aeronavi vicine fossero più facili da localizzare. Poi della squadriglia 19 non si seppe più nulla, dato che alle 19.04 tutte le comunicazioni si interruppero.

Poche ore dopo si persero anche i contatti con il Mariner mandato in cerca dello squadrone. Secondo le indagini di Peter Leffe, dopo essere decollato dalla Florida questo aereo si era diretto verso est allontanandosi dalla costa e scomparendo dal radar. Alcuni testimoni affermano di aver visto un'enorme palla infuocata precipitare nell'oceano. «Non capita spesso, ma un aereo pieno di cherosene altamente infiammabile può esplodere se, per esempio, qualcuno a bordo accende una sigaretta» spiega Leffe. Le indagini portano alla conclusione che non ci fu alcuna anomalia alla base del tragico incidente della squadriglia 19, ma piuttosto un insieme di imprevisti (condizioni meteorologiche avverse, disorientamento e malfunzionamento della strumentazione) che il pilota non fu in grado di risolvere.

Neanche la Guardia Costiera degli Stati Uniti è molto propensa a credere ai misteri paranormali, forse perché dalle coste della Florida ricevono circa venticinque richieste di aiuto al giorno, con una media mensile di settecento allarmi. La maggior parte degli incidenti dipende da errori umani (soprattutto persone che non sono capaci di navigare o lo fanno sotto gli effetti dell'alcol), da guasti meccanici o dalle particolari condizioni meteorologiche della zona. Come spiega Bart Hagemeyer, a capo del Servizio Nazionale di Meteorologia di Melbourne, Florida, in quest'area «entrano in contatto correnti d'aria calda e fredda che danno origine a tempeste tropicali e uragani. Spesso questi fenomeni si verificano all'improvviso, cogliendo di sorpresa meteorologi e navigatori più o meno esperti». Anche i tornado sulla superficie del mare sono piuttosto frequenti (circa cinquecento ogni anno), e possono provocare trombe d'acqua che al loro interno raggiungono anche i 300 chilometri orari. «Anche se si possono evitare, c'è sempre il rischio di finirci dentro alla minima disattenzione e, se accade, è facile che l'imbarcazione scompaia del tutto» dice Hagemeyer.

Secondo molti esperti, tra cui Peter Leffe, è certo che questi pericolosi e capricciosi fenomeni meteorologici incisero sulla tragica sparizione della squadriglia 19, soprattutto visto che in quegli anni non c'erano ancora i complessi sistemi elettronici di oggi. Prima che i cinque aerei partissero si registravano venti tra i 35 e i 40 chilometri orari e nubi a poco più di 700 metri di altezza. Ma più tardi, quella sera, il tempo peggiorò rapidamente e lo squadrone si ritrovò in mezzo a una burrasca. I tuoni e l'elettricità statica generata dai fulmini potrebbero aver causato sia i problemi con le comunicazioni radio, sia il malfunzionamento delle bussole, provocando il disorientamento della squadriglia 19, ormai in balia della tempesta. La maggior parte dei ricercatori pensa che il disastro fu causato dalla combinazione di condizioni climatiche avverse ed errori umani, come spesso accade negli incidenti alle Bermuda. Ciò non toglie che altre sparizioni ancora non del tutto chiarite possano avere cause differenti.

Il potere del mare

Il capitano John Willis uscì con la sua barca, la *Miss Charlotte*, il 2 maggio 1998. Il mare era calmo e, dopo aver navigato per un buon tratto, Willis si concesse un po' di riposo prima di mettersi a pescare. All'improvviso, la barca oscillò violentemente, e un'onda di dimensioni enormi lo scagliò fuori dal letto e fece capovolgere la *Miss Charlotte*, che andò a fondo. Le indagini successive rivelarono che questo incidente fu causato da un fenomeno conosciuto come «onda gigante». Le coste della Florida e i dintorni delle Bermuda sono noti per questi cavalloni imprevedibili che raggiungono altezze molto pericolose. Le onde comuni misurano circa 2 o 3 metri, ma ogni centomila onde normali ne nasce una che arriva fino a otto metri e ha un'energia quattro volte superiore alla norma; molte imbarcazioni non sono in grado di reggere il colpo.

Anche le forti correnti marine che attraversano il Triangolo delle Bermuda contribuiscono ad aumentare il rischio di naufragio. Il professor Arthur Mariano, dell'Università di Miami, afferma che la forza di queste correnti è sicuramente la causa di alcune misteriose sparizioni. Inoltre non bisogna dimenticare che fino a non molto tempo fa i marinai si orientavano guardando le stelle, la luna, il sole e gli astri. «Era facile che una nave finisse fuori rotta per l'azione di queste correnti,» spiega Mariano «se poi a questo disorientamento si aggiunge una tempesta in alto mare, è chiaro che le possibilità di naufragio aumentano considerevolmente.»

La corrente principale in questa zona è la Corrente del Golfo, una specie di autostrada liquida che muove acque calde da sud verso nord e da est verso ovest, attraversando il Triangolo delle Bermuda. È una corrente molto forte, con una velocità di circa otto chilometri all'ora ed esercita una pressione tale da creare vortici di breve durata ma di grande intensità che, come i tornado, creano difficoltà ai navigatori e generano onde notevoli.

Un'altra conseguenza di questi mulinelli oceanici è il fenomeno noto come dispersione turbolenta. Anche in assenza di una forte corrente, la dispersione turbolenta trascina in brevissimo tempo e per distanze considerevoli qualsiasi oggetto presente nell'acqua: questo fenomeno spiegherebbe le difficoltà nel ritrovare i resti di un incidente marittimo e nel localizzare i possibili superstiti. Nel giro di tre giorni, i resti possono finire in qualsiasi punto all'interno di un'area di 16 chilometri quadrati. La dispersione turbolenta costituisce una spiegazione scientifica al fatto che non furono mai ritrovati i corpi o parti degli aerei della sfortunata squadriglia 19. La teoria di Mariano su quell'incidente è che «i bombardieri Avenger caddero in acqua ridotti in frantumi dalla tempesta, e i loro resti affondarono rapidamente a causa della dispersione turbolenta».

Eventi paranormali

Per la comunità scientifica, il Triangolo delle Bermuda non nasconde alcun mistero e quasi tutti i fatti più o meno insoliti accaduti in questa zona si possono spiegare razionalmente e in termini scientifici. C'è però chi crede fermamente che nell'area ci sia qualcosa di anormale, anche se le teorie a riguardo spesso attraversano la linea sottile tra realtà e fantascienza.

Nel 1970 Bruce Gernon fu vittima di un incidente al limite del razionale che cambiò per sempre la sua vita. Era in volo sopra le Bahamas, quando entrò con il suo aereo in un banco di nubi di forma circolare. Gernon cercò di uscirne proseguendo dritto verso sud, ma gli sembrò di continuare a volare in cerchio senza trovare una via di fuga. «Poi vidi una specie di tunnel che attraversava le nubi e pensai che fosse una via d'uscita, ma appena riuscii a entrarci, accadde qualcosa di totalmente inaspettato: le stesse nubi formavano ora come delle frange che partivano dal cerchio centrale e ruotavano lentamente in senso antiorario» ricorda. Bruce Gernon calcolò di avere impiegato circa tre minuti a raggiungere l'uscita del tunnel. In realtà non ci mise più di venti secondi. Oggi è convinto si trattò di un viaggio «attraverso il materiale di cui è fatto il tempo» e per questo motivo ha chiamato la particolare nebbiolina in cui era entrato «nebbia elettronica».

La nebbia elettromagnetica descritta da Gernon era di un grigio strano e causava interferenze e problemi con l'attrezzatura elettronica e magnetica a bordo. Sostiene anche di aver percorso in soli tre minuti (il tempo che impiegò per uscire dalla tempesta elettrica) una distanza che in circostanze normali avrebbe richiesto mezz'ora di volo. La spiegazione che dà dell'accaduto si basa sul fenomeno noto come *wormhole*,[3] un'ipotetica connessione spazio-temporale tra regioni separate, che attualmente si cerca nel cosmo. C'è di più: dato che le bussole non funzionavano e i piloti erano disorientati, Bruce Gernon ritiene che la squadriglia 19 possa essersi imbattuta nello stesso *wormhole*, esattamente alla stessa ora, venticinque anni prima.

Il fisico John Hutchinson afferma di aver vissuto un'esperienza simile a quella di Gernon mentre conduceva delle ricerche nel Triangolo delle Bermuda. Hutchinson pensa che non sia l'intera area del

[3] Letteralmente «galleria di tarlo» o, in un linguaggio più tecnico, ponte di Einstein-Rosen.

Triangolo delle Bermuda a essere attiva, ma che ci troviamo davanti a una forza che si sposta in vari punti della regione. La maggior parte della comunità scientifica continua però a rifiutare categoricamente qualsiasi teoria che comprenda *wormhole*, viaggi nel tempo, nebbia elettronica o strani magnetismi.

Non è neanche previsto che il Servizio Meteorologico Nazionale degli Stati Uniti indaghi sulla nebbia elettronica. Bart Hagemeyer (uno dei responsabili più esperti) dice che sono già abbastanza impegnati con la nebbia normale, «un fenomeno reale e ben documentato che causa vere e proprie stragi quando navi e aerei si trovano a doverla attraversare» e il Triangolo delle Bermuda presenta le caratteristiche ideali per la sua formazione.

La nebbia compare quando l'aria si raffredda fino al punto di rugiada. Se si ha un fronte freddo sopra la Corrente del Golfo, che è calda, l'aria più vicina alla superficie arriva a quasi 25 °C, mentre quella più in alto rimane sui 10 °C, o anche meno. Questa differenza termica fa sì che si formi la nebbia rendendo quasi nulla la visibilità. In certi punti della costa orientale della Florida, la nebbia può essere molto densa e persistente, ma non ha niente di anormale e, per il momento, è l'unica che i meteorologi riconoscono.

Sfortunatamente, la mancanza di bollettini dettagliati e continui come quelli che si fanno oggi nelle stazioni climatologiche fa sì che non sia possibile determinare quanto la nebbia contribuì alla tragica fine della squadriglia 19. Secondo lo scrittore Gian Quasar il nesso è evidente, dato che la costa della Florida quella sera era coperta di nebbia e gli Avenger non disponevano dell'illuminazione per l'atterraggio. Quasar propone anche un'altra spiegazione: secondo le sue ricerche, la squadriglia 19 continuò a volare verso ovest, attraversò la costa all'altezza di Flagler Beach e finì per precipitare nella palude di Okefenokee, nel sud della Georgia. In alcuni fascicoli del Comando per il trasporto aereo americano compare una testimonianza secondo cui, alle 20.50 del 5 dicembre 1945, vicino alla palude di Okefenokee, furono avvistati cinque apparecchi non identificati. Anche nelle località di Jacksonville e Brunswick fu notato il passaggio di cinque aeronavi, e un Solomon individuò tra i quattro e i sei aerei che attraversavano la costa alle 19.00, mentre ancora c'era un contatto con gli Avenger. Per Quasar, molti di questi casi irrisolti, tra cui quello della celebre squadriglia 19, non sono stati studiati in modo abbastanza approfondito, nonostante episodi simili continuino a verificarsi.

Come nel giugno 2005, quando un Piper Aztec scomparve proprio nel Triangolo delle Bermuda. Si trattava di un aereo privato, e il pilota mantenne il contatto con un controllore di volo per tutto il tragitto. La Guardia Costiera della Florida mandò alcune navi ed elicotteri alla ricerca dell'aereo scomparso, mentre a tutti gli apparecchi che sorvolavano la zona fu chiesto di prestare attenzione a qualsiasi segnale ELT (trasmettitore di localizzazione d'emergenza) o, se le condizioni di volo erano adeguate, di cercare i sopravvissuti. Non furono ritrovati resti né superstiti, e dopo ventiquattro ore le ricerche furono sospese.

«Gli errori umani, le condizioni meteorologiche avverse, le avarie della strumentazione e altri fattori simili possono essere le cause del 90 per cento delle sparizioni in questa zona. Rimane però un 10 per cento di casi in cui nessuno ha saputo spiegare cosa sia accaduto o perché non furono trovati resti» dice il famoso ufologo e ricercatore Rob Simone.

12

L'Alaska e il suo Triangolo delle Bermuda

Molto lontano dalle calde acque caraibiche delle Bermuda, esiste un altro luogo tristemente celebre per il pericolo che comporta attraversarlo in aereo, una rotta inevitabile per chiunque viva da quelle parti. La zona ha una forma vagamente triangolare, ed è situata nel sudest dello Stato dell'Alaska, nell'area che va dalla costa del Pacifico al Canada. Una sparizione al mese, come media approssimata, le è valsa il soprannome, tra gli abitanti dell'Alaska, di Triangolo delle Bermuda del nord. Ma non sono soltanto gli statunitensi installati nella regione a parlare di queste sparizioni: anche gli eschimesi inupak da secoli raccontano di questi strani avvenimenti con tutta naturalezza. In questo vasto territorio sono comuni tra gli abitanti le storie e le leggende di vicini, familiari e amici che un giorno si sono imbarcati su un piccolo aeromobile e non sono mai più tornati a casa...

Questo è ciò che accadde a Kent, Jeff e Scott Roth, i tre fratelli di Jason Roth. Abituati alla vita in piena natura, fra le tundre, le montagne, i boschi e i fiumi dell'immensa Alaska, i Roth erano molto appassionati di caccia, pesca, sci e di qualsiasi altra attività all'aria aperta. I fratelli Roth avevano una sorta di rituale che compivano tutti gli anni. In primavera volavano dalla loro casa ad Anchorage fino a Yakutat, alla ricerca dei migliori fiumi, boschi e laghi in coincidenza con la stagione di pesca delle trote arcobaleno. La prima settimana di maggio del 1992 avevano un motivo in più per rispettare la tradizione. Scott Roth aveva perso un occhio l'anno prima e tanto i suoi fratelli come i suoi amici volevano essergli di sostegno aiutandolo a mantenere la stessa vita che aveva condotto fino ad allora. Così, organizzarono un viaggio a cui presero parte i quattro fratelli Roth e tre amici. L'unica differenza fu che quella volta Scott promise a sua moglie che avrebbe preso un volo commerciale, mentre i suoi fratelli e gli amici avrebbero pilotato due aeroplani.

Il viaggio di andata trascorse senza inconvenienti, ma il 2 maggio il tempo cominciò a guastarsi, così Jason Roth e uno degli amici decisero di tornare a casa con uno degli aerei da turismo, meno adatto al maltempo rispetto al Cessna 340 bimotore, collaudato in ogni condizione climatica dell'Alaska, che avrebbe pilotato al ritorno Jeff Roth. Il resto del gruppo, formato da Jeff, Scott, Kent e gli altri due amici, ne approfittò per godere di un'altra mattinata di pesca. Alle sei di sera decisero di rientrare ad Anchorage con il Cessna 340. Il viaggio sarebbe durato due ore e avevano combustibile per volarne tre. Dopo venti minuti di volo, Jeff si mise in contatto con la torre di Yakutat per trasmettere un messaggio di routine, dopodiché non si fece più risentire.

Strane coincidenze

Al calare della sera, le autorità dell'Amministrazione federale dell'aviazione (FAA) notificarono il ritardo dell'aeroplano alla famiglia Roth e informarono che a bordo viaggiavano cinque persone e non le quattro che si pensava. Tutti intuirono fin dal primo momento che quel quinto passeggero era Scott Roth, che probabilmente aveva cambiato il suo piano di rientrare con una linea aerea regolare come aveva promesso. La mattina seguente venne attivato il dispositivo di ricerca. La Guardia Costiera ispezionò la baia di Prince William, le Forze Aeree ripercorsero la rotta dell'aereo scomparso e la pattuglia aerea civile si incaricò di perlustrare montagne e ghiacciai. Per cinque settimane si passarono al setaccio 155.000 chilometri quadrati e, quando la ricerca ufficiale si concluse, diversi volontari continuarono le perlustrazioni aeree in cerca di qualsiasi resto o traccia dei cinque uomini dispersi. Nonostante fosse una delle operazioni di salvataggio più lunghe e costose degli ultimi tempi in Alaska, non trovarono nulla. Ancora oggi non si hanno resti dell'incidente.

Vent'anni prima si era verificato un altro eccezionale incidente in quella zona, proprio nello stesso corridoio aereo che utilizzarono i fratelli Roth nel maggio del 1992: il cosiddetto Victor 319, che attraversa il Triangolo dell'Alaska dividendolo in due. In quell'occasione, il 16 ottobre 1972, i dispersi furono due politici; uno era il capo della maggioranza alla Camera dei rappresentanti, Thomas Hale Boggs, la quarta persona con maggior potere nel governo degli Stati Uniti dopo il presidente, e l'altro era il promettente deputato quarantenne Nick Begich.

Boggs non era nato in Alaska e neppure vi risiedeva, ma aveva sempre avuto un legame speciale con la regione dopo avere appoggiato il progetto di legge che concesse all'Alaska la condizione di Stato dell'Unione. Siccome era il capo della maggioranza alla Camera dei rappresentanti, quel 16 ottobre Boggs stava accompagnando il deputato Begich durante la sua campagna per la rielezione come rappresentante dell'Alaska al Senato degli Stati Uniti. A differenza del veterano Boggs, con quindici legislature alle spalle e membro a suo tempo della commissione Warren, che nel 1964 si incaricò delle indagini sull'assassinio del presidente John F. Kennedy, Nick Begich era un principiante alle prese con l'approvazione di quello che forse è stato il progetto legale più importante della storia dell'Alaska: l'Accordo sulle rivendicazioni dei nativi, l'intesa più importante con gli indiani nordamericani firmata fino ad allora negli Stati Uniti. Riguardava 178.000 chilometri quadrati di terra e prevedeva un fondo di poco meno di un miliardo di dollari.

Alle nove del mattino, Begich e Boggs, insieme all'assistente Russell Brown, s'imbarcarono ad Anchorage su un bimotore Cessna pilotato da Don Jonz, un noto pilota locale di trentotto anni e con grande esperienza nelle difficili condizioni dell'Artico, ma conosciuto nella professione anche per la sua arroganza e la sua passione per il rischio. Dodici minuti dopo il decollo, Jonz fornì i dettagli del piano di volo alla torre di controllo e confermò che l'aereo era equipaggiato con i dispositivi di emergenza necessari. Fu la prima e ultima conversazione che venne stabilita con l'apparecchio. A mezzogiorno e mezzo l'aeroporto di destinazione, nella città di Juneau, annunciò il ritardo del volo. Sul momento nessuno si allarmò perché ritardi di quel tipo erano frequenti negli aerei di piccole dimensioni e perché, inoltre, gli occupanti dell'aeroplano erano nelle mani di un maestro degli atterraggi di emergenza come Jonz. Al calar della sera non si sapeva ancora nulla dei quattro uomini, e vennero dati per dispersi. Furono avvisate le rispettive famiglie e, data l'importanza dei politici, il fatto fu riportato da tutti i notiziari serali del paese e si mise in moto la maggiore operazione di ricerca condotta negli anni Settanta negli Stati Uniti.

Nonostante il maltempo, il ghiaccio e la neve nella zona, un Hercules HC130 delle Forze Aeree si mise in cerca dei dispersi, perlustrando tra le nubi in piena notte con i suoi sistemi a infrarossi. Nel frattempo nello stretto passo di Portage, a sud di Anchorage – da dove era giunto l'ultimo messaggio di Jonz e che è tristemente conosciuto dai suoi abitanti per l'elevato numero di incidenti aerei –, un'unità di fanteria con undici uomini cominciò a esplorare l'area a piedi. Inoltre, nel caso in cui il Cessna scomparso avesse raggiunto la baia di Prince William, le navi guardacoste pattugliarono le acque gelide, disseminate di iceberg, malgrado la probabilità di sopravvivere in acque con temperature inferiori ai 2 °C si stimava fosse di appena quindici minuti. Si adoperarono fotocamere e sensori di ultima tecnologia, al tempo ancora a uno stadio sperimentale. Addirittura, la pattuglia aerea civile dell'Alaska impiegò per la prima volta in un'operazione di ricerca e salvataggio un aereo spia segreto, l'SR-71, capace di fotografare la data di una moneta da 9.000 metri di altitudine. Non si risparmiò né sui mezzi umani né sulla tecnologia più avanzata in una grande operazione ordinata dalle più alte istanze del governo statunitense, viste le importanti cariche pubbliche ricoperte dai dispersi. Alle enormi risorse ufficiali si affiancò anche un gran numero di volontari civili che si misero alla ricerca, a piedi o con i loro aerei privati, di qualsiasi indizio. Ciononostante, non riapparvero neppure i resti dell'aeroplano.

A questo punto morto dell'operazione di salvataggio, cominciarono a spuntare piste stravaganti da ogni angolo degli Stati Uniti: da persone con sogni e premonizioni, passando per operatori radiofonici che registravano strane voci, fino a un veggente del lontano Kenya che assicurava di avere la visione di un aeroplano intatto ricoperto di fogliame disperso in qualche punto dell'Alaska. Ma, alla fine, dopo trentanove giorni di lotta infruttuosa contro la geografia e il clima, il 24 novembre 1972 la ricerca dei due politici fu sospesa. Un ufficiale di alto grado delle Forze Aeree finì per confessare quello che molti temevano: che probabilmente né il Cessna 310 né i suoi quattro occupanti sarebbero mai stati ritrovati.

Cospirazione o incidente?

Perché, malgrado i mezzi impiegati, né l'aereo né i corpi dei dispersi furono mai ritrovati? Qualcuno potrebbe pensare che fu opera di una forza paranormale che agisce sulla zona come nelle leggende del

Triangolo delle Bermuda. Tuttavia, le prove storiche vanno in una direzione meno esoterica. Quando avvenne l'incidente di Boggs e Begich, negli Stati Uniti stava prendendo corpo uno dei maggiori scandali politici del XX secolo, il Watergate, anche se il famoso caso, che costò la presidenza a Nixon, non scoppiò fino al gennaio del 1973. Thomas Hale Boggs sospettava che la Casa Bianca nascondesse qualcosa. Stando alle dichiarazioni del figlio, Thomas Hale Boggs Jr., suo padre in quei giorni era solito commentare che si avvicinava la fine di Nixon, tanto che, più di trent'anni dopo, è arrivato a chiedersi se veramente la scomparsa dell'aeroplano fu solo un incidente. Indubbiamente, come capo della maggioranza alla Camera bassa, suo padre aveva più di un nemico nelle alte sfere dell'amministrazione. C'è di più: nelle registrazioni che portarono alla caduta del presidente Nixon, questi non accennava a Boggs in termini propriamente amichevoli. J. Edgar Hoover, il direttore dell'FBI, ne aveva anche minor stima dopo che, il 5 aprile 1972, Boggs lo aveva accusato di usare metodi di vigilanza propri più della polizia politica di Hitler o di Stalin che di una democrazia moderna e ne aveva chiesto le dimissioni.

Casualmente, l'FBI fu l'unica agenzia di sicurezza federale che non seguì l'operazione di ricerca e salvataggio dell'aereo precipitato in Alaska. A ogni modo, per più di vent'anni nessuno fu in grado di dimostrare alcuna connessione tra quello sciagurato incidente e l'FBI. Nel 1992 le cose cambiarono grazie alla legge sulla libertà di accesso all'informazione, e si ottennero dati dall'FBI per un articolo sui vent'anni della scomparsa di Boggs e Begich. L'articolo fu pubblicato sulla rivista «Roll Call» di Washington. Grazie a questa inchiesta giornalistica spuntarono vari telex e lettere dell'FBI mai visti prima. Nel primo di essi si riportava che un gruppo di volontari civili muniti di apparecchiature elettroniche aveva rinvenuto dei possibili resti di un incidente, e che i loro rivelatori di calore indicavano che ci sarebbero potuti essere due sopravvissuti. Ma, inspiegabilmente, nessuno seguì questa linea di indagine nonostante le autorità fossero alla disperata ricerca di ogni minima traccia dei dispersi. Nel frattempo, l'FBI vagliò le piste più strampalate e improbabili che offrivano parapsicologi e veggenti. Ma, forse, più del materiale scoperto, è proprio quello che manca negli archivi dell'FBI, in merito all'incidente del 1972, a suscitare l'interesse maggiore. Sono scomparse le foto dettagliate dell'intera zona scattate dall'aereo spia SR-71.

La scomparsa di Nick Begich, il compagno di viaggio di Boggs, presenta parecchi dubbi anche per suo figlio Nick: «sospetti fondati sul modo di agire abituale del direttore dell'FBI Hoover» afferma, sicuro che l'agenzia investigativa occultò i telex ricevuti. Neppure egli si spiega come possano essere sparite le fotografie di una delle maggiori operazioni di ricerca e salvataggio della storia degli Stati Uniti. «Sfortunatamente, senza quelle immagini,» segnala «non si può appurare se ci sia stata la possibilità di ritrovare qualcuno in vita, così come lasciavano supporre le informazioni scoperte.» Non è neppure stato possibile rintracciare i testimoni della squadra di salvataggio, dal momento che i nomi dei partecipanti furono eliminati da tutti i documenti. Ciononostante, il materiale ritrovato presso l'FBI descrive con certa precisione il possibile luogo dell'incidente, una delle più vaste distese di ghiaccio dell'Alaska, a metà strada fra Anchorage e Juneau: il ghiacciaio Malaspina, che porta il nome del navigatore spagnolo che esplorò le coste dell'Alaska alla fine del XVIII secolo.

L'attrazione del ghiaccio

Un altro articolo giornalistico del 1972, scritto dal pilota Don Jonz per la rivista «Flying Magazine» può aiutare a fare un po' di luce sull'incidente del Cessna. Per una macabra coincidenza fu pubblicato nel numero di ottobre, proprio di fianco alle notizie sull'aereo scomparso da lui pilotato. Nel suo articolo, Jonz metteva in dubbio il ruolo del ghiaccio come fattore di rischio nell'aviazione e arrivava ad affermare che piloti «sufficientemente intelligenti, abili e astuti potevano evitare quasi al 99 per cento la minaccia del ghiaccio». Jonz cercò forse di dimostrare che lui possedeva tutte queste qualità?

Mike O'Neill, un altro pilota abituato alle dure condizioni climatiche dell'Alaska, percorse una rotta parallela a quella del velivolo di Jonz lo stesso giorno del suo incidente nel 1972. O'Neill ricorda che dovette elevarsi sopra i 3.600 metri di altitudine per «evitare le scariche di ghiaccio che possono destabilizzare il muso degli aerei piccoli. Rientra fra le possibilità che fu questo ciò che accadde a Jonz» assicura. Per la maggior parte dei suoi colleghi, l'articolo che Jonz pubblicò su «Flying Magazine» era un'arrogante dimostrazione di superiorità, per altri invece era solo un riflesso del suo sarcastico senso dell'umorismo. Ma è possibile che rischiasse tanto da rendersi colpevole di ciò che accadde al Cessna 310?

A ogni modo, anche se l'attitudine del pilota avesse in parte provocato l'incidente, rimane ancora da sapere dove siano i resti dell'aeromobile. E, ancor più importante, perché dopo più di trent'anni non siano ancora riapparsi. I nativi clicquot hanno una risposta a questa domanda: è opera dei *kushtaka*, spiriti maligni, metà uomo metà lontra. I *kushtaka* appaiono ai viaggiatori persi nei boschi e nelle acque sotto forme diverse – per esempio, quelle di un familiare morto da tempo –, riuscendo così a trascinare le persone nel loro regno.

Meno magica e soprannaturale di questa spiegazione ispirata alle ancestrali leggende della regione è la teoria secondo cui, probabilmente, i numerosi ghiacciai dell'Alaska avrebbero una colpa maggiore degli spiriti *kushtaka* nelle numerose sparizioni che si verificano nello Stato. I ghiacciai non sono propriamente blocchi di ghiaccio solido: al contrario, al loro interno presentano molte cavità ed enormi crepacci, che a volte raggiungono la grandezza di un edificio, capaci di «inghiottire» un aereo precipitato nella neve. A più di trent'anni di distanza, il movimento del ghiacciaio Malaspina – dove si pensa che cadde il volo di Boggs e Begich – può avere spostato i corpi a molti chilometri dal punto dell'impatto originario. Oppure, i resti potrebbero essere sepolti sotto tonnellate e tonnellate di ghiaccio e rimanere là fino a quando, tra molti secoli, il ghiacciaio li espellerà dalle sue viscere insieme agli iceberg che libera in mare ogni anno. E fino a quando ciò non avvenga, nessuno saprà con certezza perché quella mattina del 16 ottobre 1972 un aereo con a bordo due politici di Washington scomparve senza lasciare traccia.

13

Il Roswell russo

*Nel luglio 1947, un agricoltore di Roswell, nel Nuovo Messico, scoprì quelli che molti ufologi avrebbero classificato come resti di un disco volante, e il governo degli Stati Uniti come resti di una sonda meteorologica. Il ritrovamento divenne una pietra miliare della nascente storia dell'ufologia, e fu inizialmente conosciuto come «incidente di Roswell». A meno di un anno da quando questo evento aveva occupato le testate dei giornali e delle riviste di mezzo mondo, la base militare segreta Kapustin Yar, in Unione Sovietica, fu a sua volta testimone di un incontro con un oggetto volante non identificato. Un aereo da caccia Mig russo, che cercò di affrontarlo, fu attaccato dall'*UFO *e abbattuto: il pilota morì. I mezzi di comunicazione non hanno mai raccontato questa storia. Dietro la Cortina di ferro, negli ultimi decenni, si sono tenuti nascosti innumerevoli segreti, incidenti misteriosi con velivoli non identificati, combattimenti aerei e laboratori segreti dove si studiava la tecnologia extraterrestre... Alcuni di questi enigmi iniziano ora a essere rivelati pubblicamente. Per la prima volta, in Russia è possibile parlare con i testimoni degli avvistamenti e con scienziati esperti in ufologia che documentano, con immagini, fotografie e ricerche inedite di grande impatto, fatti che fino a poco tempo fa erano stati mantenuti nascosti dal servizio segreto del* KGB.

La base di Kapustin Yar fu costruita sotto la direzione personale di Stalin circa 90 chilometri a sudovest della antica Stalingrado e 750 chilometri a sud di Mosca. Battezzata inizialmente con il nome di Vladimirovka, è la più antica e più grande base di studi missilistici di tutta la Russia, nonché la più segreta e discussa degli ultimi sessant'anni.

Stando ai rapporti, il 19 giugno 1948 i controllori dello spazio aereo di Kapustin Yar rilevarono sul radar uno strano segnale proprio nel momento in cui il pilota di un Mig avvistava un oggetto argenteo di forma allungata a circa 10 chilometri dalla base. Il pilota comunicò per radio che una luce molto potente lo stava accecando. Si ritiene che ricevette ordine diretto dal comandante in capo delle Forze Aeree sovietiche, il maresciallo Pavel Zhigarev, di sbarrare il passaggio all'oggetto non identificato: il Mig lanciò un razzo che lo abbatté. I rapporti indicano che il pilota russo fu però colpito dalle armi dell'UFO che si trovava già a terra e precipitò insieme al suo Mig.

Bill Birnes, ufologo e editore della rivista nordamericana «UFO Magazine», ci dà la sua spiegazione dell'accaduto: «Gli extraterrestri probabilmente utilizzarono come arma un fascio di particelle, mentre il Mig attaccò con le armi allora a disposizione dei russi: mitragliatrici, razzi e i primi rozzi missili che riuscirono a danneggiare la protezione antigravità che probabilmente circondava l'UFO. Per questo motivo precipitò». Tuttavia, a differenza del celebre incidente di Roswell, questo evento non comparve mai sulle prime pagine dei giornali. Secondo Bill Birnes i resti dell'apparecchio non identificato furono portati nel laboratorio sotterraneo di Zhiktur e lì ebbe inizio il programma segreto di studio degli UFO in Unione Sovietica. Anzi, da quel momento i russi intrapresero missioni suicide durante le quali i piloti dei Mig dovevano abbattere qualsiasi oggetto non identificato che solcasse il loro cielo. L'obiettivo era quello di studiare la tecnologia avanzata delle astronavi extraterrestri.

Primi avvistamenti documentati

Dall'inizio degli anni Quaranta del XX secolo, periodo in cui fu costruita, la base di Kapustin Yar è stata circondata dal silenzio più assoluto. Si diceva che vi si inviassero i migliori ricercatori, scienziati e militari per sviluppare la tecnologia bellica più avanzata della Guerra fredda. Era anche il luogo in cui si sperimentavano diversi tipi di missili terra-aria o aria-aria, nonché missili che potessero essere lanciati dai sommergibili russi. La costruzione della base fu realizzata tanto segretamente che si provvide a evacuare il vicino abitato di Zhiktur per evitare che i suoi abitanti potessero essere testimoni di quanto accadeva a Kapustin Yar. In pratica, Zhiktur fu semplicemente cancellata.

Molti studiosi ritengono che il nome Zhiktur fu successivamente attribuito a un centro segreto di ricerche ufologiche situato sotto la superficie della base di Kapustin Yar, dove si pensa venissero conservati i resti degli UFO precipitati a terra, nonché i corpi degli equipaggi. L'ufologo Bill Birnes assicura che molti paesi possiedono centri simili – come l'Area 51 di Groom Lake, nel Nevada – dove la tecnologia degli UFO è custodita e studiata con il metodo dell'ingegneria inversa, allo scopo di poter riuscire a comprendere il funzionamento di tali apparecchiature.

L'incidente del 1948, tuttavia, non fu il primo in cui un oggetto volante non identificato abbia solcato i cieli sopra la Russia. Racconta Paul Stonehill, autore del libro *The Soviet UFO Files*, che già nell'anno 950, il viaggiatore musulmano Ibn Fatlan e la sua spedizione avvistarono nel cielo strani fenomeni: ne furono terrorizzati e questa loro paura fece sì che la gente del luogo, ormai avvezza ad assistere alle battaglie aeree tra oggetti non identificati, li deridesse. Nel secolo XVII, si moltiplicarono in Russia gli avvistamenti di UFO descritti da molti testimoni come «palle di fuoco a forma di cometa».

Uno degli episodi più famosi fu quello di Robozero, in cui un gigantesco disco arrivò fino a un lago della Russia settentrionale. Un testimone diretto dei fatti dichiarò che quel 15 agosto 1663 si udì nel cielo un grande fragore e a mezzogiorno, da un cielo perfettamente sereno, iniziò a scendere una grande sfera infuocata con due raggi appuntiti davanti a sé. Si muoveva da sud verso ovest e scomparve dopo avere percorso più o meno mezzo chilometro. Successivamente, però, tornò a Robozero e per circa un'ora e mezza rimase lì immobile e sospesa, terrorizzando tutti coloro che la vedevano. Il documento di questo testimone parla anche di pescatori scottati dall'acqua calda del lago o di pesci luminosi che fuggivano disperatamente dalla sfera infuocata.

Questo tipo di storie era molto comune sia nella Russia prerivoluzionaria sia nel resto dell'Europa.

Si calcola, infatti, che circa il 50 per cento degli UFO avvistati fosse di questo tipo sferico. Nel 1892 ebbe luogo un altro evento straordinario a Mosca. Questa volta la notizia fu pubblicata sul giornale «Svet», in data 17 marzo. Secondo un testimone oculare, si trattava di una colonna di luce a forma di cono, di colore analogo al consueto colore della fiamma e di considerevole lucentezza, quasi fosse un faro per l'illuminazione stradale. Il punto in cui comparvero i raggi restò immobile e i raggi rimasero visibili per venti minuti o poco più.

La distruzione di un bosco siberiano

Nonostante il fatto che, per diversi secoli, l'avvistamento degli UFO sia stato in Russia un fenomeno relativamente comune e diffuso, nessuno risultò tanto devastante come quello che nel 1908 causò la distruzione del bosco siberiano di Tunguska. Il 30 giugno, alle sette di mattina, la calma serena del bosco di Tunguska fu spezzata da un'esplosione assordante e distruttrice di forza equivalente a quella di una bomba all'idrogeno di 40 megatoni. Gli alberi saltarono in aria come fossero stuzzicadenti e gli effetti di questa esplosione si sentirono fino all'Europa centrale. Si registrarono addirittura variazioni dei campi magnetici terrestri.

Per spiegare questo strano incidente, si presero in considerazione diverse possibilità. In un primo momento si pensò che la distruzione di Tunguska fosse dovuta all'impatto con un meteorite gigante. Però non si trovò alcun cratere, né nel bosco né nei dintorni. Inoltre, lo strano oggetto aveva cambiato traiettoria e aveva volato in direzione contraria, cosa che i meteoriti non fanno. A oggi, nessuno scienziato ha fornito una spiegazione soddisfacente mentre, secondo gli esperti di fenomeni extraterrestri, esistono molte prove a sostegno della teoria secondo la quale il disastro di Tunguska fu causato dalla caduta di un apparecchio che stava realizzando manovre possibili solo presupponendo la presenza di una guida razionale. Si è pensato anche che gli UFO schiantatisi sul bosco fossero due.

Alcuni rapporti esaminati da studiosi come Paul Stonehill suggeriscono che lo stesso Stalin pensava che l'esplosione di Tunguska fosse stata causata dal lancio di armi sperimentali da parte di un oggetto volante non identificato. Stalin era molto interessato a sapere se questi oggetti venuti dallo spazio esterno potessero costituire una vera minaccia per l'Unione Sovietica, pertanto ordinò che alcuni dei suoi migliori scienziati si dedicassero a valutare il possibile pericolo e, al tempo stesso, a riprodurre queste astronavi aliene, a fini militari, a partire dai loro resti.

Uno degli scienziati russi più prestigiosi dell'epoca, Sergej Korolëv, si prefisse, come Stalin, di risolvere il misterioso caso di Tunguska. Korolëv, che sarebbe passato alla storia per essere il padre della corsa allo spazio sovietica, nonché il responsabile dello Sputnik, organizzò per proprio conto una spedizione a Tunguska. Sorvolando il bosco, Korolëv e il suo team scoprirono che i segni della grande esplosione erano ancora visibili. Il ritrovamento più sorprendente fu tuttavia rappresentato da frammenti metallici molto radioattivi che non avevano nulla in comune con quelli di qualsiasi altro asteroide o meteorite. Fu scoperta anche l'esistenza di un'area di circa 300 metri quadrati in cui non è più cresciuto assolutamente nulla; gli animali che vi entrano muoiono per l'elevata radioattività presente. È un'area che gli ufologi russi chiamano ora «Tomba del Diavolo» e che ritengono possa essere il risultato di un qualche elemento metallico radioattivo conseguenza dell'ipotetico scontro tra UFO, oppure della nave ammiraglia schiantatasi al suolo, come indica l'ipotesi dell'editore di «UFO Magazine», Bill Birnes.

Nonostante la somiglianza delle intenzioni, non ci sono prove che Korolëv e Stalin si siano incontrati prima della spedizione dello scienziato, pur se si ritiene che questi confessò a Stalin che i frammenti disseminati nell'area di Tunguska appartenevano a un UFO. I rapporti ufficiali del Partito comunista riportano però una versione molto diversa: il disastro di Tunguska fu causato da un meteorite gigante.

Sorge, comunque, un'altra domanda: dove sono stati portati i frammenti radioattivi raccolti da Korolëv? Bill Birnes e altri ufologi sostengono che anche i russi, come altri paesi, avevano un luogo in cui conservavano la tecnologia aliena, e questo luogo era Zhiktur, nei sotterranei di Kapustin Yar, base militare dotata di un sistema di altissima sicurezza. Ma che cosa facevano esattamente gli scienziati di Stalin con quei resti di UFO? Alcuni studiosi, tra cui il professor Fred Culick dell'Istituto tecnologico della California (Caltech, università collegata alla NASA) sostengono l'ipotesi che i resti siano stati studiati per impossessarsi della tecnologia necessaria per sconfiggere gli Stati Uniti nella corsa allo spazio e per migliorare la tecnologia bellica.

Tutto questo non può essere confermato con certezza, ma da alcuni rapporti dell'epoca si evince che sia Stalin sia il suo successore Chruščëv erano in contatto con i direttori del programma spaziale sovietico. I rapporti confermano anche che dai tempi della Seconda guerra mondiale, pochi anni prima dell'incidente del 1948, le massime autorità militari avevano dato ordine ai piloti degli aerei Mig di sparare su qualsiasi UFO incontrassero. Bisogna ricordare quanto importante fu la corsa allo spazio per stabilire la supremazia di un paese sull'altro durante la Guerra fredda: le conoscenze tecnologiche potevano quindi provenire da qualsiasi fonte, comprese le astronavi extraterrestri.

Lo spionaggio statunitense

Gli Stati Uniti non restavano indifferenti alle ricerche dell'URSS: con l'aumentare delle voci sull'attività svolta a Zhiktur, sia sui resti del disastro di Tunguska sia su quelli dell'incidente del 1948, la CIA si interessava sempre più a ciò che avveniva in quel luogo. Già nel 1950 alcuni agenti statunitensi parlavano degli avvistamenti di UFO in Unione Sovietica. Logicamente, l'interesse della CIA era rivolto anche allo sviluppo di tecnologie belliche da parte della Russia. La prima missione realizzata dall'aereo statunitense segreto U-2 fu quella di sorvolare e fotografare proprio Kapustin Yar.

All'inizio della Guerra fredda le attività svolte presso la base di Kapustin Yar comprendevano la costruzione e il collaudo di armi sofisticate, missili e razzi. Dopo la Seconda guerra mondiale, gli Stati Uniti erano in grado di miniaturizzare, in certa misura, le proprie armi, ma i sovietici non possedevano la tecnologia necessaria per produrre armi atomiche di piccole dimensioni e dovevano pertanto costruire grandi razzi che le trasportassero. Spiega il professor Fred Culick che ciò che inizialmente costituiva uno svantaggio diede ai russi una posizione privilegiata nella corsa allo spazio. Stanton Friedman, fisico nucleare e ufologo, assicura che dopo avere esaminato gli archivi segreti sovietici, ha avuto la conferma che «i russi fecero in diciotto mesi più progressi nel campo delle armi nucleari di quanto avessero previsto di fare nei cinque anni successivi. E questo nel 1951».

L'attività di Kapustin Yar non passò inosservata ai servizi segreti della superpotenza rivale. La prova che si trattasse di uno dei punti maggiormente controllati dalla CIA è data dai numerosi documenti declassificati relativi alla base sovietica. Non casualmente la prima missione dei famosi aerei spia U-2 fu realizzata qui. In questo modo si scoprì che Kapustin Yar non era soltanto un laboratorio in cui si studiavano nuove tecnologie, ma anche un campo di addestramento per le truppe specializzate che utilizzavano queste nuove armi.

Occorre dire che questo ordine generale dato agli aviatori russi di attaccare gli UFO che fossero entrati nel loro spazio aereo causò un incidente che non fu coperto dal consueto velo di silenzio, ma che fu reso pubblico: il cosiddetto «caso dell'U-2». L'acronimo UFO inglese sta per Unidentified – o Unknown – Flying Object, cioè oggetto volante non identificato. È stato considerato come sinonimo tecnico dell'espressione disco volante, ma non lo è; non ha necessariamente carattere extraterrestre, anzi, è certo che le autorità sovietiche si preoccupassero più degli oggetti volanti non identificati di origine terrestre, specialmente statunitensi, che di quelli venuti dallo spazio.

Nel contesto di questa politica di difesa aggressiva del proprio spazio aereo, il 1° maggio 1960, un missile terra-aria sovietico abbatté un oggetto volante non identificato che sorvolava Sverdlovsk, città situata a est dei monti Urali, ora tornata al nome di Ekaterinburg, famosa per essere stata teatro dell'assassinio della famiglia imperiale. Quell'oggetto volante non identificato risultò essere un aereo-spia U-2 decollato da Peshawar (Pakistan), con la missione di sorvolare il Mare di Aral e seguire una rotta che attraversava il nord dell'URSS, passando per i porti artici di Arkhangelsk (Arcangelo) e Murmansk, per poi atterrare nella base norvegese di Bodø.

Il pilota americano, Francis Gary Powers, appartenente alla CIA, riuscì a salvarsi lanciandosi con il paracadute e fu catturato. L'incidente, reso ampiamente pubblico da Nikita Chruščëv, provocò una crisi diplomatica internazionale, con proteste contro gli Stati Uniti anche da parte di Pakistan, Turchia e Norvegia che chiedevano che il loro territorio non fosse usato per simili missioni di spionaggio aereo. La conferenza al vertice tra i leader dell'Occidente e Chruščëv, convocata a Parigi nel mese di maggio, dovette essere sospesa e gli Stati Uniti, pur negando che l'U-2 avesse ordine di realizzare quel volo di spionaggio, nel tentativo di riappacificarsi con Mosca, propose di sospendere le missioni degli U-2. Chruščëv orchestrò molto bene la propaganda, organizzando un processo pubblico per il pilota Powers che fu condannato a dieci anni di carcere ma che, due anni più tardi, fu rilasciato in cambio della liberazione del colonnello Abel, famosa spia russa.

In altre parole, nell'ambiente della Guerra fredda gli statunitensi erano decisi a inviare i loro «UFO» nello spazio aereo sovietico e i russi a distruggerli senza tante storie. Ciononostante, gli Stati Uniti riuscirono a sorvolare l'URSS a sufficienza per ottenere un gran numero di informazioni. Stando a un documento congiunto di CIA, Forze Armate e Marina statunitense, la base sovietica di Kapustin Yar, a cui erano tanto interessati, occupava una superficie di 2.250 chilometri quadrati. Le fotografie aeree di quell'epoca rivelano che era dotata di almeno quattro lanciamissili, quattordici piattaforme di lancio, un radar di precisione, piste di atterraggio e molte altre apparecchiature aeree dalla funzione non identificata. Nonostante l'interesse e gli sforzi della CIA per scoprire i segreti di Kapustin Yar, con i voli degli U-2 non fu mai possibile capire se le strutture sotterranee fossero un laboratorio ufologico russo oppure no. Lo specialista Bill Birnes non ha dubbi e descrive il luogo come un lugubre laboratorio tipicamente sovietico, colmo di macchinari degni delle invenzioni dei fumetti e di hangar per il ricovero degli UFO incidentati sottoposti a ingegneria inversa da parte degli scienziati russi.

Lasciando da parte l'immaginazione dell'ufologo, è un fatto provato che nell'epoca stalinista, ma anche successivamente a essa, in URSS esisteva la febbre della costruzione di strutture sotterranee segrete. Dette strutture erano presenti in tutto il paese. Tatiana Pigariova, esperta della storia urbana di Mosca, documenta l'esistenza di una metropolitana segreta, utilizzata dai grandi gerarchi, che correva parallela alla metropolitana pubblica. Esisteva – e tuttora esiste ed è aperta al pubblico – una linea a uso esclusivo di Stalin che univa il Cremlino alla dacia di Stalin a Kuntsevo. Otto diramazioni di questa linea, a cui si continuò a lavorare fino agli anni Sessanta, sono ancora segreto di Stato, anche se si sa che uniscono il Cremlino agli edifici governativi delle Colline dei Passeri e proseguono fino all'aeroporto governativo di Vnukovo e fino a Ramenki: una città militare... sotterranea.

Un altro aspetto affascinante delle installazioni di Kapustin Yar sono gli strani tracciati presenti sul suolo che, osservati dall'alto, compongono motivi geometrici del tipo dei «cerchi nel grano». C'è chi afferma che furono proprio Stalin e Korolëv a trarre ispirazione dai disegni e dalle piramidi maya e a volere una disposizione strategica di diverse forme allo scopo di attrarre esseri di altri pianeti.

Nonostante la segretezza da cui erano circondate, queste ricerche potevano comunque essere state condotte anche a scopi propagandistici. Le autorità sovietiche non potevano perdere l'occasione di ostentare pubblicamente i propri successi scientifici. Il 4 ottobre 1957 fu lanciato con successo il primo satellite artificiale nello spazio. Era lo Sputnik. Soltanto quattro anni più tardi, l'URSS batté nuovamente gli Stati Uniti nella corsa allo spazio tra le due potenze, quando mandò in orbita il primo uomo, il famoso astronauta Jurij Gagarin. Dopo di lui ci furono la prima donna nello spazio, la prima passeggiata nello spazio e il primo incontro tra due navicelle, una situazione di vantaggio che durò praticamente fino al 1981.

La massima autorità russa in ufologia è un uomo così popolare che lo si conosce semplicemente per il suo cognome: Ajaja. Ha raggiunto il massimo della fama negli anni Sessanta e Settanta, quando non era espressamente proibito parlare di UFO, ma ancora non c'era totale libertà d'espressione. Ajaja si è recato più di una volta sul luogo dell'incidente del 1948. Non molto lontano da lì si schiantò un altro UFO nel 1961. Dopo avere realizzato diverse misurazioni dei campi elettromagnetici della zona, Ajaja assicura che l'area interessata ha la stessa forma del velivolo extraterrestre: un cilindro lungo 30 metri e largo 6. Se si misura l'energia della zona, si può osservare che è una fonte «strana e sconosciuta, positiva al centro e negativa sul bordo. Gli animali le girano attorno ma non entrano mai in questa specie di cilindro invisibile. Anche per gli esseri umani si osservano fenomeni peculiari: una lunga permanenza sul posto ha effetti sul battito cardiaco e produce uno strano senso di stanchezza» racconta. La versione di Ajaja su questo incidente è corroborata dagli abitanti delle zone vicine, come Shubenkiva Zoya, che quel pomeriggio del 1961 hanno potuto osservare da casa loro la grande sfera rossa che saliva e scendeva sul fiume Skoudnya.

Testimonianze di piloti e astronauti

Che rapporto potrebbero avere questi incidenti con Kapustin Yar? Non sono solamente la CIA o gli esperti statunitensi ad avere rilevato l'esistenza di un legame. Anche Ajaja crede che ci fosse in corso una specie di guerra contro i piloti russi che ricevevano l'ordine di difendere a ogni costo lo spazio aereo dell'URSS e di aprire il fuoco contro gli UFO in cui potessero imbattersi. Le testimonianze di maggiore impatto riguardo a queste presunte battaglie sono della famosa cosmonauta russa Marina Popovich che assicura di avere assistito a combattimenti tra UFO e aviatori russi. Nel 1964 fu testimone di come «l'istruttore di volo militare Alexander Capagan e uno dei suoi allievi precipitarono dopo l'attacco di un UFO» assicura. L'eroina russa afferma anche che nel 1980, durante una delle sue spedizioni segrete, avvistò tre luci sospette disposte a forma di triangolo.

Il caso della Popovich non è l'unico. Il colonnello Lev Mikhailovich, pilota nei voli di prova dei Mig, racconta di essere stato temporaneamente catturato da un UFO il giorno 7 agosto 1968. Quel pomeriggio stava eseguendo una virata a sinistra quando all'improvviso vide una luce che si avvicinava dall'alto. Era un disco di dimensioni considerevoli che iniziava a illuminarsi e lui ebbe appena il tempo di inclinarsi per evitare che un raggio di luce colpisse una delle ali. L'apparecchio sobbalzò e gli indicatori iniziarono a girare da destra verso sinistra. La cosa più strana fu che, quando atterrò, uno dei meccanici si accorse che l'ala toccata dall'UFO brillava e continuò a farlo per un'intera settimana, diffondendo nell'hangar in cui l'aereo era ricoverato una luce bianca che non scomparve fino a che si provvide a un lavaggio con cherosene. Piloti e ufologi raccontano che in altre occasioni erano gli UFO stessi a combattere tra di loro. Una vera guerra nei cieli della Russia.

Con l'aumento della frequenza di questi incidenti, di cui le autorità sovietiche erano informate tramite fonti militari e civili, il governo si sforzava sempre più di mettere a tacere i protagonisti, mantenere segrete le informazioni ufficiali e tenere la stampa sotto controllo. Stando a Vladimir Seminov, che lavorò ventisei anni per il KGB, in quel periodo l'agenzia di spionaggio russa preparò un rapporto ufficiale sulla faccenda. Noto come «l'incartamento blu» del KGB, il rapporto conteneva un'imponente raccolta di documenti scritti nell'arco di vent'anni: dalla metà degli anni Sessanta fino ai pieni anni Ottanta. Si tratta del rapporto ufficiale più completo su attività ufologiche che un governo abbia mai commissionato. Vi si citano migliaia di testimonianze di avvistamenti, incidenti e combattimenti tra UFO, tutti descritti con dovizia di dettagli e date. Ad esempio, «l'incartamento blu» parla di un avvistamento simultaneo occorso in una dozzina di città russe non lontane da Kapustin Yar, tra le dieci e le undici e mezzo della sera del 21 marzo 1990. In molti videro uno o due UFO e un testimone in particolare poté osservare uno di loro lanciare un raggio di luce verso terra.

La pressione di queste voci era così forte che molti studiosi ritengono che il KGB pubblicò il rapporto per fornire una risposta ufficiale, ma allo stesso tempo assicurano che non si tratta se non della punta dell'iceberg e che l'agenzia di spionaggio sovietica conserva molte altre informazioni al riguardo.

Anche la situazione politica interna giocò il suo ruolo. Se l'URSS non fosse caduta all'inizio degli anni Novanta, molti di questi incidenti non sarebbero stati resi noti, come accadde con gli inspiegabili errori che si verificarono durante le prove spaziali realizzate a Kapustin Yar. Stanton Friedman, fisico nucleare e specialista di UFO, dice che tra gli ufologi circola una storia secondo la quale negli anni Cinquanta e Sessanta quattro rampe di lancio esplosero sulle piattaforme della base di Kapustin Yar, perché gli extraterrestri si vendicarono del fatto che si sparasse contro i dischi volanti. Recentemente sono stati trovati filmati militari che mostrano immagini di due UFO sferici che si schiantano a terra il giorno 3 giugno 1960, vicino a Kapustin Yar, mentre tre militari fuggono per mettersi in salvo dall'onda d'urto. I memorandum dicono che nella zona si verificarono esplosioni su grande scala per almeno un'ora dopo l'incidente dei due dischi volanti e che una delle sfere localizzò e distrusse un deposito di combustibile. I resti dei due UFO furono immediatamente inviati al centro sotterraneo di Zhiktur.

Ma perché gli alieni dovrebbero interessarsi a noi? L'esperto Bill Birnes sostiene che la Terra è per loro «una specie di colonia sottosviluppata e così, analogamente al modo in cui superpotenze quali gli Stati Uniti e l'URSS risolvono i loro contrasti in paesi terzi, gli UFO vengono sulla Terra per combattere tra di loro per le nostre risorse».

Molti ufologi si chiedono anche per quale motivo l'URSS mantenne un rigoroso silenzio sui fatti relativi agli UFO. Il figlio del presidente Nikita Chruščëv, Sergej, che trascorse molti anni a Kapustin Yar in qualità di ricercatore, imputa questo atteggiamento al potere repressivo del governo di Stalin: «In quel periodo mettevano la gente in prigione» dice.

I tempi di Stalin, della Guerra fredda e della corsa allo spazio sono passati, ma apparentemente il territorio russo continua a essere un'area in cui i fenomeni legati agli UFO sono particolarmente presenti. Nel 1989 si vide un altro UFO precipitare a terra nelle vicinanze di Kapustin Yar. Nel 1997, i resti di un UFO caduto in Polonia furono trasportati fino a quella leggendaria base. Nel maggio 2005, Kim Murphy, corrispondente a Mosca del «Los Angeles Time», pubblicò un articolo sulla sparizione completa di un lago di quella zona avvenuta in poche ore; i testimoni raccontarono che tutta l'acqua sparì come se al centro del lago fosse stato aperto uno scarico. E l'elenco degli eventi misteriosi documentati non finisce qui...

Negli ultimi anni, con il governo di Putin, l'informazione sugli UFO in Russia non è più disponibile come prima. Per l'ufologo Bill Birnes, la spiegazione è la seguente: il presidente Putin sta nuovamente innalzando una cortina d'acciaio attorno a Kapustin Yar per impedire che cadano in mani private i numerosissimi e preziosi dati ottenuti con le ricerche ufologiche condotte nella vecchia Unione Sovietica, dalla fine della Seconda guerra mondiale in poi. Come nel passato, la base russa torna ad ammantarsi di mistero.

14
Il mistero dei cerchi nel grano

All'inizio degli anni Ottanta comparvero nei campi di cereali del Wiltshire, nel sud dell'Inghilterra, alcuni cerchi che sembravano essere stati disegnati, anche se era difficile immaginare come. Sembrava che qualcosa si fosse posato delicatamente sul seminato ruotando in senso orario, e lo avesse schiacciato. Da allora esplose il fenomeno dei crop circles *o cerchi nel grano. Gli agricoltori continuavano a trovare questi strani segni nei campi di grano, avena, orzo, colza e anche di patate e, negli anni seguenti, le figure divennero sempre più complesse. Il fenomeno dilagò, e queste formazioni cominciarono ad apparire nei campi di tutto il mondo; ce ne sono più di diecimila documentate e fotografate in trenta Stati diversi. Si va da semplici disegni geometrici a composizioni complesse e create con grande cura, che pian piano hanno catturato l'attenzione di mistici e scienziati. Le teorie su chi o cosa potrebbe esserne l'artefice sono molto varie: per alcuni sono messaggi lasciati da extraterrestri giunti sul nostro pianeta, per altri si formano a causa dell'azione di microonde e fenomeni meteorologici, altri ancora li considerano scherzi di qualche teppista con aspirazioni artistiche.*

Il mistero dei cerchi nel grano è ben noto agli agricoltori di tutto il mondo. Questi disegni, con un diametro che varia da 60 centimetri a più di un chilometro, sono comparsi negli Stati Uniti, in Canada, Bulgaria, Ungheria, Giappone, Paesi Bassi, ecc. Di solito si tratta di figure geometriche, con decorazioni più o meno complesse, ma mai casuali. Inizialmente erano semplici cerchi, ma col tempo sono diventate figure sempre più elaborate: cerchi tangenti ad altri cerchi, o connessi da un asse, linee parallele inclinate... La vera domanda è: da dove vengono? E la risposta ha dato luogo ad accesi dibattiti, soprattutto a partire dal 1989, quando furono trovate centinaia di formazioni di questo tipo sparse per tutta l'Inghilterra. Il fenomeno diventò così popolare che perfino la famiglia reale britannica e il gruppo rock dei Led Zeppelin (oltre ai giornali di tutto il Regno Unito) dimostrarono un certo interesse ed espressero la loro opinione in merito. Comunque, secondo alcuni esperti, le prime manifestazioni del fenomeno risalgono a diversi secoli fa.

Primi indizi e speculazioni

Sono state ritrovate antiche cronache riguardo a strane formazioni che comparivano di notte all'improvviso. Nel Medioevo le chiamavano «cerchi degli gnomi» o «cerchi delle streghe». «A quei tempi la gente metteva sempre in relazione i cerchi con eventi notturni, per questo li attribuiva all'opera di fate, gnomi o streghe, creature che escono solo al chiaro di luna» spiega George Bishop, esperto del Centre for Crop Circle Studies (CCCS), in Gran Bretagna.

Tra i documenti più antichi che attestano il fenomeno c'è un'immagine disegnata sulla roccia da un aborigeno australiano migliaia di anni fa. Osservandola con attenzione, si riconosce una figura umana con un casco, vicino a qualcosa che sembra un disco volante. E c'è dell'altro: più in basso, si distingue chiaramente una spirale molto simile a quella che compare in alcuni cerchi. Taluni ritengono che la pittura rupestre rappresenti l'incontro tra gli uomini e gli extraterrestri. Sotto l'ufo in volo, sono disegnati degli anelli concentrici sul terreno, che potrebbero essere gli antenati dei cerchi comparsi in varie zone della Gran Bretagna. Potrebbe esserci una connessione tra i cerchi disegnati su questa roccia e quelli nelle coltivazioni britanniche?

«Le prove dimostrano che esiste una relazione diretta tra un gran numero di monumenti antichi (come Stonehenge) e i cerchi nei campi. Si pensa infatti che i cerchi di pietra siano stati creati seguendo il tracciato di quelli sul terreno. Se analizziamo la geometria di quelle formazioni vediamo che non sono perfettamente circolari, ma formano piuttosto un ovale, o ellisse, irregolare; la stessa imperfezione si riscontra nelle figure nei campi coltivati. Inoltre, la localizzazione, le dimensioni e la forma dei cerchi nei campi coincidono esattamente con le caratteristiche di quelli fatti con le pietre» afferma Terry Wilson, autore di *The Secret History of Crop Circles* («La storia segreta dei cerchi nel grano»). Per adesso questa relazione rimane un'ipotesi non confermata. Gli antichi architetti di Stonehenge e di altri cerchi fatti con blocchi megalitici non hanno lasciato nessun documento scritto, quindi gli storici non possono sapere con certezza come furono costruiti; tanto meno sono in grado di avanzare ipotesi sul perché coincidano con le figure nelle coltivazioni.

Il primo documento scritto di cui disponiamo è forse quello del 1678 conosciuto come *Mowing-Devil* (espressione pittoresca che si potrebbe tradurre come «tagliando l'erba come un demonio» o «tagliando l'erba come un pazzo»). La cronaca antica riporta un avvenimento accaduto nell'Hertfordshire, contea vicina a Londra, dove il proprietario di una fattoria aveva avuto problemi con un lavoratore che chiedeva troppi soldi per mietere un campo. Dopo una lunga contrattazione, il proprietario del terreno sbottò: «Che lo mieta il diavolo!». E quella notte, secondo il testo del 1678, si verificarono dei fatti diabolici. Nel campo furono avvistate strane luci, accompagnate da rumori inspiegabili, e la mattina seguente una parte della coltivazione, a forma di ovale, era completamente schiacciata. Era come se il diavolo, sentendo l'imprecazione del fattore, avesse accettato la sfida. La stessa storia è rappresentata da un'illustrazione in cui compare il diavolo con una falce, in mezzo a un campo in cui tutti gli steli sono perfettamente paralleli. «Tutte le prove ci inducono a pensare che si tratti di un tipico cerchio nel grano: è così che lo illustreremmo e lo descriveremmo in un testo se non avessimo nessuna informazione su questo particolare fenomeno» spiega Terry Wilson.

Dopo la pubblicazione del testo e dell'immagine del *Diavolo mietitore*, per più di duecento anni non comparvero prove o storie riguardo ai cerchi nei campi. Sembrò che il fenomeno fosse stato dimenticato e se ne avessero solo notizie sporadiche, come se la gente preferisse non parlarne per non disturbare forze soprannaturali sconosciute. Ovviamente gli scettici dicono che non se ne parlava perché non c'era niente da dire, ma negli ultimi decenni i cerchi nei campi hanno ricominciato a destare un certo interesse, portando alla formulazione di nuove ed elaborate teorie.

L'esplosione del fenomeno

Nel XX secolo, con il diffondersi del trasporto aereo, l'osservazione delle fattorie dall'alto divenne molto comune, e dal cielo i cerchi nelle coltivazioni erano visibili nella loro interezza. Per la prima volta, gli scienziati si concentrarono sul fenomeno. Quando comparvero i cerchi nel Wiltshire fioccarono teorie di ogni genere sul misterioso avvenimento. Bisogna dire che il luogo era propizio per la nascita di nuovi misteri e per scatenare l'immaginazione degli amanti del paranormale: a poche miglia da qui sorge il cerchio di pietre di Avebury, una costruzione neolitica che risale a più di cinquemila anni fa e ancora oggi è un enigma irrisolto. Nei dintorni si trova anche il più grande monticello artificiale preistorico d'Europa, la cosiddetta piramide di Silbury Hill. Lì vicino, scolpiti nella roccia calcarea, compaiono degli strani cavalli bianchi, mentre più a sud si trovano le rovine di Stonehenge, il monumento preistorico più famoso della Terra. È una zona ricca di attrazioni turistiche ed è anche la meta favorita di quanti celebrano la festività pagana di Lammas.

Le strade e i campi del Wiltshire cominciarono a essere perlustrati da un numero sempre crescente di ricercatori. Uno dei più famosi è l'ingegnere elettrico Colin Andrews, che ancor prima di esaminare la zona era noto in Inghilterra per la sua attività di ufologo. I cerchi apparsi in questa regione erano piuttosto semplici, niente a che vedere con quelli che comparvero negli anni successivi. Andrews ne rimase così affascinato che nel 1989 scrisse insieme a Pat Delgado, un ingegnere locale, *L'enigma delle tracce circolari*, un libro che a sorpresa diventò un best seller. A poche settimane dall'uscita del libro tutto il mondo parlava dei cerchi nei campi, e spuntavano le più svariate teorie sulla loro possibile origine, tra cui quella di una visita degli alieni. «Stava accadendo qualcosa nelle campagne a sud dell'Inghilterra, e non solo: notizie di fenomeni simili cominciavano ad arrivare da ogni parte del mondo» ricorda Andrews, il maggiore esperto sul tema in Inghilterra.

La paura raggiunse le alte sfere. L'esercito britannico temeva che mezzi non identificati percorressero il suo spazio aereo. L'Unione nazionale dei coltivatori offrì una ricompensa di mille sterline per qualsiasi informazione utile a rintracciare il responsabile dei gravi danni arrecati all'agricoltura. Il primo ministro Margaret Thatcher decise di organizzare delle ricerche ufficiali e l'incarico fu affidato a Colin Andrews, che dedicò i dieci anni successivi allo studio del fenomeno. «Ognuno interpreta questi segni a modo suo. C'è chi li considera opere d'arte e chi pensa che si tratti di messaggi alieni. Altri ancora ritengono che siano semplici atti di vandalismo. Personalmente, io credo che stia succedendo qualcosa di affascinante e di un'importanza cruciale. La scienza deve indagare la natura e l'origine di questo fenomeno» sostiene Andrews.

I disegni venivano ritrovati allo spuntare del giorno in luoghi dove fino alla sera prima non c'era nessuna anomalia. Si organizzarono quindi turni di guardia durante la notte, con telecamere a infrarossi, binocoli e registratori sensibili per captare qualsiasi attività insolita. Ma i cerchi continuavano a comparire, e gli strumenti per la visione notturna non registravano niente. Inoltre non si trovavano tracce o residui sul terreno e le piante più vicine non subivano alcun danno. «La cosa più sorprendente è che non si riscontravano segni del passaggio di qualcuno, non c'erano orme o steli rotti intorno ai cerchi» racconta Andrews.

Gli scienziati si misero all'opera. Vennero raccolti campioni degli steli per le analisi di laboratorio condotte dal biofisico statunitense Paul Levengood, che portarono alla luce numerose anomalie, tra cui per esempio la scomparsa dei semi. «Non c'erano semi nei baccelli. Abbiamo analizzato circa quattrocentocinquanta campioni provenienti da otto diversi paesi. Tutti i campioni presentano le stesse anomalie riscontrate nel primo, e tra queste ce ne sono quattro o cinque che non siamo in grado di spiegare» afferma Nancy Talbott, collega del dottor Levengood.

Una delle deformazioni più rilevanti riguardava le articolazioni degli steli, i nodi. Nei campioni prelevati dai cerchi in alcuni campi, i nodi erano esplosi, scoppiati, proprio come succede a un tessuto vivo messo in un forno a microonde. Si cominciò quindi a pensare che forse «una fonte di calore, come potrebbero essere le microonde, stava interagendo con i liquidi contenuti negli steli delle piante» spiega Nancy Talbott. Alcuni attribuirono questa radiazione ad alta frequenza a navicelle aliene che bruciavano i campi formando dei cerchi con l'emissione di energia a microonde, ma non fu mai avvistato un disco volante sui campi in questione, e non fu mai possibile documentare il momento della realizzazione di uno di questi messaggi. I seguaci della teoria degli alieni affermavano comunque che nella zona erano stati avvistati numerosi UFO, e alcuni ricercatori assicurano che addirittura un terzo dei cerchi può essere ricollegato agli avvistamenti. Si parla anche di una nebbia che sale di frequente dopo la comparsa di una formazione e di strani suoni acuti provenienti dai campi segnati dai cerchi.

La spiegazione fornita dall'équipe di Levengood in seguito alle analisi fu molto più prosaica. Secondo Nancy Talbott, i cerchi sarebbero prodotti da forze sconosciute chiamate vortici di plasma, masse di particelle dell'aria elettrificate che danno origine, tra le altre cose, ai lampi e alle aurore boreali. «Le analisi dei terreni e delle piante rivelano la presenza di forti campi magnetici, di impulsi elettrici e di un notevole calore, probabilmente frutto dell'azione di radiazioni a microonde» segnala.

Nel 1990 il fisico e meteorologo Terence Meaden avanzò l'ipotesi che i cerchi fossero provocati da un fenomeno meteorologico. Secondo Meaden le formazioni avevano luogo solitamente in zone dove il vento genera dei vortici che si caricano elettricamente a causa di attriti interni. Sensibili alle variazioni locali dei campi elettrici, i vortici si concentrerebbero sui campi. La sua teoria è che questa specie di turbine o piccolo tornado discenda fino alla superficie del campo, per poi fermarsi. Una volta scomparso, il turbine lascia nel terreno una piccola depressione che per effetto dei venti a spirale ha la forma di una chiocciola e tutti gli steli schiacciati verso il basso in senso orario. Alla fine era comparsa una teoria che sembrava piuttosto sensata a chi non accettava una spiegazione soprannaturale.

Le forme si complicano

Per un certo periodo, soprattutto in ambito scientifico, la teoria del vortice prevalse sulle altre. Poi i cerchi diventarono figure sempre più complesse. Nel maggio 1990, quando dal nulla comparvero due cerchi collegati da una linea retta, tutto cambiò. A partire da allora i disegni nei campi si fecero sempre più elaborati e appariscenti, alcuni raggiunsero dimensioni colossali. La teoria del vortice di Terence Meaden smetteva così di avere senso. Comparivano croci celtiche costruite secondo la cosiddetta geometria sacra delle cinque forme in equilibrio, formando galassie a spirale, fasi lunari, segni zodiacali, simboli magici e alfabeti sconosciuti. Figure così complesse non potevano essere opera della natura, e di anno in anno si facevano sempre più complicate, come se un'intelligenza superiore stesse cercando di richiamare l'attenzione su di sé. Alcuni presero la cosa molto sul serio e si convinsero che un grande disegnatore di cerchi stesse tentando di inviare dei messaggi per iniziare gli uomini a misteri sempre più profondi. Altri insistevano nel dire che nessun essere umano avrebbe mai potuto concepire un'opera d'arte tanto magnifica e complicata.

All'inizio degli anni Novanta, la «cerchiomania» dilagava per tutta l'Inghilterra, e ogni estate aumentavano i seguaci e i ricercatori devoti ai cerchi che elaboravano le teorie più bizzarre. Nacque così il fenomeno dei *croppies*, persone che ogni anno giungevano da ogni parte del mondo per ammirare estasiate i famosi cerchi. I più sperduti campi di grano diventavano punti di incontro internazionali, cosa non molto gradita agli agricoltori locali che consideravano i *croppies* violatori della proprietà privata, dal momento che entravano nei loro terreni e calpestavano i loro campi. Alcuni, non riuscendo a tenere lontani gli ospiti indesiderati, collocarono dei contenitori per le offerte all'ingresso dei terreni, in modo che gli intrusi potessero rimediare almeno in parte ai danni causati alle coltivazioni.

Persone con differenti livelli di preparazione scientifica ispezionarono questi luoghi, provarono a fornire delle spiegazioni sul fenomeno e fondarono riviste dedicate esclusivamente a questo tema. I membri di questa variegata comunità si riunivano per lo più nei pub, come per esempio il Barge Inn nel Wiltshire, riconosciuto centro nevralgico per gli appassionati del mistero. Lì fu istituita un'area per l'organizzazione di mostre e venivano esposti tabelloni con le notizie più recenti sul fenomeno. Ogni estate i *croppies* si accampavano sul retro del pub, come fossero una comunità hippy degli anni Sessanta, e si riuniscono ancora oggi. Ciò che attrae i pellegrini non è solo la bellezza dei disegni. Si dice che all'interno dei cerchi ci sia la fonte di una misteriosa energia e che si verifichino fatti che sfidano le leggi della natura: gli apparecchi elettronici impazziscono, le batterie si scaricano all'istante, le bussole si smagnetizzano, le lancette degli orologi girano più velocemente... Si parla anche di un effetto afrodisiaco, detto «effetto viagra», dal momento che molti uomini dichiarano di avere avuto un'erezione appena sono entrati in uno dei cerchi. Per spiegare questi fenomeni si va dalla radiazione ambientale alla presenza di campi magnetici ingannevoli, ma la verità è che nessuno sa dire con certezza cosa provochi queste reazioni.

L'aumento dei segnali d'allarme

Nel giugno del 1991 furono scoperti dei cerchi nei terreni della Casa Reale britannica. Il principe Carlo e Lady Diana convocarono Colin Andrews e gli chiesero di accompagnarli a esaminare i disegni. Tuttavia, stando a quanto afferma Andrews, tutti i programmi furono cancellati a causa della fuga di notizie pubblicata dal «Today». Pochi mesi dopo, a settembre, apparve una notizia bomba su tutti i giornali: Doug Bower e Dave Chorley, due amici di Southampton, entrambi pensionati, dichiararono che ormai da quindici anni disegnavano figure nei campi coltivati e reclamarono la ricompensa offerta da un giornale britannico per chi avesse risolto il mistero. Bower racconta di avere avuto l'idea negli anni Sessanta, quando viveva in Australia e si cominciava a parlare di avvistamenti di UFO in relazione alla comparsa di misteriosi segni nell'erba o nei campi. A quel tempo i cerchi erano chiamati «nidi di UFO». Dopo il trasferimento in Inghilterra, all'epoca del boom dei cerchi nel Wiltshire, aveva incontrato nel pub che frequentava abitualmente il suo amico e complice David Chorley. Entrambi trovavano molto divertenti le segnalazioni sugli UFO e pensarono di organizzare scherzi ai danni dei creduloni; così dal 1978 al 1990 si erano dedicati alla creazione di una grande quantità di cerchi nel grano. Bower e Chorley arrivarono anche a dimostrare davanti alla stampa il modo in cui avevano realizzato le forme insettoidi più elaborate.

Per creare i primi disegni avevano schiacciato il grano usando la pesante barra di ferro con cui Bower chiudeva la porta posteriore del suo negozio di cornici, e ci avevano messo solo pochi minuti. In seguito avevano cominciato a utilizzare un gomitolo di filo per le misurazioni e un'asse di legno legata a un pezzo di corda per pressare il terreno. Quando la teoria dei turbini del fisico Terence Meaden sembrava aver convinto quasi tutti, Doug Bower e Dave Chorley avevano trovato la sfida ancora più interessante e, un po' alla volta, erano riusciti a progettare e mettere in pratica figure sempre più elaborate. La teoria di Meaden perse di valore: non si spiegava come potessero comparire *crop circle* dentro altri cerchi, con sbarre e linee rette. All'improvviso i cerchi nei campi cominciarono a interessare la stampa e gli ufologi, sempre più convinti che disegni tanto sofisticati non potessero essere frutto dell'azione della natura o dell'ingegno umano.

Imitatori e artisti

In seguito alla confessione di Bower e Chorley, l'opinione pubblica fu percorsa da un'ondata di sollievo. I due amici smisero di disegnare cerchi, ma spuntarono molti imitatori. «Bastano un manuale per disegnare figure geometriche e un attrezzo per schiacciare il terreno» spiega John Lundberg, noto ideatore di cerchi che confessa di averne disegnati più di cento, ma non svela quali per non togliere l'alone di mistero che è parte del loro fascino. C'è il sospetto che John Lundberg sia coinvolto insieme a Rod Dickinson (un altro artista d'avanguardia) nella creazione di uno dei cerchi più famosi: quello nel campo di grano di Avebury. Il «Daily Mail» sostiene che si tratti di un'opera dei due artisti londinesi tesa a dimostrare la propensione della gente a credere a qualsiasi cosa. Sembra che Rod Dickinson e John Lundberg abbiano imparato a fare i loro cerchi grazie ai consigli di Doug Bower.

Certo è che disegnare un cerchio in un campo non è poi così difficile: si pianta un picchetto e con una corda si crea una sorta di compasso con cui si traccia il cerchio, poi basta pressare il terreno trascinando un'asse lunga 1,20 metri. Le figure più complesse si ottengono con decorazioni e l'accostamento di più cerchi; una sola formazione può contenerne fino a 1500. Spesso nei disegni venivano inseriti simboli magici e geometrie sacre, per trasmettere una sensazione di mistero a chi li guardava.

Ma il mistero è risolto. La confessione di Bower e Chorley sembrerebbe spiegare in modo convincente la presenza dei cerchi, anche se per molti ricercatori la loro storia presenta delle lacune. Tanto per cominciare c'è la questione geografica. Bower e Chorley sono gli unici ad aver ammesso di essere artefici dei disegni comparsi tra il 1978 e l'inizio degli anni Novanta, ma come può un fenomeno su scala mondiale derivare dall'azione di due soli uomini muniti di un'asse e un picchetto? «Non spiegarono mai come avessero fatto a realizzare i cerchi in Australia, Canada, Stati Uniti o Russia. È evidente che non si sta parlando di una cospirazione internazionale, ma le parole di Doug e Dave chiariscono il fenomeno solo a livello locale. Può essere vero che furono loro a disegnare i cerchi in Inghilterra, ma chi operò in tutti gli altri posti?» si chiede Andrews.

Ci sono poi le analisi scientifiche delle piante, che in certi casi risultano spezzate, mentre in altri appaiono come collassate su se stesse, senza alcun intervento umano. «Nei primi cerchi, gli steli non erano danneggiati, non sembrava che fossero stati schiacciati» dice l'esperta Lucy Pringle, fondatrice e membro del Centre for Crop Circle Studies. Si giunse alla conclusione che alcuni cerchi fossero stati creati per scherzo (per esempio i più complicati, comparsi nel sud dell'Inghilterra), mentre altri sarebbero «originali» (presenti in tutto il mondo, con figure più semplici e particolari più ingegnosi come l'assenza di passaggi visibili per raggiungerli).

Secondo alcuni esperti c'è una grande differenza tra quelli che si considerano fenomeni naturali e le opere realizzate dall'uomo. «Resti completamente sconcertato quando vedi con i tuoi occhi uno di questi cerchi. Non so perché. Ti disorientano» racconta Carl Kuhn, proprietario di una fattoria tra Alberta e Saskatchewan, in Canada. Nell'estate del 1999, mentre raccoglieva il grano, Carl Kuhn scoprì un'area in mezzo al campo in cui le piante erano schiacciate e formavano una spirale: erano tre cerchi concentrici, ma la cosa più sorprendente era che «non si vedeva una strada d'accesso, non c'erano orme o steli rotti nelle vicinanze» afferma.

«A poco a poco la storia di Bower e Chorley ha perso il fondamento e la credibilità, e sono sempre di più le persone che tornano a chiedersi perché continuino a manifestarsi questi fenomeni» dice Andrews. Continuano a comparire sconcertanti formazioni nei campi di grano maturo, e insieme alle apparizioni continua anche il pellegrinaggio dei *croppies*. In modo del tutto inaspettato il fenomeno sta tornando in auge. Nel 2002, il regista americano di origine indiana M. Night Shyamalan ha riportato al centro dell'attenzione pubblica i cerchi nei campi di cereali con il film *Signs*, interpretato da Mel Gibson, in cui – in modo meno riuscito che nel suo thriller psicologico *Il sesto senso* che lo aveva reso famoso – propone la teoria degli extraterrestri con un uso poco creativo dei *crop circles* (almeno secondo la critica). Nonostante questo ha ottenuto il risultato di far sì che riaffiorasse la solita domanda: questi cerchi sono forse qualcosa di più di un banale scherzo o dell'opera di qualche artista misterioso?

Le ultime scoperte

Dopo la confessione di Bower e Chorley nel 1991, il fenomeno sembrò perdere d'interesse, cosa che agevolava non poco le ricerche scientifiche. Se si fossero trovati cerchi precedenti al 1978, anno in cui gli artefici dello scherzo avrebbero cominciato a operare, la teoria dello scherzo sarebbe stata completamente screditata. Alcuni storici si misero all'opera. Prima del 1980 erano stati registrati circa quattrocento cerchi, di cui duecentonovanta comparsi in situazioni anomale. «Forse esistono anche altri casi, ma questi sono quelli documentati» dice George Bishop. La ricerca realizzata dallo scrittore Terry Wilson dimostra senza ombra di dubbio che il mistero dei cerchi risale a vari decenni prima del 1978. In particolare tra i casi documentati ce n'è uno del 1975, avvenuto in una fattoria del Minnesota dove fu ritrovato un vitello mutilato. Alcuni giorni prima, un fotografo aveva ripreso da un aereo lunghe catene di cerchi: quarantasette disegni diversi tutti nello stesso terreno. «Fu una scoperta storica: non si erano mai visti tanti cerchi insieme, e non se ne videro più fino agli anni Novanta» spiega Wilson. Ciò accadde prima che Bower e Chorley iniziassero a operare, e a migliaia di chilometri dall'Inghilterra. A causa di queste osservazioni, il mistero era di nuovo al punto di partenza, e tornava a farsi strada la domanda originale: chi era l'artefice di questi cerchi?

Da quando, nel 1999, apparvero i tre cerchi nella fattoria di Carl e Pat Kuhn, il mistero per loro si è infittito. In due dei tre cerchi non è più cresciuto niente, neanche le erbacce. «Mi sembra strano. Pare che tutto sia stato provocato da una forza sconosciuta, non so dare una spiegazione. Non ho mai visto niente di simile in tanti anni che vivo in una fattoria» racconta Carl Kuhn. È un fenomeno così strano che alcuni affermano che le sue origini vadano ricercate al di fuori dei confini della realtà. Dicono che esista una quarta dimensione: una dimensione parallela che la scienza convenzionale non può spiegare, una specie di proiezione di ciò che percepiamo come realtà e della quale captiamo solo manifestazioni isolate, come per esempio i cerchi nel grano. È un'altra teoria sull'origine soprannaturale del fenomeno.

Nell'agosto del 2000, Colin Andrews annunciò i risultati delle ricerche degli ultimi decenni, da cui emerge che circa l'80 per cento dei cerchi è opera di esseri umani. Si tratta di una scoperta realizzata grazie alle tecniche di ricerca tradizionali: Andrews assunse un'équipe di persone per sorvegliare i campi, e con le telecamere a infrarossi riuscì a riprendere alcuni vandali in azione. «Abbiamo dei video che mostrano la realizzazione di alcuni dei cerchi più complessi. Sotto le piante abbiamo trovato ben nascosti i segni del passaggio dell'uomo, e anche tracce di trattori che si addentrano nel campo. Ci sono anche impronte di scarpe profonde 8 centimetri nei punti in cui le persone stavano ferme per tracciare il disegno» conclude Andrews.

E per quanto riguarda l'altro 20 per cento? Sempre secondo Andrews, un'altra piccola percentuale sarebbe di origine fraudolenta, e solo in una ristretta minoranza dei casi non c'è alcuna prova dell'intervento dell'uomo. La sua teoria è che i cosiddetti cerchi originali siano prodotti dall'elettromagnetismo. A quanto pare, un potente campo elettromagnetico non solo sarebbe in grado di eliminare le piante e mandare in tilt le apparecchiature elettroniche, ma lascerebbe anche tracce nel terreno. «Con le nostre analisi abbiamo scoperto che nella terra il campo magnetico imita il disegno nel grano di alcune coltivazioni. Non solo segue fedelmente il modello, ma aumenta anche il livello di magnetismo e la forza magnetica, e lo fa ruotare di circa tre gradi» spiega Andrews.

Qualunque sia l'origine dei *crop circles*, ancora oggi questi disegni danno adito a speculazioni di ogni tipo. «Si parla di un fenomeno che si manifesta almeno da cent'anni, e al quale non siamo stati ancora in grado di dare una spiegazione mediamente convincente» dice Andrews. Nel frattempo, le organizzazioni specializzate nello studio dei cerchi sono cresciute e si sono divise. Dopo Colin Andrews, Pat Delgado e Terence Meaden, gli specialisti nel settore più famosi al mondo, hanno cominciato a spuntare altri esperti con teorie più prudenti o scientifiche. Meaden e Delgado si eclissarono dopo la confessione dei primi falsi. Andrews, nel 2002, arrivò a denunciare un coinvolgimento della CIA. Doug Bower, a quasi ottant'anni, continua a essere una celebrità nel mondo della controcultura paranormale in Inghilterra, mentre il suo complice Dave Chorley morì nel 1997. Nessuno dei due aveva previsto le enormi conseguenze dei loro disegni.

I cerchi nel grano restano un importante simbolo della contemporaneità: per chi li considera un dono divino o un messaggio degli alieni si può addirittura dire che siano oggetti di culto, mentre per gli scettici restano lo scherzo più grandioso del XX secolo.

15
Cacciatori di extraterrestri

Siamo soli? Potrebbe esserci un'altra civiltà intelligente nell'Universo? Sono domande che l'uomo si pone da quando ha cominciato a osservare il cielo, si è messo a inviare segnali nello spazio ed è rimasto ad aspettare una risposta. Per secoli gli astronomi hanno puntato i loro telescopi verso il cielo domandandosi cosa succedesse sulle stelle e sui pianeti lontani. Scienziati e sognatori cercano ancora di rispondere a una domanda: c'è qualcuno là fuori? Si tratta di cacciatori di extraterrestri, impegnati a scoprire ipotetiche forme di vita che possono essersi generate, essere esistite o vivere ancora in altri luoghi fuori dal pianeta Terra. Attualmente non c'è alcuna prova che ne dimostri o smentisca l'esistenza. E infatti, nonostante l'impressionante quantità di lavori e pubblicazioni seri sul tema, la vita extraterrestre rimane ancora uno dei grandi misteri irrisolti dall'uomo.

Il 30 ottobre 1938, la notte prima di Halloween, milioni di persone negli Stati Uniti rimasero sbalordite da ciò che stavano sentendo alla radio. Durante il programma settimanale della catena CBS si produsse un evento mai successo prima. Un giovane Orson Welles, insieme al gruppo di attori della Mercury Theater Company, sceneggiò *La guerra dei mondi*, un'opera di fantascienza scritta nel 1898 da H.G. Wells. La narrazione era camuffata da programma musicale interrotto dalla notizia di alcuni astronomi che avevano appena osservato delle strane esplosioni su Marte. Di seguito, si informava che un meteorite, che poi si rivelò essere una gigantesca astronave, stava cadendo sul New Jersey. L'atmosfera della trasmissione era di un assoluto realismo. Chi non aveva seguito l'inizio del programma, dove si avvertiva che si trattava di una recita, pensò che un esercito di marziani stesse invadendo la Terra con astronavi dotate di armi di distruzione e gas velenosi... Il programma di Orson Welles scatenò l'allarme generale, soprattutto per le strade del New Jersey e di New York, dimostrando tre cose: lo straordinario potere che aveva la radio nel mobilitare le masse; la genialità del responsabile di questo curioso inganno, con cui Welles diede la scalata al successo; e la convinzione di molte persone circa l'esistenza di esseri intelligenti originari di altri mondi fuori dalla Terra, una possibilità che la mente umana contempla da millenni.

«Questa fantasia risiede nei nostri pensieri più profondi da quando l'umanità ha rivolto lo sguardo alla notte stellata. Tutti quanti, in qualche occasione, ci siamo fermati a osservare il cielo e ci siamo chiesti: ci starà guardando qualcuno da lassù?» commenta Seth Shostak, astronomo dell'istituto SETI (Search for Extraterrestrial Intelligence), un ente nato negli anni Settanta con l'appoggio della NASA per cercare indizi che dimostrino scientificamente l'esistenza di vita extraterrestre.

Una millenaria fantasia umana

Nell'Antico Egitto era chiamato Ra, il dio-Sole. I Greci popolavano il cielo di centinaia di dei e dee che nella loro letteratura descrivono come «esseri ultraterreni». Inoltre, assegnavano nomi e forme umane alle costellazioni: Sagittario, l'arciere; Orione, il cacciatore; Ercole, l'eroe... Da secoli, poi, l'uomo è consapevole che la Luna esercita un'enorme influenza sulla Terra; condiziona le maree, i raccolti e perfino le emozioni. Conserviamo prove vecchie di più di duemila anni dei nostri tentativi di comunicare con qualcuno fuori dai confini terrestri. Sugli altopiani peruviani, per esempio, sono stati ritrovati dei giganteschi disegni sul terreno, alcuni più lunghi di 3,5 chilometri, visibili solo dal cielo. Queste linee, dette di Nazca, nella pampa di Jumana, sono un complesso di figure zoomorfe, fitomorfe e geometriche tracciate dagli abitanti della regione sulla superficie dell'altopiano desertico tra il 300 a.C. e il 600 d.C., forse come tentativo di comunicare con altre possibili forme di vita. Potrebbe trattarsi del primo striscione di benvenuto dell'uomo per gli extraterrestri?

Nel XVI secolo la percezione dell'uomo nei confronti dell'Universo cominciò a mutare. Sebbene allora la realtà si confondesse con il mito e la superstizione, la nascente scienza dell'astronomia non faceva che aumentare la convinzione che non siamo soli nell'Universo. Caposcuola di questa disciplina era l'astronomo polacco Niccolò Copernico. Il suo libro *De Revolutionibus Orbium Coelestium* («Sulle rivoluzioni delle sfere celesti»), pubblicato postumo nel 1543, è considerato il punto iniziale dell'astronomia moderna. Fu lui che «collocò il sole al centro invece della Terra, sostituendo la visione geocentrica del cosmo con una eliocentrica. Rispetto alla vita extraterrestre, la sua teoria implicava che il nostro pianeta fosse solo uno dei tanti. La domanda che si impose allora fu: in che misura tutti questi altri pianeti, che ruotano attorno al sole, assomigliano alla Terra?» spiega Steven J. Dick, storico dell'Osservatorio navale degli Stati Uniti.

Agli inizi del XVII secolo Galileo Galilei condusse le prime osservazioni astronomiche sistematiche con un telescopio e si convinse che la teoria copernicana, giudicata eretica dalla Chiesa cattolica, era essenzialmente valida, e per questo fu sottoposto a un processo per eresia. Oggigiorno la teoria eliocentrica è considerata una delle più importanti della storia della scienza occidentale.

Prime opere di fantascienza

I primi che cercarono di risolvere le questioni che nascevano dalla nuova configurazione dell'Universo furono gli scrittori e gli artisti con le loro creazioni. Dalle loro menti sognatrici nacquero i primi lavori di quella che più tardi avremmo chiamato fantascienza. Nel frattempo, gli scienziati scrutavano i cieli con lenti sempre più potenti e facevano calcoli sempre più precisi. Nel 1850 erano già stati scoperti cinque pianeti, le macchie solari e un satellite di Marte. Nel 1877 l'astronomo italiano Giovanni Schiaparelli, attraverso il grande obiettivo del telescopio dell'Osservatorio di Brera, osservò qualcosa che avrebbe scosso il mondo: i canali di Marte, le linee rette che attraversavano la superficie del pianeta e che, allora, fecero riflettere seriamente sulla possibilità che a 56 milioni di chilometri di distanza ci fosse vita. Questa semplice eventualità fu sufficiente a risvegliare l'immaginazione di scienziati e sognatori di tutto il mondo.

Nel 1865 il francese Jules Verne pubblicò il romanzo *Dalla Terra alla Luna*, anticipando quella che un secolo dopo sarebbe divenuta una realtà: il 12 aprile 1961 il maggiore sovietico Jurij Gagarin fu il primo uomo inviato nello spazio. E il 5 maggio 1961 il comandante Alan Shepard fu il primo statunitense lanciato in orbita da Cape Canaveral, sulla costa della Florida, il centro principale delle attività spaziali degli Stati Uniti dal 1950. Quei primitivi «viaggiatori cosmici» furono lanciati in orbita tramite missili che trasportavano capsule, un metodo simile al proiettile lanciato da un enorme cannone nel libro *Dalla Terra alla Luna* nato dall'immaginazione di Verne.

Nel 1901 il britannico H.G. Wells scrisse *I primi uomini sulla Luna*, che narra di alcuni astronauti che scoprono una razza evoluta di creature simili a insetti. In precedenza aveva già scritto romanzi di grande successo come *La macchina del tempo* (1895), *L'uomo invisibile* (1897) o il famoso testo sceneggiato alla radio da Orson Welles, *La guerra dei mondi* (1898).

Nel 1902 il regista francese Georges Méliès inaugurò il genere della fantascienza nel cinema con il suo film di quattordici minuti, a sedici fotogrammi al secondo, *Viaggio nella Luna* (o in francese *Le Voyage dans la Lune*), ispirato ai romanzi *Dalla Terra alla Luna* di Jules Verne, e *I primi uomini sulla Luna* di H.G. Wells. Le sue creature umanoidi avevano teste di pollo e chele d'astice. L'immagine, in bianco e nero, del volto della Luna con un proiettile conficcato nell'occhio è divenuta un'icona della cultura popolare.

Messaggi ad altri pianeti

Mentre gli scrittori e i registi cinematografici europei fantasticavano a proposito della vita su altri pianeti, un astronomo americano credeva di essere molto vicino a darne conferma: Percival Lowell. Proveniente da una famiglia facoltosa, si laureò in matematica presso la Harvard University nel 1876, ma fin da bambino era stato affascinato dall'astronomia. Per Lowell questa scienza smise di essere un passatempo nel 1893, quando, divenuto un ricco uomo d'affari di Boston, lesse un articolo di Schiaparelli sui canali di Marte che avrebbe cambiato la sua vita. Abbandonò gli affari e si dedicò completamente all'astronomia e allo studio del pianeta rosso. Nel 1895 pubblicò le sue prime scoperte e teorie in un libro intitolato *Mars*, che divenne un best seller dell'epoca. In esso assicurava che c'erano indizi evidenti circa l'esistenza di esseri più evoluti di noi.

Nel 1896 Lowell costruì il suo osservatorio nel luogo più elevato e buio che poteva raggiungere portando con sé il telescopio, cioè a Flagstaff, in Arizona; in breve tempo divenne famoso per aver annunciato con sorpresa la scoperta di strutture artificiali su Marte. Lowell sosteneva che le intricate linee dei canali disegnati da Giovanni Schiaparelli erano state costruite dai marziani per trasportare l'acqua dalle calotte polari all'equatore del pianeta. Una teoria che la maggior parte della comunità scientifica non accettò e che per molti anni fu oggetto di scherno. Ma Lowell non si diede per vinto e passò migliaia di ore osservando e facendo minuziosi schizzi di tutto ciò che vedeva con il suo telescopio. In seguito, trasformò i disegni in carte e mappamondi marziani, raccogliendo le sue osservazioni in *Mars and its Canals* (1906) e *Mars as the Abode of Life* (1908). L'Osservatorio Lowell, a Flagstaff, è ancora attivo ai giorni nostri; negli archivi si conservano come tesori i suoi manoscritti e le sue mappe, che sono serviti da stimolo ad altri scienziati.

A partire da Lowell l'investigazione extraterrestre prese una nuova strada. Gli scienziati cominciarono a supporre che, se noi potevamo vedere gli extraterrestri, allora anche loro forse potevano vedere noi. Ma già in passato erano state proposte iniziative scientifiche di comunicazione interplanetaria. Alla fine del XIX secolo il matematico tedesco Carl Friedrich Gauss (1777-1855) ebbe l'idea di piantare delle immense file di grano nella steppa siberiana, formando un grande triangolo, come segno di vita intelligente sulla Terra per chiunque ci osservasse dallo spazio. L'astronomo austriaco Joseph von Littrow propose, invece, di aprire una rete di canali profondi un metro e mezzo nel Sahara e dar loro fuoco come segnale per i nostri parenti extraterrestri. Littrow sosteneva che la costruzione di una circonferenza perfetta avrebbe suggerito meglio la presenza di intelligenza rispetto alla scrittura di simboli matematici. In Francia, lo scienziato autodidatta Charles Cros (1842-1888) incitò il governo d'Oltralpe a costruire un gigantesco specchio che riflettesse la luce solare verso Marte.

La scoperta delle onde radio nel 1887 modificò tutti i rami della scienza. L'idea che qualcosa o qualcuno potesse ricevere o inviare messaggi implicava la possibilità di metterci in contatto con altri mondi. Questo era il sogno di Nikola Tesla, un fisico e ingegnere serbo trasferitosi negli Stati Uniti. Nel 1899, mentre realizzava degli esperimenti a Colorado Springs, pensò di aver rilevato un segnale. Non fece alcun annuncio fino al 1901 per il timore di scatenare una polemica. Ma quell'anno pubblicò un breve articolo (*Talking with the Planets*), in cui pronosticava che la possibilità di mandare messaggi tra pianeti sarebbe stato uno dei temi di maggior interesse del XX secolo. Rivelò di aver intercettato dei segnali attribuibili a un controllo intelligente. «Sono sempre più sicuro» scrisse «di essere stato il primo uomo ad ascoltare un messaggio di benvenuto da un pianeta a un altro.»

Queste dichiarazioni ebbero grande ripercussione e pubblicità, ma nei circoli accademici l'idea di una comunicazione radio con lo spazio fu accolta con scetticismo, e perfino con sarcasmo. Bisognò attendere altri vent'anni prima che si tornasse a considerare l'ipotesi di una comunicazione interplanetaria. E ciò avvenne grazie a un altro pioniere della radio, Guglielmo Marconi. «Marconi pensò di aver intercettato un segnale radio da Marte. La notizia fu ripresa più volte dal quotidiano "The New York Times" tra il 1919 e i primi anni Venti» assicura lo storico Steven J. Dick; ciononostante «... alla fine, Marconi perse interesse per l'argomento e tutti i punti e le linee che aveva ricevuto rimasero un mistero. Altri, tuttavia, continuarono a credere che potessero avere un significato».

Fu il caso dell'astronomo David Todd, specialista di eclissi solari, che negli anni Venti cominciò a interessarsi alla possibilità che i marziani si mettessero in contatto con la Terra attraverso onde radio. Già nel 1909 ebbe l'idea di lanciare un aerostato fuori dall'atmosfera, da dove, grazie a un apparecchio radio, avrebbe rilevato possibili segnali provenienti da Marte. Tra il 29 e il 30 agosto 1924 Marte si trovava nel punto più vicino alla Terra, posizione che secondo Todd offriva ottime condizioni di comunicazione con il pianeta rosso. Sollecitò l'esercito americano a interrompere per alcuni minuti tutte le sue trasmissioni radio nell'area di Washington e, con sorpresa, esso acconsentì. Il capo delle operazioni navali inviò un dispaccio alle stazioni radio sotto il suo comando esortandole a evitare ogni trasmissione non necessaria e a rimanere in ascolto di qualsiasi segnale insolito.

Durante l'esperimento di Todd, uno scienziato con cui lavorava, C. Francis Jenkins – inventore di una primitiva versione di televisione chiamata «macchina per la trasmissione continua di fotomessaggi radio» –, registrò quella che venne descritta come «una curiosa rappresentazione grafica di un fenomeno radio». Era qualcosa di simile all'immagine di un volto. Ma Jenkins era molto più conservatore di Todd, e dichiarò di non credere che quel fenomeno avesse un legame con Marte. David Todd, sempre desideroso di spingersi oltre, affermò invece che la provenienza dal pianeta rosso era possibile.

Ancora oggi si può vedere la rappresentazione grafica captata. È lunga 9 metri e larga più di 15 centimetri. Alcuni ci vedono un volto umano di profilo. Altri avanzano la possibilità che si tratti di un codice marziano che gli extraterrestri si aspettano che decifriamo. E in questa impresa si cimentò il capo crittografo della marina degli Stati Uniti, William Friedman – famoso per aver decifrato numerosi codici tedeschi durante la Seconda guerra mondiale –, ma non ebbe abbastanza tempo perché morì prima di riuscire a interpretare la misteriosa pellicola impressa dal primitivo apparecchio di Jenkins.

Nasce l'era degli UFO

Tra gli anni Trenta e gli anni Quaranta gli scienziati scoprirono vari corpi celesti e mondi sconosciuti; sistematicamente si avanzò l'ipotesi che alcuni di essi potessero essere abitati. Nel 1947 il pilota del servizio forestale degli Stati Uniti Kenneth Arnold, mentre sorvolava lo Stato di Washington, vide qualcosa che descrisse come «dischi volanti». Qualche giorno dopo, durante una conferenza stampa, l'esercito degli Stati Uniti sembrò confermare la possibilità di un'invasione aliena a Roswell, nel Nuovo Messico. Nasceva l'era degli UFO. Le autorità militari e civili cominciarono a ricevere migliaia di chiamate di persone convinte di aver visto dischi volanti. Da sempre il cinema e la televisione, come fanno tuttora, hanno diffuso l'immagine di esseri di altri pianeti venuti a esplorare la Terra; alle produzioni di Hollywood piaceva mostrare quale aspetto avrebbero potuto avere gli extraterrestri che fossero venuti a visitarci...

Era l'inizio della Guerra fredda e la gente aveva paura di tutto ciò che attraversava il cielo perché si pensava che potessero essere aerei sovietici che cercavano di bombardare gli Stati Uniti. Inoltre, gli americani erano sul punto di lanciare un missile nello spazio e molti pensavano che gli alieni avrebbero potuto fare lo stesso e mandare un'astronave sulla Terra. La gente finì per attribuire a ciò che vedeva in cielo un'origine extraterrestre e, soprattutto, ostile.

Fin dall'inizio le Forze Armate degli Stati Uniti condivisero il fervore popolare. Nel 1947 concepirono in segreto un progetto chiamato Libro Blu per studiare gli UFO. Nel 1969 il progetto venne reso pubblico e lo si considerò concluso quando le Forze Aeree affermarono che «non c'erano prove tangibili che gli UFO costituissero una minaccia per la sicurezza nazionale statunitense». Secondo i portavoce delle Forze Armate americane tutti quegli strani fenomeni che per anni centinaia di persone avevano avvistato in cielo potevano avere una spiegazione meteorologica o elettronica, senza presumere alcun pericolo o invasione extraterrestre.

Tra gli astronomi l'idea di comunicare con altri mondi si mantiene viva, alimentata non dall'ossessione degli UFO ma dalla possibilità di ottenere delle prove scientifiche. L'astronomo pioniere Edwin Hubble dimostrò che esistono altre galassie al di fuori della Via Lattea e che l'Universo è in costante espansione. Ciò apriva infinite possibilità di vita intelligente su altri pianeti. Hubble, considerato il padre della cosmologia osservazionale (anche se la sua influenza in astronomia e astrofisica toccò molti altri campi), fu il primo a usare nel 1948 il telescopio Hale dell'Osservatorio di Monte Palomar, in California, il telescopio più grande del mondo. Morì in un incidente nel 1953, ma poco prima dichiarò di essere certo che «molti dei pianeti osservati con l'Hale possono essere adatti alla vita».

A metà del XX secolo crebbe l'interesse per il problema di determinare scientificamente la presenza di vita in altre parti della galassia. Nel tentativo di risolvere questa questione venne formulato il cosiddetto «paradosso di Fermi». Il fisico italiano Enrico Fermi, attorno al 1950, si chiese perché, se c'erano così tante civiltà nello spazio, non le vedevamo sulla Terra. Quindi, il ragionamento di Fermi affermava che, se consideriamo che l'Universo ha tra i dodici miliardi e i quindici miliardi di anni e se effettivamente esistono civiltà extraterrestri, queste si sarebbero dovute espandere e avrebbero già dovuto colonizzare la galassia. Ma guardandosi attorno non vide alcuna traccia della loro presenza. E dunque si chiese: la nostra galassia dovrebbe essere affollata di civiltà, ma dove sono? La risposta di Fermi al suo paradosso fu che tutte le civiltà avanzate di una galassia sviluppano con la loro tecnologia il potenziale di sterminarsi e il fatto di non trovare altre civiltà extraterrestri implicava, a suo dire, una fine tragica per l'umanità.

La nuova astronomia

L'introduzione delle tecniche fotografiche nel XIX secolo e lo sviluppo, a partire dalla Seconda guerra mondiale, dei rilevatori di onde radio (radiotelescopi) permisero l'affermazione del ramo principale dell'astronomia, l'astrofisica, e facilitarono lo studio della composizione, della struttura e dell'evoluzione dei corpi celesti. Alcuni astronomi americani cominciarono a pensare che, forse, non c'era bisogno di un grande occhio ma piuttosto di un grande orecchio per scoprire la vita extraterrestre. Nacque allora la cosiddetta «nuova astronomia», dal postulato che i corpi celesti emettono energia lungo lo spettro elettromagnetico sotto molte forme, oltre a quella ottica. Una nuova generazione di astronomi si dedicò a studiare questa teoria. Si trattò dei pionieri del futuro SETI: il progetto del governo degli Stati Uniti per la ricerca di intelligenza extraterrestre.

Tra i lavori di questi nuovi scienziati ebbero particolare risonanza quelli di Frank Drake. Nel 1960, dopo aver conseguito un dottorato presso la Harvard University, Drake cominciò a lavorare all'Osservatorio astronomico della Radio Nazionale, a Green Bank, in Virginia. «Ho sempre avuto la certezza che non siamo soli. Nella nostra galassia ci sono quattrocento miliardi di stelle e molte di esse sono simili al nostro sole. Le condizioni propizie alla vita che si sono verificate sulla Terra potrebbero essersi verificate anche in altri luoghi. Inoltre, nel resto dell'Universo ci sono cento milioni di galassie: non c'è dubbio che ci sia vita intelligente in qualche punto del cosmo» afferma Frank Drake.

Per confermare le sue teorie si servì di un radiotelescopio di 13,5 metri in grado di captare segnali a 1.420 megahertz, ovvero una frequenza «indicatrice» o «frequenza di emissione» di un atomo di idrogeno. Questo progetto prese il nome di Ozma. Nella primavera del 1969 vennero collegati i ricevitori di Ozma e subito la squadra di scienziati ottenne dei risultati. «Dapprima puntammo l'antenna verso Tau Ceti. In seguito, indirizzammo il telescopio verso Epsilon Eridani, a circa undici milioni di anni luce, e captammo un segnale che non avevamo mai sentito prima. Pensai subito che era troppo facile: puntare la prima stella e trovare un segnale. Focalizzammo un altro punto, ma quando tornammo sul punto di partenza, non riuscimmo più a rilevare il segnale» ricorda. Molte settimane dopo intercettarono un segnale simile e scartarono la possibilità che si trattasse di interferenze radio provenienti da un altro trasmettitore sulla Terra. Ma allora, di cosa si trattava?

Il progetto Ozma suscitò grande interesse nel corso del 1961. Durante la riunione annuale dell'Accademia nazionale delle scienze, Drake svelò un'equazione che avrebbe posto la ricerca di extraterrestri al centro dell'indagine scientifica. «Era la formula per calcolare il numero di civiltà che potevano essere esistite o esistere nello spazio» spiega Drake. La sua equazione determina il valore di N, ovvero il numero di civiltà della nostra galassia che hanno il potenziale di comunicare via radio. È un calcolo per stimare le possibilità che abbiamo di ricevere un messaggio dallo spazio. E, secondo Drake, le possibilità matematiche sono molto buone. La sua audace formula impressionò il serio mondo dell'astronomia e influenzò notevolmente le indagini dell'allora giovane astronomo Carl Sagan e la sua affermazione secondo cui «c'è molto spazio disponibile là fuori».

Ma anche i sovietici erano interessati a queste investigazioni. Negli anni Sessanta, invece di concentrarsi su stelle vicine, i sovietici preferirono usare antenne quasi onnidirezionali per controllare vaste aree celesti, presupponendo l'esistenza di alcune civiltà avanzate capaci di emettere enormi quantità di energia di trasmissione.

La conquista della Luna e di Marte

Nel 1961 l'astronauta John Glenn descrisse un'orbita attorno alla Terra dando così avvio all'era spaziale e a una corsa che per la NASA, così come per i nostri più remoti antenati, aveva come obiettivo la Luna, raggiunta infine il 21 luglio 1969. Ma prima, dal 1964, delle sonde senza equipaggio furono inviate nello spazio per scattare fotografie e studiare i pianeti. Una parte di esse atterrò su Marte, alla ricerca di tracce di vita. Alcune portavano con sé messaggi di benvenuto diretti ad altre civiltà extraterrestri.

Nel 1974 dei ricercatori non ufficiali di dischi volanti annunciarono di essere in possesso di prove secondo le quali l'aviazione statunitense teneva nascosti dodici corpi alieni nella base delle Forze Aeree di Wright Patterson a Dayton (Ohio). Questo accese un dibattito che si protrasse per molti anni e che fece esplodere le vendite di libri di fantascienza... Sempre in quell'anno, Frank Drake mandò via radio dall'antenna più grande del mondo, quella del radiotelescopio di Arecibo (304 metri) a Porto Rico, un messaggio simbolico codificato di tre minuti verso l'ammasso globulare M13 a 25.000 anni luce di distanza; la risposta avrebbe tardato cinquantamila anni per raggiungere la Terra. A quel tempo questi messaggi per possibili alieni erano una vera e propria novità e l'idea di Drake influenzò perfino gli sceneggiatori del film *Incontri ravvicinati del terzo tipo* di Steven Spielberg, che nel 1977 inclusero nella trama le note musicali originali e inquietanti con le quali gli extraterrestri volevano stabilire un contatto con gli umani.

Il messaggio di Frank Drake, se decodificato adeguatamente, mostrava un'immagine che cominciava con un sistema numerico e terminava con la formula molecolare del DNA, la molecola alla base della vita umana. «Era un abbozzo dell'aspetto di un essere vivente affinché gli extraterrestri vedessero come siamo fatti e, sostanzialmente, si facessero l'idea che siamo dei primati. Era stato incluso anche un disegno del telescopio da cui era stato mandato il messaggio così che intuissero qual era la nostra tecnologia» segnala Frank Drake. A ogni modo, tre anni dopo l'invio del messaggio nello spazio arrivò una risposta. O, almeno, così credettero gli scienziati dell'Università dell'Ohio. «Si trattò di un segnale un po' più potente di quelli che avevamo registrato in passato: circa cinque o sei volte più potente. E rimasi di stucco» ricorda Jerry Ehman dell'Osservatorio radio dell'Università statale dell'Ohio.

La ricerca di intelligenza extraterrestre stava risvegliando gradualmente l'interesse e l'appoggio della comunità scientifica internazionale. Nel 1980 il programma SETI ottenne il pieno sostegno del governo statunitense, tanto da ricevere fondi federali per oltre dieci milioni di dollari all'inizio degli anni Novanta. Nel 1992 le cose cambiarono radicalmente e il Congresso degli Stati Uniti tagliò il finanziamento destinato al programma; in meno di un anno, dopo quindici anni di ricerca e più di sessanta milioni di dollari spesi, SETI si vide costretto a elemosinare sovvenzioni nel settore privato. Nel 1993 si convertì in un'organizzazione senza scopo di lucro: l'Istituto SETI di Mountain View, in California, presieduto da Frank Drake. Bill Hewlett e David Packard, creatori dell'azienda informatica HP, misero a disposizione il capitale finanziario. Gordon Moore, cofondatore di Intel, e Paul Allen, cofondatore di Microsoft, fecero una donazione di un milione di dollari ciascuno. L'istituto lanciò allora il progetto Phoenix, nome che faceva allusione al fatto che SETI era risorto dalle sue stesse ceneri.

L'attività di SETI si concentrava sull'analisi dei segnali elettromagnetici captati dai diversi radiotelescopi sparsi nel mondo e sull'invio di messaggi di varia natura nello spazio, con la speranza che qualcuno di essi ricevesse una risposta. La sua strategia, nota come «ricerca orientata», consisteva nell'esaminare minuziosamente le aree attorno a mille stelle scelte, vicine e simili al sole, tutte a meno di 200 anni luce di distanza, per rilevare segnali tra i 1.000 e i 3.000 megahertz. Vennero adoperate le antenne più grandi del mondo: quella di Arecibo (304 metri), situata nel nord di Porto Rico, e quella di Parkes (64 metri), in Australia.

In previsione di un possibile contatto, l'istituto creò alla fine degli anni Novanta il protocollo SETI. Il primo punto della procedura consisteva nell'assicurarsi e confermare che il segnale captato fosse realmente extraterrestre e che non provenisse da alcun satellite artificiale o da alcuna interferenza generata dall'uomo, servendosi a questo scopo di una seconda antenna collocata in un luogo diverso. Il secondo punto segnalava che, in caso si fosse scoperto qualche indizio, bisognava informarne immediatamente il mondo intero. «Di fatto, la conoscenza di una tecnologia extraterrestre è patrimonio del mondo e l'istituto SETI non ha intenzione di tenerla segreta» racconta Jill Tarter, direttrice del progetto Phoenix. Fino a oggi, Phoenix ha esaminato più della metà delle stelle scelte presenti nella sua lista. Per ora, non è stato rilevato alcun segnale chiaramente extraterrestre.

Viaggi sul pianeta rosso

Tuttavia, i telescopi a terra presentavano certi limiti, e così dal 1964, già dalle prime missioni del *Mariner*, gli scienziati hanno cercato di avvicinarsi a una possibile vita extraterrestre effettuando viaggi su altri pianeti; la prima destinazione era Marte. Nel 1965 un missile Atlas inviò la sonda *Mariner* 4 su Marte per un viaggio di sette mesi e 520 milioni di chilometri. Da tempo si sapeva che sul pianeta c'era acqua e che la sua atmosfera era simile a quella della Terra, così che potevano esservi forme di vita. *Mariner* 4 mandò le prime immagini ravvicinate di un pianeta che non era la Terra. Le due missioni del *Mariner* 6 e del *Mariner* 7, nel 1969, puntarono i loro obiettivi sulle sconcertanti aree polari del pianeta e gli scienziati scoprirono che le macchie bianche non erano acqua sotto forma di ghiaccio bensì diossido di carbonio e che le macchie nere non erano vegetazione bensì polvere sospesa in movimento. Nel 1971 il *Mariner 9* cominciò a percorrere un'orbita geostazionaria attorno a Marte e divenne così la prima nave spaziale che compiva un giro completo attorno a un pianeta che non era la Terra. La corsa a Marte proseguì e, in meno di cinque anni, gli americani riuscirono a passeggiare sulla superficie del pianeta rosso con un dispositivo teleguidato.

La prima sonda che si posò e inviò dati dalla superficie di un altro pianeta fu la sovietica *Venera 7*, che il 15 dicembre 1970 arrivò su Venere, ma riuscì a mandare dati soltanto per poco più di venti minuti. Nel 1976 le *Viking 1* e *Viking 2* della NASA atterrarono dolcemente sulla superficie di Marte e trasmisero alla Terra le immagini del paesaggio marziano. Queste due sonde effettuarono esami sul suolo in cerca di vita marziana per poco più di sei anni. «Erano presenti tutti gli elementi necessari alla vita, eppure, quando le navi atterrarono, non trovarono un bel nulla. È molto strano: è come se tutte le luci fossero accese ma non ci fosse nessuno in casa» spiega lo scienziato della NASA Chris McKay.

Ancora una volta la prova reale dell'esistenza di vita fuori dalla Terra si vide eclissata dal desiderio della società di mischiare scienza e fantascienza. L'interesse della gente si concentrò su una foto in cui si notava una struttura apparentemente artificiale sulla superficie di Marte che mostrava una somiglianza impressionante con un volto umano. Ma in seguito si dimostrò che non era altro che un ammasso di rocce fotografato durante il tramonto marziano.

Nel frattempo sulla Terra era stata fatta un'altra scoperta che aveva scosso la comunità scientifica. Nel 1984 il governo americano rinvenne in Antartide un piccolo meteorite, non più grande di una patata, proveniente da Marte, con materia organica, che poteva indicare la presenza di vita nel passato. Nel 1995, quando l'ALH 84001 venne osservato al microscopio, si scoprirono resti di materia organica, possibile indizio di vita. «La squadra del centro spaziale Johnson crede di aver trovato dei fossili in questo frammento. Non abbiamo la certezza che siano di Marte, ma è una possibilità che ci fa credere che la vita si sia potuta trasmettere da Marte alla Terra, o viceversa» afferma lo scienziato della NASA.

Alla fine del 1996 la NASA lanciò su Marte la navicella senza equipaggio *Global Surveyor*. In seguito, il 4 luglio 1997, la *Mars Pathfinder* atterrava sul pianeta rosso, e ciò segnò l'inizio di una nuova serie di spedizioni. Il fallimento arrivò nel dicembre del 1999, quando la navicella *Polar Lander* non fu in grado di fornire prove della presenza di acqua nei due poli di Marte e neppure nel suo sottosuolo a causa di un guasto tecnico all'antenna. «Quanto più approfondiremo le conoscenze su Marte, tanto maggiore sarà la possibilità di dimostrare che un tempo là c'era vita» spiega McKay. «La questione che ci sia vita su Marte, o in qualsiasi altro luogo del sistema solare o fuori da esso, riguarda la nostra condizione nell'Universo. Una cosa è pensare a un Universo in cui siamo l'unica vita, e un'altra ben diversa è un Universo in cui ci sia altra vita» afferma lo storico Steven J. Dick.

Nel luglio del 2006 su Marte erano all'opera i rover *Spirit* e *Opportunity* della NASA, le sonde *Mars Global Surveyor, 2001 Mars Odissey* e *Mars Reconnaissance Orbiter*, tutte delle NASA, oltre alla sonda *Mars Express* dell'Agenzia spaziale europea (ESA).

Sempre più vicini?

Non esistono ancora prove concrete di vita in altri mondi, e ancora meno di vita intelligente, ma ciò non frena i ricercatori. Secondo Frank Drake, «se ci si ferma a esaminare la biologia della Terra, ci si accorge che una delle caratteristiche della vita è il suo opportunismo, la sua adattabilità, ma con il nostro modo di pensare conservatore tendiamo a credere che la vita possa esistere soltanto su pianeti simili alla Terra. Sono sicuro che scopriremo mondi che non seguono le leggi che conosciamo». L'astronomo dell'Istituto SETI Seth Shostak aggiunge: «Solo perché non li abbiamo trovati non significa che non esistano».

Sono trascorsi più di cent'anni da quando Percival Lowell formulava ipotesi circa la vita su Marte e, nonostante sul pianeta rosso non sembri esistere quell'avanzata civiltà che aveva profetizzato, la sua opera costituisce una fertile eredità per il pensiero attuale, basato sull'idea che la ricerca di vita sia la parte più interessante dello studio delle stelle. Lowell, inoltre, non si sbagliava quando supponeva che Marte sarebbe stato il primo pianeta a fornirci delle risposte ragionevoli. Fu un visionario che aprì la strada agli altri. Appena prima di morire, nel 1916, Percival Lowell osservò quello che ritenne essere il nono pianeta del sistema solare. Nel 1930 gli astronomi dell'Osservatorio Lowell confermarono l'esistenza del «pianeta X» e, per onorare la sua memoria, lo battezzarono con il nome di Plutone, riprendendo le iniziali P e L di questo visionario.

La ricerca di vita extraterrestre prosegue. Quando avremo la certezza di condividere l'Universo con altre creature intelligenti, senza dubbio il punto di vista dell'uomo cambierà profondamente. Nessuno può stabilire con sicurezza quando questo sogno umano si compirà. Ancora non è stata data risposta alla domanda che ci siamo sempre posti: siamo soli? Forse ci stiamo ostinando a cercare una forma sbagliata di vita e di civiltà più evoluta della nostra. In ogni caso, finché non otterremo un segnale manifesto e innegabile dell'esistenza di un'altra civiltà, potremo continuare a immaginare che i nostri vicini extraterrestri stiano cercando di mettersi in contatto con noi o che tocchi a noi cercarli instancabilmente.

PERSONAGGI LEGGENDARI

16

La vita segreta di Ramsete II

*Il regno di Ramsete II fu, con tutta probabilità, il regno più prestigioso della storia d'Egitto, sia sotto l'aspetto economico, sia sotto quello culturale e militare. Ramsete II è uno dei faraoni più conosciuti grazie alla grande quantità di monumenti e iscrizioni prodotti nei sessantasette anni del suo regno. Nessun altro faraone lo superò in quanto a numero e grandiosità di statue in proprio onore, né lasciò tante vestigia della propria reggenza. Nonostante l'esistenza di tutto questo materiale, a distanza di più di tremila anni, storici, egittologi e archeologi non hanno ancora svelato molti dei misteri legati alla sua lunga vita, alle battaglie da lui combattute, al rapporto che aveva stabilito con i sudditi e la famiglia. Si sa che il terzo faraone della XIX Dinastia governò dal 1290 al 1224 a.C. (altri storici sostengono che abbia regnato dal 1279 al 1212 a.C., molto più a lungo di qualsiasi altro faraone precedente o successivo), che ebbe molte mogli e prole numerosa: si pensa che i suoi discendenti potessero essere più di novanta. Alcuni esperti ritengono che sia lui il faraone menzionato nell'*Esodo *della Bibbia, il responsabile dell'espulsione degli Ebrei dall'Egitto. Sempre a lui si attribuisce il primo trattato di pace mai firmato nella storia. Gli incredibili ritrovamenti degli anni Novanta del secolo scorso nella tomba* KV5 *della Valle dei Re hanno fornito nuove indicazioni su questo schivo personaggio dell'Antico Egitto, ma riguardo a Ramsete II, detto anche Ramsete il Grande, restano ancora molti punti da chiarire.*

L'ascesa al potere

Il regno di Ramsete II ebbe inizio nel 1290 a.C. In quel periodo, noto con il nome di Nuovo Regno, l'Egitto conobbe il suo massimo e ultimo splendore e visse un'epoca di prosperità economica. I geroglifici si utilizzavano già da molto tempo, le piramidi di Giza erano state costruite qualche migliaio d'anni prima e il sistema religioso, con le sue numerose divinità, era diventato la fiamma spirituale di una popolazione che credeva fermamente nella vita dopo la morte. Prima e dopo Ramsete II ci furono molti faraoni, ma pochi restarono al potere quanto lui che fu punto di riferimento della civiltà egizia per ben sessantasette anni.

A differenza di molti dei suoi predecessori, Ramsete II non era di stirpe reale. La sua famiglia faceva parte della milizia egiziana. Ma quando suo nonno, Ramsete I, fu nominato coreggente del faraone Horemheb, che non aveva figli, il giovane Ramsete II entrò nella linea di successione al trono. Nel 1306 a.C., Horemheb morì, lasciando il suo regno a Ramsete I e così ebbe inizio la XIX Dinastia.

In quell'epoca prospera della storia d'Egitto, conosciuta come età dell'oro, tutti i sovrani si sforzavano per mantenere la posizione dello Stato dentro e fuori dalle sue frontiere, dopo i profondi cambiamenti avvenuti negli anni precedenti. Uno dei cambiamenti più devastanti avvenne durante la XVII Dinastia. Il più forte vincolo d'unione dell'Egitto, la religione, fu stravolto: il faraone Akhenaton cercò di imporre un sistema di culto in cui i numerosi dei egiziani lasciavano il posto a un unico dio, Aton, il Sole. Fu un cambiamento drastico per gli Egizi che sentivano la mancanza delle precedenti credenze, ma poco potevano contro il potere supremo del faraone. Alla sua morte, i monarchi successivi, compreso Tutankhamon, si dedicarono a lungo a riparare al danno causato da Akhenaton.

Nel 1306, Ramsete I, come i faraoni che lo avevano preceduto, cercò di guadagnarsi la lealtà dei sudditi ripristinando le antiche credenze e le numerose divinità. Nel frattempo, suo figlio Seti riceveva una formazione militare per poter recuperare il terreno perduto. Sia Seti I sia suo figlio Ramsete II furono fondamentali per la ricostruzione del regno d'Egitto e il risorgere del paese.

Nel 1305, dopo la morte di Ramsete I, il potere passò al figlio Seti I. All'epoca, Ramsete II aveva soltanto nove anni ma, in quanto erede al trono, veniva già istruito per il compito che avrebbe dovuto svolgere in futuro. Imparò a leggere e a scrivere e seguì studi religiosi e militari. Quando compì dieci anni, suo padre lo nominò generale dell'esercito. Questo era però soltanto un titolo, perché la sicurezza del futuro re era fondamentale e pertanto egli non poté partecipare a nessuna campagna militare che potesse mettere in pericolo la sua vita. Verso i quattordici anni, dopo sette anni di governo di suo padre, Ramsete fu nominato coreggente e ottenne la carica più importante dell'Antico Egitto che presupponeva la condivisione del trono con il faraone. Le iscrizioni dell'epoca lo descrivono come un «astuto giovane governante». Seti, che voleva insinuare saldamente nella mente del popolo egiziano l'idea dell'autorità di Ramsete, annunciò ai sudditi la sua intenzione di designarlo erede e, nominandolo coreggente, fugò ogni dubbio su chi sarebbe stato il faraone successivo.

Al giovane principe furono assegnati un palazzo e un grande harem, perché era necessario avere molte donne per poter garantire il futuro della XIX Dinastia. Concepire il maggior numero di discendenti era uno dei suoi obblighi di erede, e pare che Ramsete II prendesse molto sul serio questo obbligo. Ebbe almeno mezza dozzina di mogli ufficiali e varie compagne di stato inferiore, senza contare le numerose concubine. Nel decennio del regno di suo padre, ebbe più di dieci figli maschi e molte figlie femmine. La discendenza era assicurata e, con essa, la continuità della XIX Dinastia.

Oltre a essere un padre giovane, aveva anche molte altre responsabilità. Da quando iniziò a condividere il potere con il faraone, lo accompagnò anche nelle imprese militari. A quindici anni lottò al suo fianco in Libia, un anno più tardi lo fece sulla frontiera con la Siria e a ventidue dirigeva la guerra senza l'aiuto di Seti. Le campagne militari, comunque, lo occupavano solamente due o tre mesi all'anno. Nel resto del tempo si occupava di controllare lo sfruttamento delle cave per la costruzione degli enormi monumenti che sono diventati il sinonimo dell'antica civiltà egizia. In quegli anni, ad esempio, visitò luoghi come Assuan e, forse, fu lì che nacque il suo immenso interesse per la costruzione.

«Era ambizioso e i suoi edifici sono i più grandi costruiti tra la Grande Piramide e l'arrivo dei Romani. Era impegnato a costruire ciò che nessuno aveva mai costruito prima» spiega Kenneth A. Kitchen, archeologo e professore dell'Università di Liverpool. Dopotutto, la costruzione, la strategia militare e il procreare sono compiti di un faraone e Ramsete II eccelse in tutti.

Il faraone onnipotente

Quando nel 1290 a.C. Seti morì, Ramsete II era ormai molto preparato per salire al trono. Non si sa a quale età esattamente fu incoronato terzo faraone della XIX Dinastia, ma alcuni studi indicano che doveva avere appena compiuto i vent'anni. Si era preparato per un intero decennio, e quando giunse al potere una delle sue prime azioni fu quella di far innalzare costruzioni monumentali che rappresentassero la sua immagine onnipotente, cosa che tutti i faraoni erano obbligati a fare. «Volle lasciare una traccia di sé in tutti i luoghi importanti. Poiché i suoi monumenti erano enormi e lui fu uno degli ultimi faraoni, le sue opere sono sopravvissute meglio delle costruzioni dei re precedenti» dice la curatrice del Dipartimento di Arte egizia del Metropolitan Museum of Art di New York, Catherine H. Roehring. «Fu molto longevo e quindi ebbe molto tempo per far costruire statue che lo ritraessero e che, oltretutto, fossero più grandi e più belle di quelle degli altri re» spiega l'egittologa e scrittrice Barbara G. Mertz. È per questo motivo che il nome di Ramsete II è quello che si trova con maggiore frequenza sui monumenti antichi.

Lo scopo di tutti questi monumenti e di tanto splendore era che il popolo – che aveva poche occasioni di vedere il faraone – provasse nei suoi confronti sia ammirazione sia timore. «Potevano vedere la sua magnificenza, il suo potere e la sua grandezza solamente attraverso le statue» spiega Rita Freed, curatrice del Dipartimento di Arte egizia, nubiana e del Vicino Oriente del Museum of Fine Arts di Boston. «La maggior parte delle opere artistiche e letterarie dell'Antico Egitto» aggiunge «avevano fine propagandistico e quindi abbiamo soltanto una visione unilaterale delle cose: l'immagine di eroe, di grande militare e di buon padre che Ramsete II voleva lasciare». Pertanto, quella specie di ossessione per la costruzione di templi enormi e spettacolari era un modo per perpetuare l'idea che fosse un re grande e potente quanto i faraoni che lo avevano preceduto.

Molte delle più imponenti costruzioni architettoniche dell'Antico Egitto furono erette proprio durante il Nuovo Regno. Templi maestosi che sono diventati simboli di quell'antica civiltà furono costruiti durante il regno di Ramsete II. Il suo vasto progetto di costruzione era simbolo evidente del potere dell'epoca. Non solo si dedicò a disseminare le sponde del Nilo di costruzioni enormi e splendide, ma usurpò addirittura la paternità di alcune di esse ai suoi predecessori, compreso suo padre: la sua attività in questo campo superò largamente quella di altri faraoni. Trasferì la capitale a Pi-Ramses, città sul delta del Nilo che era già stata capitale durante la XV Dinastia e durante la dominazione degli Hyksos che le avevano dato il nome di Avaris. Dopo che fu distrutta nella guerra contro gli Hyksos, Ramsete II la ricostruì sfruttando il lavoro degli schiavi ebrei, come vedremo più avanti. Nella Bibbia la si indica semplicemente come Ramses o Ramesse. Fece ampliare il tempio di Abydos, modificò in modo consistente il tempio di Amenofis III, eresse l'enorme costruzione funeraria del Ramesseum a Tebe o i templi in Nubia, il più famoso dei quali è quello di Abu Simbel, il più grande tempio al mondo intagliato nella roccia. In esso ci sono quattro statue di più di 20 metri d'altezza che raffigurano Ramsete seduto. Era questo il modo per testimoniare al meglio la sua posizione di potere in quanto la dimensione era, in Egitto, indice di importanza. Il tempio è dedicato agli dei Amon e Ra, ma lo stesso Ramsete appare come una divinità.

Va ricordato che nell'Antico Egitto il re era considerato un essere divino il cui compito era quello di fungere da intermediario tra gli dei e il popolo, intercedendo per esso. La responsabilità più grande del faraone, in quanto essere vivente, era però quella di conservare l'ordine della civiltà egizia. Ramsete prese molto sul serio il suo ruolo di divinità e, pur se non fu il primo faraone ad esigere di essere adorato come un dio, fu il primo a farlo in modo tanto esplicito e il primo a dedicare a se stesso templi e statue in modo tanto sistematico. Inoltre fu tra i pochi faraoni – insieme a Hatshepsut o Amenothep III – a credere realmente (o fingere di credere) di essere stato generato dall'onnipotente dio Amon-Ra.

Ad Abu Simbel, dietro alle quattro statue sedute, si innalza l'ingresso di un tempio che si addentra nella montagna per circa 60 metri. In esso si osservano otto figure di Ramsete con l'immagine del dio dei morti, Osiride, a custodia del corridoio che termina nella stanza sacra. Qui si trovano le statue delle grandi divinità egizie e Ramsete appare seduto tra di loro. Ma c'è di più: come osserva Rita Freed, «si vede il re Ramsete in adorazione del dio Ramsete, in un'immagine molto interessante in quanto egli stesso si rappresenta come divinità. Nessun altro re era stato tanto sfacciato».

Ancora oggi l'Egitto è disseminato di statue di Ramsete II. Erano simbolo di un re che in realtà molto pochi potevano vedere ma che era idolatrato da tutti, pur se alcuni eruditi sostengono che Ramsete II fu non soltanto il faraone dedito a erigere costruzioni in tutto l'Egitto servendosi della manodopera degli schiavi, ma anche il faraone dell'oppressione. Ma Edward F. Wente, egittologo e professore presso l'Istituto Orientale dell'Università di Chicago, puntualizza: «È un errore vedere il faraone come un tiranno che si imponeva sul suo popolo: egli infatti simboleggia l'aspirazione a raggiungere il cielo e rappresenta il popolo innanzi agli dei. Se l'Egitto serviva gli dei, gli dei servivano il popolo, lo benedicevano e gli garantivano la prosperità».

Il guerriero coraggioso

Nei primi anni del suo regno, Ramsete II si sforzò di conservare la pace interna ottenuta dai suoi predecessori. Durante i primi tre anni, visse una vita tranquilla. Concentrò l'attenzione sulla costruzione di enormi monumenti, con incisioni numerose di geroglifici e bassorilievi in tutto il paese. Non diede inizio alla sua prima campagna militare come faraone fino al quinto anno del suo regno. Nel 1286 iniziò una spedizione al fine di controllare l'intera costa orientale del Mediterraneo e recuperare le frontiere dell'impero dell'epoca di Tutmosi. I suoi sforzi ebbero successo e lui e le sue truppe tornarono vittoriosi dopo avere ripreso agli Ittiti una fascia costiera che si estendeva dall'attuale Suez fino al Libano settentrionale.

Gli Ittiti, come gli Egizi, possedevano tecniche militari molto avanzate e temute dai nemici. L'invasione delle loro terre da parte di Ramsete causò una forte tensione tra i due paesi. L'anno successivo, le due potenze si prepararono a combattersi in uno scontro conosciuto come battaglia di Kadesh. Kadesh era una città fortificata ittita che chiudeva il passaggio per la valle del fiume Oronte (oggi Nahr Al-Asi), situata a nord dell'attuale città di Damasco, all'altezza della città libanese di Tripoli. Sarebbe diventata la frontiera tra il regno egizio e quello ittita, il punto dove si sarebbe fermata l'avanzata egizia verso la riconquista di quello che era stato, all'inizio del XV secolo a.C., il regno di Tutmosi I, che si spingeva fino all'Eufrate. Né Seti, né Ramsete II riuscirono a oltrepassare Kadesh. Fu lì che avvenne lo scontro tra l'esercito egizio e la coalizione sirio-ittita del re Muwatalli, uno dei momenti più celebrati e più documentati del regno di Ramsete II. Eppure, se si analizzano i diversi documenti dell'epoca il risultato della battaglia è incerto, perché ognuna delle parti diede degli eventi una versione notevolmente diversa. Gli esperti sostengono che probabilmente la verità si trova a metà tra i racconti trionfalistici degli Egizi e quelli degli Ittiti.

Si racconta che Ramsete divise i ventimila uomini del suo esercito in quattro unità. L'avanguardia catturò quelle che riteneva essere spie ittite, ma queste presunte spie altro non erano che soldati distaccati in quel luogo dagli Ittiti per far credere agli Egizi che i loro nemici si trovavano a più di 150 chilometri. Ramsete, senza sospettare l'inganno, continuò a guidare la sua prima unità verso il nord, in una zona vicina a Kadesh. Attraversato il corso d'acqua di Al-Mukadiyeh, decise di accamparsi sulla sponda settentrionale e, mentre i soldati erano intenti a montare l'accampamento, giunse una terribile notizia: gli Ittiti, in realtà, si trovavano a meno di 3 chilometri. Ramsete era furioso perché era caduto in un'imboscata. Il suo esercito si trovava molto distante quando gli Ittiti sferrarono l'attacco. I rinforzi giunsero appena in tempo per salvare il loro capo.

Il resto della storia è colmo di contraddizioni. Dopo tremilacinquecento anni è molto difficile sapere con certezza che cosa accadde dopo l'arrivo dei rinforzi militari di Ramsete, perché i resoconti scritti delle due parti danno versioni diverse degli eventi. «Leggendo la descrizione dei fatti secondo Ramsete, si può pensare che si trattò di una delle strategie militari più brillanti della storia perché, avendo indovinato che cosa sarebbe successo, fu dato ordine alle truppe di nascondersi e farsi avanti al momento giusto» spiega l'egittologa Barbara G. Mertz. Gli storici assicurano, però, che Ramsete ignorava la strategia degli Ittiti e furono il suo coraggio e il suo esercito venuto in soccorso a permettergli di vincere la battaglia. «Non riuscì a scacciare gli Ittiti ed è più corretto parlare di un risultato di pareggio tra gli eserciti dei due paesi» commenta Kenneth A. Kitchen, professore di archeologia presso l'Università di Liverpool.

Che la proclamazione di Ramsete come vincitore corrisponda al vero oppure no, è meno importante del modo in cui egli presenta se stesso agli dei. La sua impresa è narrata in una delle migliori opere egizie di poesia epica, il *Poema di Kadesh* inciso a profusione sui templi di Luxor, Karnak e Abydos, dove Ramsete è sempre descritto come eroe. Le numerose descrizioni della battaglia, di cui si autoproclama vincitore (e che afferma di avere combattuto praticamente da solo guidato dal dio Amon), intendono dire agli dei che lui meritava la sua posizione di potente re di un regno, pur se alla fine non fu capace di sconfiggere gli Ittiti.

«Dopo quindici o venti anni di guerra, Ramsete si rese conto che non sarebbe riuscito a vincere e decise di firmare la pace. In questo modo si inaugurò un periodo di prosperità economica e culturale, un'epoca d'oro che si estese per diverse generazioni» indica il professor Kitchen. Ramsete riuscì a firmare con il re ittita Hattusil un trattato di pace che alcuni storici considerano essere il primo di cui si abbia notizia, pur se altri sostengono che ne esistettero di precedenti tra Egizi e Ittiti. Questo trattato di pace fu suggellato con un matrimonio. Ramsete prese in sposa una principessa ittita per dimostrare le sue buone intenzioni ma, in realtà, la nuova sposa non fu altro che una delle tante donne del suo harem. Una volta assicurata la pace, Ramsete si dedicò a conservare il suo regno che occupava il territorio delimitato a sud dal Sudan, a nord dal Mediterraneo, a ovest dalla Libia e a est dal fiume Oronte.

Perpetuazione della dinastia

È impossibile viaggiare in Egitto senza essere testimoni delle numerose opere costruite da Ramsete II e toccare con mano il suo potere. Le iscrizioni e i bassorilievi descrivono la sua determinazione nel conservare la sua civiltà, e le pareti di molti templi mostrano quanto fosse orgoglioso dei suoi figli. La sua famiglia era numerosissima e aveva sempre accanto a sé due regine principali. «Registrati accanto al nome di Ramsete, ci sono più nomi di regina di quanti ce ne siano accanto a qualsiasi altro monarca egizio» dice l'egittologa Barbara G. Mertz.

Tra tutte le sue mogli principali, che furono più di mezza dozzina, ce n'è una che occupa un posto particolare: Nefertari. Secondo vari documenti antichi, Nefertari fu la donna che Ramsete amò di più. Il faraone la onorava facendo sì che la sua presenza fosse conosciuta in tutto il regno. Ad Abu Simbel, accanto all'enorme tempio, ne esiste un altro più piccolo dedicato alla dea egizia Hathor e all'amata sposa. In questo tempio sono state ritrovate figure scolpite stilizzate che rappresentano Nefertari con accanto quattro statue del suo devoto marito. Nefertari ebbe numerosi figli ma né lei, né i suoi figli sopravvissero a Ramsete.

Ramsete pianse per anni la morte dell'amata sposa e la sua devozione per lei è ben testimoniata dal luogo destinato alla sua sepoltura, nella Valle delle Regine. La tomba di Nefertari si trova a 12 metri di profondità e occupa uno spazio di 1.740 metri quadrati decorati splendidamente. Sono in molti gli esperti che concordano sul fatto che la tomba di Nefertari sia la più bella tra tutte quelle conosciute. La mummia scomparve molto tempo fa ma, grazie agli sforzi di preservazione del Dipartimento di Antichità egizie del Getty Conservation Institute di Los Angeles, molti dei bassorilievi sono stati restaurati e riparati. Secondo le credenze della religione egizia, le diverse scene che Ramsete fece dipingere sulle pareti servivano a permettere che Nefertari potesse accedere all'altro mondo senza ostacoli di sorta. La ricchezza del luogo è prova dell'amore di Ramsete II e del suo desiderio che Nefertari compisse il viaggio nell'aldilà in tutta sicurezza e con la speranza di potersi un giorno incontrare nuovamente. Il faraone le sopravvisse per più di quarant'anni.

Nonostante la tristezza per la perdita di Nefertari, Ramsete II, in quanto sovrano di un impero, doveva continuare a procreare per garantire la continuità dinastica dopo la sua morte. La successione era fondamentale. Prima che suo nonno salisse al trono, ci fu un periodo di grande confusione riguardo alla successione reale. «Uno dei motivi per cui Ramsete I venne nominato re fu che aveva un figlio e un nipote che potevano assicurare la successione» dice Rita Freed. Nell'antichità, l'elevato indice di mortalità esigeva che le famiglie fossero numerose, perché molti dei figli morivano. Il faraone poteva permettersi di curare, istruire e nutrire una prole numerosa, che avrebbe poi costituito l'élite del governo e dell'esercito.

Dopo la morte precoce della sua favorita Nefertari, Ramsete ebbe altre spose, come Isinofret, che gli diede quattro figli tra cui Merenptah, suo successore, la principessa ittita Matnefrure, la sua stessa sorella (o figlia) Henutmira, la dama Nebettawy, e due delle sue figlie più belle, una di Nefertari (Meritamon) e un'altra di Isinofret (Bent-Anat). Visse così a lungo che sopravvisse alla maggior parte delle regine, spose di second'ordine e concubine nonché dei suoi discendenti, tra cui il figlio favorito Kaemuaset, famoso mago e gran sacerdote di Ptah, figlio di Nefertari.

Si crede che Ramsete II abbia generato più di novanta figli e, a differenza di altri faraoni, li esibisse con orgoglio in molti monumenti. Facendone riprodurre l'effige nella pietra, non lasciava dubbi ai suoi sudditi sul fatto che la XIX Dinastia avrebbe continuato a esistere anche molto dopo che lui se ne fosse andato. Nel Ramesseum, il suo tempio funerario, molti dei discendenti appaiono rappresentati in modo assai chiaro. «Al figlio maggiore assegnò il titolo di Figlio Maggiore del Re e questi, in quanto tale, aiutò suo padre nello svolgimento delle funzioni del faraone e nel governo» spiega Kenneth A. Kitchen. È probabile che, invecchiando, il faraone si avvalesse dell'aiuto dei figli per prendere le decisioni.

L'esodo degli Ebrei

Nei quasi sessantasette anni di regno di Ramsete II, la Cina aveva già sviluppato il suo primo dizionario comprendente quarantamila caratteri. La Siria e la Palestina erano entrate nell'Età del ferro. I Greci invadevano Troia. È anche il periodo storico in cui si suole collocare l'Esodo della Bibbia, il cui responsabile pare sia stato proprio Ramsete II. Il nome di Ramsete appare nella Bibbia in diverse occasioni, pur se non per indicare il nemico di Mosè, sempre menzionato come «il faraone», ma per nominare luoghi geografici. La prima volta compare con riferimento al distretto «migliore del paese», sul delta del Nilo, dove Giuseppe aveva insediato i suoi fratelli, come narra il libro della *Genesi* (47,11). Nell'*Esodo* (1,11) se ne cita ancora il nome, accanto a quello di Pitom, nella descrizione di due «città-tesoro» – costruite con il lavoro degli schiavi ebrei e così chiamate in quanto fungevano da deposito per le campagne militari – nuovamente presenti nel libro dei *Numeri* (33,3 e 33,5), quando si elencano le tappe dell'esodo israelita. «Dovettero fuggire, ma si dice che Ramsete li cacciò dall'Egitto» spiega Kenneth A. Kitchen.

La scoperta della sua tomba

Nel 1881 si trovò un luogo in cui erano state nascoste mummie reali, tra cui quella di Ramsete II. La mummia scoperta era quella di un uomo anziano, con un viso allungato e naso importante, e attualmente la si può vedere, custodita in un'urna di cristallo pressurizzato, nel Museo del Cairo. Fu trovata nella Valle dei Re, nella tomba KV7, situata nella metà nord della necropoli, molto vicina ai luoghi di riposo eterno dei suoi figli e nipoti, KV5 e KV8. Si crede che alla fine della XXI Dinastia il corpo di Ramsete II fu portato dai sacerdoti in un luogo più sicuro, così come quasi tutti i faraoni sepolti nella Valle dei Re. In quegli anni le mummie venivano riunite in uno stesso posto per evitare che fossero saccheggiate. Questa consuetudine di trasferire le mummie in un luogo diverso da quello in cui erano state sepolte ha dato origine a diverse congetture. Alcuni egittologi suggeriscono che sia impossibile conoscere con certezza la vera identità delle mummie. Altri esperti indicano che esistono prove sufficienti per sapere che quei corpi appartenevano a potenti monarchi dell'Antico Egitto. Se si considerano i caratteri peculiari di Ramsete II, i dubbi sull'autenticità della sua mummia sono veramente molto pochi. Si sa, infatti, che Ramsete regnò molto a lungo ed esistono poche mummie che mostrino il corpo di un uomo avanti negli anni, argomenta l'egittologa Rita Freed. «È probabile che avesse più di novant'anni quando morì. Studiando la sua mummia, vediamo che soffriva di artrite, che negli ultimi anni di vita zoppicava e che aveva un'infezione alla mandibola, probabilmente la causa della morte» dice Bob Brier, egittologo dell'Università di Long Island.

La morte di Ramsete II segnò la fine di un'epoca. Il grande impero che lui aveva conservato per diversi decenni ne rimase gravemente colpito. Il suo tredicesimo figlio, Merenptah, ereditò il trono. Gli esperti sostengono che doveva avere cinquanta o sessant'anni in quel momento, ma non fu mai all'altezza del padre. Non governò a lungo e quando morì, suo figlio, erede al governo per diritto, dovette disputarsi la successione con altri figli ancora vivi di Ramsete II. Gli storici ritengono che fu un altro dei figli di Ramsete a riuscire a dare continuità alla linea di successione dopo la morte di Merenptah. I numerosi conflitti che si generarono dopo la sua morte forse non sarebbero avvenuti se non fosse sopravvissuto a così tanti figli: pare infatti che almeno dodici morirono prima di lui.

Oggi, guardando il corpo di Ramsete II, non vediamo nel cadavere il grandioso monarca che fece erigere templi destinati a durare migliaia di anni, né il faraone che sconfisse gli Ittiti: vediamo un anziano novantenne che soffriva d'artrite, aveva la schiena curva, le gengive infette e i denti consumati. La mummia fu trovata nella tomba numero 7 (o KV7) della Valle dei Re, purtroppo parzialmente distrutta da numerose inondazioni. Tuttora vi lavora un'équipe di archeologi francesi che continuano a cercare di raccogliere il maggior numero possibile di informazioni sulla vita di questo monarca. Contemporaneamente a questa prima équipe, una seconda si dedica allo studio della tomba KV5, altro ritrovamento direttamente collegato a Ramsete II.

Il ritrovamento della tomba KV5 risale al 1825, anno in cui l'esploratore britannico James Burton scavò un tunnel in direzione delle prime camere. La tomba era colma di detriti e molto danneggiata dalle inondazioni. Burton scavò verso l'alto della tomba e liberò la parte superiore di quelle che parevano essere diverse camere. Circa settantacinque anni più tardi, Howard Carter – responsabile della scoperta della tomba di Tutankhamon – ritenne che il luogo fosse privo di significato, scartò l'idea di nuovi scavi e utilizzò la KV5 per mettervi i resti degli altri scavi.

La tomba KV5 fu praticamente dimenticata per altri ottantacinque anni fino a che, nel 1987, un'équipe di archeologi che lavorava a un progetto di mappature, iniziò a rimuovere le macerie lasciate da Carter, cumuli di pietre che raggiungevano i 3 metri d'altezza. Nel 1988, gli archeologi si servirono dello spazio in cui Burton si insinuava per entrare all'interno della KV5. Nei successivi sei anni si dedicarono soprattutto all'eliminazione dei detriti di due camere e scoprirono che le tombe erano decorate con importanti scene storiche che mostravano Ramsete II impegnato a presentare a diverse divinità egizie i suoi figli defunti. «A mano a mano che liberavamo il pavimento delle stanze, trovavamo migliaia di oggetti di coccio, centinaia di gioielli e resti mummificati che mostravano che le tombe erano state utilizzate per i figli di Ramsete II. In seguito scoprimmo anche molti dei nomi dei suoi figli. È evidente che la tomba fosse molto più importante di quanto pensassero James Burton o Howard Carter» spiega l'egittologo Kent Weeks, dell'Università Americana del Cairo.

Nell'inverno 1994, gli archeologi iniziarono nuovi scavi su vasta scala e trovarono una terza camera, con sedici colonne e una porta che indicava l'esistenza di altre camere. Il 2 febbraio 1995 scoprirono che la tomba KV5 era davvero enorme e con un corridoio lungo più di 30 metri. «È la tomba più grande della Valle dei Re e probabilmente la più grande di tutto l'Egitto. Inoltre è unica nel suo progetto e può essere considerata come il primo esempio di mausoleo di famiglia egizio» dice Kent Weeks. Gli archeologi affermano che vi sono sepolti almeno quattro dei figli di Ramsete II e si presume che siano in compagnia di addirittura quarantotto discendenti.

Ciò che è certo è che occorreranno ancora molti anni prima che la tomba KV5 riveli tutti i segreti di Ramsete II e della sua famiglia, tuttora celati e custoditi tra le pareti di queste tombe. Nel frattempo, la sua vita continuerà a ispirare la fantasia di molti scrittori mentre il suo regno e le sue imprese continueranno a suscitare la nostra ammirazione.

17
La maledizione di Tutankhamon

Quando, dopo più di cinque anni di ricerche, il 26 novembre 1922 l'inglese Howard Carter ruppe con cautela il sigillo della tomba che aveva appena ritrovato, apparve davanti ai suoi occhi una delle più straordinarie scoperte mai realizzate da un archeologo: la tomba di Tutankhamon. Fu riportato alla luce un giovanissimo re ormai dimenticato del quale si sapeva molto poco, e si risvegliò un grande interesse per la magia e il misticismo di un'antica civiltà. Nel 1925 il mondo poté vedere la vera faccia del faraone, riprodotta su una magnifica maschera d'oro decorata con vetri colorati e pietre preziose. L'aspetto solenne e le ricchezze di cui era circondato erano sorprendenti. Gli storici raccontano che il giovane Tutankhamon visse durante l'età dell'oro dell'Egitto, quando Luxor e Tebe erano la potenza egemonica nel mondo civilizzato, e governò su un paese immensamente ricco. Ma sappiamo poco altro del suo splendore. Ancora oggi ci sono enigmi irrisolti legati al ritrovamento della tomba, e molte domande a cui i ricercatori non sanno rispondere.

L'antica civiltà egizia viveva in armonia con la Terra. Il susseguirsi delle stagioni, l'alternarsi del giorno e della notte rappresentavano per questo popolo la continuità del ciclo della vita, della morte e della rinascita che regolava la natura. Davanti a una simile prova della capacità dell'Universo di rigenerarsi, uomini profondamente spirituali come gli Egizi non poterono fare a meno di convincersi che anche loro sarebbero rinati dopo la morte. Il culto funerario diventò così una vera e propria ossessione, e determinò tutti gli aspetti della società egizia.

Come segnala l'archeologo Zahi Hawass, direttore generale della piana di Giza (la zona dove sorgono le piramidi), la religione era così radicata in questa civiltà che «crearono le scienze perché fossero utili in un'altra vita, mentre noi oggi le creiamo perché siano utili nella vita quotidiana. È questa la differenza. E spiega anche perché costruirono le piramidi, si occuparono di astronomia, arte, scienza e di tutto ciò che era considerato utile per la religione e per la vita nell'altro mondo».

La tomba, una casa per l'eternità

Gli Egizi credevano che dopo la morte venissero messi sui due piatti di una bilancia il cuore del defunto e la piuma di Maat, dea della verità: se il cuore fosse stato più pesante della piuma, il «mostro divoratore» avrebbe distrutto lo spirito. Se invece i piatti fossero rimasti in equilibrio, l'anima sarebbe potuta rimanere sulla Terra. «Invece di immaginare che dopo la morte le anime salissero in un qualche paradiso, gli Egizi pensavano di continuare a vivere nello stesso mondo sotto forma di spiriti, privi cioè dei turbamenti tipici del corpo, come patire il freddo e il caldo, le malattie o la fame» dice James Allen, curatore della Sezione di Arte egizia al Metropolitan Museum of Art di New York.

In Egitto, la tomba era il luogo in cui lo spirito o «doppio» del defunto, detto anche Ka, poteva riposare ogni notte e trovare tutto ciò che gli sarebbe servito per sopravvivere nell'aldilà. L'interno della tomba rifletteva la posizione sociale ed economica del proprietario, e al momento di attrezzarla per l'aldilà non si badava a spese. Sembra che agli Egizi non interessassero tanto le loro case: in fondo le avrebbero abitate solo per qualche decennio. Per le tombe era diverso: lì avrebbero trascorso migliaia e migliaia di anni.

Le tombe più sontuose appartenevano ai faraoni celebri, come le grandi piramidi dei primi esponenti della dinastia dei re. Gli architetti dell'epoca di solito le progettavano con corridoi ciechi e porte segrete per proteggerne il prezioso contenuto per l'eternità, ma ciò non bastava per impedire ai ladri di entrarci e rubare le ricchezze che custodivano. Nessuna piramide si salvò dal saccheggio. Per questo motivo, dal XVI secolo a.C. i faraoni optarono per una maggiore sicurezza e diedero ordine di costruire alcune tombe in una valle rocciosa fuori Tebe: sarebbero state meno sfarzose delle precedenti, ma più facili da proteggere. Una valle poco accogliente ma semplice da sorvegliare era un grande vantaggio per qualsiasi necropoli reale. L'architetto Ineni lasciò nella tomba di Thutmose I la seguente iscrizione: «Ho costruito la tomba del mio re, nessuno vede, nessuno sente e nessuno ascolta». O almeno questo era il suo obiettivo.

Questa terra sterile ricevette il nome di Valle dei Re, perché qui furono sepolti almeno quaranta tra faraoni e membri della famiglia reale. Quando le grandi dinastie egizie del Nuovo Regno passarono alla storia, i guardiani del luogo scomparvero e le tombe furono saccheggiate una dopo l'altra. Tranne una, che è rimasta nascosta per più di tremila anni ed è sopravvissuta all'arrivo di una nuova tipologia di saccheggiatore: l'archeologo moderno.

Il sogno di Howard Carter

All'inizio del XX secolo, l'Egitto era sotto il controllo della Gran Bretagna. Molti stranieri soggiornavano negli alberghi più famosi (come il Palazzo d'Inverno di Luxor) o partecipavano a crociere private sul Nilo. Durante il breve inverno, alcuni dei turisti più ricchi si improvvisavano archeologi, spinti in parte dalla curiosità scientifica e in parte dall'avidità. Tutto ciò che trovavano veniva diviso a metà tra il governo egiziano e l'autore della scoperta.

Ma ciò a cui tutti puntavano tardava a venire alla luce: la tomba di un faraone ancora intatta. Howard Carter, figlio di un pittore inglese, sperava ardentemente di trovarla. Londinese, con una salute cagionevole e una personalità complessa, si recò per la prima volta ad Alessandria all'età di diciassette anni, sotto la tutela di Lady Amherst. Si innamorò delle antiche rovine e ben presto diede prova di essere un archeologo competente. Nel 1909 George Herbert, conte di Carnarvon, assunse Carter per supervisionare gli scavi che aveva ottenuto il diritto di portare avanti nella zona ovest di Tebe. Carnarvon era un inglese molto abbiente e un grande amante dell'avventura. Era in Egitto per riprendersi da un incidente d'auto avuto in Germania, e durante la convalescenza aveva deciso di dedicarsi all'archeologia.

Il temperamento tranquillo dell'aristocratico si rivelò complementare al carattere serio di Carter, e i due insieme fecero scoperte di grande valore archeologico. Carter però non era soddisfatto: continuava a pensare alla coppa di vetro blu con inciso il nome di Tutankhamon ritrovata nel 1906 nella Valle dei Re dal miliardario americano

Theodore Davis. Sempre Davis, in seguito, aveva trovato anche tracce di polvere per l'imbalsamazione in fondo a un pozzo e alcuni vasetti con le stesse incisioni presenti sulla coppa. Si può dire che a quei tempi Tutankhamon fosse uno sconosciuto: erano stati ritrovati alcuni monumenti con scritto il suo nome, ma si sapeva soltanto che era esistito un re chiamato così e che non era rimasto a lungo sul trono.

La figura del misterioso faraone ossessionava Carter. Nel 1914 Lord Carnarvon comprò, su sua richiesta, la concessione di scavo nella Valle dei Re. Carter ottenne il permesso legale per scavare, anche se gli archeologi più illustri ritenevano che il luogo fosse già stato esplorato completamente e che non ci fosse più niente da scoprire. Ma Carter sentiva che sotto le pietre e le macerie di questa valle c'era qualcosa che lo aspettava, e non si fece intimidire.

La Prima guerra mondiale lasciò in sospeso i sogni del giovane archeologo, che dovette aspettare il 1917 per iniziare i lavori nella Valle dei Re. Cominciò a esplorare ogni angolo della necropoli, aiutato da centinaia di operai che rimossero tonnellate di terra e pietre. «La Valle era piena di macerie, quindi Carter dovette attraversare diversi strati di detriti prima di arrivare al suolo originario. Pensò che solo in questo modo avrebbe potuto assicurarsi che non gli sfuggisse l'ingresso di una tomba» racconta T.G.H. James, uno dei suoi biografi. Nel frattempo, grazie alle prove giunte da altri scavi sparsi per tutto l'Egitto, gli specialisti cominciavano a saperne di più sul misterioso Tutankhamon, e si stava diffondendo l'idea che potesse veramente essere sepolto da qualche parte tra queste colline di roccia calcarea.

Lo sconosciuto re Tut

Tutankhamon visse durante l'età dell'oro dell'Egitto, quando Luxor e Tebe erano la potenza egemonica del mondo civilizzato. Governò su un paese molto ricco, su una civiltà prospera fiorita intorno alla metà del XIV secolo a.C., quando forti tensioni percorrevano la zona del Nilo. La prudente diplomazia del re Amenhotep III, che aveva garantito più di trent'anni di pace, fu interrotta non appena salì al trono suo figlio, l'iconoclasta Akhenaton. Egli decise di abbandonare il pantheon delle divinità che il suo popolo aveva venerato per secoli, e di dedicarsi esclusivamente al culto del disco solare detto «Aten» o «Aton». Chiuse gli antichi templi di Tebe provocando l'ira dei potenti sacerdoti, e si trasferì in una nuova capitale dedicata al suo dio, Aton. Molti esperti sostengono che Tutankhamon potrebbe essere figlio del vecchio Amenhotep III o addirittura dello stesso Akhenaton.

Secondo Gay Robins, professore di antica arte egizia presso la Emory University di Atlanta (Stati Uniti), «Tutankhamon è un personaggio che provoca una certa frustrazione perché non riusciamo a capire bene chi è. Abbiamo prove che dimostrano che faceva parte della stirpe reale, e sappiamo che suo padre era un re, ma non riusciamo a capire quale. Da ciò scaturisce un grande dibattito tra gli egittologi».

È certo che il principe Tut trascorse l'infanzia negli splendidi palazzi della nuova capitale, allora chiamata Akhet-Aton, cioè «orizzonte di Aton», e oggi Tell el-Amarna, a 400 chilometri dal Cairo. Da piccolo vedeva rendere omaggio ad Aton, il dio del disco solare, e crebbe sicuro del potere benefico dei suoi raggi. Akhenaton (suo padre o suocero, o entrambe le cose) morì o perse il potere durante il diciassettesimo anno di regno. Gli storici hanno opinioni divergenti su chi regnò dopo di lui, ma sono d'accordo sul fatto che intorno al 1333 Tutankhamon fu incoronato re, anche se non si sa con certezza che età avesse in quel momento. Con il paese diviso tra i sacerdoti dell'antica religione e le idee radicali del suo predecessore, il nuovo faraone doveva affrontare una situazione di grande instabilità.

Il trionfo della perseveranza

Nella primavera del 1922 erano già cinque lunghi anni che Howard Carter lavorava duramente sotto il sole del deserto senza ottenere alcun risultato; Lord Carnarvon, ormai stanco, voleva abbandonare le ricerche, ma Carter chiese al suo patrocinatore di resistere ancora per qualche tempo. C'era un'area ancora inesplorata che gli interessava in modo particolare: si trattava di un terreno situato di fronte alla tomba del re Ramsete VI, ma era difficile portare avanti i lavori perché bisognava scavare proprio sulla strada che i visitatori percorrevano per entrare nella valle.

Il 1° novembre 1922 Carter iniziò quella che sarebbe stata la sua ultima campagna nella Valle dei Re. Aveva comprato un canarino per rallegrare la casa che si era costruito appena fuori dalla valle; tutti lo chiamavano «l'uccellino d'oro» ed erano convinti che avrebbe portato fortuna. A quanto pare avevano ragione. La mattina del 4 novembre,

Foto © Contrasto

I monoliti che compongono Stonehenge furono trasportati dalla costa del Galles fino alla contea dello Wiltshire, a 241 chilometri di distanza. Come fu possibile spostare 300 tonnellate di roccia per tutto questo tragitto quando la ruota non era ancora stata inventata?

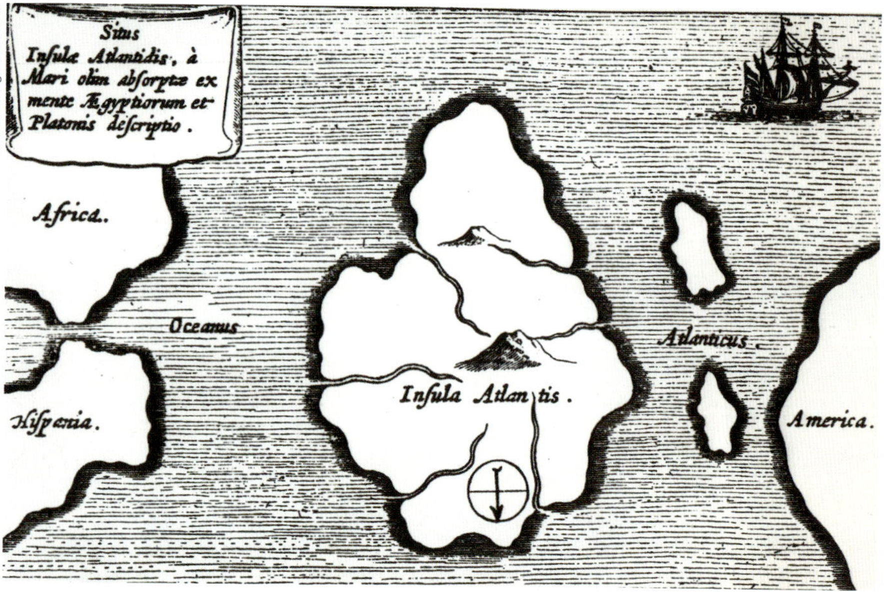

Mappa che colloca Atlantide in mezzo all'oceano Atlantico. Le diverse teorie degli studiosi hanno indicato che questa civiltà sommersa poteva trovarsi in luoghi come lo stretto di Gibilterra, la Grecia o le isole Bahamas.

Resti di un centro abitato anasazi nella Mesa Verde, Colorado. I dati archeologici fanno pensare all'esistenza di pratiche di cannibalismo: ossa fratturate, corpi disarticolati, assenza di crani, vertebre, mani, piedi...

Foto © Contrasto

Le strutture a forma di piramide gradonata trovate sull'isola di Yonaguni, in Giappone, risalgono a diecimila anni fa. Secondo alcuni studiosi, rappresentano la costruzione più antica della storia.

Foto © Contrasto

Pur se la Chiesa cattolica non si è mai pronunciata al riguardo, molti assicurano che il calice che si conserva nella cattedrale di Valencia è il vero Santo Graal, la coppa da cui bevvero Gesù e gli apostoli durante l'Ultima Cena.

Sopra al tempio di Coricancha, a Cuzco, fu eretta la chiesa di Santo Domingo dopo l'arrivo dei conquistatori spagnoli, ma prima era il recinto sacro più importante dell'Impero inca, noto come «recinto del sole». Le sue grandi ricchezze diedero origine alla leggenda di El Dorado.

Moneta di bronzo della Battriana, antica provincia dell'impero persiano, nell'attuale Afghanistan. Parte del tesoro nascosto nella Banca Centrale di Kabul, e razziato in varie occasioni dai talebani, proviene da questa provincia.

Foto © Contrasto

Per decenni, il *Titanic* rimase nascosto sul fondo delle fredde acque dell'Atlantico fino a che, nel 1985, si trovarono i resti della nave naufragata e tutte le ricchezze custodite al suo interno.

Foto © Contrasto

L'*Olympic*, famoso per essere l'unico transatlantico capace di affondare un sottomarino tedesco nella Seconda guerra mondiale, si scontrò con una nave-faro davanti alla costa di New York ed ebbe destino simile a quello del *Titanic*.

Foto © Contrasto

Come furono costruite le colossali piramidi egizie? Una delle teorie più innovatrici parla dello sfruttamento del vento per mezzo di aquiloni che sollevavano blocchi di pietra pesanti anche 80 tonnellate.

Foto © Contrasto

Continua a essere un mistero la sparizione di aerei nel Triangolo delle Bermuda. Alcuni esperti assicurano che persino Cristoforo Colombo notò fenomeni strani in questa zona.

Foto © Contrasto

Il ghiacciaio Malaspina, nel Golfo dell'Alaska, una delle maggiori distese di ghiaccio dello Stato, ha rappresentato lo scenario di strane sparizioni per le quali non è stata ancora trovata una spiegazione.

Foto © Contrasto

Il 30 giugno 1908, alle sette di mattina, un'esplosione devastante di origine sconosciuta distrusse completamente il bosco siberiano di Tunguska. In un'area di 300 metri quadrati non è più cresciuto nulla a causa degli elevati livelli di radiazioni: gli ufologi chiamano quel luogo "La Tomba del Diavolo".

Foto © Contrasto

Cerchi nel grano apparsi nello Wiltshire, Inghilterra, all'inizio degli anni Ottanta. Tracciati simili sono stati trovati in paesi quali Stati Uniti, Canada, Bulgaria e Giappone.

Foto © Contrasto

Siamo soli nell'Universo? Grande come un cart da golf, lo *Space Mars Rover* proseguì la missione del *Mars Pathfinder* per scoprire tracce di vita su altri pianeti del sistema solare.

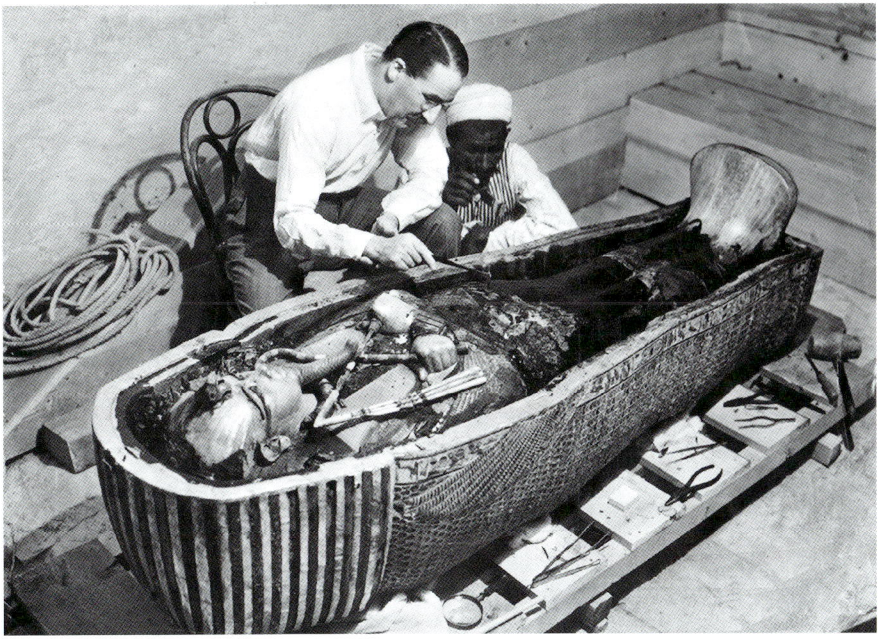

Howard Carter ritratto mentre esamina la mummia di Tutankhamon. Una serie di morti inspiegabili, avvenute dopo l'apertura della tomba del faraone, diede origine alla leggenda della maledizione.

Per la sua longevità, Ramsete II è il faraone più menzionato e raffigurato nei monumenti egizi. Essendo stato uno degli ultimi faraoni, le sue opere si sono conservate meglio di quelle dei suoi predecessori. (Tempio di Luxor, Egitto)

Illustrazione rappresentante re Artù con i cavalieri della Tavola Rotonda. La forma circolare era stata scelta affinché nessuno dei suoi membri occupasse il posto del comando: anche se Artù era il re, tutti i cavalieri avevano diritto di parlare ed essere ascoltati.

Foto © Contrasto

Si dice che Jacques de Molay (1248-1314), gran maestro dell'Ordine del Tempio, prima di morire sul rogo, lanciò una maledizione contro il papa e il re di Francia, ultimi giustizieri dei Templari. Il primo morì un mese più tardi e il secondo nello stesso anno, per un incidente di caccia.

Tombe medicee nella basilica di San Lorenzo a Firenze. A cinquecento anni di distanza, il tentativo di assassinare Lorenzo, una delle figure più importanti della famiglia, continua a essere un mistero.

Foto © De Agostini/Alinari

Foto © Contrasto

Il senatore americano Robert F. Kennedy, candidato alla presidenza degli Stati Uniti, durante la campagna elettorale. Sul suo assassinio, avvenuto il 5 giugno 1968 all'hotel Ambassador di Los Angeles, restano ancora diverse domande senza risposta che alimentano le teorie sull'esistenza di una cospirazione.

Foto © Contrasto

Ritratto di Nostradamus. Il famoso veggente del XVI secolo predisse nelle sue profezie l'ascesa del nazismo e l'avvento al potere di Hitler. Stando alle sue predizioni il Führer sarebbe stato il secondo anticristo dopo Napoleone.

Foto © Contrasto

Fotografia di Adolf Eichmann, fanatico antisemita, membro delle SS e organizzatore di azioni contro gli ebrei. Dopo la fine della guerra fu aiutato a fuggire dall'organizzazione ODESSA, ma venne poi catturato e giustiziato nel 1962.

Foto © Contrasto

Molte delle pratiche naziste di occultismo, astrologia, mentalismo, nonché l'addestramento dei membri delle SS, avevano luogo nel castello di Wewelsburg, in Vestfalia.

Foto © Contrasto

In vagoni come questo i prigionieri del regime nazista erano trasportati fino ai campi di concentramento. Uno di questi treni scomparve nel 1944, dando origine alla leggenda del "Treno Fantasma" dei nazisti.

Frammento dei manoscritti del Mar Morto. Scoperti per caso da un pastore beduino nel 1947, hanno richiesto più di cinquant'anni per essere decifrati e hanno dato origine a diverse teorie sul loro rapporto con i testi della Bibbia.

Disegno dell'Arca di Noè. Più di settanta testimoni affermano di averla vista con i propri occhi bloccata nei ghiacci del monte Ararat, nella Turchia orientale.

Foto © Contrasto

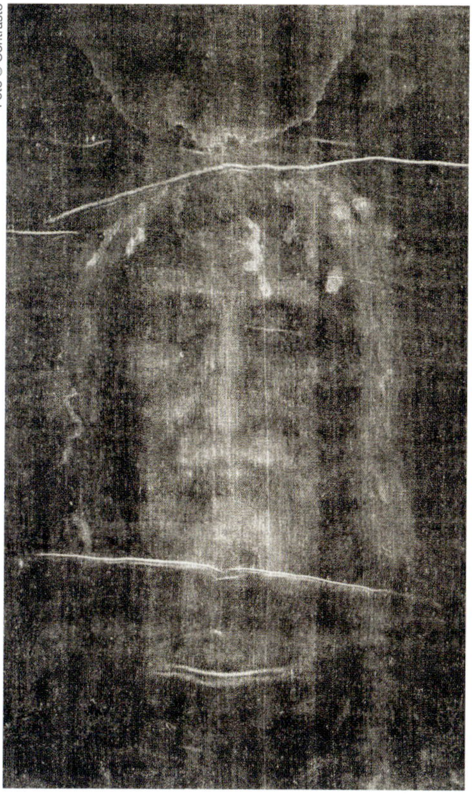

Fotografia in negativo della celeberrima Sacra Sindone. Avvolse davvero il corpo di Gesù Cristo o è un falso di epoca medievale? Qualunque sia la verità, fin dal 1578 migliaia di credenti si recano a Torino apposta per venerarla.

Foto © Lessing/Contrasto

La Santa Lancia o *Lancia di Longino*, secondo la leggenda, trafisse il costato di Gesù durante la Passione. (Beato Angelico, *Crocifissione*, Museo di San Marco, Firenze)

L'affresco dell'Ultima Cena di Leonardo da Vinci. Secondo il best seller di Dan Brown, *Il Codice da Vinci*, questo affresco rappresenterebbe le credenze occulte del Priorato di Sion e l'apostolo Giovanni sarebbe in realtà la moglie di Gesù, Maria Maddalena. (Santa Maria delle Grazie, Milano)

quando Carter raggiunse gli operai che stavano scavando, sentì che c'era fermento nell'aria: avevano dissotterrato un gradino. Presto ne comparvero altri quindici che conducevano a una porta con il sigillo dello sciacallo con i nove prigionieri, il sigillo della necropoli reale.

La straordinaria minuziosità e la determinazione di Howard Carter erano state premiate: aveva trovato la tomba reale che cercava. Lord Carnarvon era in Inghilterra e, dato che patrocinava i lavori, dovettero aspettare fino al suo ritorno per rompere il sigillo. Finalmente, il 26 novembre 1922, un piccolo gruppo si riunì davanti all'entrata. Carter rimosse le ultime macerie e aprì la tomba di Tutankhamon. Scoprì però che qualcuno era già entrato prima di lui: dietro la porta c'era infatti un tunnel pieno di pietre, come se fosse stato creato un passaggio tra le rocce che con il tempo si era richiuso. Restava da verificare se il corredo funerario era ancora intatto, o se era stato saccheggiato molti anni prima.

Arrivarono davanti a una seconda porta. Nervoso, Carter aprì un buchino nell'angolo in alto a sinistra, accese una candela per controllare che non ci fossero gas pericolosi e poi lo allargò per guardare dentro. Dietro di lui stavano in attesa Lord Carnarvon con la figlia Lady Evelyn Herbert e un aiutante, Arthur Callender. Carter illuminò l'interno della sala, si sporse a guardare e ammutolì. Per quelli che erano con lui il silenzio durò un'eternità, anche se probabilmente fu solo qualche secondo. Poi Lord Carnarvon, impaziente, gli chiese cosa vedeva e Carter mormorò le celebri parole: «Vedo cose meravigliose». La candela aveva illuminato il prezioso contenuto del più importante ritrovamento archeologico della storia. Howard Carter aveva realizzato il sogno di trovare nella Valle dei Re una tomba appartenente a un faraone quasi sconosciuto, quella di Tutankhamon, il giovane re Tut.

Un tesoro inimmaginabile

Mano a mano che gli occhi di Carter si abituavano all'oscurità, vedeva sorgere dalle tenebre i particolari della sala: animali bizzarri, statue e oro. Lo scintillio dell'oro era in ogni angolo. L'archeologo fu sopraffatto dalla meraviglia. Il gruppo attraversò la piccola apertura e percorse con cautela l'anticamera della tomba. Davanti a loro giacevano le icone religiose e i ricchi tesori appartenuti a un re di un'epoca antica. Il biografo di Carter descrive così questo momento: «Nel linguaggio comune diremmo che rimase sbalordito, a bocca aperta. Mai nessun archeologo in Egitto si era trovato davanti una raccolta di reperti tanto straordinaria. E, certamente, quello era solo l'inizio».

Il tempo sembrava essersi fermato nella piccola camera in cui il disordine regnava sovrano: c'erano alcuni carri smontati in un angolo, grandi letti da cerimonia allineati contro una parete, e due statue a grandezza naturale (che con ogni probabilità rappresentavano il re) stavano una di fronte all'altra ai lati della porta, come due guardiani di un altro tempo.

Il disordine era la prova del fatto che la tomba era già stata visitata dai briganti che però non l'avevano svaligiata, forse grazie all'intervento delle guardie. «Il tentativo di furto risale a pochi anni dopo la sepoltura del re, e i ladri entrarono almeno due volte» annotò Howard Carter.

Le due porte dell'anticamera avevano dei buchi a livello del terreno, ma così piccoli che ci sarebbe passato solo un bambino e comunque avrebbero consentito di trafugare solo oggetti di dimensioni molto ridotte. L'apertura nella porta che dava sulla camera funeraria (come avrebbero verificato in seguito) era stata riparata, mentre il buco nell'altra era rimasto aperto. Nella piccola stanza (o annesso) chiusa da quest'ultima porta, regnava il caos: gli oggetti erano rimasti come i ladri li avevano lasciati. Al contrario, nell'anticamera le cose erano state rimesse in ordine e c'erano così tanti oggetti che non sarebbero bastate sette settimane per portarli fuori tutti.

Il giorno seguente, Carter notificò il ritrovamento alle autorità locali, come prevedeva la legge egiziana. L'archeologo dichiarò che non prevedeva di continuare l'esplorazione finché l'anticamera non fosse stata svuotata completamente. Ma non disse la verità: senza avvisare nessuno si era introdotto nella camera funeraria e aveva tracciato una planimetria delle altre stanze. In una fotografia dell'epoca si può vedere come utilizzò una cesta e un mucchio di detriti per nascondere una delle entrate. Voleva evitare che gli egiziani fossero al corrente di tutti i particolari.

Entrando nella camera funeraria, si trovarono davanti un'edicola dorata che riempiva quasi tutta la stanza, lasciando giusto lo spazio per alcuni oggetti rituali sistemati con cura.

In tutto, la tomba comprendeva quattro stanze: l'anticamera, il piccolo annesso segnato dal passaggio dei ladri, la camera funeraria e la sala del tesoro dove la statua di Anubi, dio protettore dei defunti, custodiva il baule con gli organi mummificati del re. Nella camera funeraria, Carter sollevò con cautela i pannelli dorati che formavano l'edicola e all'interno ne trovò un'altra. Era chiusa con una corda e presentava il sigillo del faraone ancora intatto. Era la prova definitiva che i ladri non avevano toccato il sarcofago. E soprattutto significava che la mummia di Tutankhamon si trovava ancora lì. La notizia dell'incredibile ritrovamento catturò l'attenzione del mondo intero. Un pubblico estasiato attendeva con trepidazione qualsiasi informazione sull'antico sovrano.

Carter e la sua équipe decisero di lavorare solo durante i mesi più miti dell'inverno e contavano di riuscire a studiare l'anticamera prima del febbraio 1923, data di chiusura del periodo concesso per gli scavi. Ogni nuovo manufatto offriva un dettaglio in più sulla vita misteriosa del faraone. Le innumerevoli statue rituali del re rappresentavano un giovane armato per lottare contro i tormenti dell'aldilà.

Alcuni oggetti presenti nella tomba erano stati fabbricati appositamente per il funerale, mentre altri avevano fatto parte della vita quotidiana del defunto. «Alcuni oggetti, come i sandali, sono decorati con immagini di persone legate: ciò voleva dire che quando li indossava stava calpestando i suoi nemici» osserva il professor Robins. Oltre agli strumenti musicali e al materiale da scrittura, sono stati ritrovati anche quattro giochi da tavolo, a dimostrazione del fatto che all'epoca erano il passatempo preferito di molti Egizi.

In una bara in miniatura fu trovato un ricordo commovente: una ciocca di capelli grigi che secondo un'iscrizione era appartenuta alla regina Ty, forse nonna del giovane re. Su molti oggetti compaiono le immagini di Tutankhamon e della moglie, la regina Ankhesenamon, figlia minore del re Akhenaton e quindi forse anche sorellastra del faraone. Zahi Hawass sottolinea l'affetto che sembra esserci tra i due: «Nelle varie rappresentazioni il faraone appare molto innamorato della moglie, e lo si deduce dal fatto che quando sono ritratti insieme i due portano un solo sandalo, come a dire che sono una persona sola». Infine, in un angolo erano conservati archi e frecce in memoria delle guerre che tormentarono l'Egitto del giovane faraone all'inizio del suo regno, quando ancora era conosciuto come Tutankhaton.

Un regno breve e agitato

Quando Tut salì al trono, nel 1333 a.C., l'Egitto era sotto la minaccia del nemico. Il potente esercito ittita era ormai giunto presso i confini e il paese era afflitto da una serie di piaghe. Molti sudditi credevano che la causa dei mali dell'Egitto fosse il nuovo culto del disco solare. L'impero aveva bisogno di un sovrano unificatore, ma secondo gli egittologi il re era troppo giovane per affrontare da solo tutti questi problemi. Con ogni probabilità il suo consigliere principale fu Ay, un parente più anziano con una grande influenza sul giovane Tutankhamon. «Sappiamo che anche un altro uomo di nome Horemheb, generale di Tutankhamon, detenne un grande potere. Credo che questi funzionari reali, forse insieme ad altri, decisero di riportare l'ordine passando attraverso il caos. E immagino che il povero Tutankhamon non avesse il diritto di esprimere la propria opinione» dice Robins.

Alcuni anni dopo, Tut lasciò la nuova città di Akhet-Aton, diede inizio alla ricostruzione degli antichi templi di Tebe e cambiò il suo nome in Tutankhamon, segno forse di una volontà di restaurare la vecchia religione e tornare alla venerazione dell'intero pantheon. Tuttavia, al compimento dell'ottavo anno del suo regno, svanirono tutte le speranze: il giovane re morì, il corpo fu imbalsamato e la tomba riempita con gli oggetti di rito. Ay, il vecchio consigliere di Tut nominato nuovo faraone, toccò la bocca, le orecchie e gli occhi della mummia, aprendoli perché lo spirito potesse uscire e cominciare la sua nuova vita. Il sepolcro fu chiuso, e venne riaperto solo tremila anni dopo.

Nazionalismo egiziano e tensioni

Con la scomparsa prematura di Lord Carnarvon (di cui parleremo più avanti), Carter perse più di un amico. Il suo mondo crollò. Il conte era un uomo importante e aveva anche una certa influenza sulla politica del tempo. Carter si trovò completamente solo di fronte alle costanti interruzioni dei lavori da parte di funzionari del governo egiziano. Limitò l'accesso dei visitatori alla tomba, aumentando le tensioni. Cominciava la battaglia tra l'archeologo britannico e il Servizio per le Antichità egiziano per il controllo degli scavi.

L'Egitto era stato sotto il dominio straniero per duemila anni e in quei giorni un minaccioso partito nazionalista sembrava intenzionato a dimostrare la propria forza. Si trattava di una questione puramente politica e l'archeologo inglese era la persona meno indicata per occuparsene. Secondo le notizie lasciate dai suoi biografi, Carter non era molto portato per la diplomazia; infatti, dopo una discussione con il ministro egiziano dei Lavori Pubblici Morcos Bey Hanna sui diritti di visita, con un gesto insensato chiuse la tomba, prima ancora di aver sollevato il coperchio del sarcofago. «Carter era un bravo archeologo, ma anche una persona piuttosto strana, e commise molti errori. A mio parere, l'errore più grande fu quello di credere che la tomba gli appartenesse. Non era così. La tomba apparteneva all'Egitto» spiega Zahi Hawass. La chiusura degli scavi ebbe l'effetto contrario a quello desiderato, cioè favorì la posizione delle autorità egiziane. Il Servizio per le Antichità assunse il controllo della tomba e cambiò le serrature, forte dell'appoggio di tutto il paese.

Trascorse un anno prima che Carter potesse tornare sul luogo degli scavi, e si vide costretto a fare importanti concessioni: senza l'appoggio della famiglia Carnarvon, che «rinunciava a qualsiasi pretesa sui tesori», l'archeologo dovette accettare le norme imposte dal governo egiziano. Infine, nell'ottobre del 1925, Carter aprì il sarcofago, per scoprire che dentro ce n'era un altro, e poi un altro e un altro ancora...

Il sepolcro del re era come un gioco di scatole cinesi, o come gli strati di una cipolla. All'esterno c'erano quattro edicole in legno dorato e pieno di geroglifici, messe una sopra l'altra; poi c'erano tre sarcofagi in pietra rosa decorati con lastre d'oro; all'interno c'erano due sarcofagi in legno, il primo piuttosto semplice e il secondo placcato d'oro, con incastonati pietre preziose e vetri colorati. Infine, il nucleo era costituito da un sarcofago antropomorfo lungo 1,80 metri interamente d'oro, con occhi di ossidiana e intarsi di lapislazzuli, vetro e corallo.

Dentro quest'ultimo sarcofago riposava la mummia di Tutankhamon, con la testa coperta da una magnifica maschera funeraria d'oro con pietre preziose e vetri colorati.

Per separare la maschera dal cranio furono utilizzati dei coltelli arroventati. Alla fine, l'archeologo inglese poté contemplare i lineamenti mummificati del re, e l'aspetto solenne del giovane sovrano lo lasciò senza parole. Trovarono anche, nascosti dentro la bara, più di un centinaio di gioielli, tutti con richiami simbolici e legati al culto degli dei.

Una mummia avvolta nel mistero

L'apertura del sarcofago portò alla luce ricchezze favolose, ma fece anche sorgere molti interrogativi. Il primo riguardava la causa della morte del faraone. Nel novembre del 1925, medici e archeologi unirono le forze per cominciare l'autopsia del corpo del re Tut: i resti erano in pessime condizioni a causa di una combustione chimica che aveva trasformato in fuliggine parte dei tessuti. La pelle, per lo più, si era conservata molto male e appariva fragile e raggrinzita. Le dita delle mani e dei piedi erano bendate e le braccia incrociate nascondevano una ferita di circa 9 centimetri sul lato sinistro dell'addome. Grazie allo studio della struttura ossea gli esperti stabilirono che il re fosse morto quando aveva all'incirca diciotto anni; ciò vorrebbe dire che era salito al trono alla tenera età di otto o nove anni.

Questa conclusione sollevò molti altri dubbi tra gli egittologi: fino a che punto i suoi consiglieri lo ascoltavano? Potevano ordinargli di tacere? O meglio, una volta che era diventato re e quindi aveva acquisito il carattere divino attribuito a tutti i faraoni, poteva esprimere la propria opinione? All'inizio le ricerche seguirono la linea tracciata dai medici legali. Nel 1968, le analisi evidenziarono un frammento estraneo all'interno del cranio; si trattava solo di un residuo del processo di imbalsamazione o era la prova di una ferita mortale alla testa? Molti si chiesero se non fosse stato ferito in battaglia, e fu anche sollevata l'ipotesi che fosse stato vittima di un omicidio. Ma ancora una volta si trattava di mere speculazioni.

Per Gay Robins l'ipotesi più credibile è che, quando Tutankhamon cominciò a diventare grande e a prendere decisioni autonomamente, alcuni consiglieri iniziarono a temere che presto non avrebbe più avuto bisogno del loro aiuto. «Forse tra i funzionari c'era qualcuno che non voleva lasciare il potere, e la soluzione più semplice era uccidere il re» aggiunge. Alcuni egittologi individuano Ay, il vecchio consigliere di Tut, come probabile assassino, dato che fu lui a salire al trono dopo la morte del giovane faraone. Altri ritengono invece che possa essere stato il popolare comandante in capo dell'esercito, il generale Horemheb.

Zahi Hawass ritiene che la prova decisiva si trovi in una lettera scritta dalla vedova disperata di Tut, Ankhesenamon, agli Ittiti, nemici mortali dell'Egitto, per supplicarli di offrirle in matrimonio uno dei figli del re. «Dopo la morte di Tutankhamon, la vedova non voleva assolutamente sposare un egizio. Non si fidava di nessuno, forse perché sapeva cos'era successo. Se suo marito non fosse stato assassinato, non avrebbe mai chiesto a un re straniero di unirsi in matrimonio con lei. Credo preferisse non avere niente a che fare con Ay o con Horemheb proprio perché sapeva che il re Tut era stato ucciso» dice Hawass.

Tuttavia, la giovane vedova finì per sposarsi con il nuovo re, il consigliere Ay, che governò come faraone per pochi anni. Alla sua morte, la corona passò al generale Horemheb che cominciò a ricostruire l'impero. «Quando Horemheb fu incoronato, si prese il merito di quanto di buono aveva fatto il giovane Tutankhamon. Cancellò il suo nome da quasi tutte le iscrizioni e lo sostituì con il proprio» afferma William J. Murname, professore di storia antica presso l'Università di Memphis, in Tennessee.

Alcuni egittologi prendono invece le distanze da questa teoria, perché si fonda esclusivamente sulla presunta età della mummia; James Allen, curatore della Sezione di Arte egizia al Metropolitan Museum of Art di New York, osserva che «per definire l'età di una mummia ci si basa sull'analisi della saldatura delle ossa, un metodo efficace che però prevede un margine d'errore di una decina d'anni, a causa delle diverse velocità di sviluppo e del luogo in cui il defunto ha vissuto. Tutankhamon potrebbe quindi avere avuto ventotto anni al momento della morte. Ciò significa che potrebbe essere salito al trono a diciotto anni e non a nove».

In ogni caso, la tomba è troppo ricca e curata perché si tratti di un re minore. Fu Tut la forza che diede all'Egitto la spinta per allontanarsi dall'eresia di Akhenaton? Questo spiegherebbe perché la sua tomba contenga tante ricchezze. Secondo il professor Murname, «ciò che fece Tutankhamon fu molto importante, e per questo al suo funerale gli offrirono una sepoltura particolarmente ricca. Gli fornirono un corredo funerario di un lusso fuori dal comune per l'epoca della XVIII Dinastia, forse per simboleggiare una sorta di gesto di apprezzamento da parte degli dei per aver fatto un buon lavoro».

Il meticoloso lavoro di Carter

Howard Carter dedicò più di dieci anni ai lavori nella tomba e alla conservazione dei reperti che conteneva, ma non arrivò mai a pubblicare un resoconto completo delle scoperte che fece. Morì di cancro nel 1939, a sessantaquattro anni, quando era già stato quasi dimenticato. T.G.H. James, il suo biografo, scrive che «quando morì era un uomo triste, forse anche deluso. Aveva probabilmente realizzato il ritrovamento più importante di tutti i tempi, ma per lui era stato un peso troppo grande da sopportare».

Il lascito di Carter è frutto della meticolosità del suo lavoro: recuperò dalla tomba di Tutankhamon più di cinquemila oggetti che ogni anno portano centinaia di migliaia di persone in visita al Museo del Cairo. «Carter ha il merito di avere perseverato nella ricerca della tomba. I tesori non si cercano imitando Indiana Jones. Un bravo archeologo deve avere pazienza, ed è grazie a questa dote che Carter riuscì nell'impresa» afferma Hawass.

Nonostante il duro lavoro dell'archeologo britannico e dei ricercatori che seguirono le sue orme, restano ancora molte domande senza una risposta. La vita di Tutankhamon continua a essere avvolta nel mistero. Howard Carter diede un avvertimento a quelli che volevano mettersi sulle tracce del faraone: «Le ombre si muovono, ma l'oscurità non si dissolve mai completamente». La mummia riposa nella camera funeraria originale, e Tutankhamon è l'unico re d'Egitto che ancora si trova nella Valle dei Re. Il sarcofago d'oro e il corredo funerario, unico nel suo splendore, lasciano a bocca aperta i visitatori del Museo del Cairo, anche se in realtà si trattò di un faraone minore della XVIII Dinastia, dimenticato per secoli e tornato per offrire un esempio delle meraviglie che aspettano chi si mette alla ricerca della storia. Nonostante la sua morte prematura, l'assenza di eredi e le scarse dimensioni della sua tomba in confronto a quelle di altri faraoni, Tutankhamon è diventato il più famoso degli antichi re d'Egitto. La leggenda lo accompagna da più di tremila anni: si dice infatti che una terribile maledizione perseguiti chi osò profanare la sua tomba. Questa storia presenta l'alone di mistero di un romanzo drammatico e la quantità di vittime di un film dell'orrore; la mummia di Tutankhamon ha riposato per millenni nella solitudine della camera funeraria, circondata da tesori magnifici, ma dal momento in cui fu aperto il sarcofago tra le persone coinvolte nel ritrovamento ha avuto inizio una serie di morti misteriose. Più di ottantacinque anni dopo, la scienza cerca ancora di trovare nuovi indizi che rivelino cosa ci sia di vero dietro a uno dei miti storici più duraturi del nostro tempo.

La maledizione di Tutankhamon

Il Cairo, la capitale dell'Egitto, è una città così antica da essere anche detta «la madre del mondo». Lì sopravvive ancora lo spirito dell'Antico Egitto. Non lontano dal centro, la modernità dei grattacieli e il fermento del bazar cedono il passo alle maestose piramidi. Forse però il punto in cui presente e passato si mescolano in modo più evidente è proprio la maschera d'oro della mummia di Tutankhamon. Prima del ritrovamento della sua tomba, gli storici non sapevano quasi nulla di questo antico faraone. Cercavano soprattutto di capire dove si collocasse nella storia, verso la fine della XVIII Dinastia. Emily Teeter, egittologa presso l'Istituto Orientale dell'Università di Chicago, afferma che «Tutankhamon ha tutte le carte in regola per essere considerato un vero e proprio mistero. Era molto giovane quando salì al trono, morì sempre molto giovane per cause sconosciute e visse in un'epoca atipica e turbolenta dell'Antico Egitto: tutto questo ha fatto sì che si creasse intorno a lui un alone di mito e romanticismo».

1922: una pietra miliare per l'archeologia

Quando Tutankhamon morì, la salma fu trasportata sull'altra riva del Nilo. Nel rispetto della tradizione, la tomba era in un luogo segreto, noto solo a pochi. Con il tempo, il nascondiglio fu dimenticato e se ne persero le tracce. La riscoperta della tomba nel 1922 fu celebrata come un grande trionfo per l'archeologia e, quando furono riportati alla luce i tesori sepolti con il faraone, tutto il mondo puntò gli occhi su Tutankhamon. Gli storici volevano capire chi era quel re, per quanto tempo aveva governato e com'era morto. Ben presto però sorse un'altra domanda, che non aveva niente a che fare con l'archeologia ed era decisamente più inquietante: perché le persone coinvolte a qualche titolo nel ritrovamento della tomba morivano prematuramente e in circostanze insolite?

Si verificarono malattie improvvise, un suicidio, un omicidio, diverse morti e fatti inspiegabili tra quanti avevano visto il sarcofago o comunque erano in qualche modo a esso legati. Si arrivò a pensare che si trattasse di «qualcosa di più che di semplici coincidenze». Per alcuni la spiegazione era palese: la mummia di Tutankhamon era protetta da una maledizione che fu liberata all'apertura della tomba.

Mark Nelson, epidemiologo australiano della Monash University, è uno dei principali sostenitori di questa teoria che appassiona l'opinione pubblica da più di ottant'anni. Con tecniche investigative degne dei migliori detective, Nelson ha esaminato gli indizi e ha messo la leggenda sotto la rigorosa luce della scienza. Esperto nella prevenzione delle malattie coronariche, è stato il primo ricercatore ad analizzare con metodo scientifico la leggenda della maledizione di Tutankhamon, per valutarne la veridicità. Fino a quel momento i ricercatori si erano semplicemente rifiutati di crederci. «Per questo ho deciso di utilizzare i metodi propri dello studio delle epidemie per le mie ricerche sulla maledizione» dice Nelson. «La cosa interessante sarà scoprire se visto sotto una lente scientifica il mito cesserà di esistere.»

In generale, l'approccio di cui parla Nelson è teso a verificare se esiste una connessione tra l'esposizione a «qualcosa» e lo sviluppo di malattie. Per prima cosa Nelson raccolse tutte le informazioni fornite dalla tecnologia moderna sulla maledizione e sulle presunte vittime. All'inizio le sue ricerche si focalizzarono su quelli che erano stati esposti più a lungo alla cosiddetta maledizione, per verificare quanto erano sopravvissuti e come erano morti: se la leggenda avesse avuto un fondo di verità, i dati l'avrebbero confermato. Purtroppo ciò non è sempre vero quando l'oggetto dell'indagine è la storia.

Una strana successione di morti

Dopo il ritrovamento, Carter e Carnarvon diventarono celebrità, ma la loro gioia non durò a lungo, perché sette settimane dopo l'apertura ufficiale della camera funeraria Lord Carnarvon morì. E in seguito ci sarebbero state molte altre morti. Secondo la leggenda, nel 1922 Howard Carter e la sua équipe non riportarono alla luce solo le meraviglie della tomba di Tutankhamon, ma risvegliarono anche una maledizione sopita da tremilacinquecento anni.

I giornali dell'epoca raccontarono che Lord Carnarvon, il patrocinatore della spedizione, era la prima vittima della mummia. Il ritrovamento destava ancora grande interesse e l'équipe era acclamata nel mondo dell'archeologia. Lord Carnarvon abbandonò la Valle dei Re per riposare qualche giorno e non tornò mai più. La malattia lo consumò rapidamente: fu ucciso da un'infezione che si estese in tutto il corpo. Quando le sue condizioni peggiorarono, fu trasferito al Cairo, dove diversi medici e la figlia Evelyn si occuparono di lui, ma il 5 aprile 1923 Lord Carnarvon morì.

La notizia della sua morte fece il giro del mondo. Fu in quel momento che prese forma la leggenda della maledizione di Tutankhamon: si diceva che «aveva profanato la tomba ed era stato punito». Secondo Emily Teeter, «aggiunge un tocco di romanticismo alla storia il fatto che, a quanto pare, la notte in cui Carnarvon morì si spensero tutte le luci del Cairo e il suo cane, che si trovava in Inghilterra, cominciò a gemere e morì a sua volta. E si verificarono molti altri avvenimenti misteriosi. Quello fu solo l'inizio della terribile maledizione destinata a colpire chiunque avesse lavorato nella tomba».

Poco tempo dopo, le redazioni dei giornali di tutto il mondo cominciarono a ricevere notizie della morte di persone accomunate da una sola cosa: il legame con la tomba di Tutankhamon. A dirla tutta, la prima vittima non fu Lord Carnarvon, ma il canarino che si pensava avesse portato fortuna durante gli scavi: a quanto pare un cobra attaccò e uccise l'uccellino il giorno stesso in cui Carter aprì la tomba. Il cobra era un animale totemico associato ai faraoni, e gli operai locali cominciarono a mormorare. Pensavano che lo spirito di Tutankhamon non fosse morto.

Sei mesi dopo la scomparsa di Carnarvon, il suo fratellastro Aubrey morì per un'infezione in seguito a un intervento chirurgico minore. Arthur Mace, uno stretto collaboratore di Carter, dovette lasciare il lavoro per problemi di salute e una pleurite lo uccise prima che la tomba venisse svuotata. Due anni dopo, nel 1926, l'egittologo francese Georges Bendi cadde durante una visita alla tomba e morì di lì a poco; un principe egiziano fu ucciso a colpi di pistola dopo aver assistito al ritrovamento; la vita dell'egittologo James Henry Breasted fu spezzata da un'infezione batterica; il magnate americano delle ferrovie George J. Gould morì di polmonite dopo aver preso freddo nella tomba... E non finisce qui. Il segretario personale di Carter, Richard Bethel, morì d'infarto. Poco dopo, il padre di Bethel lasciò un biglietto in cui diceva di non riuscire a sopportare altre disgrazie e si suicidò gettandosi da una finestra.

I giornalisti raccoglievano tutte queste storie e cercavano qualsiasi connessione tra i defunti e la tomba di Tutankhamon. Stando ad alcuni giornali, nel 1924, a solo un anno dallo storico ritrovamento, più di venti persone erano già state vittime della maledizione. Non sorprende che la leggenda abbia messo radici profonde nella tradizione popolare.

Tavolette minacciose per proteggere i sepolcri

Dopo aver analizzato la storia delle vittime, Mark Nelson si concentrò sulla tomba, esaminando gli oggetti trovati al suo interno in cerca di prove che confermassero l'esistenza di una maledizione. Nonostante la grande quantità di reperti interessanti, alcuni storici erano rimasti delusi dall'insolita assenza di documenti scritti. Erano anche disorientati dalla forma e dalle scarse dimensioni della tomba: un solo corridoio e quattro stanze, per un totale di meno di 110 metri quadrati. Dimensioni molto ridotte rispetto a quelle a cui erano abituati: la tomba di Ramsete II, per esempio, è otto volte più grande. L'egittologa Emily Teeter a questo proposito dice che «rispetto a quelle di altri faraoni più o meno della stessa epoca, la tomba di Tutankhamon è davvero minuscola, e sembra piuttosto evidente che anche se fu utilizzata come sepolcro reale non era stata progettata per questo».

Howard Carter e la sua équipe fotografarono, raccolsero e catalogarono con cura i tesori ritrovati nel sepolcro, ma c'è chi dice che qualcosa fu tenuto nascosto: una tavoletta con incisa una maledizione che condannava a morte chiunque avesse profanato la tomba, la prova concreta che gli storici stavano cercando. Emily Teeter conferma l'usanza di lasciare tavolette del genere a protezione dei sepolcri: «Se ne può vedere una sulla parete di una tomba costruita intorno al 2400 a.C., circa mille anni prima della nascita di Tutankhamon. Il contenuto del testo è piuttosto chiaro: Beu, il proprietario della tomba, dice che chiunque tenterà di profanarla sarà afferrato da un uccello che gli torcerà il collo e lo ucciderà».

In realtà non furono trovate molte tavolette di questo tipo, ma quelle riportate alla luce contengono minacce di ogni genere, dai danni fisici ai castighi divini. Quest'usanza si deve alla deplorevole tendenza, diffusa nell'Antico Egitto, di profanare i sepolcri per rubare gli oggetti preziosi che contenevano. Per questo, afferma Emily Teeter, «quando veniva costruita una tomba, sapendo che correva il rischio di essere saccheggiata, si tentava di proteggerla. Purtroppo le precauzioni non furono poi così efficaci, dato che quasi tutte le tombe egizie furono profanate. Le maledizioni, di solito, erano lasciate bene in vista, ma la tomba di Tutankhamon era poco decorata, la camera funeraria è dipinta e non ci sono bassorilievi, non c'è un posto in cui sia ragionevole pensare che fosse incisa una maledizione».

Gli archeologi, basandosi sui diversi tipi di roccia che riempiono il corridoio, ritengono che i ladri si siano introdotti due volte nella tomba di Tutankhamon, probabilmente poco dopo la sepoltura. Gli oggetti piccoli e facili da trasportare erano i più ambiti, soprattutto oro, profumi e tessuti che poi venivano venduti in qualsiasi bazar senza destare sospetti.

Howard Carter trovò alcuni anelli d'oro avvolti in un panno. Immaginò che fossero caduti ai ladri mentre scappavano dai guardiani della valle, e che questi ultimi, in seguito, avessero riempito il corridoio che portava alla tomba per evitare altri furti. D'altra parte smentì sempre le voci che parlavano di una maledizione scritta. Mark Nelson afferma che «Carter era un uomo sincero e meticoloso. Se avesse trovato un oggetto con delle iscrizioni sarebbe stata una scoperta importante, che si fosse trattato o no di una maledizione». Quindi è poco probabile che Carter l'avesse tenuto nascosto al resto del mondo.

Un maleficio con più di venti vittime

Soffermandosi sulla leggenda secondo cui la morte colse rapidamente i profanatori della tomba, un osservatore attento noterà subito che la maledizione agisce in modo molto simile a un'infezione. Chi entra nella tomba «si ammala» e muore. Per questa ragione Mark Nelson decise di studiare la maledizione con il metodo che avrebbe utilizzato per una qualsiasi malattia infettiva. Gli articoli di giornale più sensazionalisti segnalavano oltre venti vittime del maleficio, ma il lavoro scientifico di Nelson andò al di là di questi dati con l'obiettivo di separare la realtà dalla fantasia.

Secondo le ricerche dell'epidemiologo australiano, doveva avere un ruolo decisivo il momento esatto in cui le vittime erano state esposte alla «maledizione»; in caso contrario, tutti i visitatori della tomba dagli anni Venti a oggi ne sarebbero stati colpiti. Se c'era uno spirito malvagio o, secondo la sua teoria, un agente infettivo o tossico, la cosa più probabile era che si fosse attivato con l'apertura della tomba, o del sarcofago, o forse durante l'esame della mummia.

Stando al suo ragionamento, erano quattro i momenti in cui sembrava più probabile che la maledizione si fosse risvegliata: il primo coincideva con l'ingresso dell'équipe di ricercatori nella camera funeraria. Zahi Hawass, che ha presenziato all'apertura di numerose tombe, ha un'idea molto precisa su questo: «Se si tiene chiusa una stanza per tremila anni,» dice «al suo interno si svilupperanno germi pronti a infettare chiunque decida di aprirla, come in questo caso Lord Carnarvon. Per questa ragione dico sempre ai miei colleghi di lasciare aperte le tombe per almeno due giorni prima di entrarci, bisogna cambiare l'aria».

Il secondo momento in cui la maledizione potrebbe essersi attivata è quello dell'apertura del sarcofago più esterno; il terzo, il sollevamento del coperchio dell'ultimo dei sei sarcofagi, e il quarto l'esame della mummia di Tutankhamon. Per determinare chi fosse stato esposto a «qualcosa» e chi no, bisognava poi stabilire il tipo di contatto necessario per essere colpiti dal maleficio.

Per verificare chi si trovasse in prima linea durante i quattro momenti «critici», Mark Nelson fece ricorso ai numerosi documenti originali e ai diari di lavoro di Howard Carter e del suo aiutante Arthur Mace. Nei diari e nel libro che scrisse poco dopo il ritrovamento, intitolato *La scoperta della tomba di Tutankhamon*, Carter fa un elenco dettagliato di quanti erano presenti alla rottura dei sigilli, all'apertura della porta, all'apertura del sarcofago e all'esame della mummia. In ognuna di queste situazioni, o comunque nella maggior parte, c'erano venticinque persone. La lista include Lord Carnarvon, sua figlia, Howard Carter, Arthur Mace, Arthur Callender e altri venti tra scienziati e dignitari: tutte potenziali vittime della maledizione. Quante di queste persone scomparvero di lì a poco? E quando esattamente? Sappiamo che Lord Carnarvon morì sette settimane dopo l'apertura della camera funeraria; potrebbe averlo ucciso qualcosa che stava nella tomba?

Per rispondere a queste domande Nelson mise a confronto le storie delle presunte vittime della maledizione e quelle di undici occidentali che secondo gli scritti di Carter avrebbero visitato la zona, ma non si trovavano nella tomba nei quattro momenti cruciali. Prese in esame anche alcune donne (sposate o imparentate con gli scienziati) ma non gli operai locali. Il ricercatore escluse dalle analisi gli egiziani perché, appartenendo a un'altra cultura e a un'altra etnia avevano aspettative di vita differenti; inoltre molti non comparivano sui registri delle nascite e dei decessi. Quindi, per una maggiore coerenza dei dati, Nelson si concentrò sugli occidentali, provenienti soprattutto dagli Stati Uniti, dal Regno Unito e dalla Francia. L'idea era quella di valutare se tra i membri dei due gruppi ci fosse una differenza statistica rilevante per quanto riguardava la sopravvivenza.

La prima sorpresa fu che i componenti del gruppo potenzialmente esposto vissero in media per altri ventun anni dopo aver visitato la tomba o averci lavorato, e morirono intorno ai settant'anni di età. Le morti premature erano compensate da persone sopravvissute per vari decenni. È vero che Lord Carnarvon morì sette settimane dopo il ritrovamento, ma sua figlia Evelyn, che il giorno dell'apertura della tomba era con lui, morì a settantotto anni dopo averne vissuti altri cinquantasette. Arthur Mace, presente in due dei momenti esaminati, morì cinque anni più tardi, mentre il fotografo della spedizione, Harry Burton, che presenziò a tutti e quattro, visse altri diciassette anni e morì all'età di sessanta. Sir Alan Gardner morì a ottantaquattro anni, quarantun anni dopo la scoperta della tomba, pur avendo assistito a due degli eventi cruciali. «Se la maledizione della mummia fosse esistita davvero,» afferma Nelson «l'aspettativa di vita avrebbe dovuto essere molto più bassa.»

La seconda sorpresa riguardò invece i componenti del gruppo non esposto. In media vissero altri ventinove anni dopo l'apertura della tomba, e morirono all'età di settantacinque anni, cinque in più rispetto ai membri dell'altro gruppo. «Tra quanti in teoria non furono esposti alla maledizione» osserva Nelson «c'erano alcune donne, e l'età media era inferiore. In generale, nelle società occidentali, le donne vivono sei o sette anni più degli uomini. Se eliminiamo le differenze dovute all'età e al sesso, notiamo che tra i due gruppi non risulta esserci una variazione statistica rilevante. Il fatto che queste persone siano vissute per altri venti o trent'anni, raggiungendo un'età media di settanta o settantacinque, suggerisce che la maledizione della mummia non sia mai esistita.»

Fu proprio il faraone la prima vittima?

Forse non sapremo mai come e perché Tutankhamon sia morto, ma quando si indaga su una maledizione, bisogna seguire tutte le piste. E la più importante potrebbe fornircela proprio il faraone. Gli storici sanno che il suo matrimonio fu molto breve, così come la sua vita che finì presto e in modo tragico, ma non sanno dire se fu una morte naturale o violenta. Con l'aumentare dei dati aumentano anche i dubbi: la maledizione è forse determinata dalle cause della morte del faraone? Che sia stato proprio lui la prima vittima?

Tutankhamon salì al trono molto giovane: si pensa avesse solo nove anni, anche se la sua età precisa resta un'incognita senza soluzione. Alcuni storici sostengono che morì a diciotto anni. La morte prematura, il funerale improvvisato e le scarse dimensioni della tomba hanno suscitato molte domande da cui è nato un ampio dibattito tra gli egittologi che spesso danno risposte diverse. Michael R. King e Gregory M. Cooper, criminologi e coautori di *Who killed King Tut?* («Chi ha ucciso Tutankhamon?»), ritengono che il faraone sia stato assassinato. Per i due, i dubbi sulla morte del faraone si possono risolvere con le moderne tecniche criminologiche, sebbene applicate a un caso vecchio di tremila anni.

Scartarono subito le ipotesi di morte accidentale, suicidio e malattia, dato che secondo Michael King «analizzando i documenti storici non sono emerse prove a sostegno del fatto che Tutankhamon avesse contratto qualche malattia o fosse morto inaspettatamente. Per questo abbiamo escluso una morte naturale o accidentale. Lo stesso vale per il suicidio». L'unica opzione che rimaneva era l'omicidio.

Per dimostrare che di questo si era trattato, King sottopose Tutankhamon a un'analisi per misurare il livello di rischio, come si fa nei casi più recenti. Funziona così: le vittime ad alto rischio, per esempio delinquenti o poliziotti, statisticamente hanno più probabilità di essere vittime casuali delle circostanze. Al contrario, le vittime a basso rischio, come bambini e casalinghe, è più facile che conoscano eventuali aggressori e siano vittime di un delitto premeditato. Un faraone giovane e ben protetto fa parte del secondo gruppo. Se davvero fu ucciso, secondo King conosceva il suo assassino: «In ogni caso, morì nei suoi alloggi privati, quindi restringemmo il cerchio a chi aveva la possibilità di accedervi: i suoi accompagnatori e i funzionari più intimi».

Dopo aver esaminato le persone più vicine a Tutankhamon, cercando di individuare il movente e l'opportunità, i due criminologi giunsero alla conclusione che tra i possibili sospettati spicca Ay, il consigliere del giovane faraone che salì al trono dopo la sua morte. I fatti indicano che potrebbe essere stato proprio lui a spedire Tutankhamon nella sua piccola tomba. «Questo faraone ricevette un trattamento davvero pessimo rispetto agli altri» osserva Michael King. «La scarsa cura con cui fu allestita la tomba ha avuto per noi una grande importanza. Perfino i dipinti sulle pareti e sul pavimento non sembravano adatti a un re, e tutto ciò dava l'idea di un sentimento di forte rabbia e frustrazione, come a dire: "Facciamola finita con questo qua, leviamocelo dai piedi".»

James E. Harris è un ex professore di ortodonzia che insegnava all'Università del Michigan ed è una delle poche persone viventi ad aver toccato la mummia di Tutankhamon. Nel 1976 collaborò a un progetto che prevedeva di radiografare il cranio dei faraoni egizi, e ricorda che «il primo pensiero fu che il corpo era piuttosto piccolo, forse per i danni subiti durante lo spostamento dei tesori. La mummia non era in buone condizioni, aveva la testa separata dal resto del corpo. Con il cefalometro ottenemmo alcune lastre frontali e laterali. Il cranio era ancora in parte fasciato, ma si vedeva che era un individuo giovane e con lineamenti molto fini».

Osservando le radiografie Harris prestò particolare attenzione alla dentatura di Tutankhamon e notò innanzitutto che il faraone aveva denti perfetti; ma non solo, secondo lo specialista non erano i denti di un ragazzo di diciotto anni. «Le radiografie» continua Harris «indicano che la morte avvenne intorno ai ventuno o ventidue anni d'età. Tutankhamon era un bambino all'inizio del suo regno, ma quando morì era ormai un giovane adulto.»

La mummia è stata esaminata da medici, radiologi ed esperti di vario genere, che però non riescono a mettersi d'accordo né sull'età precisa, né sulle cause del decesso. Un frammento osseo nel cranio solleva il sospetto che si sia trattato di una morte violenta, ma James E. Harris non è tra i sostenitori di questa teoria. «Il frammento sembrava derivare da un colpo alla testa, precisamente alla base del cranio; ma gli esperti che hanno esaminato le radiografie dicono che non è questa la causa della morte» afferma. È più probabile che la frattura gli sia stata procurata durante il processo di mummificazione, con le operazioni per rimuovere il cervello. Nelle radiografie si vedono molto chiaramente le fosse craniche, e non c'è niente che indichi un assottigliamento fuori dalla norma o segni di fratture.

Secondo Emily Teeter non ci sono prove certe a favore dell'ipotesi dell'omicidio. «Potrebbe semplicemente essersi ammalato di influenza ed esserne morto. Ancora non lo sappiamo, e finché non avremo prove più concrete preferisco dire che la causa della morte è sconosciuta.» L'illustre egittologa dell'Università di Chicago ritiene che negli ultimi anni sia stato fatto uno sforzo per analizzare i dati «da un punto di vista più scientifico, rifuggendo l'idea di una maledizione religiosa e cercando altre spiegazioni alla morte prematura di alcune persone che lavorarono con le mummie. Le ricerche si sono concentrate soprattutto su alcuni tipi di spore, muffe e microbi che potrebbero essere presenti nei cadaveri imbalsamati».

Il bisogno di mistero e romanticismo

Il Museo Field di Chicago ospita varie centinaia di mummie e, come curatore della collezione egizia, James L. Phillips deve prendersene cura. Il suo parere al riguardo è categorico: «Non conosco nessuno che si sia ammalato per aver lavorato con le mummie». Il processo di mummificazione elimina infatti qualsiasi pericolo legato al contatto con il cadavere. Gli Egizi credevano di aver bisogno del corpo nell'aldilà, quindi cercarono un modo per mantenerlo intatto: la soluzione fu un sistema che consisteva nel seccarlo distruggendo i batteri che normalmente avrebbero intaccato la carne. Senza i batteri che la divorano, una mummia può conservarsi per sempre, ed è difficile che al suo interno si sviluppino funghi e muffe.

Esiste una teoria secondo cui Lord Carnarvon fu ucciso dall'antrace o da altre spore mortali lasciate nella tomba per proteggerla, ma secondo James L. Phillips la possibilità di una guerra biologica è in realtà pari a zero. «Se fosse vero,» dice «avremmo trovato i cadaveri delle persone entrate nella tomba per saccheggiarla. E non ho mai sentito di briganti morti ritrovati nelle tombe che avevano profanato.»

Emily Teeter nota che si tende a dimenticare il fatto che Lord Carnarvon si era stabilito in Egitto a causa della sua salute cagionevole, e che si trovava lì in convalescenza. A quei tempi era molto comune che gli inglesi più ricchi scappassero dall'umidità delle isole verso il clima più gradevole, caldo e salubre di Luxor. Tuttavia, nell'Egitto degli anni Venti, prima della scoperta della penicillina, anche una banale rasatura poteva essere fatale. Nel caso di Carnarvon, bastò una piccola ferita: si racconta che facendosi la barba si tagliò su una puntura di zanzara e in seguito il taglio si infettò.

Mark Nelson fornisce una spiegazione medica: «Ai tropici o nei climi caldi come quello dell'Egitto, i batteri che normalmente vivono sulla pelle possono approfittare di una piccola ferita per entrare nel tessuto, infettandolo. Quello che probabilmente accadde in questo caso fu che raggiunsero un vaso sanguigno ed entrarono in circolo intaccando tutto l'organismo. Il termine tecnico è setticemia, e può trasformarsi in un'infezione terribile. Capita spesso che in circostanze simili si sviluppi una polmonite, che è appunto un'infezione dei polmoni. È una causa di morte molto diffusa tra gli anziani perché il corpo e il sistema immunitario sono spossati». Secondo il certificato di morte, Carnarvon morì di polmonite.

Tra gli storici vige un accordo generale sulla maledizione di Tutankhamon. Peter Dorman lo spiega così: «La maledizione di Tutankhamon ha per l'immaginazione collettiva la stessa attrattiva della leggenda di Elvis Presley. In tutto il mondo ci sono persone che sperano che Elvis sia ancora vivo, e credo che ci sia anche chi spera che la maledizione sia almeno in parte reale». La teoria di Emily Teeter è che il pubblico non riesca ad accontentarsi dell'oro, della bellezza dei tesori ritrovati, e della commozione suscitata dalla giovane età del faraone al momento della morte. «La gente vuole più mistero e più romanticismo.»

Howard Carter fornisce l'argomento più convincente in contrasto con la teoria della maledizione. L'archeologo aveva presenziato a tutte le fasi del ritrovamento: se c'era qualcuno destinato a morire, quello doveva essere proprio lui. Invece Carter morì nel 1939, a sessantaquattro anni, ben sedici anni dopo la scoperta della tomba. E anche se tutti i risultati delle ricerche di Nelson furono pubblicati sul «British Medical Journal», il mito può risultare molto più divertente e spaventoso della realtà. «La leggenda della maledizione perdurerà nonostante i dati che ho raccolto,» dice l'epidemiologo australiano «perché la sua esistenza non ha niente a che vedere con i fatti reali, ma è dovuta al modo in cui la società li percepisce. Anche se questa persona è stata sottoterra per tremilacinquecento anni, abbiamo profanato il suo cadavere e la sua tomba, dunque dobbiamo aspettarci una punizione.» Quindi, nonostante lo scetticismo degli scienziati e le prove fornite dalle nuove tecnologie, la leggenda di Tutankhamon perdurerà, così come le dicerie sulla morte di Lord Carnarvon e di tutti quelli il cui destino è in qualche modo intrecciato a quello del giovane faraone.

18
La leggenda di re Artù

Fra i racconti che hanno attraversato i secoli nella civiltà occidentale arrivando fino a noi se ne distingue uno in particolare, la cui origine risale all'Alto Medioevo, un'epoca di convulse migrazioni e di feroci guerre etniche. Un racconto di eroi e grandi battaglie, di un potente e magnanimo re, di fraternità tra nobili cavalieri e della loro crociata per creare un mondo perfetto. Tutti questi elementi sono stati esaltati e arricchiti dal contributo di trovatori, menestrelli, scrittori, romanzieri o sceneggiatori cinematografici, tanto da diventare una delle storie più conosciute della cultura occidentale: la leggenda di re Artù e i cavalieri della Tavola Rotonda. Analizzando le versioni fantastiche, perfino contraddittorie, della storia sorge un dubbio: visse davvero re Artù? È fondata la leggenda?

Per più di un millennio i bardi britannici hanno cantato le gesta del grande Artù, il saggio re che unificò la Britannia e fondò il meraviglioso regno di Camelot. Re Artù e i suoi cavalieri della Tavola Rotonda incarnavano gli ideali cavallereschi, eroi disposti a sacrificare le loro vite per l'onore, per l'amore e per il proprio paese. La storia ha raggiunto ogni angolo del pianeta. «Artù è il re ideale, il simbolo della monarchia, del re che ha cercato di fare il bene; che, nonostante le avversità, ha lottato per creare una società utopica. Per creare Camelot in un'epoca di grande violenza» spiega Christopher Snyder, professore di storia all'Università di Marymount, ad Arlington (Stati Uniti). Come per la Grecia e Roma antiche, la storia di Camelot ha preso corpo nei secoli. Numerosi studi hanno cercato di stabilire l'effettiva esistenza di Artù e del suo mondo. Sono stati ritrovati insediamenti bretoni di metà del V secolo associabili ad alcuni dei luoghi che compaiono nei romanzi: Camelot, Glastonbury, Avalon... In questa cornice mitica, visse realmente un Artù storico?

La finzione romantica e la realtà storica

La leggenda di Artù e dei suoi cavalieri ha tutti gli ingredienti necessari a una storia imperitura: potere, generosità, intrighi di palazzo, guerrieri, nobili valorosi, donzelle virtuose, amicizia e tradimento, magia, battaglie grandiose... Un vero e proprio microcosmo in cui si rispecchiano le passioni e le ambizioni umane. Così, oltre millecinquecento anni dopo la nascita di questa leggenda, la storia di Artù è ancora viva. Secondo gli storici, ci sono prove sufficienti per affermare che ci fu qualcosa di vero. «Il problema è che il nome di Artù non è mai esistito» spiega lo scrittore e storico Scott Lloyd, autore di *Pendragon: The Definitive Account of the Origins of Arthur* («Pendragon. La cronaca definitiva delle origini di Artù»). «Questo non significa che non sia esistito un personaggio con degli aspetti simili alla leggenda. Ma tra la fine del V secolo e l'inizio del VI accadde qualcosa che la finzione romantica tiene nascosto» spiega Bryn Walters, membro dell'Associazione di archeologia romana.

Nel 1469 Sir Thomas Malory, un cavaliere inglese caduto in povertà, scrisse la storia del più grande re della Britannia. Il suo libro *Le Morte d'Arthur* («La morte di Artù») consacrò per sempre la leggenda di re Artù. Il racconto di Malory cominciava in una Britannia divisa e senza sovrano. I principi rivali erano sull'orlo di una guerra civile per rivendicare la corona del re Uther Pendragon, che alla sua morte aveva lasciato il regno senza un legittimo erede. Per evitare uno spargimento di sangue e risolvere il conflitto, i principi si sottoposero a una prova mistica: tutti avrebbero avuto l'opportunità di estrarre la spada del re, che il mago Merlino aveva fatto apparire conficcata in una roccia con un'iscrizione che recitava: «Chi libererà la spada da questa roccia sarà il legittimo re d'Inghilterra». Tentarono in molti ma fallirono tutti. Grazie a questa prova il trono d'Inghilterra poteva rimanere vuoto nell'attesa del regnante designato dalla Provvidenza.

Allora, un giovane di nome Artù si avvicinò all'arma: nessuno – né tanto meno lui – sapeva che quel ragazzo era il figlio ed erede del monarca. Riuscendo a estrarre la spada dalla roccia provò il suo diritto a essere re. Tuttavia molti cavalieri non vollero riconoscerlo come nuovo sovrano, finché Merlino non svelò la storia che si nascondeva dietro alla sua nascita e dimostrò che nelle vene di Artù scorreva il sangue dei Pendragon; pertanto era il legittimo erede al trono d'Inghilterra. Artù, infatti, «non conobbe né suo padre né sua madre. Nacque dall'ostinato desiderio di un uomo verso una donna che non poteva essere sua» racconta Bonnie Wheeler, specialista di studi arturiani.

Il padre di Artù, re Uther, fu consumato dalla passione per Igraine, la moglie di un altro potente principe britannico, il duca Gorlois di Cornovaglia. Per farla sua, re Uther strinse un patto con il mago Merlino, il quale con le sue arti mutò l'aspettò del re di modo che tutti lo confondessero con Gorlois. Caduta nell'inganno, Igraine si concesse all'uomo che credeva essere suo marito e concepirono un figlio, frutto dell'adulterio, che venne affidato a Merlino. Gli diedero il nome di Artù e il mago lo prese con sé per crescerlo lontano dalla corte.

Il libro di Malory narra di come il giovane re Artù condusse i suoi fidati cavalieri in una vittoriosa campagna per riunificare il suo regno frammentato. La sua fama richiamò molti cavalieri da ogni angolo della cristianità, giunti per mettersi ai suoi ordini. La sua corte divenne una potente roccaforte, Camelot. In seguito, si sposò con la principessa Ginevra e, con la dote della regina, Artù ricevette una grande tavola rotonda, dove riunì valorosi eroi in un circolo fraterno: Sir Kay, Sir Bedivere, i fratelli Gareth e Gawaine (Galvano), Percival, Tristano, Galahad... e, soprattutto, il cavaliere esemplare, Lancillotto del Lago, giunto da «oltremare». I cavalieri della Tavola Rotonda illuminarono il mondo con le loro gesta gloriose; lottarono per gli indifesi, liberarono gli oppressi, sconfissero i malvagi e i corrotti... «Tutti i cavalieri europei volevano andare alla corte di re Artù, seguire il più carismatico di tutti i re, il più mirabile ed esemplare degli eroi» spiega Bonnie Wheeler. E tra tutti i suoi cavalieri quello che più lottò, amò e soffrì fu Lancillotto. Giurò di servire il suo re, ma il suo cuore apparteneva alla regina Ginevra. Il suo amore spalancò le porte al caos totale e alla distruzione del regno perfetto di Camelot.

Lussuria e invidia

La leggenda narra che il re venne consumato dalla lussuria. Da giovane Artù si unì con la donna di un altro uomo: Lady Morgana. Ma il suo peccato si spinse oltre il semplice adulterio perché Morgana era la sua sorellastra. Dalla loro relazione incestuosa nacque un figlio: il traditore Medraut, o Mordred. Col tempo, i malvagi piani di Mordred avrebbero annientato Artù e portato la disgrazia nel regno. Anche questi fatti erano stati profetizzati dal mago Merlino prima che venisse tradito dalla sua apprendista Nimue e imprigionato nel cuore della montagna Bryn Mirddim.

Nel libro di Malory la fine di Camelot cominciò una tragica notte, quando Ginevra e Lancillotto cedettero alla loro passione. Mordred tese loro una trappola e il grande eroe di Camelot dovette lottare contro i suoi compagni per uscirne vivo. Si trattava del tradimento di un cavaliere e andava castigato severamente. La stessa Ginevra si era resa colpevole di tradimento. Artù, col cuore spezzato, non ebbe altra scelta che condannarla al rogo. Quando la sentenza stava per essere eseguita, comparve Lancillotto deciso a trarre in salvo Ginevra. Il salvataggio della regina ruppe la fraternità della Tavola Rotonda. Durante i disordini che seguirono, Mordred radunò un esercito e disputò il trono a suo padre, il re. Scoppiò una guerra tra coloro che appoggiavano il vecchio re Artù e coloro che difendevano i diritti del figlio illegittimo. In una terribile battaglia nella fortificazione romana di Camboglanna – la Camlann delle leggende –, situata lungo il vallo di Adriano, avvenne lo scontro decisivo che annientò gli eroi della Britannia: i grandi cavalieri della Tavola Rotonda morirono. Alla fine rimanevano soltanto Artù e Mordred: il re e il suo figlio bastardo opposti in un duello a morte. Entrambi furono feriti mortalmente, e il corpo di Artù venne trasportato «spiritualmente» per mare fin sull'isola di Avalon, dove avrebbe riposato nel tempo, né vivo né morto, fino a quando la Britannia avesse avuto nuovamente bisogno di lui. Così si concludeva la leggenda di Artù raccontata da Sir Thomas Malory alla fine del XV secolo.

Il libro di Malory si basa su una storia millenaria che risale alla Britannia del V secolo. Ma nei primi documenti Artù non veniva chiamato re e fino ai secoli XII e XIII non si faceva alcuna allusione alla Tavola Rotonda né a Camelot. «Ripercorrendo a ritroso la storia, la figura di Artù si fa sempre meno importante, più insignificante. Se andiamo ancora più indietro, alla prima fonte di cui disponiamo, non lo si menziona neppure» segnala Scott Lloyd. Secondo Jeremy Adams, professore di storia presso l'Università Metodista, «la gente del XII secolo credeva nella sua esistenza e in una sua qualche influenza politica, ma per noi storici è piuttosto difficile scoprire la provenienza di questo re». A ogni modo, tutti gli eruditi concordano sul fatto che la storia di re Artù non coincide con il racconto di un solo uomo o di un solo momento storico. Scoprire la verità dietro la leggenda significa indagare nel tempo per comprendere come il grande simbolo del popolo britannico nacque e si rafforzò nei secoli.

La prosperità romana

La vera storia di Artù, sullo sfondo della Britannia, racconta di un'isola celtica che si trasformò in una provincia romana, poi in un regno sassone, in un territorio normanno e, infine, in una nazione unita e potente. A prescindere dal mito di Camelot, al centro della storia c'è il ricordo di un antico principe guerriero, l'eroe che salvò la Britannia nella sua epoca peggiore: i secoli bui che seguirono la caduta dell'Impero romano.

Così, già molto prima che Sir Thomas Malory dipingesse Artù come il re di Camelot, i bardi della Britannia cantavano di un potente condottiero chiamato Artù. Gli storici hanno indagato le origini di questo mito fino ai secoli V e VI, ma a tutt'oggi non hanno trovato traccia dell'esistenza dell'eroe. «Diversi studiosi sono impegnati nella ricerca dell'autentico Artù perché ci sono molti candidati possibili, ma non riescono a individuarlo perché nessuno ha prove della sua esistenza» afferma Christopher Snyder. Non ci sono testi di quell'epoca nei quali si menzioni re Artù. Sembrerebbe che la mancanza di documenti scritti e la leggenda stessa siano frutto di un'ondata di guerre e migrazioni che rimodellarono l'Europa dopo la caduta di Roma, nei cosiddetti secoli bui. «Un'epoca con un grande flusso di stranieri che si mischiarono e insieme fondarono una nuova cultura e una nuova nazione che infine divenne l'Inghilterra» spiega lo specialista Bryn Walters.

Nell'antichità, l'isola della Britannia era la dimora di tribù celtiche. Esse avevano in comune la lingua e le usanze, ma non si raggrupparono mai in un'unica nazione. Ciò facilitò l'invasione della regione da parte delle legioni romane nel I secolo d.C. Nei trecentocinquant'anni seguenti le città e le leggi romane trasformarono l'isola in una terra potente: la Britannia. L'Impero romano portò una cultura forte, una civiltà, uno Stato e un esercito unificato. La Britannia romana era una società molto moderna: era ben strutturata, il governo era gerarchizzato, c'erano strade e grandi edifici, le legioni romane costruirono vie, forti e avamposti. Ma quasi tutto scomparve nei secoli V e VI.

Nella prospera epoca che precedette la caduta di Roma l'Impero combatté per integrare e controllare le tribù celtiche della Britannia. Lungo la frontiera settentrionale le legioni innalzarono il vallo di Adriano, una muraglia di pietra di 120 chilometri che sarebbe servita a contenere le tribù barbare ostili: i Pitti, i selvaggi abitanti della Scozia. Come in tutte le colonie romane, ai nativi britanni era proibito portare armi. Per mantenere la legge e l'ordine, i legionari di terre lontane – come la Gallia, l'Europa dell'est e il Vicino Oriente – erano mandati a presidiare le fortificazioni britanniche. La prima volta che si udì il nome di «Artù» fu nel grido di battaglia della cavalleria romana presso il vallo di Adriano. «Il primo nome documentato di Artù, o Arturo, appartiene al comandante romano Lucio Artorio Casto, che giunse in Britannia nel II secolo d.C., dopo una lunga carriera militare. La sua storia potrebbe aver contribuito a quella di Artù» racconta Christopher Snyder. Cittadino romano degli attuali Balcani, Lucio Artorio Casto era al comando di una guarnigione di cavalieri sarmati, soldati delle rive del Mar Nero. Nel 185 d.C. i Pitti attaccarono la muraglia. Artorio Casto e i suoi uomini accorsero per scacciare l'orda barbarica. Ci sono dati storici che lasciano supporre che Casto e le sue truppe si trovassero nei pressi del vallo di Adriano e alcuni ricercatori affermano che le sue gesta e quelle dei suoi cavalieri costituiscono la base della leggenda di re Artù.

Il comandante Artorio Casto potrebbe essere un predecessore, o forse un antenato, ma soprattutto fornisce un nome alla ricerca storica di Artù. Egli è il primo, ma non l'ultimo, dei personaggi che secondo gli storici diedero vita alla leggenda. Tuttavia, i primi racconti arturiani sembrerebbero rimandare la questione a un tempo successivo, tre secoli dopo Artorio, e non all'apice dell'Impero romano ma durante la sua caduta.

Il sogno di un eroe salvatore

Il dramma cominciò all'inizio del V secolo con un duro inverno e la devastante invasione dei territori che oggi appartengono alla Francia: la Gallia romana. Alla vigilia del nuovo anno, il 406, tre tribù germaniche attraversarono il fiume Reno congelato e rasero al suolo la Gallia; le ultime legioni romane in Britannia abbandonarono l'isola per unirsi alla battaglia. Fu la fine del dominio romano sulla Britannia. Secoli di ordine e prosperità lasciarono posto al caos. La Britannia venne assediata. Da ovest, gli invasori irlandesi minacciavano la costa. A nord, i Pitti forzavano il vallo di Adriano. Da est, gli Angli, gli Juti e i Sassoni attaccavano dal mare. Il racconto di quei fatti ci è pervenuto grazie a uno degli scarsi documenti dell'epoca conservatisi: un acceso sermone scritto da un abate britannico, Gildas il Saggio. Ma il documento di Gildas, *De excidio et conquestu Britanniae* («Rovina e conquista della Britannia»), lascia aperta una questione cruciale: non menziona alcun Artù. L'ecclesiastico narra la storia di un paese, la Britannia assediata dai barbari e divisa dalla guerra civile, che bramava un eroe.

Quando Roma abbandonò la Britannia, la provincia si frammentò in aree tribali, separandosi in un mosaico di principati rivali. Gildas descrive i nuovi signori della Britannia come una piaga marcia tanto quanto gli aggressori barbari, con re tiranni, giudici poco onesti e «sempre pronti a sopraffare gli innocenti». Quando l'autorità romana si dissolse, i tiranni locali che ne presero il posto si dedicarono a espandere il loro potere conquistando città, regioni, province... creando lo scenario perfetto per la diffusione della storia di Artù. Così, mentre gli attacchi dei barbari e le lotte civili seminavano il caos, i Britanni sognavano un eroe che unificasse il paese, scacciasse il nemico e recuperasse la gloria perduta dell'epoca romana.

Prima della comparsa di Artù, la Britannia dovette sopportare il peggiore dei re, un uomo che, invece di combattere gli invasori, li invitò a restare, un vero tiranno e traditore: re Vortigern. Gli storici dibattono a proposito del suo nome e delle date del suo regno. Sembra che Vortigern non sia un nome ma corrisponda piuttosto al titolo di *Superbus tyrannus*, il grande re dei Britanni. Era un uomo molto potente, capace di riunire un consiglio per prendere una decisione a difesa della Britannia. Tuttavia, nella leggenda, Vortigern fu convertito in un personaggio spregevole, in un terribile e abominevole tiranno. Tutti gli esperti concordano nell'affermare che si trattò di un potente feudatario, che si appropriò della poca autorità che rimaneva nella Britannia centrale del V secolo, dopo la caduta dell'Impero romano. Vortigern concesse ai mercenari sassoni di stabilirsi sulle terre del regno, usandoli come esercito personale per reprimere qualsiasi rivolta contro di lui e per difendere la Britannia da un'ondata di attacchi barbarici. Il suo governo innescò un ciclo di eventi che si concluse con l'avvento di Artù.

Secondo Gildas il Saggio, Vortigern decise di affidarsi per il suo esercito privato al peggior nemico della Britannia: i Sassoni. Stando a cronache posteriori, strinse la sua rovinosa alleanza con il più pericoloso capo barbaro, Hengist, il leggendario condottiero dei Sassoni, nel tentativo di mettere i barbari gli uni contro gli altri, seguendo quella che era una pratica normale – seppur dalle conseguenze negative – nell'Impero romano, che arrivò addirittura a dipendere militarmente dal reclutamento di barbari. Si accordò con i Sassoni e concesse loro delle terre a condizione che combattessero contro altri barbari. Il patto tra Vortigern e Hengist permise ai Sassoni di impossessarsi per sempre delle ricche e fertili terre inglesi. Juti, Angli e Sassoni giunsero nel V secolo dalle basse terre della costa continentale, dalle odierne Danimarca e Germania. Gli studi archeologici hanno stabilito che non ci fu un'invasione repentina, ma che si trattò invece di una migrazione lenta e costante perché le loro terre stavano andando incontro a un processo di inondazione. I Sassoni e i Frisoni vivevano in terre molto basse, su terreni umidi e inondati, perché la piattaforma continentale si stava spostando e la zona settentrionale dell'Europa stava affondando. «Cominciarono a raggiungere la Britannia come predoni, ma pian piano vi si stabilirono. Avevano bisogno di terre da coltivare e la costa orientale della Britannia ne offriva di buone» spiega Snyder. Matthew Bennet, esperto dell'Accademia Militare di Sandhurst, precisa che i Sassoni avevano piccole imbarcazioni costiere per navigare lungo il litorale e attraversare il Canale della Manica da Dover, esattamente nel punto più stretto, e dove, secondo la tradizione, sbarcarono i capi sassoni Hengist e Horsa. Le terre del Kent divennero il primo regno germanico in Britannia.

Il patto dei Sassoni di servire re Vortigern come mercenari sfociò in una serie di guerre etniche, una battaglia epica che reclamava la presenza di un leader in grado di soccorrere i Britanni, sconfiggere l'usurpatore e scacciare gli invasori sassoni dal territorio: il leggendario re Artù. Il tiranno Vortigern si colloca, quindi, a cavallo tra due mondi diversi: la storia documentata e la fantasia del mito arturiano. Certo, la ricerca di Artù si muove sempre lungo questa imprecisa frontiera tra realtà e immaginazione. «Nel primo Medioevo raramente gli studiosi avevano una visione della realtà storica come la nostra. Non si preoccupavano molto di distinguere tra realtà e finzione» chiarisce Christopher Snyder.

Secoli dopo, tra il 796 e l'830, un misterioso personaggio chiamato Nennio scrisse in Galles una storia intrisa di miti sui Britanni, l'*Historia Brittonum* («Storia dei Britanni»), in cui ritroviamo la prima menzione scritta di Artù. Nennio racconta che Vortigern strinse con i Sassoni un accordo subdolo alimentato dalla lussuria. Vortigern ardeva di desiderio per la figlia di Hengist, il capo dei mercenari: la bella e pagana Rowennah. Nella cronaca di Nennio il capo sassone Hengist vendette sua figlia a Vortigern in cambio del regno inglese. Chiuso l'accordo, il re possedette Rowennah; mentre, con l'approvazione di Vortigern, Hengist riunì quaranta barche di guerrieri e prese il Kent, le terre agricole più ricche della Britannia. Questa storia melodrammatica venne scritta trecento anni dopo la morte di Vortigern.

La storia narrata da Gildas appare più verosimile: quando i Sassoni vennero impiegati dai Britanni come mercenari, ricevettero terre e provvisioni in cambio del loro servizio, ma non lo ritennero sufficiente e si ribellarono per ottenere di più. I Britanni si videro allora costretti a cedere le loro terre a mano a mano che i Sassoni ampliavano i loro insediamenti. Alcune leggende narrano che i profughi britanni, infuriati per l'espansione sassone, scatenarono la loro ira contro il tiranno Vortigern. Un esercito di Britanni assediò la sua fortezza e, stando ad alcuni racconti, le appiccarono il fuoco; nella versione di Nennio, invece, il castigo arrivò dal cielo e Vortigern ebbe una morte miserabile.

L'icona dell'unità

Altri scrittori assicurano che l'assedio che pose fine al regno di Vortigern fu la vittoria dell'ultimo romano capace di imporre il proprio potere in Britannia, un eroe che unì i Britanni e scacciò i Sassoni: Ambrosio Aureliano, possibile modello storico del leggendario re Artù. Il mito narra che re Artù venne incoronato dopo aver superato una prova mistica. La spada conficcata nella roccia si convertì nell'icona dell'unità britannica, lo strumento grazie al quale un principe onesto avrebbe fatto risorgere una terra devastata. Ma, nella realtà storica, la salvezza dei Britanni fu possibile solo in seguito a un grande spargimento di sangue, il sangue dei Sassoni.

Ambrosio Aureliano era un feudatario ricco e potente, proprietario di vaste terre nel sud della Britannia. Combatté per fermare i Sassoni e impedirne l'avanzata verso le ricche aree agricole del sudest.

Ambrosio Aureliano è una delle ultime figure documentate della Britannia postromana. La sua storia si allaccia all'epoca di Artù e delle guerre sassoni. Fino a metà del V secolo gli anglosassoni erano rimasti confinati in piccoli insediamenti sulla costa. A poco a poco giunsero nuovi coloni e le frontiere si allargarono. All'inizio del VI secolo le tribù germaniche possedevano vasti territori in tutta l'isola. «Nell'anno 449 la germanizzazione della bassa Britannia era talmente elevata che la conquista del potere divenne inevitabile» spiega lo storico Jeremy Adams. I capi britanni non rappresentavano una minaccia. Invece di unirsi per combattere l'invasore, i principi rivali si opposero gli uni agli altri. Ai Britanni rimaneva soltanto il sogno di un eroe che arrivasse a difenderli.

La leggenda narra che i comandanti britanni, disperati e incapaci di fermare il massacro, si riunirono con i Sassoni per discutere una risoluzione pacifica. Nel mito, il luogo dell'incontro fu il cerchio di Stonehenge. Sebbene all'epoca arturiana quelle pietre fossero lì già da migliaia di anni, nella leggenda si dice che il complesso di Stonehenge venne innalzato nel V secolo per ricordare il grande tradimento delle guerre sassoni. La storia afferma che i comandanti britanni e sassoni accettarono di deporre le armi e parlare di pace. «Tutti erano d'accordo a incontrarsi disarmati, ma i sassoni approfittarono dell'occasione per uccidere i capi britanni» spiega Adams. Secondo lo scrittore ed ecclesiastico del XII secolo Goffredo di Monmouth, i Sassoni uccisero in tutto quattrocentosessanta baroni e consoli in quella che venne definita la «Strage degli Anziani», in memoria della quale venne eretto il gigantesco anello di pietra. L'inclusione di Stonehenge nella leggenda arturiana avvenne, quindi, per opera dell'autore che contribuì maggiormente a creare il mito di re Artù.

«Artù proveniva da una piccola strada di Oxford, in cui aveva vissuto Goffredo di Monmouth verso l'anno 1130. Quando Goffredo decise di scrivere la sua *Historia regum Britanniae* («Storia dei re della Britannia») tra il 1135 e il 1139 mischiò elementi reali e tradizioni orali, dando vita all'Artù letterario che tutti conosciamo e che cattura l'interesse di tutti gli storici» segnala Bonnie Wheeler. Il libro di Goffredo di Monmouth tornava indietro di seicento anni per ripercorrere la storia dei re della Britannia da una nuova prospettiva. Prima di Goffredo, Artù era un oscuro guerriero dell'Alto Medioevo; dopo Goffredo, si trasformò in un monarca esemplare. «Al giorno d'oggi è difficile farsi un'idea chiara del grande impatto che ebbe quel libro. Sappiamo che l'*Historia* venne conclusa tra il 1136 e il 1139. Nel 1150 in Europa circolavano centinaia di copie del manoscritto. È un fatto straordinario per un manoscritto medievale di quelle dimensioni e di quella complessità» dice Wheeler. Lo scrittore Scott Lloyd sostiene che il libro di Goffredo divenne così popolare e influente da determinare la storia della Britannia nei duecento o trecento anni seguenti.

Prime attestazioni letterarie

Nell'XI secolo le leggende di Artù si diffusero oralmente; nel XII apparvero gli importanti racconti di Goffredo di Monmouth, Chrétien de Troyes, Goffredo di Strasburgo e, all'inizio del XIII secolo, le opere di Robert de Boron. Il libro di Monmouth è il primo testo che narra una storia completa del leggendario re Artù. Inoltre, illustra come la storia britannica si intrecci a miti celtici e preromani, come nel caso di Stonehenge. Monmouth si basò sull'opera di Gildas, ma riprese solo gli elementi che gli servivano per il suo libro tralasciando il resto. Nella storia di Goffredo interviene un eroe che vendica la Strage degli Anziani: il re guerriero Artù. Tuttavia nella narrazione di Gildas – scritta contemporaneamente a quegli avvenimenti – l'eroe non è Artù ma Ambrosio Aureliano, definito l'ultimo romano di Britannia, membro di una famiglia porporata, ovvero di rango elevato. «Ambrosio era un comandante militare e potrebbe essere stato il precursore di Artù o il personaggio attorno al quale venne costruita la leggenda. Non sappiamo granché di lui, ma, certo, fu un importante condottiero alla fine del V secolo» commenta Snyder.

Oggi alcuni studiosi credono che, trattandosi dell'ultimo romano, Ambrosio potrebbe essersi servito delle vecchie fortificazioni, strade e tattiche romane per dar vita a una nuova tradizione militare. Le sue imprese conquistarono una tale fama che ancora oggi il suo nome è presente in tutto il paese. Infatti, i luoghi dell'attuale Gran Bretagna come Ambrosden, Amberley, Amesbury (anticamente Ambresbery) sembrano avere un legame diretto con il nome di Ambrosio. Molti storici pensano che un tempo possano essere stati degli insediamenti militari e che Ambrosio li usò per innalzare una frontiera contro l'invasione dei popoli germanici.

Gildas attestò la riunificazione dei Britanni sotto la guida di Ambrosio e la loro riscossa contro i Sassoni. Ma se Ambrosio corrisponde ad Artù, il suo percorso andrebbe dalla leggendaria Strage degli Anziani, nel V secolo, fino alla battaglia finale di Artù nel VI secolo, quasi cent'anni. «Potrebbe trattarsi di due persone diverse: Ambrosio il Vecchio e Ambrosio il Giovane. In questo caso saremmo di fronte a una dinastia» commenta Bryn Walters, dell'Associazione di archeologia romana. Nel racconto mitico di Goffredo di Monmouth Ambrosio e Arturo appartengono al medesimo albero genealogico. Goffredo dice che Ambrosio è fratello di Uther Pendragon, il padre mitico di Artù. A un certo momento, nel VI secolo, il potere di Ambrosio dovette trasmettersi a un uomo più giovane. «Nella storia ci manca un personaggio, colui che trasmise la *potestas*, e il cui erede partecipò alla battaglia. L'erede di Ambrosio Aureliano è forse il misterioso Artù? Non posso affermarlo, ma è possibile» aggiunge Walters.

L'offensiva contro i Sassoni

Forse non sapremo mai se si trattò solo di una leggenda. Ma sappiamo dove convergono le vicende di Artù e della Britannia: nella battaglia di Mons Badonicus, in inglese Badon Hill, il monte Badon. Una battaglia decisiva fra nativi britannici e Sassoni, che determinò il futuro destino dell'isola e diede vita alla leggenda di re Artù. La figura di Artù è legata a quell'epoca e la maggior parte degli esperti la colloca a metà del periodo, attorno all'anno 500, proprio quando si pensa che avvenne la battaglia di Badon Hill.

All'inizio del VI secolo l'espansione sassone minacciava di inghiottire l'intera isola. L'archeologia, la storia e la leggenda concordano sul fatto che, attorno all'anno 500, qualcosa cambiò il corso degli eventi: potrebbe trattarsi della monumentale battaglia di Badon Hill. La leggenda narra che fu allora che i Britanni passarono all'offensiva contro i Sassoni e li sconfissero dopo una serie di combattimenti. La tradizione vuole che i Britanni si raccolsero infine sotto lo stendardo di un condottiero invincibile. Nennio afferma che fu Artù il comandante delle battaglie, il *dux bellorum*. In questa cronaca, scritta secoli dopo, Artù viene presentato in principio come capo dei Britanni. Nennio dà una lista di dodici battaglie leggendarie ingaggiate presumibilmente dall'energico Artù. I combattimenti del monte Badon furono tra i più duri. La leggenda dipinge i nemici come un potente esercito che combatteva in territorio britannico: se avessero vinto i Sassoni, i Britanni sarebbero stati perduti e il nemico avrebbe imposto il suo dominio sull'isola.

Negli scritti si parla di tre giorni di feroce battaglia. I guerrieri anglosassoni combatterono principalmente a piedi, e ciò diede un notevole vantaggio ai Britanni, che si servirono dei cavalli. Già dall'epoca romana la cavalleria aveva assunto un ruolo decisivo nel controllo della Britannia. I guerrieri a cavallo avevano un vantaggio su chi combatteva a piedi. «La Britannia era famosa per la sua cavalleria, che poteva determinare il tempo, il luogo e il ritmo del conflitto. A Badon Hill i Sassoni non montavano e potevano essere respinti facilmente da una forza mobile di cavalieri ben armati» precisa Matthew Bennet, dell'Accademia Militare di Sandhurst. Alcuni storici sostengono che fu questa l'origine dei cavalieri di re Artù.

A Badon Hill, con in gioco il destino della Britannia, la cavalleria guidata da un comandante supremo, antesignana di Artù e dei suoi cavalieri, poté cambiare la storia, sconfiggendo i nemici sassoni. Questa visione epica della battaglia appartiene a Goffredo di Monmouth e fu scritta oltre seicento anni dopo i fatti. Ma se visse realmente un Artù, fu lui a condurre i Britanni alla vittoria di Badon Hill. Il trionfo è confermato da Gildas il Saggio. «Possiamo provare che gli scontri di Badon Hill avvennero realmente. Inoltre, la frenata dell'espansione sassone nel VI secolo è attestata dai rinvenimenti archeologici» afferma Snyder. Gildas allude a quella battaglia come a un momento decisivo nella storia dei Britanni. Dopo la sconfitta dei Sassoni ci fu un periodo di pace relativa durante il quale i Britanni godettero di prosperità e sicurezza. Un'età dell'oro che la leggenda attribuisce ad Artù.

Che si trattasse di Artù o Ambrosio, la pace secondo Gildas durò soltanto una generazione. Alla fine del VI secolo la forza o il personaggio che aveva riunito i Britanni e li aveva condotti alla vittoria, lo «spirito di Artù», era scomparso. Ma perché, se ci fu un risorgimento britannico nel VI secolo, un'«epoca arturiana», l'identità del condottiero che guidò alla vittoria non è stata tramandata? Una teoria allude al nome stesso di Artù e agli stendardi e ai titoli dei quali si fregiavano i guerrieri. Walters sostiene che Artù sia un nome coniato su un titolo. Nei testi antichi si ritrovano molti titoli nobiliari che cominciano per *art'*, *arth'*, *arthel'*. Facevano riferimento a un orso. «Ci fu qualche personaggio storico che aveva uno stendardo con un orso e veniva identificato con esso» ritiene Walters. Da *arth'*, la parola celtica che significa «orso», ad Artù, il re, la leggenda può essersi evoluta a partire da un uomo che forse non portava neppure quel nome. Nei secoli trovatori e scrittori trasformarono l'«orso» di Badon Hill in un potente re medievale, e la pace e la prosperità del VI secolo nella cavalleresca gloria del Camelot di Artù.

La creazione del mito

La leggenda e la letteratura attorno ad Artù ebbero un'evoluzione comune. La raffigurazione delle sue armi, dei suoi nomi e delle sue armature rispecchia i cambiamenti della tecnologia e della politica nel tempo. Nel XII secolo i racconti di Artù mettevano in scena la vita quotidiana delle corti europee. Un re mitico e i suoi leggendari cavalieri divennero i modelli dominanti di allora, simboli di un'epoca cavalleresca: re Artù e i cavalieri della Tavola Rotonda.

Ci fu una figura misteriosa, senza nome, che mantenne la stabilità e la pace in Britannia per una generazione. In quell'epoca buia fu come una luce. La leggenda narra che quell'uomo venne incoronato e fondò una comunità ideale: Camelot, con la sua Tavola Rotonda, un modello di governo benevolo e ben organizzato che fu l'archetipo degli ordini cavallereschi. Col tempo l'eroe di Badon Hill assunse il leggendario nome di Artù. Tuttavia i documenti dell'epoca non menzionano le glorie di Camelot, la fratellanza della Tavola Rotonda e neppure l'amore tra Lancillotto e Ginevra, pietre miliari del mito arturiano. Certo, l'Artù che ci affascina da secoli è quello che vive nella letteratura, «in un mondo utopico, che associamo alla Tavola Rotonda, alla solennità della corte e alla vita cavalleresca; non a una figura arturiana vissuta in una capanna nel VI secolo» spiega Bonnie Wheeler.

Ma come si passa da un guerriero terreno alle glorie eterne della leggenda? Attraverso il mito. Raccontando più e più volte la loro storia, i Britanni rimodellarono il loro passato. Il mito nacque quando i comandanti di quell'epoca buia si lasciarono sfuggire l'opportunità di salvare il proprio paese, combattendosi tra loro. «Politicamente la Britannia era un territorio dilaniato. C'erano sette regni sassoni e dieci o dodici regni gallesi. Era profondamente divisa» segnala

Adams. Alla fine del VI secolo vari insediamenti anglosassoni del V secolo si raggrupparono in sette regni: Wessex, Mercia e Kent estesero il loro potere creando potenti Stati. «Gli Juti e i Sassoni fecero ritorno, ma non c'erano più né Artù né Ambrosio a proteggere i Britanni; e i Sassoni vinsero» spiega Walters.

All'inizio del VII secolo il dominio dei Sassoni includeva già l'intera isola e i Britanni nativi furono confinati a ovest, nelle terre che oggi appartengono al Galles e alla Cornovaglia. Altri attraversarono il Canale della Manica per rifugiarsi nel nord della Francia, nella regione che poi venne chiamata Bretagna. Senza un capo che organizzasse la difesa, la fiera terra di Britannia languiva e moriva. I Sassoni consolidarono a tal punto la loro presenza nel paese da considerarsi essi stessi nativi. Nel X secolo si unirono per formare una nazione: l'Inghilterra, la terra degli anglosassoni. Disprezzavano i Britanni e li chiamavano intrusi, «Gallesi», parola con cui indicavano lo straniero. I Britanni, confinati nelle loro fortificazioni occidentali, sognavano le glorie passate e il re che aveva scacciato gli invasori. Coloro che rimasero in Galles e in Cornovaglia rimpiangevano l'epoca in cui avevano il controllo dell'isola. In quasi tutte le leggende quel periodo corrisponde all'epoca di Artù.

Mentre le cronache delle vittorie si tramandavano di generazione in generazione, l'eroe di Badon Hill assumeva sempre più i tratti del guerriero invincibile. I trovatori lo elogiavano e i monaci cominciarono a scriverne la storia. Risalendo alle fonti più remote, nella prima parte del IX secolo, scopriamo che già allora si parlava di Artù in termini leggendari: combatté in dodici battaglie e da tutte uscì vittorioso. In una uccise novecentosessanta soldati in un solo giorno. Le famiglie nobili gallesi, con manie di grandezza, rivendicavano l'eredità dell'eroe dicendosi discendenti di Artù. «Stando alle fonti scritte che risalgono al periodo medievale, nelle famiglie aristocratiche britanniche era tradizione dare ai propri figli e ai re il nome di Artù. Questa usanza era viva anche in Galles, Scozia e perfino in Irlanda» commenta Snyder. È possibile che, quando la nuova generazione di principi chiamati Artù raggiunse la maggiore età, le loro gesta si intrecciarono alla leggenda, rendendo Artù virtualmente immortale. La dedizione di quel re fu così smisurata e i suoi propositi – la difesa della pace, l'ordine, il dominio della legge – così nobili che la leggenda si appropriò del personaggio facendone un simbolo nazionale.

Le vicende francesi

La ricerca di Artù, di Camelot e della Tavola Rotonda ci trasporta in molte epoche e in molti luoghi: alle sanguinose battaglie di Badon Hill, alle fortificazioni inglesi in Galles e in Cornovaglia, e perfino sull'altra sponda del Canale della Manica, in terra francese, dove i Britanni in esilio erano chiamati Bretoni. I Britanni fuggiti sulle coste francesi, in Bretagna, si aggrapparono alle tradizioni della loro patria. Le canzoni di Artù si intrecciarono a una nuova e potente cultura e tradizione militare. «Artù era una figura molto importante nella colonia britannica della Bretagna, terra che venne trasformata dall'enorme insediamento di quegli esuli. I governanti bretoni, invece di separarsi come i Celti, costituirono un regno in cui si parlava celtico e francese romanzo. L'area era più vasta dell'attuale Bretagna perché includeva anche metà della Normandia» spiega Jeremy Adams.

Trascorsero i secoli e sulla costa francese cominciò a imporsi una grande forza militare, nata dall'unione di Celti e Franchi, figli di capi vichinghi e britanni in esilio: i Normanni. Nell'anno 1066 il duca di Normandia, Guglielmo, mise gli occhi sulle ricchezze dell'Inghilterra sassone, dall'altra parte del canale. Le sue truppe si diressero in Britannia cantando le gesta di un principe che aveva umiliato i Sassoni cinquecento anni prima. E la leggenda di Artù tornò in patria. In terre separate, Bretoni e Britanni mantenevano vivo il ricordo di un medesimo eroe, che col tempo diede origine ai racconti di gloria di un re chiamato Artù e dei suoi cavalieri. Fu così che miti di diversa origine confluirono nelle vicende arturiane. E ogni scrittore apportava nuovi elementi, modificando e raccontando la storia in maniera diversa. «Artù è un personaggio importante nella letteratura bretone. Per parecchio tempo si è creduto che tutta la tradizione arturiana medievale provenisse della poesia bretone» dice Adams.

Cinque secoli dopo la battaglia di Badon Hill e quattro secoli dopo la conquista sassone, la storia di Artù e della Britannia giungeva a un punto chiave: l'occupazione dell'isola da parte dei Normanni, che attraversarono il Canale della Manica nell'anno 1066. L'esercito invasore era frutto di un'alleanza tra il duca di Normandia Guglielmo il Conquistatore, con i suoi cavalieri, e i Bretoni. Nella battaglia di Hastings, il 14 ottobre 1066, sconfissero i Sassoni e si impossessarono della Corona d'Inghilterra. «L'esercito bretone» racconta Adams «era guidato da un certo Artù. I Bretoni si unirono ai Normanni per vendetta.» La canzoni bretoni di Artù portate dalla Francia cominciarono a intrecciarsi al mito di Artù proveniente dalla Cornovaglia e dal Galles. Per rafforzare il loro regno i nuovi capi inglesi dipinsero i Sassoni come degli occupanti pericolosi; Artù fu la propaganda perfetta.

Il narratore della conquista normanna, lo scrittore, erudito ed ecclesiastico del XII secolo Goffredo di Monmouth, mischiò folclore gallese e favole francesi per reinventarsi un re Artù giusto. L'eroe di Goffredo rispecchiava il nuovo ordine inglese. Secondo Adams le origini di Goffredo di Monmouth non sono chiare, ma sembra che la sua famiglia fosse bretone e gallese; per lo scrittore la tradizione arturiana era un mezzo per combattere la resistenza sassone. «Puntava a rafforzare il potere normanno» afferma Adams.

I cavalieri e la Tavola Rotonda

Nell'epoca che seguì la conquista normanna i racconti di re Artù si diffusero in tutte le corti europee. Tra i secoli XII e XV i trovatori trasformarono l'antico guerriero britannico in un monarca medievale. I suoi uomini a cavallo del VI secolo divennero cavalieri, icone di un nuovo codice: la cavalleria. L'evoluzione della storia eroica di Artù rispecchiava secoli di trasformazioni sociali. L'immagine dei suoi fidati cavalieri, dei loro indumenti e delle loro tecniche di combattimento rispecchia la corsa alle armi della storia medievale.

Nel XV secolo la cotta di maglia venne sostituita da elaborate armature metalliche. I cavalieri dalla lucente corazza, simbolo dell'esercito arturiano, nacquero allora. Si trattava di guerrieri specializzati che cominciavano ad addestrarsi a sette anni, dominavano l'uso di ogni arma e imparavano a battersi con lance, scudi e cavalli. Gli esercizi di combattimento culminavano nell'avventura arturiana per eccellenza: lo scontro fra due uomini nella giostra o torneo. Si trattava più che altro di uno spettacolo, in cui la gente ammirava come degli sportivi ben allenati cercavano di far cadere da cavallo l'avversario. Era una tecnica molto difficile. I cronisti inventarono i leggendari compagni di Artù per rappresentare il mondo reale dei cavalieri dell'epoca. I veri cavalieri delle corti cominciarono a copiare i modelli letterari e a imitarne l'arte. Nelle storie arturiane tutto era perfetto: la corte ideale, il re giusto, il codice dei cavalieri... e così i cavalieri reali per riaffermare il loro prestigio e nobilitarsi cercavano di imitarli.

La fratellanza dei cavalieri giusti trovò la sua massima espressione nella leggendaria Tavola Rotonda, l'elemento che più caratterizza le storie arturiane. Si trattava di un tavolo concepito in modo che nessun membro occupasse un posto di comando. Sebbene Artù fosse il re, tutti i cavalieri potevano esprimersi ed essere ascoltati. Alcuni studiosi affermano che i soldati celti si riunivano in cerchi fraterni per le stesse ragioni dei leggendari cavalieri di re Artù. Ma il grande tavolo di legno del mito appartiene solo alla finzione, creato dai poeti francesi dopo il grande successo che l'Artù di Goffredo di Monmouth riscosse in tutta Europa. «La Tavola Rotonda fa la sua apparizione attorno all'anno 1200, invenzione di autori francesi. Non sappiamo con certezza da cosa trassero ispirazione, probabilmente dai racconti dei trovatori medievali, che nel loro repertorio includevano anche storie di riunioni di guerrieri che poi diedero vita al mito dei cavalieri» spiega Snyder.

Molti esperti concordano sul fatto che il ciclo di re Artù si compone di storie curiose con cui i trovatori allietavano la gente di quell'epoca buia e triste, spesso tramandando leggende di cui ignoravano il significato simbolico e a cui aggiungevano passaggi di proprio pugno. I racconti del ciclo arturiano, di origini pagane, vennero cristianizzati dagli ecclesiastici dell'epoca per educare il popolo e i nobili. Eroi pagani si trasformarono in santi cristiani; i druidi in sacerdoti; i guerrieri in cavalieri crociati, nel Santo Graal...

Nel mito la Tavola Rotonda è come una calamita che attrae eroi e storie da ogni luogo. La leggenda si alimentò ulteriormente nei secoli XII e XIII, e cominciarono a comparire nuovi personaggi. Il nucleo della Tavola Rotonda si costruì attorno a tre antichi nomi gallesi: Cai, Bedwyr e Gwalchmai. Cai, uno scaltro soldato nel mito gallese, si trasformò in Sir Kay, il leggendario fratellastro di Artù. Bedwyr, uno spadaccino, divenne Sir Bedivere, colui che restituì la spada del re. Il migliore amico di Artù, Gwalchmai, divenne il temerario nipote di Artù, Sir Gawaine.

Mentre secoli di storie francesi e inglesi si intrecciavano, si costituiva un ibrido di personaggi che trasformarono la leggenda di Artù in una tragedia epica. La promessa sposa di Artù, Guenhumara nella tradizione gallese, divenne la bella ma infedele regina Ginevra. E dalla Francia giunse il più grande cavaliere di tutto l'immaginario arturiano; l'amico fraterno di Artù e tormentato rivale, l'amante della regina: Lancillotto del Lago. Infine apparve Medraut o Mordred, il più complesso dei compagni gallesi di Artù: sodale, nipote, traditore, figlio ed erede. «Alla fine è la storia di una famiglia dilaniata; di amici divenuti rivali, di Gawaine contro Lancillotto, della cospirazione di Mordred per annientare Artù» spiega Bonnie Wheeler.

La caduta di Camelot

Artù contro Mordred in un duello mortale. Lancillotto e Ginevra succubi di un amore adultero... Una tragedia gotica a tutti gli effetti, con la Tavola Rotonda come punto di partenza, e il castello più potente della cristianità come scenario: la leggendaria città di Camelot. Nel racconto classico di re Artù la caduta di Camelot è provocata dall'invidia e da un amore proibito. La moglie di Artù, la regina Ginevra, e Lancillotto vengono sorpresi dal figlio del re, Mordred, mentre consumano il loro amore. Mordred manipola il tradimento dei due amanti per minare tutto ciò che Artù ha costruito. Un melodramma che non ha nulla a che fare con la migrazione sassone e con il conflitto etnico che condannò il periodo storico di Artù. Ma se non fosse per la tragedia di Camelot, pochi studiosi starebbero ancora indagando sull'antico re Artù.

La vicenda di Lancillotto e Ginevra rivela come gli autori medievali trasformarono miti britannici nella finzione romanzesca di Camelot. Così, molti romanzi di re Artù descrivono personaggi e situazioni che sono stati adattati, a volte idealizzati, da altri personaggi o situazioni del XII secolo o di epoche anteriori. Camelot non è una parola inglese, ma venne coniata dagli scrittori francesi. Il primo a usarla fu il poeta del XII secolo Chrétien de Troyes. «Ci furono scrittori che sentirono canzoni e miti recitati dai trovatori e li incorporarono nelle loro curate e raffinate opere» commenta Snyder. I poeti francesi concepirono Camelot come lo scenario del codice medievale: la cavalleria. E al centro delle loro opere non misero il re britannico, ma il cavaliere francese Lancillotto del Lago, nato dalla cultura cortigiana della Francia del XII secolo, un personaggio esclusivamente letterario che, oltre a maneggiare abilmente la lancia e la spada, componeva poesie e si distingueva per i suoi modi esemplari tanto a corte come sul campo di battaglia. L'indole e le gesta di Lancillotto promuovevano gli ideali dell'epoca: forza fisica e valore in battaglia, servizio leale al re e alla cristianità, sofferenza e sacrificio senza pretendere un vantaggio personale... Un supereroe dell'epoca cavalleresca. Anche il suo amore tragico e proibito per la regina fa parte dell'ideale cavalleresco. «La sua relazione con Ginevra incarna gli ideali dell'amor cortese. Trae esaltazione dalla sua regina, compie grandi gesta per il suo re, per il regno e per la cristianità. Ma, al tempo stesso, sa di tradire il suo migliore amico e il suo re, Artù» spiega Boulton.

Tuttavia, questa storia non compare nel testo che introduce Artù nel mondo medievale, il libro di Goffredo di Monmouth. Non si menzionano né Camelot né Lancillotto; e la caduta di Artù viene invece dipinta come il frutto amaro dell'insaziabile ambizione del re e del tradimento del suo più stretto parente, Mordred. «La storia di Mordred ha sempre un legame oscuro con Artù. A volte era suo figlio, altre suo nipote, ma provava sempre una forte avversione e un odio profondo per Artù» dice Bonnie Wheeler.

Nel racconto di Monmouth il cammino verso la perdizione ha inizio con l'impresa più audace di Artù, una missione per conquistare la gloria della città santa di Roma. Goffredo narra che l'imperatore romano diede un ultimatum ad Artù per pagare tributo a Roma. Riluttante a piegarsi all'imperatore, Artù radunò i suoi eserciti per organizzare una campagna che marciasse sulla città. Il re si diresse allora a Roma, lasciando Mordred come luogotenente in Britannia. Ma invece di difendere il regno, Mordred strinse un patto con i nemici di Artù e si impadronì del trono. Nella cronaca di Goffredo, Artù lascia Roma in seguito al tradimento, torna nell'isola e scatena la battaglia finale contro Mordred; il conflitto che causò la rovina della Britannia.

Trecento anni dopo Sir Thomas Malory riprese la storia, mischiando i racconti dei poeti francesi con la cronaca di Goffredo. Malory non associa il tradimento di Mordred a Roma, ma a Lancillotto e a Camelot. Nel suo libro dipingeva un melodramma classico, in cui Mordred veste i panni dell'informatore che rivela la passione proibita tra Lancillotto e la regina Ginevra. «Non era un semplice adulterio; minava le fondamenta stesse dello Stato. E portò, così, alla caduta di Artù, malgrado il suo regno fosse perfetto» spiega Boulton. Il re condannò al rogo la regina, ma Lancillotto rischiò tutto per salvarla dalle fiamme. Il suo salvataggio scatenò la guerra civile, un amaro conflitto architettato da Mordred. La Tavola Rotonda e Camelot erano spacciati...

Secondo la leggenda, fu a Camlann che il re britannico combatté la sua ultima battaglia millecinquecento anni fa. Ma a differenza di Badon Hill, non ci sono testimonianze storiche che attestino cosa accadde a Camlann. Se ne dà brevemente notizia soltanto anni dopo in una cronaca gallese: negli *Annales Cambriae* («Annali del Galles») si dice che «il conflitto di Camlann, in cui morirono Artù e Mordred, provocò la rovina della Britannia». «Gli *Annales Cambriae*» spiega Adams «riportano le date delle battaglie di Badon e Camlann. Ma il testo suggerisce che Artù e Mordred fossero amici e non nemici. Non viene fornita un'interpretazione chiara.» Questa vaga e confusa allusione si trasformò col tempo in una favola mitica sul bene e il male. Quando Goffredo compilò la sua cronaca nel XII secolo, Camlann era considerata l'Apocalisse britannica. Gli scrittori arturiani posteriori descrissero la battaglia come una guerra civile. I Britanni si rivolsero contro se stessi e il personaggio di Mordred tradì Artù, condannandolo alla fine. Dopo mille anni di miti, Sir Thomas Malory presentava la battaglia come un ignobile scontro tra padre e figlio. Questo pericoloso conflitto segnò la fine di un'epoca che non si liberò mai del tutto dall'ombra del mito.

Il re immortale

L'immagine di Artù che più ci è familiare, ricavata dal racconto di Malory del XV secolo, nacque alla fine del Medioevo, in un paese dilaniato dalla guerra civile e afflitto da rivolgimenti. «Malory scrisse in un'epoca di profonde fratture in Inghilterra, con dispute tra le famiglie regnanti, come nella Guerra delle due rose per la successione al trono. L'Artù di Malory è un uomo in grado di sanare le ferite della frattura, ma alla fine ne viene sopraffatto» commenta Bonnie Wheeler. Alla fine del XV secolo i due casati dei Lancaster e degli York portarono alla divisione dell'Inghilterra con la Guerra delle due rose, una lotta per la Corona che durò vent'anni. In pieno bagno di sangue, Thomas Malory riunì tutte le versioni del mito di Artù in un racconto epico. Il suo libro divenne l'epitaffio di un'era, un'elegia per piangere la fine dell'età dorata della cavalleria. In realtà, a quell'epoca la guerra includeva armi da fuoco e furono queste a determinare la fine della cavalleria. I cavalieri persero le loro caratteristiche e il loro stato sociale sul campo di battaglia di fronte ai nuovi soldati armati di archibugi. Tuttavia, Sir Thomas pone fine all'età dorata della cavalleria con la battaglia tra Artù e Mordred: padre e figlio, re ed erede distruggono le loro vite e il futuro della nazione in uno scontro familiare. Certo, nel mito il re non muore e rimane sull'isola di Avalon aspettando di fare ritorno, non appena la Britannia avrà nuovamente bisogno di lui. «Il mito si rifà direttamente alle valchirie. La storia del Valhalla è uguale. E l'isola di Avalon corrisponde al giardino di Allah, al Valhalla o al Paradiso» dice Bryn Walters.

Quindici secoli dopo, la spedizione romana di Artù ha fornito una nuova e allettante pista agli storici: un nuovo modello di Artù emerso negli ultimi anni a partire dallo studio delle cronache romane. «È ben documentata l'esistenza di un re britannico che compì alcune imprese attribuite ad Artù, come avanzare con un esercito sul continente. Visse negli stessi anni. Secondo me potrebbe trattarsi dell'Artù originale tanto quanto degli altri» precisa Geoffrey Ashe, membro del Comitato d'indagine di Camelot. Alla fine del V secolo, attenendoci ai documenti di Roma, dei rappresentanti dell'Impero romano si rivolsero ai Britanni per fronteggiare l'attacco dei barbari. Un re chiamato Riotamo rispose alla chiamata e attraversò il mare con dodicimila uomini. «Le imprese militari di Riotamo nel continente hanno fatto credere a molti studiosi che Goffredo di Monmouth lo usò come modello per il suo Artù, il quale, nel suo racconto, viaggiò dalla Britannia al continente» afferma lo storico Christopher Snyder.

Riotamo combatté con Roma, ma a differenza del potente Artù di Goffredo, questo re storico dei Britanni non fece ritorno in patria. Le cronache lasciano intendere che Riotamo morì mentre si dirigeva verso una città chiamata Avalon. Alla fine, le indagini approdano sempre a ritagli della storia. «Abbiamo molte fonti, ma non apportano informazioni sufficienti. Non offrono abbastanza date per continuare. Non possiamo stabilire con certezza quando o dove avvennero i fatti» afferma Scott Lloyd.

I fili delle vicende arturiane si intrecciano a partire da innumerevoli fonti: dalla tradizione celtica alle glorie di Roma, passando per le odi medievali e la venuta dei Sassoni, fino alla conquista normanna e alla Guerra delle due rose. Ma la ricerca di un unico personaggio storico sulla base della leggenda rimane confusa. «La prima ipotesi è che non ci fu mai un personaggio come Artù. La seconda, che visse realmente ma noi storici non siamo ancora riusciti a identificarlo; e la terza ipotesi suppone che la figura di Artù raccolga elementi di personaggi storici e leggendari. In questo caso, le sue vicende prenderebbero spunto dalle gesta di molti personaggi reali come Lucio Artorio Casto, il comandante romano del II secolo d.C.; Ambrosio Aureliano, il condottiero britannico del V secolo citato da Gildas; o Riotamo, il re britannico del V secolo. Tutti loro realizzarono imprese attribuite ad Artù. Alla fine, dalla loro unione può prendere forma il vero Artù» chiarisce Christopher Snyder.

Che si tratti di realtà o finzione, nessuno può negare il potere di Artù, re dei Britanni. La sua leggenda contribuì al prestigio della cavalleria. La sua eredità forgiò la storia dell'Inghilterra e chiunque sogni un mondo giusto e armonioso può ispirarsi a lui. La fama del grande eroe sopravvisse nei secoli conquistando per sempre l'immortalità.

19

Il codice dei Templari

Tutto cominciò nel 1096 quando ebbe inizio ciò che i musulmani chiamarono Al-Hurub Al-Salibiya *e i cristiani Crociate. Il risultato di quei duecento anni di lotta furono alleanze e ostilità durate fino ai giorni nostri, ma anche un gran numero di leggende che narrano di eroi, guerrieri, martiri e reliquie sacre, come la Lancia di Longino o il Santo Graal. In questo intersecarsi di realtà, immaginazione e leggenda troviamo la storia di due cavalieri Templari. Ancora oggi ci si pongono molte domande sulla loro origine e sulla loro missione. Non fu il primo ordine militare fondato nella regione ma dall'inizio alla fine del loro tempo ricevettero sempre i favori dei governanti. I Poveri compagni d'armi di Cristo e del Tempio di Salomone sono tuttora un mistero affascinante ben presente nell'immaginario contemporaneo.*

Le spedizioni militari dei crociati si proponevano da un lato di mettere freno alle incursioni e all'avanzamento islamico nei regni cristiani e, dall'altro, di riconquistare Gerusalemme, caduta nelle mani degli arabi e successivamente dei turchi a partire dal VII secolo. La riconquista di Gerusalemme coniugava motivazioni religiose, psicologiche e sentimentali, oltre a cause più pragmatiche: fu una specie di guerra preventiva contro la minaccia dei turchi seleucidi. Le ripercussioni di questo conflitto avrebbero modificato profondamente i rapporti tra il mondo islamico e il mondo cristiano fino ai giorni nostri.

La Prima Crociata partì dall'Europa nel 1096, dopo che papa Urbano II, durante il concilio di Clermont (Francia), esortò tutti i cristiani a recarsi in Terra Santa per combattere contro i musulmani. Questa Prima Crociata fu chiamata anche *passio generalis* per il fatto che chiunque, fosse egli un cavaliere, un mercenario o un ladruncolo, poteva prendervi parte e godere di un'indulgenza ecclesiastica che perdonava condanne a pene detentive, debiti e crimini. Nel maggio 1099 i crociati raggiunsero la frontiera settentrionale della Palestina e il 7 giugno, al tramonto, si accamparono in un luogo da cui potevano vedere le mura di Gerusalemme. Il 15 giugno, dopo tre anni di battaglie sanguinose e stragi indiscriminate, turchi, arabi e persiani, divisi internamente e in continuo arretramento davanti all'esercito cristiano, furono sconfitti e la città di Gerusalemme fu riconquistata.

Un nuovo ordine religioso-militare

Il passaggio di Gerusalemme nelle mani dei cristiani aprì nuovamente la rotta dei pellegrini verso i Luoghi Santi della nascita e della passione di Cristo, ma una simile affluenza di viaggiatori attrasse immediatamente gruppi di banditi saraceni che li assaltavano, derubavano e uccidevano.

Verso il 1119, i crociati governavano Gerusalemme sotto il mandato di re Baldovino II. Ugo de' Pagani, un nobile francese imparentato con i conti di Champagne, veterano della Prima Crociata e famoso per la sua pietà e il suo coraggio, si offrì di proteggere, insieme ad altri sette cavalieri (Goffredo di Saint-Omer, Goffredo Roval, Goffredo Bisol, Pagano di Montdidier, Arcimbaldo di Saint-Agnan, Andrea di Montbard e Gundemaro, a cui si sarebbe poi unito il nono «fondatore», Ugo conte di Champagne), i cristiani in pellegrinaggio dal Mediterraneo verso i Luoghi Santi.

L'idea di formare una specie di gendarmeria o milizia permanente – non si può parlare di eserciti professionali a quell'epoca – formata da cavalieri, e quindi membri della classe nobile, educati alla guerra fin dalla nascita, ma al tempo stesso professanti la fede cristiana con lo stesso fervore e la stessa disciplina degli ordini monastici, era nell'aria. Nel 1118, Raimondo de Puy, appena nominato maestro di un ordine già esistente, quello degli Ospitalieri di San Giovanni, decise di non limitare il compito di tale milizia all'assistenza sanitaria ai pellegrini nell'Ospedale di Gerusalemme e di convertirla in un ordine militare, di cui avrebbero fatto parte i Templari fin dall'inizio. Gli uni e gli altri professarono in principio la regola benedettina, e pronunciarono i tre voti monastici di castità, povertà e obbedienza a cui era aggiunto il voto di lotta agli infedeli.

Questa è la genesi dei Templari generalmente accettata dalla storiografia accademica, pur se gli appassionati di spiegazioni esoteriche mettono attualmente in dubbio questa tesi sulla nascita dell'Ordine del Tempio.

Alcuni di coloro che si interessano di questo argomento, come lo scrittore Tim Wallace-Murphy, coautore di *Sulle tracce del Santo Graal: il misterioso tempio di Rosslyn e il segreto dei Templari*, dubitano che difendere le rotte del pellegrinaggio fosse la vera missione di Ugo de' Pagani e dei suoi uomini: «Nove cavalieri di mezza età, anziani per quell'epoca» spiega «potevano fare ben poco per proteggere i viaggiatori nella Terra Santa». Inoltre non è stato trovato nessun documento scritto che attribuisca loro la funzione di sorvegliare il cammino e proteggere i pellegrini. Certo è che i primi anni dei Templari in Terra Santa sono piuttosto oscuri.

Pochi anni dopo l'impegno preso, Ugo de' Pagani si recò in visita dal papa, insieme ad alcuni suoi cavalieri, per ottenere l'appoggio ufficiale della Chiesa. Il concilio di Troyes (Francia) del 1128 approvò formalmente la regola dell'Ordine del Tempio, che fu redatta da san Bernardo, abate di Chiaravalle, il personaggio più influente di tutta la Chiesa, addirittura più influente del papa.

Inizialmente i cavalieri Templari vivevano in assoluta povertà, al punto che Ugo de' Pagani e Goffredo di Saint-Omer dovevano dividersi un unico cavallo. Fu così che nacque lo stemma dell'Ordine: due guerrieri che montano uno stesso cavallo. Il re di Gerusalemme, Baldovino II, permise loro di insediarsi in un'ala del palazzo reale, nella spianata dell'antico Tempio di Salomone, da dove verrà il loro nome: *Pauperes conmilitones Christi templique Salomonici* (Poveri compagni d'armi di Cristo e del Tempio di Salomone).

Secondo la Bibbia, Salomone costruì un tempio magnifico (*Re*, 2,6) per custodire l'Arca dell'Alleanza in un santuario ricoperto d'oro. La tradizione narra che lì erano conservati anche immensi tesori e i segreti della saggezza di Salomone. Il tempio occupava una grande spianata che si trovava in un punto più elevato del resto della città, il monte Moria, dove il libro della *Genesi* narra (capitolo 22) che Abramo si recò per sacrificare suo figlio Isacco. Nell'anno 587 a.C. i Babilonesi saccheggiarono e distrussero il Tempio. Fu ricostruito due volte, l'ultima per opera di Erode il Grande, e venne infine raso al suolo dall'imperatore romano Tito, nell'anno 70 d.C. Dopo la conquista araba del secolo VII, i musulmani scelsero quel luogo privilegiato per costruire la loro moschea principale, al-Aqsa, e la Cupola della Roccia, un santuario eretto sopra alla roccia da cui Maometto salì in cielo.

Per i cristiani, il luogo più sacro di Gerusalemme non era quello ma piuttosto il monte Calvario, dove sorge la chiesa del Santo Sepolcro, pur se la spianata del Tempio o della Moschea è lo scenario in cui il diavolo tentò Gesù Cristo (*Matteo*, 4,5-6). A ogni modo, la sua posizione chiaramente dominante indusse i crociati a fare della moschea di al-Aqsa la residenza del re e, per benevolenza di quest'ultimo – che in futuro avrebbe fatto molte altre donazioni all'Ordine, così come fecero anche i suoi sudditi –, gli stessi Templari vi si installarono e vi rimasero fino alla perdita di Gerusalemme nel 1187. In effetti, l'attuale moschea delle donne, annessa alla moschea di al-Aqsa, era la grande sala capitolare dei Templari.

Alcuni storici considerano comunque che non è facile spiegare come un ordine cavalleresco appena fondato potesse ricevere in dono una sede simile, così importante e così grande, tenendo conto, poi, che si trattava di nove uomini in tutto.

Nel 1867, durante la realizzazione di alcuni scavi nella spianata delle Moschee (il Monte del Tempio, per gli Ebrei), si trovò qualcosa che avrebbe potuto fornire importanti indizi sull'interesse dei Templari per Gerusalemme. Un gruppo di archeologi britannici, guidati dal tenente Warren, del Corpo del Genio, scoprì una serie di tunnel che si estendevano a forma di ventaglio dalla moschea bianca di al-Aqsa fino alla Cupola della Roccia, dove si pensa che sorgesse in precedenza il Tempio di Salomone. Il team di Warren individuò anche arnesi, armi e speroni dei cavalieri Templari, dimostrando che quei passaggi erano stati utilizzati, o quantomeno scoperti o scavati, dai cavalieri.

Le leggende hanno sempre associato questo ordine religioso-militare con il potere, la ricchezza e il possesso di oggetti sacri di grande valore. Alcune congetture li collegano a scavi segreti eseguiti sotto al Tempio per trovare l'Arca dell'Alleanza. Per questo motivo, i primi massoni stabilirono una relazione tra i Templari, l'Arca e i tesori del re Salomone. Studiosi odierni sostengono che quasi sicuramente i Templari cercavano reliquie cristiane nascoste. Tra di esse, il Sacro Graal è sicuramente una delle più importanti, sempre presente nella leggenda dei Templari.

Oltre all'importanza religiosa che rivestivano le reliquie in quegli anni, esistevano anche ragioni più materiali per spiegare gli scavi realizzati dai Templari a Gerusalemme. La teoria più accettata sostiene che si dedicassero alla ricerca di gioielli e metalli preziosi che gli Ebrei avrebbero sepolto in quel luogo nell'anno 66 d.C., durante la rivolta contro i Romani. In linea con questa ipotesi, uno dei manoscritti del Mar Morto, noto con il nome di «Rotolo di Rame», ritrovato nel 1952, riporta incisi su una placca di questo metallo una serie di simboli che pare costituiscano l'inventario del tesoro degli Ebrei, corrispondente a più di duecento tonnellate d'oro e d'argento misteriosamente scomparse. Non si sa se Ugo de' Pagani e i suoi cavalieri trovarono il tesoro, ma alcuni storici affermano che quando gli scavi ebbero termine, nell'anno 1128, i Templari tornarono in Europa e divennero uno degli ordini religiosi-militari più ricchi e potenti. Da quel momento ebbero luogo grandi cambiamenti sia nell'Ordine del Tempio sia in tutta l'Europa.

Nonostante questo potere politico ed economico, e nonostante avessero pronunciato i voti di castità, obbedienza e povertà, i Templari non erano accettati da tutte le classi. Il fatto che fossero al tempo stesso guerrieri e monaci non li rendeva bene accetti pur se questo non impedì che la Chiesa li appoggiasse apertamente. San Bernardo abate di Chiaravalle, monastero dell'Ordine di Cluny, dal 1115 teologo cristiano e uno degli uomini più influenti della Chiesa del suo tempo, scrisse che un cavaliere templare «è un soldato senza paura e sicuro in ogni circostanza: com'egli protegge il corpo con la corazza di ferro così per l'animo indossa la corazza della fede. Munito di entrambe queste armi, egli non teme né il demone né l'uomo». San Bernardo, canonizzato dal papa Alessandro II nel 1174, era parente di uno dei nove fondatori dell'Ordine, che a loro volta erano legati tra di loro da vincoli di sangue o matrimoniali. San Bernardo dedicò gran parte della sua vita a convincere i cristiani che dovevano intraprendere una Seconda Crociata.

Una volta rientrati in Europa, i Templari condussero una delle campagne di maggiore successo di tutta la storia, reclutando i figli delle famiglie nobili, insieme ai loro possessi e alle loro fortune, perché si dedicassero alla causa del giovane Regno Latino – o Franco – di Gerusalemme, un territorio politicamente molto instabile. In poco tempo iniziarono a ricevere donazioni di grandi estensioni di terra in tutta l'Europa, tra cui una dal re d'Aragona nel 1130. Alcuni dei cavalieri più fanatici e meglio addestrati, generalmente di nobile estrazione, fecero ingresso nell'Ordine formando ciò che il saggio san Bernardo avrebbe descritto come «un manipolo di onorevoli guerrieri che potevano sconfiggere qualsiasi orda spaventosa». La vittoria cristiana nella battaglia di Montgisard contro il sultano Saladino, nel 1177, dimostrò quanto le parole scritte da Bernardo corrispondessero al vero.

Destrezza, strategia brillante e coraggio

Saladino, sultano d'Egitto, Siria, Palestina nonché di zone d'Arabia, Yemen, Libia e Mesopotamia, capeggiava un esercito di ventiseimila musulmani con cui invase la Palestina, attraversando il Sinai dall'Egitto nel novembre 1177. I Templari concentrarono tutti i cavalieri dell'Ordine che riuscirono a riunire per difendere Gaza, ma Saladino passò oltre, dirigendosi verso le fortificazioni di Ascalon. Il re Baldovino IV, chiamato il re Lebbroso, valoroso guerriero nonostante la sua malattia, riunì cinquecento cavalieri che, protetti dalla reliquia della Vera Croce, riuscirono ad arrivare ad Ascalon e a mettersi al riparo delle mura, appena prima che giungesse Saladino. Per una volta, il sultano fu imprudente. Credette di avere sconfitto i cristiani perché non vedeva davanti a sé nessuno spiegamento di forze che gli impedisse di entrare a Gerusalemme e quindi vi si diresse lasciando dietro a sé una piccola guarnigione per sorvegliare Ascalon.

Re Baldovino uscì, unì le sue forze a quelle dei Templari e insieme si misero all'inseguimento di Saladino, le cui truppe intanto si erano disperse per saccheggiare i territori circostanti. Il 25 novembre, quando l'esercito di Saladino si trovò ad attraversare un burrone vicino al castello di Montgisard, nelle vicinanze di Ramla, i cristiani sferrarono un attacco a sorpresa. I musulmani subirono una sconfitta terribile e i cristiani videro lo stesso san Giorgio combattere al proprio fianco. Saladino fu sul punto di essere catturato e si salvò solo grazie al sacrificio della sua guardia personale composta da schiavi mammalucchi. L'esercito di Saladino subì gravi perdite e ciò che ne rimase fuggì verso l'Egitto, mentre l'esercito cristiano entrò trionfalmente a Gerusalemme.

La vittoria di Montgisard, così come altre battaglie simili, che richiedevano strategia brillante e addestramento specializzato, contribuì ad accrescere la popolarità dei cavalieri Templari. In effetti, divennero il primo esercito professionale dalla caduta dell'Impero romano, non perché fossero meglio addestrati di altri cavalieri europei, visto che tutti i nobili dell'epoca vivevano per la guerra, ma perché nel sistema feudale imperante nel mondo cristiano la disponibilità dei combattenti era incerta mentre i Templari si dedicavano costantemente alla loro missione, erano sempre pronti per essere mobilitati e andare a combattere.

Grazie alla quantità di beni donati da tutto l'Occidente, i Templari potevano vantare uno degli eserciti meglio equipaggiati. In battaglia, oltre alle lance, usavano asce, mazze ed enormi spade normanne capaci di tagliare in due un uomo con un solo fendente. Anche i loro cavalli erano robusti destrieri addestrati per scalciare, cozzare e mordere durante i combattimenti. Il loro successo come militari non si doveva però soltanto alla tecnica. I Templari giuravano obbedienza e lealtà fino alla morte durante le cerimonie d'iniziazione. Una volta entrati in combattimento, non abbandonavano mai il campo di battaglia perché se si fossero arresi e fossero stati catturati dal nemico, avrebbero dovuto affrontare la prigionia o l'esecuzione, pertanto preferivano lottare fino alla morte, convinti che il sacrificio avrebbe loro garantito l'ingresso in Paradiso. Questa coniugazione di abilità militare, armi di buona qualità e mentalità suicida fece sì che fossero temuti anche da grandi comandanti militari islamici come il forte Saladino.

L'ascesa dell'Ordine fu velocissima. Verso il 1300, l'Ordine fondato dai nove cavalieri quasi duecento anni prima, con tutto il suo carico di segretezza, iniziava a dare vita a una leggenda ed era al culmine del potere. Con migliaia di cavalieri, l'Ordine riuscì a costruire una solida rete di sostegno in Occidente, mantenendosi comunque presente anche in Oriente. Un altro ingrediente del successo fu la grande capacità operativa in caso di conflitto. I Templari ebbero un ruolo fondamentale nelle Crociate. In meno di otto mesi, furono capaci di inviare in Terra Santa trecento cavalieri (che sommati agli scudieri, ai cavalli, ai maestri d'armi e ai fabbri costituivano, a quel tempo, una considerevole forza militare). Combattevano al servizio di monarchi europei quali Riccardo d'Inghilterra, detto Cuor di Leone, o Luigi VII di Francia, ovunque fosse necessario, e le loro truppe potevano essere indifferentemente forze militari effettive, forze d'appoggio per la retroguardia, o avanguardia per rompere le fila nemiche.

Le prime «carte di credito»

Dal 1150 i Templari idearono un sistema ingegnoso per proteggere i viaggiatori cristiani dagli assalti lungo il cammino, senza dover vigilare costantemente le strade percorse dai pellegrini: viaggiare senza denaro e senza oggetti di valore per evitare di essere derubati. Così, prima di iniziare il viaggio, i pellegrini depositavano i loro oggetti preziosi e i titoli di proprietà in casse custodite dai Templari. In cambio ricevevano un biglietto con un codice cifrato. Ogni volta che avevano bisogno di denaro durante il viaggio, i pellegrini chiedevano i contanti ai rappresentanti locali dei Templari che consegnavano loro le somme necessarie e scrivevano un nuovo codice sul foglio originale. Al ritorno, viaggiatori e pellegrini raccoglievano i loro beni presentando quello stesso biglietto oppure pagavano la fattura. L'unico modo per derubarli era decifrare il codice, cosa pressoché impossibile vista la ferrea disciplina templare. Era praticamente un sistema di pagamento con carta di credito.

I Templari offrivano, inoltre, servizi simili a quelli degli attuali istituti finanziari: trasferimento di denaro, cambiali, affitto di cassette di sicurezza, piani di pensione e alcuni discussi depositi ad alto rendimento, il tutto nel rispetto delle restrittive disposizioni ecclesiastiche in merito al prestito a interesse e all'usura. Per aggirare i precetti della Chiesa in questa materia, i Templari non facevano pagare interessi ai loro clienti, ma chiedevano un costo d'affitto. A ogni modo, i Templari ricevettero considerevoli prebende dalla Chiesa, che chiudeva un occhio sui loro affari. Fino al punto che nel 1139 Innocenzo III pubblicò una bolla che concedeva ai membri dell'Ordine privilegi senza precedenti. Era loro permesso attraversare le frontiere, furono esonerati dal pagamento delle tasse e godevano di un potere superiore a quello di qualsiasi autorità, con la sola eccezione del papa. All'inizio del secolo XIV, l'Ordine del Tempio era il più grande istituto bancario del mondo.

Esistono diverse teorie per spiegare il trattamento di favore riservato ai cavalieri del Tempio. La riconoscenza della Chiesa per la protezione offerta ai pellegrini sembra, in prima battuta, la teoria più ragionevole, ma esperti di storia medievale tra cui George Smart si mostrano scettici al riguardo: «Forse dietro questa alleanza tanto generosa c'era un patto di silenzio stretto attorno alle reliquie e ai manoscritti che i Templari avevano trovato nel Tempio di Salomone:

documenti che suggerivano un'interpretazione delle Sacre Scritture molto diversa da quella imposta dai dogmi della Chiesa, come, ad esempio, la possibile esistenza di un vincolo matrimoniale tra Gesù e Maria Maddalena. Oppure interpretazioni diverse riguardo al rapporto tra Gesù e gli apostoli o altro ancora che comunque implicasse una differenza rispetto ai canoni approvati».

Qualunque fosse il motivo che giustificava questi privilegi, i Templari accumularono grande potere e influenza in tutti gli ambiti della vita del Medioevo. Costruirono chiese e castelli, comperarono terre, tenute e fabbriche, giocarono un ruolo importante nel commercio internazionale nonché nelle attività di importazione ed esportazione. «Si calcola che poco meno del 5 per cento dei cavalieri dell'Ordine era impegnato a combattere al fronte» afferma lo storico Alan Butler. Ogni paese aveva un maestro templare che esercitava la sua autorità sui cavalieri di ogni quartiere o commenda. Tutti quanti erano soggetti all'autorità del gran maestro, eletto con durata d'incarico vitalizia, il quale si occupava anche di controllare gli affari in Occidente che permettevano di finanziare le Crociate in Oriente.

L'inizio della fine

Dopo diversi decenni di lotta nel Mediterraneo, e mentre l'impero occidentale dei Templari si trovava al culmine dello splendore, ebbero inizio le prime discordie tra le forze cristiane. Il momento critico giunse nel 1187. Nella Galilea occidentale si iniziò una battaglia decisiva per il futuro delle Crociate e, di conseguenza, per l'Ordine dei Templari: la battaglia dei Corni di Hattin, luogo così chiamato per la presenza di due colline gemelle. Il 4 luglio, circa ottanta cavalieri Templari, comandati dal gran maestro Gerardo di Ridefort, si riunirono vicino a Seforia con altre unità cristiane per formare un esercito di ventimila uomini che si sarebbe scontrato, ancora una volta, con il sultano Saladino, capo di un esercito più grande e con cavalleria più potente, cosa che rappresentava un leggero svantaggio per i crociati. Il caldo era soffocante e la retroguardia era costantemente incalzata dagli arcieri a cavallo di Saladino. Dopo essersi consultati in riunione, i comandanti militari cristiani decisero che la scelta migliore sarebbe stata aspettare l'arrivo delle truppe nemiche in una posizione facilmente difendibile e ricca d'acqua. Questa decisione non fu però presa all'unanimità da tutti i comandanti crociati. Gerardo di Rideford, uomo dal carattere collerico e stratega poco brillante, fu uno di coloro che non erano d'accordo.

Il gran maestro era un cavaliere arrogante, venuto in Palestina in cerca di fortuna, come molti altri. Uno dei grandi signori del regno, Raimondo III, conte di Tripoli, gli aveva promesso in moglie una ricca ereditiera che poi, però, diede in matrimonio a un altro. Risentito, visto che non avrebbe potuto arricchirsi con il matrimonio, Gerardo di Ridefort decise che ci sarebbe riuscito attraverso il celibato ed entrò quindi nell'Ordine del Tempio. Da allora fu sempre molto ostile nei confronti del conte di Tripoli e, poiché quest'ultimo era il principale sostenitore di una strategia prudente, Ridefort convinse l'indeciso re Guido a optare per la scelta opposta. «Poiché la decisione di attendere Saladino era venuta da uno dei suoi rivali, il gran maestro Ridefort preferì seguire la via opposta e sferrare l'attacco» spiega lo scrittore Tim Wallace-Murphy. In pieno giorno e senz'acqua né riparo, l'esercito cristiano iniziò a marciare su un terreno desertico in direzione di Tiberiade, città sulla sponda occidentale del Mare di Galilea. Le truppe franche erano esauste e assetate ma il re, nuovamente su consiglio del gran maestro, decise di fermarsi per la notte invece di fare un ultimo sforzo e arrivare fino al lago. In quel momento, l'esercito fu circondato dalle forze di Saladino che incendiarono l'erba secca e asfissiarono i cristiani con il fumo. L'attacco, all'alba del 4 luglio, decimò rapidamente i crociati e si dice che si trattò della battaglia più disastrosa mai combattuta in Terra Santa. I prigionieri furono venduti come schiavi e il gran maestro Ridefort ruppe il giuramento che non si sarebbe mai fatto catturare vivo e, invece di cercare la morte, negoziò un riscatto. Alcuni mesi più tardi, Gerardo di Ridefort morì nell'assedio di San Giovanni d'Acri, dove fu fatto prigioniero e decapitato.

La sconfitta dei Corni di Hattin fu l'inizio della fine per i cavalieri crociati. La loro reputazione di ordine militare era stata macchiata e i Templari si ritrovarono non solo completamente demoralizzati ma anche messi in discussione da una voce secondo la quale avevano perduto una delle reliquie più preziose che trasportavano, un frammento della croce di Cristo. Poco tempo dopo, Saladino conquistò Gerusalemme.

I cristiani continuarono a lottare per la Terra Santa. Ci fu una Terza

Crociata, sotto il comando di tre sovrani: l'imperatore Federico Barbarossa, Filippo Augusto di Francia e Riccardo d'Inghilterra, detto «Cuor di Leone». Nel 1191 fu riconquistata Acri, ma non Gerusalemme. Un altro imperatore, Federico II Hohenstaufen, riuscì a riprendere Gerusalemme nel 1229 ma lo fece negoziando, non combattendo. La città restò in mano cristiana per poco, perché nel 1244 fu conquistata dai turchi. Quarantasette anni più tardi cadde l'ultima fortezza cristiana, San Giovanni d'Acri, antico porto della baia di Haifa. Le Crociate intraprese successivamente per desiderio di san Luigi IX di Francia o Edoardo I d'Inghilterra furono un completo fallimento.

Come indicano gli studiosi del Medioevo e gli scrittori Karen Ralls e Tim Wallace-Murphy, l'esistenza dei Templari dipendeva in parte dall'esistenza della Terra Santa. Da un lato, dopo la sconfitta, l'interpretazione generale fu che Dio non li aveva benedetti come avevano fatto credere a tutti. Dall'altro, i Templari si erano organizzati per conservare un esercito che proteggesse i territori cristiani in Oriente, ma questi erano già scomparsi e quindi l'esercito non era più necessario. Fu forse sotto la pressione di questa situazione che il nuovo gran maestro Jacques de Molay visitò tutte le corti europee all'inizio del XIV secolo allo scopo di organizzare una nuova Crociata. Erano trascorsi sedici anni senza conflitti e nessun monarca lo appoggiò. Dopo quasi duecento anni di eccidi, l'era delle Crociate era terminata e l'Ordine del Tempio avrebbe pagato un prezzo molto alto per essere stato una Chiesa all'interno della Chiesa e un potente esercito all'interno dello Stato. «Erano completamente autonomi. Nessuno, tranne il papa, poteva criticare il loro operato» dice lo storico Sean Martin.

La teoria della cospirazione

All'inizio del XIV secolo il re Filippo IV di Francia, detto Filippo il Bello, convocò una riunione per discutere la possibile fusione del Tempio con altri ordini militari. Jacques de Molay giunse a Parigi carico di doni preziosi e accompagnato da numerosi cavalieri, ma la riunione era soltanto una trappola per convocare le alte gerarchie dell'Ordine. Approfittando della situazione, la mattina del venerdì 13 ottobre 1307 tutte le sedi dei Templari in Francia furono attaccate di sorpresa, senza tenere conto dei loro privilegi, e i cavalieri furono catturati e incriminati, azione che diede luogo a uno dei più grandi scandali dell'epoca. Tra gli arrestati c'era anche il gran maestro Jacques de Molay. Il re requisì le sue proprietà e lo accusò di gravi delitti, quali il ripudio di Cristo, sputare e urinare sulla Croce, avere rapporti omosessuali e adorare il diavolo... I crimini che gli si imputarono furono più di cento. Si trattava di una cospirazione contro i Templari?

Per spiegare questa svolta nell'atteggiamento nei confronti dell'Ordine, occorre ricordare che in quel momento non c'era alcun fronte di combattimento aperto in Oriente. Pertanto, avere un esercito permanente, senza motivazioni militari e senza battaglie, era motivo di preoccupazione per molti governanti europei. «Il re francese Filippo IV» dice Alan Butler «poco prima del 1307 aveva ereditato la regione di Champagne, dove si trovava il quartier generale dei Templari, e temeva che questi ultimi reclamassero un nuovo territorio più a sud.» Suo padre gli aveva lasciato una nazione impoverita e malridotta a causa del fallimento di diverse operazioni militari e il re doveva grandi somme di denaro ai Templari. «Vide chiaramente che se avesse distrutto l'Ordine avrebbe evitato di pagare i suoi debiti» spiega Alan Butler.

Riguardo alle imputazioni di eresia nei confronti dei Templari, era pratica corrente denunciare chiunque alla Santa Inquisizione con l'accusa di culto del demonio. Lo stesso Filippo IV il Bello, che era stato scomunicato, aveva mosso accuse di questo tipo contro papa Bonifacio VIII, quattro anni prima, solo perché voleva imporre a Roma qualcuno a lui più gradito. Il papa di allora era Clemente V, Bertrand de Got, che era stato eletto dal re Filippo IV e non occupava la sede papale a Roma ma risiedeva in Francia sotto la sua protezione. Jacques de Molay cercò la protezione del papa. La detenzione dei Templari senza l'autorizzazione del pontefice, da cui l'Ordine dipendeva direttamente, suscitò le proteste di Clemente V, ma il re Filippo lo convinse presentandogli le confessioni estorte con la tortura e riuscì a far sì che il papa promulgasse la bolla *Pastoralis praeminentiae* che decretava la detenzione dei Templari in tutti i territori cristiani.

La sorte dei Templari finì nelle mani dell'Inquisizione, un organismo processuale creato dalla Chiesa nel 1229 per combattere gli albigesi del sud della Francia e messo poi a disposizione dei monarchi cattolici. Nei cinque anni successivi al primo arresto, i metodi dell'Inquisizione si rivelarono incredibilmente efficaci: avevano come regola di evitare ogni spargimento di sangue e di non uccidere gli imputati, ma era permesso estorcere confessioni con torture quali mantenere i prigionieri appesi a testa in giù, bruciare loro le estremità o stritolarle con l'applicazione di morse. In questo modo, centocinque dei centotrentotto Templari interrogati a Parigi ammisero di avere ripudiato Cristo durante le cerimonie d'iniziazione; centotré che il bacio era parte delle loro cerimonie e centoventitré che avevano sputato sulla Croce. «Molte delle accuse si basavano su quanto accadeva durante le cerimonie d'iniziazione, pur se non si trovarono mai né prove reali di cattivo comportamento, né testimoni» afferma lo storico George Smart.

Di questa vulnerabilità dell'Ordine approfittò la Chiesa che considerò illegali certi rituali realizzati in seno a essa da alcuni sacerdoti. Lo stesso gran maestro de Molay si dichiarò colpevole della maggior parte dei delitti imputatigli, ma due mesi più tardi ritrattò la sua confessione dichiarando di essere stato torturato. L'Inquisizione lo obbligò a ripetere la confessione in pubblico, cosa che Jacques de Molay si rifiutò di fare, proclamando nuovamente la sua innocenza il 18 marzo 1314, insieme a Goffredo di Charney, maestro della Normandia. Entrambi furono bruciati sul rogo sulla riva della Senna e le loro ceneri furono gettate nel fiume in modo che nessuno potesse avere reliquie da venerare. Si dice che prima di morire il gran maestro lanciò una maledizione contro il papa e contro il re di Francia, annunciando che si sarebbero riuniti con il Creatore prima della fine dell'anno. «Papa Clemente V morì soltanto un mese più tardi e Filippo IV, uomo ancora giovane, morì nel mese di novembre per un incidente di caccia» dice Sean Martin. Per diversi secoli si fecero ricerche per capire se questa fosse una prova dei poteri demoniaci dei Templari o un segno di giustizia divina a testimonianza della loro innocenza.

Il tesoro nascosto

Un altro mistero accompagnò la scomparsa dell'Ordine: dove si trovavano le grandi ricchezze dei Templari? Quando gli uomini di Filippo IV si impossessarono di tutti i luoghi occupati dai Templari nell'intera Francia, non trovarono praticamente nulla. I Templari erano chiamati Poveri compagni d'armi di Cristo e del Tempio di Salomone e non avevano proprietà personali, eppure possedevano più ricchezze di qualsiasi regno europeo del tempo. Ci furono fino a duemila commende templari in Europa ed erano parte attiva della società medievale in quanto erano molte le persone che lavoravano per loro nelle fattorie, nei mulini e nei vigneti o che facevano affari con i cavalieri o depositavano i loro risparmi nei fondi dell'Ordine. Possedevano inoltre una flotta di imbarcazioni per il trasporto di passeggeri e mercanzie tra Oriente e Occidente. «Arrivarono a essere la prima multinazionale e la prima istituzione bancaria europea» assicura la medievista Karen Ralls.

Insieme alle loro ricchezze economiche, si riteneva che i Templari possedessero anche un tesoro costituito da molteplici reliquie religiose accumulate durante la loro permanenza in Terra Santa. Narra la leggenda che i Templari trovarono i resti della Croce di Cristo, l'Arca dell'Alleanza o il Santo Graal. Alcuni studiosi ritengono di avere rinvenuto indicazioni al riguardo studiando scrupolosamente le accuse mosse dall'Inquisizione contro i Templari. Le accuse di stregoneria, sodomia o blasfemia erano generiche e si ricorreva a esse in qualsiasi processo, ma soltanto i Templari furono accusati di venerare una testa, che poteva essere una testa con la barba, una testa con tre facce o un busto parlante, a seconda dei casi. Nell'Alto Medioevo, i cristiani attribuivano grandi poteri magici alle reliquie dei santi, ed erano molti gli eserciti che ne portavano qualcuna con sé sul campo di battaglia, sperando nella loro protezione. Molti sospettano che i Templari possedessero una delle reliquie più importanti e venerate della cristianità, e cioè la testa di san Giovanni Battista.

Ancora oggi esistono congregazioni di diversi luoghi che affermano di possedere la vera testa di Giovanni Battista. Nella sede templare di Templecombe, nell'Inghilterra meridionale, i dipinti mostrano una testa senza collo e con la mandibola disarticolata, che alcuni ritengono stia a indicare l'esistenza di questa reliquia. Altri pensano, però, che potrebbe rappresentare la testa di Gesù come si vede sulla Sacra Sindone di Torino, un altro degli oggetti sacri che pare i cavalieri di Costantinopoli abbiano trovato durante la Quarta Crociata del 1204 e abbiano poi portato in Europa. Il sudario fece quindi la sua comparsa nella città francese di Lirey, quarant'anni dopo la morte del re Filippo IV. A trovarlo fu la famiglia francese Charney, omonimi di Goffredo de Charney, maestro della Normandia bruciato sul rogo insieme a Jacques de Molay.

Forse anche Filippo IV il Bello cercava questi tesori religiosi quando assalì i quartieri dell'Ordine nel 1307. Certo è che il suo debito con i Templari scomparve, pur se non poté risolvere i propri problemi economici come invece aveva sperato. Il re riuscì a impossessarsi di alcune proprietà giustificando questa azione come compenso per i costi che la prigionia e la tortura avevano comportato, ma quando sciolse l'Ordine, nel 1312, papa Clemente V pensò che tutte le terre e i beni del Tempio dovevano passare ad altri ordini religiosi e non al re. Si narra che quella mattina gli uomini del re trovarono pochissimo denaro e praticamente nessun documento. Chiave di questo mistero furono forse i cavalieri sopravvissuti, migliaia di cavalieri che non furono mai processati per il semplice motivo che la maggior parte degli arresti ebbe luogo in Francia e in Inghilterra. «È possibile che sia stato catturato soltanto un cavaliere templare su dieci» suggerisce Alan Butler. In Baviera furono assolti. In Portogallo, a causa dell'imponente lotta che conducevano contro gli arabi presenti in quella parte della penisola iberica, si limitarono a cambiare nome in Cavalieri di Cristo. Persino in Francia, dove la persecuzione fu più dura, molti Templari riuscirono a salvarsi dall'arresto.

Grazie a queste diversità di trattamento, a seconda dei diversi rapporti con la Chiesa nei vari paesi, molti dei membri del Tempio riuscirono a fuggire prima che l'ordine di cattura emesso dalla Francia fosse reso pubblico. Dei tremila Templari francesi ne furono catturati seicentoventi che vennero poi rinchiusi nella torre di Chinon, nella valle della Loira. Durante la loro prigionia ricoprirono le pareti di strani simboli: cuori, stelle di David, figure geometriche, griglie... Ancora oggi non si sa se si tratti della mappa del tesoro o di istruzioni per un'ultima missione lasciate ai Templari che sarebbero sopravvissuti.

Lo storico Alan Butler crede che questi sopravvissuti cominciarono a fuggire lentamente verso l'est della Francia attraverso regioni montagnose abitate soltanto da pochi contadini e pastori. I Templari conoscevano molto bene la zona dove gli eserciti non avevano campo per manovrare, perché da più di cento anni avevano utilizzato quelle rotte commerciali che partivano dalla Francia e attraversavano le Alpi per arrivare fino alla attuale Svizzera, un luogo isolato e di difficile accesso. Non esistono prove del fatto che i Templari siano fuggiti sulle Alpi con i loro tesori, ma gli abitanti della zona vissero una curiosa trasformazione proprio nel periodo in cui l'Ordine cadde in disgrazia. «Tre piccole regioni alpine si unirono per lottare contro il loro signore, il duca Leopoldo I d'Asburgo» spiega Alan Butler. Il duca voleva controllare il transito verso l'Italia e inviò cinquemila uomini armati per difendere la regione. A Morgarten, però, caddero in un'imboscata tesa da millecinquecento contadini che riuscirono a sconfiggerli nonostante la differenza numerica. «Divennero gli uomini più temibili di tutta l'Europa. Eppure, fino a quel momento nulla aveva lasciato intendere che i contadini svizzeri possedessero capacità militari» racconta Butler. Questi contadini si trasformarono rapidamente in soldati professionisti e fondarono comunità famose per la loro abilità nelle attività finanziarie. Alcuni racconti popolari dell'epoca narrano di cavalieri vestiti di bianco che, durante le lotte, accorrevano in aiuto dei contadini. Alan Butler ritiene che questa trasformazione non possa essere una semplice coincidenza e sottolinea, inoltre, la particolarità del sistema bancario svizzero rispetto agli altri sistemi occidentali, soprattutto per quanto riguarda ciò che lui definisce «segretezza patologica».

La fuga in Scozia

Non v'è dubbio che quasi tutti coloro che si dedicano alla ricerca dei tesori dei Templari ritengono che resta molto da chiarire. I Templari possedevano una grande flotta che utilizzarono inizialmente per il trasporto e successivamente per il commercio e pertanto non erano obbligati a fuggire via terra. Non a caso, le diciotto imbarcazioni ancorate nel porto di La Rochelle scomparvero proprio il 13 ottobre 1307. Le illazioni sulla fuga via mare ipotizzano la presenza di imbarcazioni templari dal Mar Baltico fino al Mar Arabico e dal Mar Mediterraneo alle coste dell'America settentrionale, pur se la congettura che più si avvicina alla realtà è quella secondo la quale i Templari sarebbero fuggiti in Scozia, regno che, a quell'epoca, aveva rotto i rapporti con il papa.

Robert Bruce, il re scozzese, era stato scomunicato da papa Clemente V per avere assassinato un suo rivale appartenente alla Chiesa. Né la corte, né la popolazione si ribellarono contro Robert Bruce e l'intero paese fu scomunicato. Stando così le cose, era molto poco probabile che la Scozia obbedisse all'ordine papale emesso contro i Templari. Analogamente, i Templari avevano motivi sufficienti per appoggiare la Scozia nella sua guerra contro l'Inghilterra, paese in cui i loro dirigenti erano stati arrestati. Come le leggende svizzere, anche quelle scozzesi narrano che nel 1314 i cavalieri Templari si unirono a Robert Bruce contro gli inglesi nella battaglia di Bannockburn, permettendo che l'esercito scozzese sconfiggesse quello nemico, tre volte più grande. Non sono però state trovate prove definitive dell'esistenza di Templari scozzesi dopo lo scioglimento dell'Ordine, neppure conducendo ricerche sul passato dell'antico clan dei Sinclair o Saint Claire, famiglia che occupa un ruolo rilevante nella trama del romanzo *Il Codice da Vinci* e i cui discendenti proclamano tuttora di essere appartenuti all'Ordine.

I Sinclair furono tra le prime famiglie a donare terre ai Templari quando questi iniziarono a chiedere aiuto in Europa, nel 1120. All'inizio del secolo XIV, la famiglia aveva costruito il castello di Rosslyn. Due secoli più tardi, nel 1546, Maria di Guisa, reggente di Scozia e madre della futura regina Maria Stuarda, scrisse una lettera a Lord William Sinclair menzionando l'esistenza di un grande segreto all'interno di Rosslyn. Si pensa che facesse riferimento alle reliquie e ai tesori del Tempio. Nel 1446, i Sinclair diedero incarico di costruire una cappella ad alcuni scalpellini, precursori delle logge massoniche. Questa cappella è ricoperta da incisioni raffiguranti simboli cristiani, templari e addirittura pagani che paiono formare un altro codice segreto. Alcuni studiosi pensano che si tratti di una mappa che porta a una cripta posta sotto la cappella del castello di Rosslyn in cui sarebbero stati sepolti importanti documenti religiosi. Seguendo questa pista, alla fine degli anni Novanta, un gruppo di ricercatori comperò il terreno attorno e servendosi di perforatrici idrauliche cercò di arrivare fino alla cripta. Poiché però la struttura del castello ne risentiva, le autorità locali decisero di porre fine alla ricerca. Attualmente non è più permesso eseguire scavi sul luogo.

Evidenze negli Stati Uniti

Rosslyn non è un caso isolato e i cacciatori di tesori scavano in qualsiasi luogo che ritengano possa nascondere oro templare.

Un esempio di questa determinazione nel trovare resti delle loro ricchezze è rappresentato dal famoso Pozzo del Denaro, presente su un'isola della provincia canadese della Nuova Scozia. Da duecento anni a questa parte c'è chi assicura che i Templari raggiunsero l'America seguendo antiche rotte vichinghe, a loro ben note perché i normanni, da cui avevano appreso a navigare, sono discendenti dei vichinghi. In base a questa ipotesi non ci sarebbe da stupirsi se si fossero rifugiati nel nuovo continente.

Nel 1795, tre adolescenti dell'isola di Oak scoprirono un buco e iniziarono a scavare sperando di trovare un tesoro. Si trovarono invece di fronte a una struttura costruita dalla mano dell'uomo, composta da strati di tronchi e pietre collocati a distanza di 3 metri. I ragazzi abbandonarono la ricerca ma nel 1800, tre diversi consorzi proseguirono ciascuno un proprio scavo. Si dice che riuscirono a trovare una pietra piena di simboli codificati che scomparve dopo breve tempo. Quando furono raggiunti i 27 metri di profondità, il tunnel iniziò a riempirsi d'acqua. Si scoprì che il Pozzo del Denaro era una trappola complessa progettata in modo tale che quando gli scavi avessero raggiunto una certa profondità, l'acqua del mare avrebbe riempito il buco. Pertanto, l'unico modo per recuperare il tesoro che si supponeva fosse lì sepolto era quello di conoscere esattamente il percorso del tunnel e scavare attorno a esso.

Dal giorno della scoperta, sei persone hanno già perso la vita nel tentativo di svelare il suo contenuto. Il primo lavoratore morì nel 1861 per l'esplosione di una caldaia; il secondo nel 1887 e gli ultimi quattro nel 1965, quando furono raggiunti da una fuga di gas nel tunnel. Nel 1990, a causa di una battaglia legale tra i due proprietari dell'isola, gli scavi furono interrotti. I proprietari, ormai ottuagenari, decisero di vendere l'isola a nuovi esploratori che volessero riprendere la ricerca del tesoro dei Templari, del Santo Graal, del tesoro di Capitan Kidd o di qualsiasi altra cosa si trovasse in fondo a quel pozzo, ormai trasformato in una leggenda che, come quella dei Templari, non vuole morire.

La ragione della sopravvivenza dei Templari nella memoria storica occidentale è da ricercarsi nella stessa natura umana. Il fascino da loro esercitato portò, duecento anni fa, alla creazione delle logge massoniche e all'adozione di simboli, gerarchie e cerimoniali che ne proclamassero l'origine templare. E in pieno secolo XXI, ha contribuito alla proliferazione di opere e prodotti – videogiochi, romanzi, film o gruppi musicali – incentrati sui misteri dei Templari. Questo interesse, però, non è esistito sempre. Nel secolo XIX, il romanziere Walter Scott dipinse i Templari come veri delinquenti nel suo romanzo storico *Ivanhoe*, e nel 1960 l'occultista Alistair Crowley affermò che erano seguaci dei culti satanici. Film come *Le crociate - Kingdom of Heaven* o *Il Codice da Vinci* li presentano come veri fanatici. In sintesi, la traiettoria dei Poveri compagni d'armi di Cristo e del Tempio di Salomone racchiude dramma, mistero e soprattutto un vuoto documentale che ha consentito agli inventori di storie di muoversi a loro piacimento. Un vuoto che, forse, furono gli stessi Templari a creare, quando l'archivio principale dell'Ordine fu bruciato e distrutto completamente per volere dell'ultimo gran maestro. Una perdita terribile per gli storici, ma proficua per la nascita della leggenda.

20
L'assassinio dei Medici

Quella dei Medici fu una delle famiglie più importanti del Rinascimento italiano. Ebbero un'influenza straordinaria sull'arte, l'economia e la religione, ma a causa dei loro intrighi spietati e della totale mancanza di scrupoli ebbero anche molti nemici. Nel 1478, i loro rivali si coalizzarono con l'intento di uccidere i fratelli Lorenzo e Giuliano de' Medici nel Duomo di Firenze. Per cinquecento anni, si pensò che il complotto fosse nato da una disputa tra due famiglie potenti: i Medici e i Pazzi. Di certo furono alcuni membri della famiglia Pazzi a uccidere Giuliano, e gli stessi arrivarono quasi a eliminare anche Lorenzo, ma ancora oggi la vicenda fa sorgere numerosi dubbi. Furono davvero i Pazzi a organizzare il tentato omicidio? E il movente era una semplice rivalità tra famiglie? Nel 2000 Marcello Simonetta, studente presso l'Università di Yale, trovò negli archivi di Urbino una lettera segreta che individua cause ben diverse alla base di questo episodio sanguinoso, che non sarebbe soltanto una faida tra famiglie, ma una complicata cospirazione i cui tentacoli si estendono fino al papato.

Quando la Repubblica di Firenze era il centro culturale del mondo, il suo cuore pulsante erano i giovani fratelli Lorenzo e Giuliano de' Medici, che esercitavano una forte influenza sull'economia, la religione e la politica di tutta la penisola italiana. I due detenevano un potere di cui Lorenzo, nonostante i suoi vent'anni, era ben consapevole. Colto, raffinato, brillante e coraggioso, molto sicuro di sé e dotato di grande intelligenza, Lorenzo de' Medici, degno nipote di Cosimo, incarnò durante il suo principato (1469-1492) l'ideale del Rinascimento italiano: fu poeta, filosofo, mecenate e abile diplomatico, «cosciente del potere della cultura fiorentina come strumento della diplomazia», come afferma la storica Melissa Bullard, dell'Università del North Carolina. Il suo consulente era Giuliano, il fratello minore, bello, socievole e poco interessato alla politica. Le occupazioni dei due Medici erano molto varie: patrocinare artisti come Michelangelo, assegnare cariche, ricoprire l'importantissimo ruolo di banca del papato, conquistare nuovi territori... Ma la giovane età li faceva apparire vulnerabili, e l'inesperienza creava intorno a loro numerosi nemici.

«Nel 1470, Lorenzo commise diversi errori politici e in molti presero le distanze da lui. I fratelli ormai si confrontavano con i loro avversari in tutte le sfere d'influenza» spiega il conte e storico Niccolò Capponi. In effetti, in ambito bancario c'era la famiglia Pazzi che invidiava loro il potere e la ricchezza; nella Chiesa, papa Sisto IV si adirò sentendosi rifiutare un prestito da Lorenzo; in campo politico, alcuni signori che prima avevano dichiarato lealtà a Firenze (come per esempio il duca di Urbino) si allearono con altre città nel classico tentativo di unire le forze contro chi, in quel momento, si dimostrava più potente nella penisola.

Tutti questi elementi erano di dominio pubblico, ma nel corso dei secoli ha prevalso la storia della congiura dei Pazzi, ordita per uccidere i due fratelli durante la messa maggiore nel Duomo di Firenze. Considerare i Pazzi come gli unici responsabili del complotto significa però semplificare un po' troppo la vicenda.

Lo storico Marcello Simonetta cominciò a indagare sull'accaduto dopo aver ritrovato una lettera che Federico II da Montefeltro (nono conte e primo duca di Urbino, nonché presunto amico dei Medici) scrisse nel 1478 a Cicco Simonetta, reggente di Milano e importante alleato di Lorenzo, oltre che antenato dello storico stesso. Marcello Simonetta stava indagando proprio sulla vita del suo antenato quando trovò la lettera che destò la sua curiosità; cominciò quindi a tentare di ricostruire i fatti precedenti alla congiura e a cercare indizi su chi potesse averla organizzata.

L'indizio successivo è contenuto in una seconda lettera in cui il duca di Urbino scriveva a Cicco di guardarsi bene da Lorenzo e «lo avvertiva che non era un alleato sicuro. La lettera descriveva Lorenzo come un nemico segreto di Cicco Simonetta» spiega Marcello Simonetta, che oggi è docente di storia presso la Wesleyan University. Il duca di Urbino aveva guidato alcune operazioni militari per conto di Lorenzo e faceva il doppio gioco cercando di mettere lui e Cicco Simonetta l'uno contro l'altro. Questa macchinazione di Federico da Montefeltro portò Simonetta a pensare che lui sapesse chi era il misterioso artefice della cosiddetta congiura dei Pazzi. Ma una cosa era avanzare ipotesi, un'altra era trovare le prove del complotto.

Rivalità familiari

Nel XV secolo l'Italia era ancora ben lontana dall'unificazione: Roma, Firenze e Napoli in quel periodo erano capitali di Stati protagonisti di un'eterna lotta per il potere, e i mercenari come il duca di Urbino vendevano la loro lealtà al miglior offerente. All'epoca di Lorenzo il Magnifico, Firenze era il principale centro finanziario d'Europa, ma era ormai troppo piccola per due famiglie ambiziose come quelle dei Medici e dei Pazzi. «La famiglia dei Pazzi voleva subentrare ai Medici come clan con il maggior potere finanziario di tutta Firenze» fa notare Simonetta.

La grande influenza di Lorenzo di certo infastidiva i Pazzi. Il giovane Medici era colui che deteneva il potere a Firenze; scambiava favori con potere o denaro e governava la città anche senza una carica ufficiale, controllando le persone e, soprattutto, l'assegnazione delle cariche pubbliche. Era un sistema politico fondato all'inizio del XV secolo, quando salì al potere Cosimo il Vecchio, nonno di Lorenzo, con grande sdegno delle famiglie presenti da più tempo sul territorio fiorentino, come per esempio i Pazzi.

I Medici diventarono i principali banchieri della città e cominciarono a sviluppare imprese commerciali nei più importanti centri non solo dell'Italia, ma di tutta l'Europa. In particolare «a Roma crearono quella che in seguito diventò la base della loro ricchezza, fornendo servizi finanziari al papato» spiega Melissa Bullard. Di fatto, i Medici arrivarono a essere i banchieri di fiducia della Santa Sede e, a metà del XV secolo, la loro banca ricavava più della metà degli utili da Roma. Tra il 1430 e il 1440 avevano più soldi di qualsiasi altro banchiere in Europa che, a quel tempo, era come dire nel mondo intero.

Lorenzo de' Medici non esitava a sfruttare la propria influenza e il proprio potere. Da buon politico, manipolava il sistema collocando gli amici in posizioni chiave, a discapito di famiglie più importanti e radicate sul territorio come quella dei Pazzi, di cui però «Lorenzo aveva paura. Erano troppo grandi. Troppo ricchi. Non osava concedere loro una posizione politica a Firenze perché rischiava di perdere il controllo, quindi cercava di creare il vuoto intorno a loro. Questo atteggiamento infastidiva profondamente i Pazzi e li portò a organizzare la congiura» scrive Lauro Martines, autore di *La congiura dei Pazzi*, uno studio rigoroso sul tentato omicidio di Lorenzo e Giuliano nel 1478.

È vero che la famiglia Pazzi aveva i suoi buoni motivi per desiderare la morte dei due fratelli, ma i Medici avevano una lunga lista di nemici, tra cui il papa. Chi sia la mente dietro la congiura per uccidere Lorenzo e Giuliano resta ancora un mistero.

La lettera segreta

Seguendo le tracce del suo antenato come un vero detective, Marcello Simonetta era giunto fino a un archivio poco conosciuto di Urbino, la città natale del duca in cui era custodita tutta la sua corrispondenza a partire dal 1470. Dopo interminabili trattative, Marcello riuscì a ottenere il permesso di accedere all'archivio e vi trovò una cartelletta con lettere risalenti al XV secolo. «La cartelletta era stata conservata separatamente. Avevano capito che conteneva qualcosa di importante, ma non sapevano cosa fosse» spiega. Riconobbe subito la scrittura della cancelleria di Urbino e una lettera in particolare attirò la sua attenzione: «Era molto lunga e sembrava non avere senso. Era un incomprensibile groviglio di simboli». Alcune frasi risultavano astruse perché la lettera era codificata, piena zeppa di numeri, lettere greche e simboli vari. Anche se non era in grado di decifrarla, lo incuriosì la data: febbraio 1478, appena due mesi prima del tentato omicidio degli onnipotenti fratelli Medici.

La lettera era indirizzata all'ambasciatore del duca a Roma, incaricato di leggere la corrispondenza al papa parola per parola. Marcello Simonetta pensò che se fosse riuscito a decifrarla, sarebbero emersi nuovi dettagli sulla congiura dei Pazzi ai danni di Lorenzo e del meno conosciuto Giuliano, un personaggio molto amato e ammirato a Firenze vissuto però nell'ombra del fratello maggiore che era uno degli intellettuali più celebri dell'epoca, nonché uno dei mecenati che contribuirono a dare vita al Rinascimento italiano. Ma nel bel mezzo di quella fioritura artistica e culturale, dietro la genialità di Lorenzo, si nascondeva la sua ambizione.

La religione e la politica impregnavano ogni aspetto della vita nel Rinascimento. Il papa non era solo il capo spirituale della Chiesa cattolica, ma era anche un principe assetato di potere e affamato di territori. Papa Sisto IV si rivelò un degno avversario dei Medici, e in più di un'occasione mise loro i bastoni tra le ruote affidando ai propri nipoti, anziché a esponenti della famiglia fiorentina, posizioni chiave all'interno della Chiesa. La goccia che fece traboccare il vaso arrivò quando il pontefice decise di comprare Imola, città non molto lontana da Firenze su cui anche Lorenzo aveva delle mire; il banchiere del papato si rifiutò quindi di prestargli il denaro necessario per l'acquisto, mandando il papa su tutte le furie. Il giovane Medici dimostrò tutta la sua audacia osando sfidare il papa, abituato a ottenere sempre ciò che voleva.

Sisto IV decise allora di rivolgersi ad altri banchieri, i Pazzi, ansiosi di ottenere il suo favore e di trovare un'occasione per vendicarsi di Lorenzo. «Il papa si mise contro Lorenzo. L'anno seguente, nel 1474, nominò un nuovo arcivescovo di Pisa, città allora sotto il governo fiorentino, senza consultare Lorenzo o un altro membro della sua famiglia. Cominciarono così i problemi tra il giovane Medici e papa Sisto IV. E i Pazzi erano già entrati in scena» scrive Martines. Il nuovo arcivescovo era Francesco Salviati, che in seguito avrebbe avuto un ruolo fondamentale nella congiura. «Il papa» aggiunge Martines «insisteva solo perché non ci fossero spargimenti di sangue. In altre parole, voleva che i Medici fossero tolti di mezzo, ma non uccisi.»

Per secoli si è discusso sul coinvolgimento del papa nell'organizzazione del complotto, ma mancavano le prove. Questa lettera a lungo dimenticata nell'archivio di Urbino avrebbe forse gettato nuova luce su un mistero vecchio di cinquecento anni, svelando chi fu la mente dietro la cosiddetta congiura dei Pazzi. Ma prima Marcello Simonetta doveva riuscire a decifrarla, impresa piuttosto ardua dato che il duca di Urbino era noto per essere un maestro della scrittura cifrata.

Simonetta trovò la chiave per decifrare il codice grazie al diario del suo antenato. Confrontando gli scritti di Cicco, che era stato cancelliere di Milano, la più importante alleata dei Medici, con la lettera per l'ambasciatore del duca a Roma, Simonetta individuò alcune costanti: per esempio, ogni lettera poteva essere rappresentata da due simboli diversi, mentre a ogni persona (il papa, Lorenzo, il duca di Urbino) corrispondeva un solo simbolo.

La slealtà di Federico da Montefeltro

Verso la fine del XV secolo, Firenze lottava per conservare il proprio territorio mentre i confini nel sud dell'Europa subivano importanti modifiche. Come in una partita a scacchi, ogni governante controllava le mosse di quelli vicini. L'obiettivo di Lorenzo diventò quello di mantenere intatte le proprie alleanze. «Lorenzo era certo che se fosse successo qualcosa a Firenze, le forze milanesi sarebbero intervenute per aiutarlo, proteggendo il suo Stato» dice Riccardo Fubini, storico presso l'Università di Firenze. La congiura dei Pazzi ebbe luogo proprio nel momento in cui si ruppero tutte le alleanze.

L'instabilità della situazione diplomatica creò ottime opportunità per i mercenari come il duca di Urbino. Era piuttosto comune che i sovrani di città-stato minori arrotondassero il bilancio facendo da condottieri, cioè capi di piccoli eserciti o bande armate, per il miglior offerente. Poteva anche accadere che questi militari mercenari utilizzassero i loro guadagni poco puliti per diventare protettori delle arti e della letteratura nella propria città. Era il caso di Ludovico Gonzaga, primo marchese di Mantova e mecenate di Mantegna, o dello stesso Montefeltro, che volle fare della piccola città di Urbino un centro artistico di alto livello.

Federico aveva ricevuto un'eccellente istruzione presso la rinomata «scuola per principi» dell'umanista Vittorino da Feltre, a Mantova, e la sua formazione dal punto di vista militare era stata affidata a un importante generale, Niccolò Piccinino; secondo il fiorentino Vespasiano da Bisticci questo faceva di lui il principe ideale, in grado di combinare la vita attiva con quella contemplativa. Un altro erudito dell'epoca, Paolo Cortese, scrive che Montefeltro fu, insieme a Cosimo il Vecchio de' Medici, il più grande mecenate del XV secolo. Godettero del mecenatismo di Federico artisti di prima categoria come Piero della Francesca (che ci ha lasciato due straordinari ritratti del duca), Luciano Laurana e Melozzo da Forlì. Non a caso, quando Castiglione scrisse il famosissimo libro *Il cortegiano*, ambientò la vicenda proprio nella corte di Urbino.

Questa raffinatezza di spirito non implica però che Federico da Montefeltro, come molti personaggi di spicco del Rinascimento, fosse estraneo al tradimento e alle peggiori atrocità, o che esitasse a vendere la propria lealtà in cambio di ingenti somme di denaro. Era il condottiero più richiesto d'Italia, e data la forte domanda la sua retribuzione continuò ad aumentare, fino a raggiungere i 165.000 ducati l'anno, una cifra molto elevata per l'epoca. Nel 1472 aveva combattuto al servizio di Lorenzo contro Volterra, ma non si fece il minimo scrupolo a schierarsi contro di lui quando questi si trovò ad affrontare il papa, signore naturale di Federico da Montefeltro, dato che i suoi antenati avevano ricevuto il feudo papale di Urbino nel XII secolo. Federico fu quindi anche condottiero al servizio del papato e Sisto IV lo elevò da conte al più elevato titolo di duca.

«Nel 1474 il papa lo nominò duca. Il nuovo titolo lo gratificò al punto che decise di fare tutto ciò che il papa o il re di Napoli gli avessero chiesto» afferma Lauro Martines. «Firenze cominciò a guardare con sospetto il duca di Urbino perché non credeva che fosse un capitano leale» racconta Riccardo Fubini.

Egli inoltre non nascondeva i suoi legami con il papa e in una lettera non cifrata lo ringrazia per un regalo fatto a suo figlio Guidobaldo, la catena d'oro che l'erede sfoggia in un quadro dipinto tra febbraio e aprile del 1478. Un regalo di una persona potente come il papa era indice della crescente influenza del duca di Urbino e confermava la sua alleanza con il pontefice. Inoltre, Sisto IV fece sposare il nipote prediletto, Giovanni della Rovere, con la figlia di Federico da Montefeltro, Giovanna: tutto ciò fa pensare che il coinvolgimento del duca e del pontefice nel complotto contro i Medici sia più che una semplice teoria. Il duca però aveva un alibi: al momento dell'attacco nel Duomo di Firenze non si trovava in città, benché le sue truppe fossero nelle vicinanze. «In sua difesa il duca disse che il fatto che le truppe portassero i suoi colori non significava che le avesse inviate lui, né tanto meno implicava che fosse coinvolto nella congiura» afferma Melissa Bullard.

Potere, tradimento, vendetta e violenza

Cosa sanno gli storici dei fatti avvenuti a Firenze il 26 aprile 1478? Sembra che quel fine settimana molti cospiratori fossero arrivati in città per una festa, uno stratagemma organizzato per attirare i fratelli Medici contemporaneamente nello stesso posto. «La cosa difficile era stata trovare un'occasione in cui i due fossero insieme in un luogo dove per gli assassini fosse possibile avvicinarli» afferma monsignor Timothy Verdon, canonico della cattedrale di Firenze. Giuliano però decise di non prendere parte alla festa, e i congiurati dovettero cambiare posto. C'era una sola occasione in cui i due fratelli sarebbero stati insieme quella domenica dopo la Settimana Santa: la messa maggiore del Duomo. I congiurati avevano deciso che sarebbe stato Giovan Battista da Montesecco a uccidere Lorenzo, ma in seguito il condottiero si tirò indietro perché non voleva commettere un delitto in un luogo sacro.

Giuliano arrivò al Duomo con Francesco de' Pazzi, suo cognato. L'anziano Jacopo de' Pazzi, capostipite della famiglia, lo abbracciò, ma solo per controllare se fosse armato e che non indossasse la cotta di maglia. Era completamente indifeso. Per ragioni di sicurezza i fratelli si separarono, sistemandosi ai lati opposti della cattedrale. Il segnale prestabilito era la consacrazione dell'ostia, un momento perfetto dato che tutti i presenti, compresi i Medici, sarebbero stati concentrati sul mistero dell'Eucaristia. Così, non appena l'ostia fu alzata, i congiurati estrassero le daghe e attaccarono.

Francesco de' Pazzi, aiutato da Bernardo di Bandino Baroncelli, si scagliò su Giuliano, e gli assestò almeno diciannove pugnalate davanti agli occhi inorriditi dei familiari. Un altro gruppo, guidato da due sacerdoti, attaccò Lorenzo. Si lanciarono su di lui per pugnalarlo con una daga corta, ma in quel momento Lorenzo si girò e si avvolse nel mantello, riportando solo una ferita dietro l'orecchio. A quel punto i suoi seguaci lo circondarono per difenderlo, lo scortarono rapidamente fino alla sagrestia della cattedrale, chiusero le porte di bronzo e gli salvarono la vita. Il guardaspalle di Lorenzo fu raggiunto, mentre Giuliano giaceva morto in un lago di sangue sul suolo sacro della cattedrale.

La notizia del tentato omicidio fece il giro della città, mentre Jacopo de' Pazzi si dirigeva verso il Palazzo della Signoria gridando «Libertà, libertà», il classico invito alla sollevazione popolare contro i tiranni. «Allora, secondo la storia, i difensori dei Medici gli risposero urlando "Palle, palle!", in riferimento allo stemma della famiglia» racconta ancora la Bullard. Sul blasone dei Medici comparivano, in effetti, tre anelli intrecciati che il popolo chiamava «palle»; il grido «Palle, palle!» era diventato un'invocazione della famiglia. È risaputo che quando il figlio di Lorenzo il Magnifico fu eletto papa Leone X nel 1513, il cardinale Farnese uscì dal conclave urlando «Palle, palle!» e tutti capirono su chi fosse ricaduta la scelta.

Un tale supporto sorprese i congiurati, convinti che Lorenzo fosse impopolare e che sarebbe sorta una rivoluzione spontanea. Invece accadde tutto il contrario. Un'ora dopo, Lorenzo uscì vivo dalla sagrestia e capì al volo di dover approfittare della situazione: poteva sfruttare il fatto di essere miracolosamente sopravvissuto per consolidare il proprio potere su Firenze. La sua vendetta fu brutale e fulminea. Un bagno di sangue inondò la città e si susseguirono «così tante morti da riempire le strade di resti umani» scriverà poi Machiavelli.

Francesco de' Pazzi fu preso, spogliato e assassinato, e il corpo fu lasciato a marcire sotto il sole della Toscana. Anche Jacopo de' Pazzi fu giustiziato. Il suo cadavere venne poi dissotterrato per ben due volte. Dopo la scomunica fu prelevato dal pantheon di famiglia e sepolto fuori dalle mura in terra non consacrata, e in seguito fu riesumato e trascinato per le strade di Firenze, per poi finire nell'Arno. In molti furono decapitati o trucidati. Alcuni sospettati furono gettati giù dalle finestre più alte del Palazzo Vecchio, mentre a un'altra finestra veniva impiccato Francesco Salviati, l'arcivescovo di Pisa. Lorenzo fece in modo che tutti sapessero che non tollerava i traditori e chiunque avesse una qualche relazione con i congiurati fu ucciso senza pietà. «La città era nel caos. Ammazzarono in tutto più di cento persone» segnala Simonetta. «Le esecuzioni avvennero nel cuore di Firenze perché servissero da lezione al popolino e agli altri possibili membri dell'opposizione politica» spiega Martines.

I beni dei Pazzi furono confiscati e venduti, e i membri della famiglia sopravvissuti furono perseguitati al punto che scelsero la clandestinità. Alcuni arrivarono addirittura a cambiare cognome. Lorenzo voleva eliminare l'intera famiglia e cancellarne per sempre il ricordo perché lui e i suoi li consideravano gli unici responsabili della congiura. Quel giorno di aprile del 1478, Botticelli e Leonardo si trovavano a Firenze e rappresentarono nelle loro opere la vendetta di Lorenzo. Leonardo ritrasse Bernardo di Bandino Baroncelli impiccato, mentre Botticelli dipinse i più importanti cospiratori sulla facciata di un edificio centrale, come parte della punizione.

Il fatto che Lorenzo fosse sopravvissuto avrebbe cambiato la storia; fu lui ad aiutare il figlio e il nipote a diventare papi (rispettivamente Leone X e Clemente VII). Senza il suo appoggio Michelangelo, che per un certo periodo visse presso la sua corte, non sarebbe stato conosciuto e le sue famose sculture non veglierebbero sulle tombe di Lorenzo e Giuliano nella basilica di San Lorenzo a Firenze.

Decifrare il codice

Il fatto che Marcello Simonetta sia riuscito a decifrare il codice della lettera del duca di Urbino è stato fondamentale per le indagini più recenti sulla congiura per uccidere i fratelli Medici. Fece i primi tentativi con gruppi di lettere e parole o almeno «quelle che sembravano parole» spiega «perché in realtà non sapevo dove cominciavano e dove finivano». Nel tentativo di guardare il codice da una nuova prospettiva, Simonetta assegnò a ogni simbolo un numero. La frequenza con cui apparivano i numeri lo aiutò a individuare una serie di simboli che si ripetevano più degli altri e a questi sostituì le vocali. Dato che la lettera «a» è una delle più comuni nella lingua italiana, fu associata al simbolo più frequente e, come per magia, dal caos cominciarono a prendere forma alcuni vocaboli di senso compiuto. «Ne risultavano le parole "la sua santità", che si riferiva al papa Sisto IV, destinatario della lettera» spiega. Il lungo lavoro di Simonetta alla fine diede i suoi frutti e dalla lettera emerse il nome della mente dietro la cospirazione dei Pazzi: fu proprio il duca a organizzare la carneficina.

Nella lettera il duca di Urbino scriveva: «Fallo, liberati di Lorenzo appena puoi. Ti invierò le mie truppe e ti aiuterò a fuggire». Era la prova che Simonetta cercava. «Questa lettera cifrata dimostra che il papa sapeva tutto. Sapeva che i soldati erano coinvolti e che sarebbe stata usata la violenza contro i Medici. Federico da Montefeltro illustrava anche la situazione politica; spiegava al papa che bisognava agire bene e in fretta, perché se avessero commesso il più piccolo errore avrebbero avuto seri problemi. Poi passava alle questioni pratiche, come l'invio delle truppe» dice Simonetta.

Secondo lo storico, nella lettera era scritto che i soldati erano pronti a offrire il loro appoggio al nuovo regime, che sarebbe stato guidato da fantocci dei Pazzi. Il vero problema sarebbe stato ristabilire qualsiasi tipo di ordine in città dopo il duplice omicidio. E a questo avrebbero pensato le truppe di Federico da Montefeltro. Militari esperti come il duca avrebbero poi aiutato a coordinare il colpo di Stato. Ciò significava che l'assassinio non era stata un'idea dei Pazzi, bensì del duca di Urbino che aveva i mezzi, il movente e l'occasione per sferrare il violento attacco. «Sono sempre più convinto che senza il suo aiuto e senza la sicurezza militare che fornì durante tutta l'operazione, probabilmente i cospiratori non avrebbero mai osato portare avanti il piano» afferma Simonetta.

«Decifrando la lettera, il professor Simonetta ha gettato nuova luce sul fatto che la congiura non fu una trama locale ordita dalla famiglia Pazzi ai danni dei loro rivali fiorentini, ma vide coinvolte figure di rilievo della diplomazia e della politica italiane» indica Melissa Bullard. Il risultato di questa ricerca ha modificato l'interpretazione della vicenda che si era consolidata nel corso dei secoli: se prima era considerata una faida tra famiglie, ora diventava evidente che si era trattato di una complicata macchinazione capeggiata da politici esterni al territorio fiorentino. Inoltre, questo lavoro tracciò un nuovo ritratto di Federico da Montefeltro. «Gli abitanti di Urbino lo considerano un santo, basandosi sulle descrizioni degli eruditi del Rinascimento. Non credo che le recenti scoperte facciano di lui un demonio, ma dimostrano che fu un politico senza scrupoli» dice Simonetta.

È vero anche che né gli intrighi di Federico da Montefeltro, né la brutale repressione di Lorenzo il Magnifico erano qualcosa di insolito per quei tempi. Il Rinascimento portò a uno straordinario avanzamento della civiltà, con un grande sviluppo delle arti, delle lettere e delle scienze, ma fu anche un'epoca in cui la politica era impregnata di immoralità, e in cui la crudeltà umana era ampiamente accettata, come lo era anche nell'antichità e come lo sarebbe stata fino alla fine del XVIII secolo.

21

Un caso di cospirazione: l'assassinio di Robert Kennedy

Nel soffocante pomeriggio del 12 giugno 1968 un convoglio funebre lasciava la cattedrale di San Patrizio e la città di New York. Nell'ultimo vagone del treno diretto a Washington riposava il feretro del senatore Robert F. Kennedy. Insieme alla comitiva, migliaia di persone aspettavano lungo i binari per dargli l'ultimo addio sotto un caldo asfissiante. La morte del senatore e candidato alla presidenza, a soli quarantadue anni, rievocò la costernazione nazionale che seguì l'assassinio di suo fratello maggiore, John Kennedy, avvenuto cinque anni prima. Ma coloro che piangevano la perdita di RFK *potevano consolarsi con un fatto: il dipartimento di polizia di Los Angeles, che investigava sull'omicidio, assicurò di non avere dubbi sull'autore del crimine, a differenza di ciò che era avvenuto con il presidente alla fine del 1963 a Dallas. La notte dell'omicidio di Robert Kennedy un immigrato palestinese di ventiquattro anni, Sirhan Bishara Sirhan, venne arrestato con una pistola appena usata davanti a oltre settanta testimoni. La polizia era certa di aver catturato il colpevole. Per vent'anni le indagini sull'omicidio rimasero archiviate e la scarna versione di Sirhan Sirhan, che dichiarò di avere agito solo, fu considerata veritiera. Tuttavia, ancora oggi molte persone nutrono forti dubbi in proposito. L'assassinio di Robert Kennedy fu l'atto disperato di un folle? Fu il frutto di una cospirazione su larga scala? Indubbiamente, Robert Kennedy aveva nemici con motivi sufficienti per volerlo uccidere.*

Nel 1968 gli Stati Uniti sembravano divisi in due dalla guerra in Vietnam e dal tema dei diritti civili. Nello stesso anno si sarebbero svolte anche le elezioni presidenziali. E in quel periodo, tra coloro che aspiravano a risolvere i problemi del paese, spuntò un nuovo attore con il miglior cognome possibile nella politica americana: Kennedy. Era senatore per lo Stato di New York e aveva ricoperto la carica di procuratore generale degli Stati Uniti (equivalente al ministro della Giustizia) dal 1961 al 1964. Inoltre, durante la presidenza del fratello, «Bobby» fu uno dei suoi più stretti collaboratori, e si era trovato a confrontarsi con problemi come l'invasione della Baia dei Porci a Cuba, nel 1961, o la crisi cubana dei missili diciotto mesi dopo. «A quel tempo Robert Kennedy non era il fratello di suo fratello, era una figura molto più audace, con più empatia e molta più passione» ricorda Frank Mankewicz, portavoce del senatore. Da quando annunciò la sua candidatura nel marzo del 1968, animato da questa passione, il giovane Kennedy trasformò la sua campagna in una sorta di crociata. Il presidente Johnson aveva annunciato che non si sarebbe ripresentato alle elezioni e alla corsa presidenziale dei democratici partecipavano il vicepresidente Hubert Humphrey, seguito a breve distanza dal senatore Eugene McCarthy e Kennedy. Si trattava di una battaglia per il controllo del Partito democratico, non solo per la presidenza del paese. Il candidato RFK decise di attaccare la crescente partecipazione degli Stati Uniti alla guerra del Vietnam. Puntava, inoltre, ad abbattere le barriere razziali che dividevano la nazione, infondendo un messaggio di idealismo ai suoi sostenitori. Difese i poveri e i cittadini senza diritto di voto. E durante la campagna si conquistò il favore di masse folte e ferventi.

Lo stesso cognome torna a segnare la storia

Nel sistema elettorale statunitense i due grandi partiti designano, in un lungo processo Stato per Stato, i delegati dell'assemblea che investirà il candidato del partito per le presidenziali, o mediante *caucus* (l'assemblea dei membri) o mediante elezioni primarie. Ai diversi Stati corrisponde un diverso numero di delegati, in base alla loro popolazione.

In maggio il giovane Kennedy ottenne la vittoria nelle primarie dell'Indiana e del Nebraska, ma perse quelle dell'Oregon a vantaggio del senatore Eugene McCarthy. Questo risultato preparò lo scenario per le cruciali elezioni primarie del 4 giugno in California – lo Stato con il maggior numero di delegati –, uno scontro che avrebbe sancito la consacrazione o la rovina di Kennedy. La campagna elettorale era dura e, per rilassarsi, il senatore trascorse la giornata delle votazioni a Malibù in casa dell'amico John Frankenheimer, regista del thriller politico *Va' e uccidi* (*The Manchurian Candidate*) del 1962, pellicola che in certo modo anticipò la storia. Interpretato da Frank Sinatra, il film è ambientato in piena Guerra fredda e rispecchia il clima dell'epoca di Kennedy: i protagonisti sono reduci della Guerra di Corea e i comunisti stanno architettando un complotto per collocare un proprio candidato – in apparenza di estrema destra – alla presidenza degli Stati Uniti, con lavaggio del cervello incluso. Ma quella era solo finzione... La notte del 4 giugno Robert Kennedy voleva rimanere a casa di Frankenheimer e schivare la celebrazione della vittoria prevista all'hotel Ambassador di Los Angeles. Ma quando i giornalisti rifiutarono di andare a Malibù, il senatore accettò di recarsi all'hotel.

Quando arrivò non c'era alcun poliziotto a proteggerlo. Nel 1968 i candidati alla presidenza non godevano ancora della protezione ufficiale dei servizi segreti. E su richiesta di Kennedy non c'era nessun agente di polizia sul luogo, perché i suoi consulenti gli avevano suggerito di evitare il dipartimento di polizia di Los Angeles per preservare la sua immagine. Gli agenti, infatti, usavano metodi violenti per soffocare le manifestazioni contro la guerra e quei manifestanti rappresentavano l'elettorato più importante di Robert Kennedy. «Volevano che fosse il candidato della gente, senza uniformi attorno» racconta Daryl Gates, capo del dipartimento di polizia di Los Angeles.

Il 4 giugno 1968 Kennedy ottenne il miglior risultato nella sua corsa all'investitura democratica vincendo le primarie nel South Dakota. Poco prima di mezzanotte apparve chiaro che aveva vinto anche in California ed era sempre più vicino alla nomina dei democratici per la presidenza. Fino a quella notte sembrava che nulla avrebbe potuto impedirgli di ottenere l'investitura ufficiale del partito.

Dopo aver lasciato la sala da ballo dell'hotel Ambassador, dove aveva pronunciato il discorso della vittoria, il senatore s'incamminò verso la cucina. Erano trascorsi quindici minuti dalla mezzanotte e Kennedy si stava dirigendo verso l'attigua sala Coloniale per tenere una conferenza stampa. Il percorso più breve consisteva nel tornare verso la cucina e attraversare la dispensa. In quel momento si udirono degli spari. Kennedy era disteso a terra e sanguinava copiosamente dalla testa. Una pallottola gli aveva attraversato il cervello. «La dinamica dei fatti rimane un mistero. Nonostante i sessanta testimoni presenti in sala, tutto si svolse così rapidamente che la gente non smise di guardarsi attorno confusa; ci furono così tanti feriti che i testimoni non poterono distinguere realmente cosa accadeva» precisa Philip Melanson, scrittore e professore di scienze politiche presso l'Università del Massachusetts.

L'operato della polizia

Cinque vittime giacevano a terra in cucina; tra loro, un collaboratore di Kennedy, Paul Schrade, ferito alla testa. «Fu come se mi avessero dato una scarica elettrica,» ricorda «mi sentivo intorpidito e avvertivo un dolore al petto. La gente mi aveva calpestato nel caos che seguì gli spari.» Un giovane con una pistola calibro .22 in mano e gli occhi vitrei era ancora in mezzo alla folla urlante. Ci fu un duro scontro per cercare di togliergli la pistola e, nella confusione, qualcuno urlò: «Uccidetelo!». Alla fine riuscirono a disarmarlo. Qualche minuto dopo la polizia giunse sul luogo del delitto e si affrettò a portare via il sospettato dall'hotel Ambassador e a infilarlo in un'auto. Lynn Compton, ex procuratore distrettuale, spiega così quell'operazione: «Aveva una pistola carica; non c'era dubbio che una di quelle pallottole aveva ucciso Kennedy».

Gli ufficiali di polizia assicurarono subito che questa volta non si sarebbe ripetuto quello che era accaduto dopo l'assassinio del fratello di Bob a Dallas, alludendo alla magra figura del dipartimento di polizia che lasciò che Jack Ruby uccidesse il presunto assassino del presidente, Lee Harvey Oswald, prima che venisse celebrato il processo. «Quel fatto provocò un trauma e un imbarazzo nazionale» spiega Philip Melanson.

L'ipotesi della cospirazione era nei pensieri di tutti e l'operato della polizia fu oggetto del più attento esame e di ogni tipo di commento. Quando gli agenti condussero il sospettato nella stanza degli interrogatori, l'uomo si sedette tranquillamente ma rifiutò di fornire le sue generalità. «L'interrogatorio sembrava divertirlo. Faceva il bullo, come diremmo noi» racconta William Jordan, sergente del dipartimento di polizia di Los Angeles.

In tarda mattinata un giovane si recò al dipartimento di polizia di Pasadena; aveva visto una foto dell'aggressore sul giornale e disse agli agenti che il sospettato era suo fratello. Venne perquisita la casa della famiglia Sirhan a Pasadena e, nella stanza dell'indiziato, gli investigatori rinvennero le prove che avrebbero segnato il suo destino, due quaderni di appunti, pieni di note scarabocchiate che recitavano: «RFK... RFK... e RFK deve morire il 5 giugno 1968». Erano elementi sufficienti.

Dopo ventiquattro ore di agonia, la mattina del 6 giugno, il portavoce Frank Mankewicz rilasciò il tragico comunicato della morte di Robert Kennedy, avvenuta all'Ospedale del Buon Samaritano di Los Angeles. Era stato ucciso soltanto due mesi dopo il leader dei diritti civili Martin Luther King Jr, assassinato con un colpo di fucile a Memphis, nel Tennessee, da un tiratore che nessuno ha saputo identificare con certezza. Sirhan Sirhan venne accusato dell'omicidio di Kennedy. Quel giovane esile, sconosciuto e modesto fu catapultato di colpo al centro dell'opinione pubblica. Mentre il paese si accingeva a seppellire un altro Kennedy assassinato, vennero avviati i preparativi per il processo di Sirhan. Sia la difesa che l'accusa cercarono di rispondere alla domanda che il quaderno di appunti lasciava aperta: il movente dell'omicidio.

L'accusato ripeté più volte alla polizia che non ricordava nulla degli spari. Diceva di avere un'immagine confusa di quella notte all'Ambassador. Nei mesi seguenti, Sirhan fu sottoposto a varie sessioni di ipnosi, nel tentativo di fargli ricordare i fatti. Non confessò mai l'omicidio di Robert Kennedy, e spettò quindi ai giudici supporre un possibile movente. Trattandosi di un cittadino palestinese, insistettero sul fatto che l'omicidio rispondesse all'appoggio del senatore a Israele, a cui aveva promesso la fornitura di aerei militari qualora fosse stato eletto.

Quando si aprì il processo, gli avvocati di Sirhan presero un'importante decisione: non si sarebbero concentrati sulla colpevolezza del loro cliente né sulle prove materiali. Cercarono, invece, di dimostrare la sua infermità mentale. Presentandolo come un assassino folle, i suoi avvocati speravano almeno di salvarlo dalla pena di morte. Ma la strategia della difesa, che metteva in dubbio la salute mentale di Sirhan, fallì. Nell'aprile del 1969 Sirhan Sirhan fu ritenuto colpevole di omicidio e condannato a morte nella camera a gas della California. La sentenza fu commutata più tardi nell'ergastolo, dopo che la Corte Suprema degli Stati Uniti dichiarò incostituzionale la pena di morte. Gli eventi di quella notte di giugno del 1968 non vennero mai chiariti. Il dipartimento di polizia chiese di attenersi alla versione ufficiale dei fatti. Il caso venne chiuso, o così sembrava.

Troppe incognite ancora aperte

Durante il processo l'operato della polizia e le prove non vennero mai messi in discussione. Chi criticava le indagini ripeteva che non era ancora stato accertato se Sirhan avesse agito da solo. Il primo punto da chiarire era il computo delle pallottole. Quanti colpi furono sparati realmente nella cucina dell'hotel Ambassador? La pistola di Sirhan poteva contenere soltanto otto proiettili e vennero sparati tutti, stando alle affermazioni della polizia. Il capo criminologo della polizia di Los Angeles, DeWayne Wolfer, supervisionò la ricostruzione dei fatti e tracciò un complicato diagramma per avvalorare la tesi degli otto colpi sparati dall'arma di Sirhan. Secondo questo schema, uno dei proiettili finì sul soffitto; cinque colpirono le vittime sopravvissute e due penetrarono nel corpo del senatore Kennedy. Da questo calcolo si arriva al numero massimo di colpi che poteva contenere la pistola di Sirhan.

Tuttavia, i testimoni, incluso William Bailey, uno degli ufficiali dell'FBI sulla scena del crimine, affermarono di poter provare lo sparo di altri due colpi. Quasi una dozzina di agenti di polizia dichiarò di aver visto dei fori, che non esitarono a definire di proiettile, nel telaio di una porta; due pallottole in più che non potevano provenire dalla pistola di Sirhan. Ci sono anche fotografie che mostrano quei fori nella porta e che, in un primo momento, la polizia attribuì ai proiettili. «Ci siamo sempre chiesti perché quelle foto non vennero presentate come prove nel processo» commenta Paul Schrade, collaboratore di Kennedy che rimase ferito nell'attentato.

Secondo lo scrittore e professore di scienze politiche Philip Melanson, la chiave di tutto sta nel fatto che, se veramente si trattava di fori di proiettile e contiamo i colpi, Sirhan ne sparò dieci. Un fatto difficile visto che la pistola calibro .22 poteva contenerne solo otto. La polizia fornì una spiegazione ben diversa di quei misteriosi segni: nessuno degli agenti che li notò era specializzato in analisi forensi e, perciò, non potevano stabilire se appartenessero a una pallottola o se avessero un'altra origine. Per esaminarli era necessaria una persona qualificata... ma nessuno se ne occupò.

C'è anche una seconda questione ancora aperta sull'assassinio: quale fu la distanza reale tra l'arma di Sirhan e il senatore Kennedy? Il colonnello Thomas Noguchi, che eseguì l'autopsia di Kennedy, afferma che gli spararono a bruciapelo. Basò le sue conclusioni su prove materiali. Eppure, esse contraddicevano le dichiarazioni dei testimoni.

La maggior parte di coloro che si trovavano nella cucina affermò che Sirhan sparò a Kennedy da una distanza di diversi metri. Per la polizia questa discrepanza è solo frutto della confusione dei testimoni.

Ma i dubbi non finiscono qui: il rapporto dell'autopsia stabiliva che il colpo mortale era stato sparato da dietro. I testimoni, invece, affermarono che Sirhan era sempre rimasto di fronte a Kennedy. Ma allora com'è possibile che sia stato Sirhan l'autore dello sparo? Philip Melanson sostiene che «nessun testimone vide Sirhan sparare a Kennedy». C'è di più: nessuna prova stabiliva la corrispondenza tra la pistola e la pallottola mortale. Dopo un accurato esame nel laboratorio criminale della polizia, i periti balistici stabilirono che il proiettile era troppo deformato per consentire un'analisi definitiva. «Da un punto di vista balistico non possiamo essere certi che furono i colpi di Sirhan a uccidere Robert Kennedy. Scientificamente non possiamo assicurarlo. Così, quando avanziamo l'ipotesi di una seconda arma stiamo affermando che l'assassino del senatore Robert Kennedy è tuttora a piede libero» afferma Philip Melanson. Su questa linea, alcuni esperti sostengono che ci furono due assassini la notte del 4 giugno. Due pistole che posero fine alla vita di Kennedy da posizioni diverse. Sirhan aveva solo un'arma e, allora, che fine ha fatto la seconda pistola e chi sparò?

I critici più duri delle indagini sostennero che l'assassinio del senatore aveva ottenuto esattamente quello che la polizia voleva evitare: domande senza risposta. «Le domande sussistono: vennero esplosi colpi da un secondo revolver quella notte? Ci fu un secondo assassino oltre a Sirhan Sirhan? Ancora oggi ignoriamo la risposta» commenta Paul Schrade. Per il sergente di polizia William Jordan, invece, «è materialmente impossibile che ci fu una cospirazione e che non sia emersa nessuna prova in merito. Nessun investigatore è stato in grado di provarlo».

La donna col vestito a pois

Tra coloro che ribadivano la possibilità di una cospirazione nell'assassinio di Robert Kennedy c'erano anche molti testimoni che avevano cercato di ricostruire la caotica scena dell'hotel Ambassador. In questo caso fu chiaro che il gran numero di testimoni non facilitò il lavoro degli investigatori. Al contrario, ciascuno diede una versione diversa dei fatti a cui aveva assistito.

Non c'è dubbio che Sirhan Bishara Sirhan venne visto, e di conseguenza arrestato, con la pistola fumante in mano. Tuttavia, sulla scena dell'omicidio i testimoni notarono, insieme a Sirhan, una donna sospetta in compagnia di un secondo uomo. Questa fu la versione di Sandra Serrano, allora ventenne, collaboratrice di Kennedy nella campagna. Quel giorno, quando il politico fu ucciso, la ragazza si trovava vicino a una delle uscite di sicurezza. Raccontò che una coppia di giovani corse fuori gridando che avevano appena sparato al senatore. I due urlarono: «Gli abbiamo sparato, gli abbiamo sparato!», e scomparvero prima che la Serrano potesse reagire. In meno di un'ora circolava già l'ipotesi che dietro l'assassinio ci fosse una cospirazione.

Sul momento nessuno verificò quell'informazione. La Serrano raccontò poi la sua storia in televisione diventando la testimone più famosa di quella misteriosa donna, che indossava un vestito a pois. Due settimane dopo l'omicidio, il 20 giugno, il sergente di polizia Hank Hernández cenò con Sandra Serrano. In seguito, i due si diressero alla centrale per effettuare il test del poligrafo e la Serrano ripeté la storia del ragazzo e della donna col vestito a pois, ma, su pressione della polizia, ritrattò la sua dichiarazione. Hernández registrò l'interrogatorio, ma i nastri rimasero nascosti negli archivi del dipartimento per vent'anni.

«Sotto quella forte pressione Sandra Serrano finì per negare le proprie dichiarazioni. Era una persona onesta e non cercava di mentire. I testimoni vogliono aiutare, ma a volte lo fanno così male, che finiscono per dire quello che credono che si voglia far dire loro. È il lato peggiore di un caso di cospirazione. La gente vuole dare una mano, ma il suo aiuto non è efficace» racconta il sergente William Jordan. Nel suo unico intervento pubblico su questi fatti, nel 1988, la Serrano dichiarò al giornalista di una radio che nel 1968 aveva raccontato alla polizia solo quello che loro volevano sentirsi dire.

Ma la Serrano non fu l'unica persona a riferire della presenza di una misteriosa donna con un vestito a pois nell'hotel Ambassador. Il sergente di polizia Paul Sharaga confermò l'esistenza di altre testimonianze in proposito. Qualche minuto dopo la sparatoria, una coppia sconvolta, che si presentò col nome di Bernstein, gli fornì la descrizione di alcuni possibili sospettati che corrispondevano alla segnalazione della Serrano. E anche loro dissero che la donna indossava un vestito a pois. Sharaga non dubitava dell'autenticità di quell'informazione «perché fu una reazione spontanea, pochi minuti dopo l'assassinio, e non avevano avuto modo di gonfiare quello che pensavano di aver visto o sentito» assicura. Il dipartimento di polizia non cercò mai di rintracciare quella coppia, e gli agenti e i loro superiori dichiararono di non aver ricevuto il rapporto di Sharaga relativo a quella testimonianza.

Ma ancora più allarmante fu il fatto che altri testimoni dissero di aver visto la donna dal vestito a pois in compagnia di Sirhan in diverse aree dell'hotel. La polizia, però, trattò anche quelle testimonianze come semplici casi di confusione d'identità in un momento di caos. Otto mesi dopo la sparatoria il mistero fu svelato, perlomeno secondo la polizia: comunicarono alla stampa di aver rintracciato la sospettata, precisando che la donna non aveva nulla a che fare con l'assassinio; si trattava, infatti, di Valerie Schulte, una volontaria impegnata nella campagna di Kennedy. Eppure quel drammatico giorno Valerie camminava con le stampelle, particolare che nessun testimone aveva menzionato nelle indagini precedenti a proposito della donna col vestito a pois. Inoltre, Valerie Schulte era bionda e non mora, come avevano affermato i testimoni. «La verità è che la donna dal vestito a pois non venne mai rintracciata, nessuno sapeva chi fosse, né cosa ci facesse sulla scena del crimine o se fosse la complice di Sirhan Sirhan» commenta Philip Melanson.

Scompaiono le prove principali

Negli anni che seguirono l'assassinio di Robert Kennedy il dipartimento di polizia di Los Angeles mantenne il massimo riserbo sul contenuto dei documenti dell'FBI. Trascorsi gli anni Settanta, le speculazioni, sorte già dopo la condanna di Sirhan, si rafforzarono. La polizia si ostinava ad affermare in pubblico che il caso era stato risolto, ma non riferì mai le informazioni in suo possesso né le raccontò alla stampa, mantenendole segrete. Nel 1987 la commissione della polizia di Los Angeles si arrese alla pressione pubblica e a una serie di istanze, ordinando al comandante Daryl Gates di rendere pubblico il dossier sul caso Kennedy. L'apertura degli archivi fu un detonatore per i critici, che accusarono la polizia di occultamento, perché dai fascicoli emergevano molti dubbi sul lavoro degli agenti e sui rapporti.

Gli indizi e le prove più importanti erano scomparsi, incluso il materiale che poteva chiarire la tesi della cospirazione. Per esempio, si venne a sapere che nell'aprile del 1969, appena un mese dopo la condanna di Sirhan, la polizia aveva bruciato più di duemila fotografie usate nelle indagini; inoltre, aveva distrutto in segreto i pannelli del soffitto e il telaio della porta della dispensa, che secondo molti investigatori mostrava i fori di due proiettili partiti da una seconda arma. La polizia spiegò che «nella stanza delle prove non c'era spazio a sufficienza per conservare tutto il materiale». Ma secondo William Bailey, ex membro dell'FBI, «avrebbero potuto usare più immaginazione quando si trattò di spiegare perché avevano distrutto prove così importanti».

Viste la mancanza di prove e le molte domande senza risposta sulle indagini, chi difendeva la teoria della cospirazione rimase confinato nel regno delle congetture. Tra le ipotesi avanzate si disse che Sirhan era un soggetto facilmente ipnotizzabile e che la sua mente poteva essere alterata durante la sparatoria. Alcuni esperti che lo videro dopo l'attentato pensarono che fosse ipnotizzato e che avesse ricevuto istruzioni per sviare l'attenzione degli investigatori che cercavano le prove di una cospirazione. «Sirhan si rivelò un eccellente soggetto ipnotico. La facilità con cui si lasciava ipnotizzare e la difficoltà di farlo parlare dopo la sparatoria erano sorprendenti. Si pensò che qualcuno poteva averlo manipolato attraverso l'ipnosi.» Anche gli appunti rinvenuti in casa sua, pieni di esternazioni ripetitive del suo desiderio di uccidere il senatore, sembravano frutto di un tipo di ipnosi. Tuttavia, oggi, l'idea che Sirhan fosse un robot assassino, come un personaggio di *Va' e uccidi*, non ha sbocchi. Oltre trent'anni dopo l'assassinio di Robert Kennedy, le piste rimangono congelate.

Neppure chi critica la polizia di Los Angeles è stato in grado di trovare altri possibili sospettati, sebbene ci fossero molti candidati, perché Robert Kennedy aveva nemici con motivi sufficienti per volerlo uccidere. Jimmy Hoffa, l'onnipotente presidente del Sindacato dei camionisti, la più importante organizzazione sindacale degli Stati Uniti, losco personaggio con metodi da gangster e noti legami con la malavita, era stato messo sotto accusa da Robert Kennedy, quando era ancora ministro della Giustizia, e si trovava in carcere dall'anno prima dell'omicidio per scontare una condanna di tredici anni. Significativamente, nel 1971, dopo soli quattro anni di reclusione, Richard Nixon, a cui la scomparsa di Robert Kennedy spianò la strada alla Casa Bianca, gli concesse l'indulto. E non si può nemmeno trascurare l'antipatia che correva tra Bob Kennedy e J. Edgar Hoover, l'intoccabile capo dell'FBI, detentore per quarantotto anni di un vero e proprio potere di fatto negli Stati Uniti.

Si parlò della mafia, di disertori della CIA, del Ku Klux Klan... Paul Schrade e altri critici pensano che, nonostante gli archivi della polizia siano incompleti, si debbano continuare a cercare delle risposte. Philip Melanson sottolinea che i documenti non fugano né i dubbi sulla cospirazione, né sulla colpevolezza o l'innocenza di Sirhan né sulla responsabilità dell'omicidio, e che il caso non andava chiuso.

Il silenzio dell'assassino

In tutti questi anni Sirhan ha mantenuto il silenzio e ogni volta che ha chiesto la libertà vigilata la sua domanda è stata rifiutata. Cercò di ottenerla per la prima volta nel 1986. In tribunale Sirhan manifestò il suo rimorso per il crimine, ma negò di essere l'autore degli spari che uccisero il senatore. Nel 1997 sostenne nuovamente che non era stato lui a uccidere Robert Kennedy, e assicurò di essere semplicemente caduto in una trappola. Queste sue affermazioni non gli sono state d'aiuto e la condizionale gli è sempre stata negata. E non sono neppure servite a dare una risposta alle domande che avvolgono ancora l'assassinio di Robert Kennedy.

Mentre per Daryl Gates, capo del dipartimento di polizia di Los Angeles, l'assassinio è stato pienamente chiarito e non c'è alcun mistero dietro il gesto di Sirhan, per l'ex membro dell'FBI William Bailey si è stati costretti ad «accettare la versione ufficiale dei fatti e a considerare sicuro qualcosa che non lo è». E Lynn Compton, ex procuratore distrettuale, è ancora più esplicito: «Le teorie sulla cospirazione suggeriscono due cose: o eravamo totalmente incompetenti o facevamo parte della cospirazione. Lascerò giudicare alla gente se io abbia fatto parte della cospirazione».

L'hotel Ambassador di Los Angeles, scenario dell'omicidio, è stato chiuso nel 1989 e l'edificio che lo ospitò per ottantaquattro anni è stato demolito completamente per fare spazio a una scuola secondaria. Robert Kennedy riposa nel cimitero nazionale di Arlington, nello Stato della Virginia, a pochi chilometri da Washington, di fianco alla tomba di suo fratello, il presidente John F. Kennedy, anch'egli assassinato. Ancora oggi nessuno sa spiegare come l'assassino riuscì a entrare nella cucina e come venne a sapere del cambio di percorso, deciso all'ultimo istante, che condusse il candidato in quel locale. Non è neppure chiaro se agì solo né quali ragioni lo spinsero a uccidere. E rimangono dubbi anche sul numero dei proiettili, sulla loro traiettoria, sulla distanza tra i protagonisti e sulla dinamica con cui vennero ferite le vittime. Troppe incognite, affermano i sostenitori della cospirazione. Nel frattempo, il dipartimento dell'amministrazione penitenziaria ha negato la libertà vigilata a Sirhan in dieci occasioni. Nonostante la sua famiglia abbia chiesto l'apertura di un'indagine sul caso, non le è stata data alcuna risposta ufficiale e l'uomo rimane detenuto nella sua cella californiana.

LEGGENDE NAZISTE

22
Le profezie sul nazismo

Il fenomeno della vertiginosa ascesa al potere di Hitler, la successiva guerra mondiale e la caduta del nazismo hanno richiamato l'attenzione di ricercatori di ogni tipo, dagli storici più rigorosi agli appassionati di scienze occulte e di divinazione. Molti credono che la figura di Hitler e le sue sinistre imprese fossero state profetizzate in numerosi testi antichi. C'è persino chi sostiene che già nella Bibbia fosse stata predetta l'esistenza di un uomo che «distruggerà i potenti e il popolo dei santi», con una chiara allusione al popolo ebraico. Alcune predizioni provengono da personaggi molto famosi, come Nostradamus; di altre si perse quasi ogni testimonianza, perché furono un bersaglio del regime nazista per le loro blasfeme parole e i loro oscuri vaticini. In ogni caso, tutte queste profezie offrono il raccapricciante ritratto di una forza malvagia e sinistra che avrebbe terrorizzato il mondo.

Alcuni ricercatori affermano che le prime profezie che annunciarono l'ascesa e la caduta di Hitler e dei suoi seguaci si trovano nell'Antico Testamento. I sostenitori di questa teoria si basano su un parallelismo tra Aman – personaggio che appare nel libro di *Ester* – e la fine dei gerarchi più importanti della Germania nazista. Aman era il principale ministro e consigliere di Assuero, nome che danno gli Ebrei ad Artaserse, grande re dei Persiani. Aman era «elevato alla seconda dignità del regno», come dice il libro di *Ester* (3,13), e pretendeva che tutti si inchinassero e si prostrassero davanti a lui; ma l'ebreo Mardocheo, zio della nuova sposa di Assuero, la seducente Ester, si rifiutava. Senza dubbio fu quello il motivo dell'avversione di Aman verso i giudei e del suo tentativo di neutralizzarne l'influenza, sicuramente grande nel regno di Assuero. È curioso che la politica antisemita dei nazisti usasse lo stesso pretesto: neutralizzare quello che, secondo loro, era un eccessivo e dissimulato predominio ebraico nella società tedesca.

Aman e i suoi dieci figli finirono impiccati alle forche che, in principio, erano state destinate agli Ebrei. Nel testo ebraico appaiono, inoltre, tre lettere che sono state interpretate come equivalenti all'anno 5707 del calendario ebraico, data che corrisponde all'anno 1946 nel nostro calendario gregoriano.

Nel 1946, il Tribunale Internazionale di Norimberga condannò alla morte per impiccagione esattamente undici gerarchi nazisti, anche se una condanna fu in contumacia: quella del segretario di Hitler, Martin Bormann, scomparso senza che tuttora si sappia se riuscì a fuggire o se morì nella confusione degli ultimi giorni del Reich.

Il più illustre tra i condannati era Hermann Göring, numero due del regime per il suo ruolo di delfino di Hitler e maresciallo del Reich (vale a dire «elevato alla seconda dignità del regno», come dice il libro di *Ester* riferendosi ad Aman, il che darebbe forza alla teoria della profezia). Inoltre era comandante in capo della potente Luftwaffe, la forza aerea militare, e accumulò molti altri titoli: presidente del Reichstag, ministro degli Interni della Prussia, capo guardiacaccia...

Göring riuscì a suicidarsi con una capsula di cianuro poco prima dell'esecuzione della sentenza, che fu comunque applicata agli altri gerarchi nazisti, dieci come i figli di Aman, e colpevoli, come loro, di avere perseguitato gli Ebrei: Joachim von Ribbentrop, ministro degli Esteri; Wilhelm Keitel, capo del comando supremo delle Forze Armate (OKW, *Oberkomando der Wehrmacht*); Ernst Kaltenbrunner, capo dell'ufficio centrale per la sicurezza del Reich (RSHA, *Reichssicherheitshauptamt*); Alfred Rosenberg, ideologo delle teorie razziste e ministro dei Territori occupati; Hans Frank, governatore generale della Polonia; Wilhelm Frick, ministro dell'Interno fino al 1943; Julius Streicher, direttore del settimanale antisemita «Der Stürmer»; Fritz Sauckel, commissario generale per la manodopera (eufemismo per lo sfruttamento del lavoro forzato); Alfred Jodl, capo dello Stato Maggiore delle Forze Armate; Arthur Seyss-Inquart, ex *gauleiter* (capo del partito) dell'Austria e commissario generale dei Paesi Bassi.

Nella Bibbia si trovano altri possibili indizi sul nazismo nel libro di *Daniele*, uno dei profeti minori. Tra altre cose, quando Nabucodonosor perseguita gli Ebrei che si rifiutano di adorare la sua statua d'oro, ordina che vengano gettati in una fornace ardente (*Daniele*, 3,8-22).

L'azione del libro di *Daniele* è ambientata nel VI secolo a.C., anche se in realtà il testo fu scritto tre secoli dopo, e riferisce come profezie avvenimenti ormai storici, relativi ai re persiani Ciro, Cambise, Dario e Artaserse, ad Alessandro Magno e alle dinastie fondate dai diadochi, i generali di Alessandro che si divisero il suo impero.

Tra i seleucidi che governavano la parte asiatica, nomina Antioco IV Epifane, del quale dice: «Gli succederà poi un uomo abietto, privo di dignità regale: verrà di sorpresa e occuperà il regno con la frode. Le Forze Armate saranno annientate davanti a lui e sarà stroncato anche il capo dell'alleanza» (*Daniele*, 11,21-22).

L'alleanza si riferisce al popolo dell'alleanza con Dio, cioè il popolo ebraico, e il «capo» nominato da Daniele è il sommo sacerdote del tempio di Gerusalemme, Onia III, che venne deposto da Antioco Epifane. Coloro che credono alle profezie bibliche sul nazismo vedono una prefigurazione di Hitler in Antioco, per il modo in cui questi arriva al potere, senza diritto legittimo, attraverso inganni e intrighi, e per la persecuzione che scatena contro i suoi sudditi ebrei, culminante in ciò che è per loro il massimo sacrilegio, «un abominio di devastazione»: la profanazione del tempio.

Antioco sta per sconfiggere definitivamente il regno tolemaico di Egitto, quando viene fermato da un intervento esterno: «Verranno contro lui navi dei Chittìm ed egli si sentirà scoraggiato e tornerà indietro» (*Daniele*, 11,30). I Chittìm sono i Romani, e nella logica di chi crede alla profezia prefigurerebbero gli statunitensi, arrivati sulle loro navi per salvare l'Inghilterra durante la Seconda guerra mondiale. Ma il versetto continua in modo ancora più drammatico; Antioco vede che l'arrivo dei Chittìm impedisce il suo trionfo, e quindi «si volgerà infuriato e agirà contro la santa alleanza». Come è noto, i piani di sterminio degli Ebrei vennero accelerati via via che la Seconda guerra mondiale avanzava e l'intervento degli Stati Uniti e dell'URSS rendeva evidente che Hitler non sarebbe riuscito a realizzare «il suo proposito».

Le predizioni di Nostradamus

Nel secolo XVI dell'era cristiana tornano i vaticini sull'ascesa del nazismo e sul potere di Hitler, o almeno così sono interpretate da vari esperti alcune parti dei libri di Michel de Nostradamus. Il celebre visionario Nostradamus iniziò nell'anno 1555 a scrivere le sue *Centurie,* dieci libri o capitoli che contengono cento sorprendenti predizioni ciascuno, scritte in strofe di quattro versi chiamate quartine. I suoi seguaci credono fermamente che il veggente abbia predetto la Rivoluzione francese, il grande incendio di Londra, l'assassinio di John Fitzgerald Kennedy o gli attacchi dell'11 settembre alle Torri Gemelle. Assicurano anche che, nel primo volume delle sue *Centurie,* Nostradamus vaticinò l'apparizione di tre Anticristi: il primo sarebbe stato Bonaparte; il secondo Hitler, e il terzo deve ancora arrivare, anche se i più catastrofisti parlano di una possibile Terza guerra mondiale collegata con l'integralismo islamico più radicale.

I ricercatori ritengono che in tutta l'opera di Nostradamus ci siano quattro quartine che potrebbero fare riferimento esplicito a Hitler o, almeno, avere un parallelismo diretto con la sua traiettoria di vita. Nella prima tra queste (centuria III, quartina 35), Nostradamus scrisse:

Dall'Occidente più profondo d'Europa,
Da povera gente, un bimbo nascerà,
Che con le parole molti sedurrà,
E la sua fama nel regno d'Oriente crescerà.

Esaminando la storia della famiglia di Hitler appaiono le prime coincidenze. Che sia un caso o no, di certo l'origine di Hitler era molto umile, «da povera gente». Suo padre, Alois, era agente di dogana a Braunau, un posto di frontiera tra Austria e Baviera, in cui nacque Adolf il 20 aprile del 1889. Nel 1876, l'uomo che sarebbe diventato il padre di Adolf Hitler cambiò il suo cognome: da Schicklgruber a Hitler. Per molte generazioni gli Schicklgruber erano stati una famiglia contadina a Waldviertel, nella parte nordoccidentale della Bassa Austria. Alois era nato nel piccolo villaggio di Strones nel 1837, figlio illegittimo di una donna di servizio; si ritiene che il suo datore di lavoro fosse ebreo.

Il suo terzo matrimonio fu con la nipote Klara Pölzl, una cameriera, madre di Adolf e di altri cinque figli.

Proseguendo con l'interpretazione dei versi di Nostradamus, le sue doti di retorica e demagogia politica fanno sì che «con le parole» seduca molti. Per quel che riguarda questo punto, nessuno storico mette in discussione l'incredibile capacità dialettica di Hitler quando difendeva i suoi ideali e, soprattutto, le sue facoltà di persuasione e di eloquenza. Fu anche vero che «la sua fama nel regno d'Oriente crescerà».

Il che si può interpretare in due sensi. Da una parte può alludere al fascino che provarono gli austriaci davanti al loro compatriota che era riuscito a diventare il cancelliere della Germania e aveva ottenuto l'annessione dell'Austria al Reich (l'*Anschluss* dell'11 marzo 1938) senza sparare un solo colpo, tra l'entusiasmo generale della popolazione austriaca. C'è da tenere presente che il nome dell'Austria in tedesco è Österreich, letteralmente «regno dell'est», cioè dell'oriente, in tedesco arcaico. D'altra parte può anche riferirsi alla triste notorietà raggiunta da Hitler in Russia, il paese più orientale dell'Europa, dopo l'invasione che iniziò, senza previa dichiarazione di guerra, il 22 giugno 1941. La campagna di Russia raggiunse livelli di crudeltà e accanimento che non ebbero l'uguale nel resto dell'Europa e costò la vita a più di venti milioni di russi. Durante la loro occupazione dei territori sovietici, i nazisti condussero una vera e propria guerra di sterminio, perché consideravano gli slavi una razza inferiore, appena al di sopra di quella ebraica.

Per molti ricercatori, la seconda quartina di Nostradamus è ancora più chiara. Dice così:

Verrà a tirannizzare la Terra.
Farà crescere un odio latente da molto.
Il figlio di Germania non osserva legge alcuna.
Grida, lacrime, fuoco, sangue e guerra.

I primi due versi corrisponderebbero al clima sociale che propiziò l'ascesa al potere di Hitler. Dopo la Grande Guerra, la Germania era stata duramente punita dal Trattato di Versailles; per soddisfare i vincitori, le erano state imposte elevate riparazioni di guerra. Quelle condizioni pesarono terribilmente non solo sull'economia tedesca, ma anche sulla stessa dignità nazionale, soprattutto quando l'impossibilità di pagare il debito di guerra portò all'occupazione della zona mineraria della Ruhr, il cuore industriale della Germania, da parte della Francia e del Belgio.

Un'altra umiliazione derivata dal Trattato di Versailles fu la serie di restrizioni militari che limitavano enormemente le dimensioni dell'esercito e della marina militare e addirittura proibivano che la Germania avesse una forza aerea.

Il popolo tedesco, frustrato dalle intromissioni straniere e dalla precaria situazione economica, cercò un capo che gli offrisse sicurezza. E questo era esattamente ciò che offriva Hitler: sicurezza. Sicurezza non solo nel campo dell'ordine pubblico – fino ad allora turbato dagli scontri tra simpatizzanti della sinistra e della destra – o in quello economico, con una politica che creava posti di lavoro e rafforzava il marco, arrivato a livelli deliranti di inflazione. Oltre a tutto questo, offriva sicurezza dal punto di vista della psicologia collettiva: dava al popolo tedesco una spiegazione della sua sconfitta nella Grande Guerra – una cosa difficile da comprendere per i tedeschi – e della successiva povertà: tutto era dovuto al tradimento e alle macchinazioni degli Ebrei, contro i quali incanalò le frustrazioni derivanti dalla grave situazione economica e dalle umiliazioni imposte dalla politica internazionale.

Hitler era convinto che il suo Reich sarebbe durato mille anni e sarebbe stato il Terzo Impero (Reich significa «regno» e «impero» in tedesco) dopo il Sacro Romano Impero di Carlo Magno, che durò fino all'epoca napoleonica, l'Impero tedesco, creato dal cancelliere Bismarck nel secolo XIX, che ebbe una vita molto più corta, perché durò solo fino al 1918.

Gli storici concordano sul fatto che il potere di Hitler gli fu concesso dal popolo tedesco, dove si presentò ai suoi seguaci come «l'uomo del popolo». Come spiega l'esperta Marla Stone, Hitler era un abile demagogo, capace di presentare efficacemente a ogni tipo di pubblico esattamente il messaggio che voleva udire. «Senza dubbio, la maggior parte del 33 per cento di tedeschi che nell'anno 1933 votò per il Partito nazista» dichiara «non poteva immaginare allora che il suo voto avrebbe provocato sei milioni di morti ebrei e venticinque milioni di morti sovietici. Gradualmente, in seguito, la popolazione iniziò a temere la Gestapo, le SS e la polizia segreta.» O, in altre parole, la gente aveva paura di opporsi al nazismo, al «figlio di Germania» che «non osserva legge alcuna».

La terza quartina è forse la più affascinante e controversa, a causa del suo enigmatico ultimo verso. Nostradamus scrisse:

Un capitano germanico verrà, facendosi scudo di false speranze.
E la sua rivolta farà scorrere copioso il sangue.
Bestie inferocite bramose di bere nei fiumi,
Gran parte del campo sarà contro Hister.

Hitler era il capitano germanico che promette l'impossibile, la rivolta è la nascita del Partito nazista e il versamento di sangue fu evidente. Per alcuni ricercatori, le bestie inferocite bramose di bere nei fiumi possono riferirsi alle invasioni di Polonia, Francia e Russia, per le quali si dovettero superare alcuni dei grandi fiumi europei, ma che cosa vuol dire Hister? Una teoria sostiene che Hister è il cognome Hitler, foneticamente simile: basta cambiare una lettera e anagrammarlo perché sia identico. Altri pensano che si riferisca al fiume Danubio, il cui nome latino è Ister, come riferimento all'Austria, paese attraversato da questo fiume e anche luogo di nascita del dittatore.

L'enigma si infittisce analizzando la quarta strofa (centuria III, quartina 58), ancora più misteriosa. In essa Nostradamus predice:

Vicino al Reno delle Montagne Nordiche,
Nascerà un grande da gente troppo tardi venuta
Che difenderà Saurome e Pannonia
Che non si saprà ciò cosa sarà divenuto.

Identificare Hitler con un uomo «che difenderà Pannonia», la Polonia, provoca non poco sconcerto. In fin dei conti, la Seconda guerra mondiale fu scatenata dall'aggressione della Germania nazista contro la Polonia. Tuttavia buona parte del territorio polacco fu annesso al Reich e in seguito la Wehrmacht lo difese dall'avanzata sovietica. I soldati tedeschi difesero ferocemente anche Saurome (l'Ungheria) dall'offensiva dell'Armata Rossa.

Ma ci sono state anche altre interpretazioni. Poiché le *Centurie* di Nostradamus sono scritte in forma deliberatamente oscura, in un francese arcaico e pittoresco, miscelato con parole in spagnolo, in italiano, in ebraico o in latino, alcuni ricercatori a caccia di profezie hanno ipotizzato che quella quartina parli di un uomo che si difenderà da Ungheria e Polonia.

I nazisti, in effetti, giustificarono la loro invasione della Polonia nel 1939 fingendo che fosse stata preceduta da un attacco polacco. Più difficile è trovare il senso di «difendersi dall'Ungheria», perché l'Ungheria era un'alleata del Reich; addirittura entrò in guerra a fianco della Germania e prese parte all'invasione della Russia. Solo nell'ottobre del 1944, quando il governo ungherese tentò di firmare la pace con l'URSS per conto suo, ci fu un conflitto tra Ungheria e Germania, che provocò un colpo di Stato effettuato utilizzando gli elementi ungheresi più filonazisti.

L'ultimo verso della quartina viene interpretato come un'allusione alla fine di Hitler, dando corda soprattutto a chi crede che il suo suicidio insieme a Eva Braun, il 30 aprile 1945, sia stato una farsa e che il cadavere fosse di uno degli innumerevoli sosia del Führer. Se fosse vera, la fuga di Hitler non solo sarebbe una delle fughe più straordinarie della storia, ma sarebbe supportata anche da una profezia di Nostradamus.

Vaticini del XIX secolo

Avanzando nel tempo, dobbiamo spostarci fino al XIX secolo per trovare altre prove scritte di profezie su Hitler. Nel 1830, l'indovino e mistico bavarese Matthias Stormberger dimostrò una notevole precisione nelle sue predizioni sul mondo del XX secolo. Vaticinò la nascita delle ferrovie, dell'automobile e dell'aereo. Di essi disse che «aste di ferro saranno costruite, e mostri di ferro latreranno nella terra selvaggia. Verranno carrozze senza cavalli né stanghe, e gli uomini voleranno nell'aria come uccelli». Seppe anche predire la Prima guerra mondiale, con cento anni di anticipo, e fornì dettagli su un conflitto che si trasformò nella Seconda guerra mondiale, sulla Grande Depressione e su una terza avversità, un'altra guerra mondiale. Stormberger lasciò scritte queste esplicite parole:

> Due o tre decenni dopo la prima guerra, giungerà una seconda guerra ancora più grande. Quasi tutte le nazioni del mondo saranno coinvolte. Milioni di uomini moriranno senza essere soldati. Il fuoco cadrà dal cielo e molte grandi città saranno distrutte.

Esattamente come aveva predetto, vent'anni dopo la fine della Prima guerra mondiale iniziava la Seconda guerra mondiale, che superò ampiamente i quattro anni di durata della prima, e nella quale, per la prima volta nella storia, i morti in gran parte non furono militari, ma civili innocenti. Ci fu una grossa differenza rispetto ai mezzi militari delle guerre precedenti: vennero straordinariamente sviluppati i bombardamenti aerei intensivi sulle grandi città.

Nella stessa epoca, altri personaggi che non erano esattamente indovini né veggenti seppero prevedere gli avvenimenti futuri. Uno di loro, il noto storico Jacob Burckhardt, nella sua corrispondenza fece un ritratto degno di un chiaroveggente dei totalitarismi che avrebbero devastato l'Europa nel XX secolo:

> Vedo un'Europa governata da mistificatori che faranno marciare il popolo in eserciti industrializzati, nei campi, al suono dei tamburi.

Anche il poeta Heinrich Heine anticipò di novant'anni gli avvenimenti. Nato a Düsseldorf nel 1797, nel 1820 iniziò a fare una serie di predizioni nelle quali molti vedono prefigurato il regime nazista. La più famosa era un avvertimento del 1821 che diceva:

> Là dove si bruciano i libri si finisce per bruciare anche gli uomini.

Fino al 1840, più di novant'anni prima del Terzo Reich, Heinrich Heine scrisse opere e satire profetiche, e le controversie sono state alimentate fino ai nostri giorni dalle parole del poeta, come per esempio questa sua affermazione:

> Thor si ergerà togliendosi la polvere dagli occhi e, brandendo il suo martello, farà a pezzi le grandi cattedrali gotiche.

C'è da segnalare che Thor, in lingua germanica, era sinonimo di «tuono», mentre il fulmine era rappresentato dal suo martello. Inoltre il dio Thor era l'equivalente di Giove nel pantheon germanico (è per questo che giovedì, *Iovis dies*, giorno di Giove, si dice *Thursday* in inglese) e, come tale, poteva scagliare fulmini e tuoni sulla Terra: una buona metafora dei bombardamenti aerei.

Nel 1933, l'elenco dei ventimila volumi bruciati dalla Germania nazista comprendeva le predizioni di Stormberger, gli scritti di Burckhardt e le opere complete di Heine.

I teosofi e la superiorità della razza

Nel 1860, più di mezzo secolo prima della comparsa di Hitler, sorse una nuova filosofia religiosa che si sarebbe trasformata nell'ideologia del Terzo Reich. Le dava voce Helena Petrovna Blavatsky. Madame Blavatsky, come veniva chiamata, fu uno dei profeti più influenti e affascinanti della sua epoca. Nel 1875 fondò la Società Teosofica, che metteva insieme teorie da New Age e concetti religiosi tratti dalla cristianità, dal paganesimo e dall'occultismo. Presto il suo libro più importante, *La dottrina segreta*, ispirò il nazionalsocialismo. In esso presentava una storia dell'umanità divisa in sette fasi evolutive, che denominava «Razze-Radici». Perché perdurasse l'ultima razza, la superiore (che lei chiamò ariana), era necessario eliminare le razze primitive. Una derivazione della teosofia di madame Blavatsky fu la ariosofia, dottrina che assicurava che tutta la sapienza e tutte le civiltà più avanzate provenivano dai caucasici o ariani.

Il teosofo tedesco Guido von List unì entrambe quelle correnti spirituali e si convertì in un fedele credente nel potere e nei diritti acquisiti della razza ariana. Di conseguenza, le sue profezie emanano una certa speranza in un personaggio salvatore, il che non le priva di una sorprendente affinità con la realtà. Nel 1910, von List disse:

> Che i corazzati di Odino scaglino tuoni, scintille e proiettili di cannone, e portino l'ordine attorno a noi soggiogando le razze inferiori di questo mondo.

Fu autore anche di una misteriosa profezia che diceva così:

> Un estraneo arriva dall'alto portando l'ordine, sedendosi al tavolo e provocando acquiescenza e conformità in tutto.

La cosa importante non sono le parole in sé, bensì i commenti successivi, in cui von List parlava, nel 1910, esattamente di un Führer che avrebbe unito non solo la Germania e l'Austria ma tutto il popolo germanico. Secondo Nicholas Goodrick-Clarke, titolare di cattedra alla University of Exeter (Gran Bretagna), si spinse ancora oltre. «Suggerì» afferma «che una forza millenaria sarebbe tornata nel 1932 per portare la rivoluzione alla Germania, e che non più di un anno dopo ci sarebbe stata la proclamazione del Terzo Reich.»

Gli echi della teosofia di madame Blavatsky, amplificati dalla teoria della supremazia del popolo ariano di von List, sarebbero riapparsi nelle idee di Lanz von Liebenfels, considerato da molti storici il padre del nazionalsocialismo. Liebenfels era convinto che la quinta razza o «razza della speranza», quella del suo tempo, avrebbe raggiunto rapidamente la vetta della spiritualità. Fu instancabile come propagandista, ed elaborò innumerevoli dissertazioni e opuscoli su coloro che lui chiamava «i chiari» (*die Licht*) e «gli scuri» (*die Dunkeln*), con dettagli di ogni tipo sulle loro anatomie, le loro condotte sessuali o i loro comportamenti in guerra.

Nel 1904, Liebenfels parlava già della razza ariana come degli «uomini di Dio» o *Gottmenschen* e sosteneva la necessità della sterilizzazione dei malati e delle razze inferiori, teoria che più tardi avrebbero usato i nazisti per giustificare le atrocità nei campi di sterminio come quello di Auschwitz. Tra tutte le sue pubblicazioni spiccava la rivista «Ostara», un pamphlet estremista; il giovane Hitler era uno dei suoi più avidi lettori. Anni dopo, Hitler avrebbe citato interi paragrafi di «Ostara» nella sua opera *Mein Kampf* («La mia battaglia»), scritta nel 1924 e considerata il catechismo del movimento nazionalsocialista. Peter Levenda, autore del libro *Satana e la svastica*, riferisce la testimonianza di Liebenfels su una visita che fece Hitler al suo ufficio di Vienna per discutere di teorie occultiste. A quanto pare, l'evidente povertà di Hitler gli fece tanta pena che Liebenfels gli regalò varie copie della rivista e gli pagò il ritorno in autobus.

Predizioni astrologiche

Via via che si avvicina il periodo storico del Terzo Reich, le predizioni si fanno sempre più numerose. Gli anni immediatamente successivi alla Prima guerra mondiale videro una notevole diffusione dell'astrologia. Elsbeth Ebertin era una delle più popolari astrologhe dell'epoca, editrice della rivista «Ein Blick in die Zukunft» («Uno sguardo sul futuro»). Nel 1923, un lettore le chiese di predire il futuro di suo figlio, nato il 20 aprile del 1889 (data reale di nascita di Adolf Hitler). Nel numero di luglio dello stesso anno, la Ebertin pubblicò una predizione sorprendentemente simile a quella che sarebbe stata la traiettoria hitleriana. Il riassunto dell'interpretazione della sua carta astrale iniziava così:

> Un uomo d'azione nato il 20 aprile 1889, con il Sole al grado 29° di Ariete al momento della nascita, può esporsi a pericolo personale con iniziative eccessivamente imprudenti e anche, con molta probabilità, scatenare una crisi incontrollabile.

A questo aggiunse che la persona in questione, della quale si conoscevano solo i dati relativi alla nascita, sarebbe stata presa molto sul serio e che il suo destino era diventare un prode capo militare in battaglie future; che si sarebbe sacrificato per la nazione germanica e avrebbe dato impulso a un movimento di liberazione tedesco. Anche se nel 1923 solo il cerchio più intimo lo chiamava Führer, la Ebertin usò questa parola per definire quella persona nata il 20 aprile di cui un lettore chiedeva la carta astrale.

Uno dei personaggi più decisivi nella vita di Hitler fu Dietrich Eckhart, senza la cui collaborazione forse Hitler non sarebbe diventato ciò che fu. Poeta e traduttore, aveva molto talento, era brillante ed esercitava una fortissima influenza sull'austriaco. Secondo Nicholas Goodrick-Clarke, fu il mentore di Hitler e lo preparò per diventare un futuro capo. Si conobbero nel 1919, quando Hitler, soldato nell'esercito tedesco, ricevette l'ordine di infiltrarsi in un gruppetto radicale che rispondeva al nome di Partito operaio tedesco. Hitler finì con l'unirsi a loro e collaborò attivamente fin dall'inizio, finché il gruppo non si convertì nel Partito nazionalsocialista tedesco o, in breve, Partito nazista.

Tuttavia, Eckhart seppe di Hitler molto prima: durante una sessione di spiritismo a cui assistette una notte del 1915. Come racconta lo stesso Eckhart, una voce gli disse che un tedesco avrebbe condotto la razza ariana fino alla vittoria definitiva sugli Ebrei, e che la sua missione era guidare quel messia. Appena Eckhart vide Hitler, seppe che era l'uomo di cui gli aveva parlato quella voce anni prima, l'uomo che avrebbe fatto avverare la profezia di un glorioso e splendente futuro per i tedeschi, e diventò immediatamente il suo mentore.

I due uomini non avrebbero potuto essere più diversi. Eckhart era un poeta e un traduttore, consumatore abituale di droghe, e Hitler era vegetariano, astemio e nemmeno fumava, ma Eckhart si diede da fare e lo portò a ogni tipo di riunioni e occasioni sociali, presentandolo come il salvatore della Germania. Lo aiutò anche a plasmare la sua ideologia, a utilizzare tutte le risorse del linguaggio corporeo e a migliorare la sua persuasiva oratoria innata. L'autostima di Hitler continuava a crescere, anche se in quell'epoca si definiva «il tamburino» (*der Trammler*), colui che suonava per un altro. Un giorno si rese conto del fatto che lui era il salvatore della Germania, esattamente come lo presentava Eckhart in pubblico, e il suo atteggiamento cambiò radicalmente. A quel punto era il Führer. Nel 1923, Eckhart, agonizzante per colpa di un attacco cardiaco, chiese ai suoi accoliti di seguire Hitler con queste parole: «Lui ballerà, ma sono io che canto la canzone».

Sette anni più tardi, nel 1930, appare un altro veggente, Erik Jan Hanussen, l'astrologo più famoso dell'Europa centrale, un'autentica star dell'epoca, proprietario di una Cadillac e di un imponente yacht; sarebbe poi diventato noto come il «Nostradamus di Hitler» e come il profeta del Terzo Reich. Le sue predizioni astrologiche e le sue sessioni di ipnotismo e di mentalismo impressionavano enormemente il pubblico che assisteva ai suoi spettacoli. In quel periodo Hitler era circondato da un piccolo gruppo di fanatici, ma il partito non era ancora abbastanza consolidato. Serviva una piccola spinta, e le profezie di Hanussen gliel'avrebbero fornita.

Nel 1932 iniziò a diffondersi la voce che Hitler aveva avuto una serie di incontri con lui; nel marzo dello stesso anno Hanussen predisse pubblicamente che quell'uomo sarebbe diventato cancelliere della Germania entro dodici mesi. Nel momento di quella predizione, la situazione di Hitler non era esattamente incoraggiante.

Le elezioni del luglio 1932 avevano assegnato ai nazionalsocialisti duecentotrenta deputati, ma il cancelliere von Papen sciolse subito le camere e, in una nuova elezione che si tenne a novembre, i nazisti subirono un notevole regresso e persero due milioni di voti, guadagnati dai comunisti. Sul piano personale, l'amante di Hitler aveva tentato di suicidarsi per la prima volta; avrebbe ripetuto il tentativo nel 1935. Hitler, disperato, si rivolse a Hanussen. Come afferma nelle sue ricerche Peter Levenda, professore alla University of Southern California, il veggente gli consigliò di tornare al suo luogo di nascita ed estrarre una radice di mandragora dal cimitero a mezzanotte, nell'ultimo giorno del 1932. «Così avrebbe risolto tutti i suoi problemi e il 30 gennaio del 1933 sarebbe stato il padrone di tutta la Germania.» Da quel che si racconta, il 1° gennaio del 1933, dopo questo incantesimo, Hanussen posò le mani sul Führer e cadde in una trance mistica da cui uscì assicurandogli che vedeva per Hitler una vittoria inarrestabile. E così avvenne. «Il 30 gennaio, Hitler era già il cancelliere della Germania. In brevissimo tempo, le predizioni di Hanussen si erano perfettamente avverate» racconta Peter Levenda.

Alcuni giorni dopo, l'indovino fece un altro sconcertante vaticinio. «Predisse» spiega Levenda «che un importante edificio governativo sarebbe bruciato, e che quel disastro avrebbe portato a un grande cambiamento nel futuro politico tedesco. Cinque giorni dopo – il 27 febbraio del 1933 – si incendiava il Reichstag (il Parlamento di Berlino); Hitler approfittò dell'accaduto per darne la colpa ai comunisti, fare un colpo di Stato, dichiarare la legge marziale e prendere il potere assoluto.»

Il veggente Hanussen morì assassinato nell'aprile del 1933, sul limitare di un bosco berlinese. Non si sa esattamente per quali motivi fu ordinata la sua eliminazione; forse era un uomo che sapeva troppo, o forse Hitler si vergognava del fatto che il suo veggente personale si chiamasse in realtà Hermann Steinschneider e fosse un ebreo cecoslovacco.

Esoterismo e svastiche

Dopo la sua ascesa al potere, Hitler iniziò una campagna, fatta di megalomania e fanatismo, che avrebbe dovuto portarlo al dominio del mondo. Per difendere il futuro della razza ariana e la sua supremazia tentò di cercare le sue radici nel passato. Nominò quindi capo supremo – *Reichsführer* – delle SS Heinrich Himmler, che creò la Ahnenerbe Forschungs- und Lehrgemeinschaft (Associazione per la ricerca e la diffusione dell'eredità ancestrale), con lo scopo di trovare prove scientifiche e archeologiche dell'origine della razza ariana; tali prove avrebbero dovuto dimostrarne i diritti naturali. Himmler era particolarmente interessato a trovare quelle che chiamava culture-rifugio. Per riuscirci progettò spedizioni in Perù e in Etiopia e una in Tibet che, infine, portò a compimento; cercò svastiche in qualunque reperto archeologico per dimostrare che gli ariani erano stati lì.

«Himmler credeva fermamente nella teoria che equiparava la purezza razziale al potere spirituale. Hitler disse ai suoi familiari, ai consiglieri più intimi e agli amici che il suo fine era creare un nuovo uomo. Questo è un concetto molto esoterico, molto spirituale se si vuole, ma quello che voleva era creare un nuovo essere umano per purificare la razza e portarla a un altro livello dell'evoluzione» spiega Peter Levenda.

Tra i consiglieri di Himmler c'era un membro del partito, un uomo che si dichiarava veggente ed esperto di esoterismo; si chiamava Karl Maria Wiligut ed era conosciuto come il «Rasputin di Himmler», in riferimento al leggendario mistico russo che tanto influì sulla famiglia Romanov, soprattutto sulla zarina Alessandra. Basandosi sulle visioni di Wiligut (che affermava di avere un contatto ancestrale con le antiche tribù germaniche), nel 1934 Heinrich Himmler acquistò un castello in rovina in Vestfalia, il castello di Wewelsburg, che diventò il centro di comando delle SS. Il castello di Wewelsburg si trasformò nel Camelot dei superuomini ariani. Secondo Peter Levenda, il progetto del castello seguiva il modello di re Artù e della sua Tavola Rotonda, con dodici scranni che gli ufficiali di alto rango delle SS utilizzavano per meditare. Lì assistevano anche a rituali e cerimonie iniziatiche di ogni tipo.

Se sembra strano che i nazisti impegnassero tante energie nella ricerca delle radici della razza suprema o nel ricreare la corte di re Artù, c'è da ricordare che avevano credenze ancora più sorprendenti, come quella sull'esistenza di una civiltà che viveva all'interno della Terra. Quell'idea si basava su un popolare romanzo dell'epoca intitolato *La razza futura*, scritto da Edward Bulwer-Lytton, l'autore degli *Ultimi giorni di Pompei*; fu uno degli scrittori più significativi dell'epoca vittoriana e, grazie a quell'opera, fu considerato un pioniere della fantascienza e della narrativa fantasy. Nel libro si descrive una società totalmente disumanizzata, nella quale la tecnologia e la manipolazione del linguaggio da parte del potere annullano l'uomo, limitano la sua capacità di pensare e di provare sentimenti; si mettono in discussione i concetti di progresso e civiltà.

Per quanto incredibile possa sembrare, i seguaci di questa teoria della Terra cava affermano che ci sono esseri umani che vivono sotto la superficie del pianeta e che, quando la Germania cadde, Hitler e i suoi uomini fuggirono in un sottomarino. Alcuni aggiungono che in una delle sue basi segrete, sotto la calotta polare, Hitler si unì a una razza superiore che viaggia all'interno del pianeta a bordo di UFO. Questa leggenda contraddice l'opinione della stragrande maggioranza degli storici, che sanno che Hitler si suicidò insieme a Eva Braun nel suo bunker di Berlino il 30 aprile del 1945.

Anche questa morte, secondo alcuni, ha significati occulti. La data scelta da Hitler era la vigilia di una festa druidica conosciuta come i Fuochi di Bel nel calendario religioso degli antichi celti. Quindi il suo suicidio non sarebbe stato un atto di vigliaccheria, bensì un rito d'onore chiamato «rituale Endura», che si effettuava in coppia, come fecero Hitler e la sua recente sposa Eva Braun. Non bisogna neppure dimenticare, però, che anche altri due dei suoi uomini di fiducia, Karl Haushoffer e Josef Goebbels, si suicidarono con le loro mogli e in modo quasi identico a quello di Hitler.

D'altra parte, c'è un fatto concreto che risulta assolutamente determinante per capire la data del suicidio di Hitler: negli ultimi giorni di aprile del 1945, l'Armata Rossa era arrivata a soli 300 metri dal bunker della Cancelleria dove si trovava il Führer; se non si fosse suicidato, avrebbe corso il rischio di essere catturato vivo, e non voleva assolutamente che questo succedesse, dopo aver saputo che cosa era accaduto a Mussolini. Inoltre la cattura avrebbe potuto avvenire se i sovietici avessero saputo che Hitler era nascosto così vicino, ma non lo scoprirono fino appunto al 30 aprile, secondo la testimonianza dell'interprete dello Stato Maggiore, il tenente Elena Rzhevskaya, incaricata dell'interrogatorio dei prigionieri.

Misteri sul terzo Anticristo

L'8 maggio del 1945, cinque anni e mezzo dopo l'invasione della Polonia, il detonatore della Seconda guerra mondiale, l'esercito tedesco si arrese agli Alleati. Era la fine dell'Anticristo, ma che cosa ne sarebbe stato delle profezie? Qualcuna doveva ancora avverarsi? I nazisti sarebbero tornati sotto altre forme per completare la loro missione? I profeti del passato vaticinavano terribili cataclismi nel futuro. Il profeta bavarese Stormberger scrisse con straordinaria precisione nel secolo XIX:

> E al termine della seconda grande guerra, verrà una terza conflagrazione universale tale da determinare ogni cosa. Ci saranno armi del tutto nuove. In un giorno moriranno più uomini che in tutte le guerre precedenti.

E arriva anche a dare una data alla contesa: né i suoi figli né i suoi nipoti l'avrebbero vissuta, bensì la generazione seguente. C'è chi pone questa terza generazione tra il 1990 e il 2010. Ma Stormberger non fu l'unico che vaticinò un terzo cataclisma distruttivo. Anche Nostradamus nominò un terzo Anticristo che avrebbe provocato grandi mali sulla Terra, nella quartina 62 della centuria II, ma lo fece utilizzando parole che ammettono più interpretazioni:

> Poi, Mabus morirà presto... Verrà
> Un destino orribile per bestie e persone,
> Per chi la cerca, la vendetta arriverà,
> Cento, mano, sete, fame, quando la cometa passerà.

Chi è questo Mabus di cui parla Nostradamus?

Scrivendo al contrario Mabus si ottiene «Subam»; forzando ancora un po' il vaticinio, e voltando la lettera «b» in modo che risulti una «d», abbiamo «Sudam», che pronunciando la «u» come «a», come si fa a volte in inglese, ci dà il nome di Saddam Hussein.

Il problema è che Saddam Hussein poteva sembrare l'Anticristo finché fu fatto credere che, possedeva armi di distruzione di massa. Oggi, dimostrata l'inesistenza di tali armi e dopo la sua deposizione, la detenzione e la morte per impiccagione, sembra piuttosto un povero diavolo.

Per l'Occidente, Osama Bin Laden sarebbe il candidato ad Anticristo più credibile di questo periodo, ma alcuni appassionati di profezie apocalittiche assicurano che debba ancora arrivare.

L'interpretazione di alcuni ricercatori è che, se si sommano le predizioni di Nostradamus, del XVI secolo, e quelle di Stormberger, del XIX, il risultato potrebbe essere una Terza guerra mondiale diretta da un terzo Anticristo. Ma forse la profezia più raccapricciante fu quella dello stesso Hitler, nel 1940, quando affermò in una grande adunata: «È nostro desiderio e nostra volontà che questo Reich duri mille anni. Saremo felici di sapere che il futuro sarà interamente nostro».

Per fortuna il Reich dei mille anni diventò, semplicemente, il Reich dei dodici anni.

23
L'operazione ODESSA

Lo sbarco delle forze alleate in Francia nel giugno 1944 segnò l'inizio della fine della Seconda guerra mondiale, anche se Hitler, ignorando qualsiasi pronostico, ordinò alle sue truppe di continuare a combattere per la vittoria. Da quando era scoppiata la guerra, nel 1939, il Führer e i suoi seguaci avevano già sterminato milioni di persone nel tentativo di mettere in pratica le loro teorie di supremazia della razza ariana, ma ora la disfatta della Germania era vicina così come la fine del Terzo Reich, e non tutti i collaboratori più stretti erano d'accordo con i piani fanatici di Hitler. Molti nazisti cominciarono a preoccuparsi di come sopravvivere dopo l'imminente sconfitta. Poco dopo la fine della guerra, alcuni gruppi nazisti crearono una rete di soccorso per aiutare i membri delle SS a fuggire. Questa organizzazione è conosciuta con il nome di ODESSA (dal tedesco Organisation der Ehemaligen SS-Angehörigen, *cioè Organizzazione degli ex membri delle SS) e, sebbene gli ex membri delle Waffen-SS e del Partito nazista abbiano sempre negato la sua esistenza, è un fatto che qualcuno aiutò alcuni dei più importanti funzionari in contatto diretto con Hitler ad abbandonare la Germania e a farsi una nuova vita all'estero, soprattutto in Spagna e Argentina. E se, come affermano, questa rete di soccorso non è mai esistita, chi fu ad aiutarli?*

Pochi giorni dopo il D-Day, il 6 giugno 1944, un gruppo dei più importanti uomini d'affari tedeschi capeggiato da Hjalmar Schacht (il banchiere che si era occupato dell'economia della Germania nazista), si riunì all'hotel Maison Rouge di Strasburgo senza che lo sapesse nemmeno Adolf Hitler, fino ad allora capo supremo. Lo scopo dell'incontro era trovare una via di fuga per tutti i nazisti e i loro collaboratori dopo la verosimile sconfitta della Germania. Siccome intuivano che tutti i beni e gli attivi tedeschi sarebbero presto finiti nelle mani delle forze alleate e dei sovietici, capirono che era necessario mettere in salvo fuori dal paese lingotti d'oro, valuta straniera, gioielli e opere d'arte confiscate, prima che venissero chiuse le frontiere.

Forse l'intenzione era quella di riciclare più capitale possibile per ricostruire il Reich dopo la guerra. In ogni caso, è stato trovato un documento secondo cui gli uomini convocati all'hotel Maison Rouge gettarono le basi per la creazione di un'organizzazione internazionale destinata ad aiutare i gerarchi nazisti a scappare dalla Germania e ad avere facile accesso ai tesori nascosti fuori dal paese.

Pronti per la fuga

Quando furono scoperti i primi campi di concentramento, ai dirigenti e ai principali collaboratori del Reich fu subito chiaro che era giunto il momento di scappare. Questi campi nascondevano una brutalità e un orrore tali da far temere all'allora generale Dwight D. Eisenhower che le generazioni future non ci avrebbero creduto. Tutto il mondo era scandalizzato e chiedeva che i responsabili delle atrocità ricevessero una giusta punizione, come accadde pochi mesi dopo la sconfitta della Germania grazie al processo di Norimberga, cominciato il 20 novembre 1945. In quell'occasione, ventidue gerarchi del Reich e del Partito nazionalsocialista (inizialmente dovevano essere solo dieci, ma i sovietici insistettero per aumentare il numero degli imputati) furono accusati di cospirazione e crimini di guerra, contro la pace e contro l'umanità. In realtà mancavano quasi tutti gli attori principali: Hitler, Goebbels e Himmler si erano suicidati, mentre Bormann era scomparso. Un anno dopo, undici di questi uomini e molti altri meno conosciuti furono condannati al patibolo. Hermann Göring, il successore designato da Hitler, si suicidò con il cianuro prima di essere giustiziato.

Queste esecuzioni esemplari furono un segnale per migliaia di fuggitivi nazisti che avevano preso parte ai crimini giudicati a Norimberga: a chi aveva il minimo sospetto di poter essere catturato conveniva cambiare nome e organizzarsi per uscire dalla Germania. In realtà molti scelsero di rimanere nel loro paese, limitandosi a cambiare vita e identità. Altri decisero di nascondersi e furono solo in pochi ad abbandonare la Germania. Darsi alla fuga non era affatto semplice dal momento che le frontiere erano strettamente sorvegliate e piene di punti di controllo, e agli occhi degli Alleati qualsiasi tedesco maschio e adulto era un sospettato. Nonostante queste misure, si stima che migliaia di criminali di guerra riuscirono a evitare la giustizia.

Molti storici ritengono che siano scappati dalla Germania grazie all'aiuto di una rete informale composta da nazisti assolti e da simpatizzanti, che si nascondeva dietro ai nomi di associazioni tedesche legali di cooperazione internazionale. Questa rete clandestina era conosciuta come «il Ragno» (*Die Spinne*, in tedesco) e la sua missione era fornire ai fuggitivi passaporti falsi e itinerari sicuri per uscire dai confini. La prima parte del viaggio prevedeva che raggiungessero il confine meridionale della Germania senza farsi scoprire dai militari alleati. Lungo il cammino era stata predisposta una serie di alloggi sicuri (granai, capanne o rifugi di montagna) controllati da simpatizzanti del regime deposto. Da lì i fuggiaschi attraversavano le Alpi percorrendo strade di confine e arrivavano in Austria o in Svizzera e, infine, in Italia.

Die Spinne poteva contare anche su alcuni alleati inconsapevoli: i santuari cattolici della cosiddetta «via dei monasteri» offrivano ospitalità a chiunque ne avesse bisogno, che si trattasse di Ebrei in fuga dai nazisti o di nazisti in fuga dalla giustizia. C'è da dire però che non tutti i religiosi cattolici aiutarono i nazisti senza rendersene conto. Esistono prove del fatto che almeno un alto gerarca vaticano era più che un semplice simpatizzante del nazionalsocialismo e delle teorie di Hitler: il vescovo tedesco Alois Hudal era convinto che il nazismo potesse essere per la Chiesa cattolica un'arma potente contro il comunismo, «un movimento politico in cui la Chiesa vedeva il demonio stesso. Per questo, il vescovo Hudal fu particolarmente interessato ad aiutare i criminali di guerra a scappare» afferma lo scrittore Christopher Simpson.

Wilhelm Hoettl, una spia nazista sopravvissuta, si spinge oltre assicurando che «papa Pio XII, già nunzio di Sua Santità in Germania. prima di essere eletto, era profondamente anticomunista e conosceva fin dall'inizio i maneggi del vescovo Hudal». Nonostante questo non fece niente per fermarlo, cosa che equivaleva a collaborare senza farsi coinvolgere personalmente. D'altra parte c'è chi, come l'alto funzionario dell'Ufficio di investigazioni speciali del dipartimento di Giustizia degli Stati Uniti Eli Rosenbaum, afferma che nonostante le attività di alcuni membri della gerarchia cattolica, «non era questa la politica ufficiale del Vaticano».

Il sostegno durante l'esilio

Una volta giunti in Italia, il rischio che i fuggiaschi venissero catturati era quasi nullo, e anche in molti altri paesi l'élite del Terzo Reich fu accolta di buon grado. Alcuni dei suoi membri decisero di fermarsi in Spagna, allora sotto la dittatura del generale Franco. In Egitto e in Siria furono i benvenuti e finirono per addestrare le forze militari di questi Stati per combattere contro il nemico comune, cioè gli Ebrei che cominciavano a stabilirsi in Palestina. Altri si avventurarono oltre l'Atlantico, in America Latina, dove spesso furono ricevuti a braccia aperte.

In Argentina, per esempio, esisteva già una comunità di origine tedesca ben radicata nel paese, molto influente e in cui le tesi politiche del nazionalsocialismo si erano guadagnate migliaia di adepti. A questo bisogna aggiungere la figura di Juan Domingo Perón, il controverso presidente populista che dichiarava pubblicamente la sua ammirazione per Adolf Hitler e che procurò passaporti argentini ai fuggitivi, facendo di questo paese il rifugio ideale per molti ex nazisti. Inoltre, anche se non ci sono prove concrete, alcune fonti sostengono che collaborasse con il gruppo ODESSA.

Oltre alla parte logistica della fuga (ricerca di strade sicure, alloggi e passaporti), un'operazione di questo tipo aveva bisogno di milioni di dollari e di autentici professionisti del lato più oscuro della finanza: quello dei fondi rubati, dei documenti falsi e della minaccia di stampo mafioso. Uno di questi fu Otto Skorzeny, un ingegnere esperto in operazioni speciali appartenente alle Waffen-SS. Alto un metro e novanta e con il viso segnato da una profonda cicatrice, era uno degli ufficiali preferiti di Hitler, che lo considerava la perfetta incarnazione dell'ideale di militare nazista. Nel 1943 fu affidato a Skorzeny il commando che diresse le operazioni per liberare Mussolini, detenuto dal governo monarchico del maresciallo Badoglio dopo il «colpo di Stato legale» di luglio. L'operazione, chiamata *Unternehmen Eiche* («Operazione Quercia»), fu portata a termine con successo. In seguito Skorzeny cercò di assassinare il generale Eisenhower a Parigi e, anche se fallì clamorosamente, da quel momento per le forze alleate diventò «l'uomo più pericoloso d'Europa».

L'8 maggio 1945, a guerra ormai finita, Otto Skorzeny fu catturato dall'esercito americano. Passò i due anni successivi in un campo di prigionia dove, secondo quanto emerge da un comunicato confidenziale alleato, pare abbia cominciato a darsi da fare per organizzare un gruppo clandestino composto da paracadutisti ed ex membri delle SS. Si ritiene inoltre che Skorzeny abbia avuto un ruolo fondamentale nella nascita di una nuova sezione di *Die Spinne*, conosciuta con il nome di ODESSA.

Nonostante i suoi precedenti, nel settembre 1947 il tribunale militare di Norimberga lo assolse, ma Skorzeny continuò a essere ricercato in Russia, Cecoslovacchia e nella nuova Repubblica Federale Tedesca. Nel 1949, mentre era in attesa di giudizio per le altre numerose cause intentate contro di lui, riuscì a evadere dal campo di prigionia di Darmstadt, in Germania, travestendosi da soldato americano e grazie all'aiuto di alcune vecchie conoscenze delle SS. Alcune fonti assicurano invece che fu determinante per la sua evasione l'intervento dal SAS (*Special Air Service*), un commando d'élite britannico. Di certo si sa solo che un famoso ufficiale britannico dei servizi speciali, lo stesso tenente colonnello Yeo-Thomas che al processo di Norimberga era stato un testimone chiave per incriminare i nazisti di Buchenwald, in questo caso testimoniò a favore di Skorzeny e fu decisivo per la sua assoluzione.

Si ritiene che in seguito Skorzeny abbia viaggiato per tutta l'Europa e sia anche riuscito a tornare in Germania con una nuova identità, quella di Rolf Steinbauer. È possibile che una volta rientrato nel suo paese abbia collaborato con la CIA, che aveva urgente bisogno di uomini con esperienza nel controspionaggio e nelle operazioni clandestine per fronteggiare il comunismo durante la Guerra fredda. Alla fine, tutti i capi d'accusa pendenti a carico di Skorzeny furono ritirati.

Skorzeny si trasferì poi a Madrid, dove portò avanti la sua carriera da ingegnere. Intorno al 1949 cominciò a recarsi spesso in Argentina, accolto calorosamente dal presidente Perón e dalla moglie. Trascorse alcuni periodi proprio nel rifugio di montagna di Evita Perón, forse per studiare le installazioni militari del governo argentino. Poco prima di morire, nel 1952, la moglie del presidente argentino lasciò a Skorzeny la Fondazione Evita Perón e i cento milioni di dollari usati per finanziarla, forse una piccola parte di tutto l'oro uscito dalla Germania negli ultimi giorni del Terzo Reich. Per quasi trent'anni Skorzeny poté dare un notevole contributo economico a diverse organizzazioni di estrema destra e neonaziste, mentre per conto di ODESSA manteneva i contatti con i nazisti fuggiti dalla Germania. «Ovviamente, quando gli veniva chiesto in pubblico, negava di essere a conoscenza di un'organizzazione con questo nome» dice Christopher Simpson. In ogni caso, qualsiasi fosse il ruolo di Skorzeny nei maneggi di ODESSA e *Die Spinne*, il meccanismo di entrambe le organizzazioni funzionava alla perfezione: i nazisti continuavano a fuggire dalla Germania e le ricchezze del regime erano già al sicuro nelle banche straniere.

Il reclutamento delle spie

Anche le forze alleate, soprattutto Stati Uniti e Inghilterra, aiutavano i nazisti a scappare quando erano interessate ai loro servizi. La Seconda guerra mondiale cedette il passo alla Guerra fredda. Fu l'epoca in cui, una volta sconfitto il nemico comune, affiorarono le tensioni tra l'Unione Sovietica e le potenze occidentali e cominciò, da entrambe le parti, una corsa disperata per reclutare ufficiali nazisti ed ex spie della Gestapo. Spesso in cambio del loro lavoro costoro ricevevano il ritiro di tutti i capi d'accusa e delle cause in sospeso con la giustizia militare.

Klaus Barbie, conosciuto come il «Macellaio di Lione» e capo della Gestapo nella città francese, è un ottimo esempio di quello che succedeva con le spie naziste. Inviato in Germania dagli Stati Uniti con il compito di controllare i crescenti movimenti comunisti all'interno del paese, Barbie forniva poche informazioni significative e utili per la CIA. Tuttavia, invece di riconoscere il proprio errore ed estradarlo quando il governo francese lo richiese, gli Stati Uniti aiutarono Barbie a fuggire attraverso la via dei monasteri.

Il clima politico internazionale si raffreddò per qualche tempo. All'inizio degli anni Cinquanta, la guerra che gli Stati Uniti ingaggiarono in Corea per contrastare il blocco sovietico suscitò in tutto il mondo il timore di vivere un altro conflitto mondiale, con l'aggravante della nuova minaccia nucleare. L'opinione pubblica e le autorità delle potenze vincitrici della Seconda guerra mondiale lasciarono per un attimo da parte le cause pendenti per i crimini di guerra, e gli ex nazisti che erano ancora in Germania videro l'ultima possibilità per scappare. Simon Wiesenthal, forse il «cacciatore di nazisti» più celebre della storia, una volta affermò che se ci fu qualcuno che trasse vantaggio dalla Guerra fredda, quelli furono i criminali di guerra tedeschi, tra cui due dei principali ricercati d'Europa: Adolf Eichmann e Josef Mengele.

Il tenente colonnello delle SS Adolf Eichmann non era un dirigente nazista con un ruolo determinante nelle decisioni politiche riguardo alla «soluzione finale» (l'eliminazione totale degli Ebrei dall'Europa), né un'alta carica tra quanti diressero la sua attuazione. Si occupò invece del trasporto delle vittime verso i campi di sterminio, diventando un ingranaggio dell'infame meccanismo del genocidio, senza il cui contributo «professionale» non sarebbe stato possibile raggiungere un numero di morti così elevato, stimato intorno ai sei milioni.

Il dottor Mengele invece si era guadagnato il soprannome di «Angelo della Morte» grazie ai terribili esperimenti che conduceva su uomini, donne e bambini che arrivavano ad Auschwitz. Per lo più le sue cavie morirono o subirono gravi conseguenze per il resto della loro vita. Entrambi dopo la guerra scelsero di stabilirsi in Argentina, per la calorosa accoglienza che i coniugi Perón riservavano agli espatriati nazisti e per la presenza di una numerosa comunità tedesca. Questi fattori rendevano il paese perfetto per iniziare una nuova vita.

Non tutti i fuggitivi sceglievano però di adottare una certa discrezione nel paese adottivo. Eichmann si faceva chiamare Riccardo Klement spacciandosi per un rifugiato italiano proveniente da Bolzano e per dieci anni svolse solo attività di scarsa rilevanza pubblica (impiegato, gestore di una lavanderia, meccanico e responsabile di un allevamento di conigli), guadagnando lo stretto indispensabile per mantenere la moglie e i quattro figli; al contrario, Mengele già alla fine degli anni Cinquanta girava per Buenos Aires usando il suo vero nome e conduceva una movimentata vita sociale avendone la possibilità dato che, diversamente dalla maggior parte dei nazisti fuggitivi, proveniva da una famiglia agiata e quindi non dipendeva da organizzazioni come ODESSA.

Anche se cercava di non attirare l'attenzione nascosto sotto il falso nome di Riccardo Klement, nel 1957 Eichmann fu trovato dai servizi segreti di Israele (il Mossad), che impiegarono due anni a determinarne la vera identità, ma l'11 maggio 1960, dopo due settimane di stretta sorveglianza, lo sequestrarono in piena strada e lo trasferirono in Israele dove fu sottoposto a un lungo e complicato processo.

Mengele, appena apprese dai giornali la notizia dell'arresto di Eichmann per mano del Mossad, chiuse la sua farmacia a Buenos Aires e sparì dalla faccia della Terra. È risaputo che passò qualche tempo in Paraguay, sotto la protezione del generale Stroessner, presidente della dittatura militare paraguaiana dal 1954. L'Angelo della Morte finì per sistemarsi in una remota regione del Brasile, nascosto sotto diversi nomi falsi e con l'unica protezione di una pistola. Era diventato il criminale più ricercato del mondo e i suoi soldi non potevano più salvarlo. Nel 1965 fu trovato in Uruguay il cadavere mutilato del suo amico e nazista esiliato Herbert Cukurs. Si pensa che Cukurs volesse consegnare Mengele ai servizi segreti israeliani in cambio di una ricompensa, ma fu sequestrato, torturato e ucciso dai membri di ODESSA prima che potesse concludere l'operazione.

I persecutori

Oltre ai cacciatori di nazisti indipendenti, ODESSA doveva confrontarsi anche con un altro nemico: i servizi segreti di Israele, paese nato nel 1948 che tra i principali obiettivi nazionali aveva quello di portare davanti alla giustizia i nazisti più ricercati. Tra i cacciatori indipendenti, il più famoso fu l'investigatore ebreo austriaco Simon Wiesenthal, un sopravvissuto dei campi di sterminio (fu internato in dodici campi di concentramento per più di quattro anni e scampò per miracolo all'esecuzione in diverse occasioni), che per più di cinquant'anni si dedicò a localizzare, identificare e incarcerare criminali di guerra nazisti che erano riusciti a fuggire. Nel 1967 pubblicò il libro *Gli assassini sono tra noi*, in cui rivelava al grande pubblico l'esistenza di ODESSA.

Wiesenthal sentì parlare per la prima volta di questa organizzazione segreta da un ex ufficiale dei servizi segreti tedeschi conosciuto durante i processi di Norimberga. Nel 1954 grazie a questa fonte (della quale non rivelò mai il nome) e a indagini approfondite, Wiesenthal riuscì a localizzare e identificare Eichmann a Buenos Aires, e informò il Centro di ricerca sull'Olocausto Yad Vashem in Israele; alla fine, il profugo fu catturato dal Mossad. In realtà, il capo del Mossad Israel Harel ha negato in diverse occasioni il ruolo di Wiesenthal nella cattura di Adolf Eichmann, ma grazie alle ricerche di questo cacciatore di nazisti furono portate davanti alla giustizia più di millecento persone colpevoli di crimini di guerra e contro l'umanità. Il 20 settembre 2005, Wiesenthal si spense nel sonno all'età di novantasei anni, dopo averne trascorsi cinquantotto cercando i responsabili del genocidio degli Ebrei.

Di certo la cattura e il processo di Eichmann rappresentarono un grave contrattempo per ODESSA e i suoi simpatizzanti, che ancora sognavano di veder risorgere il Terzo Reich; ma la cosa peggiore per l'organizzazione fu il timore che Eichmann divulgasse dati compromettenti per la causa nazista. Per evitare che gli Ebrei più assetati di vendetta o gli stessi membri di ODESSA lo uccidessero, l'ex colonnello delle SS rimase chiuso in una cabina di vetro antiproiettile per tutto il tempo del processo. Fu condannato a morte per crimini contro l'umanità e impiccato il 31 maggio 1962. Il resoconto che fece dell'Olocausto, senza mostrare neanche un'ombra di rimorso, ispirò una nuova generazione di cacciatori di nazisti che non avevano vissuto direttamente la Seconda guerra mondiale, come per esempio i coniugi Klarsfeld.

Alla fine del 1970 si assistette a un risveglio della memoria ebraica, soprattutto a opera di Beate (tedesca luterana) e Serge Klarsfeld (un ebreo francese il cui padre era morto ad Auschwitz), i quali, grazie alle loro ricerche, riuscirono a portare in tribunale alcuni nazisti e i loro collaboratori francesi.

Inventarono una nuova tecnica di indagine basata sul confronto diretto e su un uso sapiente dei mezzi di comunicazione. La prima volta che monopolizzarono l'attenzione della stampa di tutto il mondo fu nel 1968, quando Beate Klarsfeld schiaffeggiò l'allora cancelliere della Repubblica Federale Tedesca, Kurt Georg Kiesinger, colpevole, come poi i Klarsfeld riuscirono a dimostrare, di avere avuto in passato legami con il Partito nazista. Kiesinger fu pesantemente sconfitto nelle successive elezioni per la Cancelleria. Il più grande successo di questa coppia non fu però così immediato: la cattura di Klaus Barbie, il Macellaio di Lione, richiese infatti dodici anni di duro lavoro.

Klaus Barbie all'epoca viveva in Bolivia, sotto il nome di Klaus Altmann, coperto dall'intelligence militare americana e dai vari dittatori del paese a cui Barbie serviva come consigliere nell'ambito della sicurezza, che si rifiutavano di accogliere le richieste formali di estradizione inviate dal governo francese.

Oltre ai numerosi ostacoli burocratici che incontrarono, i Klarsfeld subirono anche vari attentati. Nel 1979, un pacco bomba distrusse la loro automobile parcheggiata davanti a casa. Il gruppo ODESSA rivendicò l'impresa con un biglietto. A causa dei tentativi di omicidio e della costante minaccia che incombeva su tutta la famiglia, Beate, Serge e i loro figli dovettero vivere per più di un anno sotto la costante protezione della polizia. Era la prima volta che ODESSA attaccava i cacciatori di nazisti, motivo per cui alcuni suggeriscono che questi attentati fossero opera di una nuova generazione di terroristi che usavano il nome della mitica rete di aiuto nazista per intimidire gli oppositori.

Finalmente, nel 1983, dopo la caduta dell'ultima giunta militare che governò la Bolivia, i Klarsfeld convinsero le autorità del paese ad arrestare Barbie prima che potesse fuggire all'estero. Una volta in carcere, Klaus Barbie continuò a negare la sua vera identità, ma una rapida estradizione in Francia, agevolata dal presidente Hernán Siles Zuazo, lo riportò sulla scena delle sue atrocità, Lione, dove lo attendeva un processo spettacolare come quello di Eichmann in Israele.

Tra i difensori legali di Barbie c'erano alcuni dei migliori avvocati d'Europa (compreso il famoso Jacques Vergès), e pare che a coprire i loro alti onorari fu un milionario svizzero di ideologia nazista. Durante il processo circolò una voce, mai confermata, che fosse ODESSA a finanziare la difesa. Nonostante la sua squadra di avvocati, Barbie fu condannato all'ergastolo nel 1987 e morì in prigione quattro anni dopo.

Nazisti negli Stati Uniti e in Svizzera

Gli Stati Uniti mantennero un atteggiamento ambiguo nei confronti dei nazisti fuggitivi. Per alcuni anni dopo la guerra, il governo americano consentì l'ingresso nel paese a ex nazisti, soprattutto scienziati, le cui conoscenze potessero essere utili nell'ambito militare, dell'informazione o della corsa allo spazio. Questa politica di accoglienza fu abbandonata nel 1979 con la creazione di un Ufficio investigazioni speciali, dipendente dal dipartimento di Giustizia. Da allora, nessun membro del Partito nazista sospettato di aver commesso crimini di guerra poté rimanere impunemente negli Stati Uniti. Questo ufficio è arrivato a indagare su più di cinquecento persone alla volta e ha portato in tribunale decine di criminali di guerra. I condannati perdevano la cittadinanza americana e venivano deportati o estradati.

A quasi cinquant'anni dalla sua creazione, ODESSA riservava ancora qualche sorpresa. Alla fine del XX secolo venne alla luce la relazione tra il governo neutrale della Svizzera e il Terzo Reich. I banchieri svizzeri non avevano mai negato di possedere una grande quantità di conti bancari degli Ebrei morti nell'Olocausto, ma si cominciò anche a sospettare che custodissero milioni di dollari che i nazisti avevano sottratto ai paesi annessi o conquistati durante la guerra. Non esistono prove certe che lo confermino, ma si pensa che molto dopo la guerra le banche svizzere avessero ancora aperti i conti di numerosi criminali di guerra nazisti, un denaro sul quale non erano tenuti a dare alcuna spiegazione perché protetto dal segreto bancario. Secondo alcuni, è possibile che ancora oggi l'oro dei nazisti venga utilizzato per finanziare attività neonaziste in tutto il pianeta.

Un enigma senza soluzione

Alcuni negano fermamente che sia mai esistita; altri sono certi che fosse un'organizzazione segreta creata non solo per riscattare i suoi commilitoni dalla giustizia del dopoguerra, ma anche per fondare un Quarto Reich che realizzasse i sogni di Hitler; per la maggior parte degli esperti ODESSA rimane un puzzle i cui pezzi ancora non si incastrano. Con il passare del tempo, la generazione che creò ODESSA si è estinta. Otto Skorzeny, considerato la mente dell'organizzazione, morì di cancro a Madrid nel 1975, e Josef Mengele scomparve probabilmente nel 1979; entrambi, secondo alcuni, furono protetti da taluni storici e testimoni dell'epoca sono certi che la minaccia del nazionalsocialismo non fu completamente estirpata con la vittoria degli Alleati nella Seconda guerra mondiale.

In linea con questa corrente di pensiero, nel 1972 il famoso scrittore britannico Frederick Forsyth pubblicò *Dossier Odessa*, un romanzo ispirato alle attività e alla storia di questa organizzazione. È la storia di un reporter di Amburgo che, in seguito al suicidio di un vecchio ebreo, si mette alla ricerca di una rete di ex nazisti nella Germania moderna. Il romanzo di Forsyth, che usa tecniche di indagine giornalistica apprese durante l'esperienza come corrispondente per l'agenzia Reuter negli anni Sessanta, attirò immediatamente l'attenzione di milioni di lettori in tutto il mondo su questa specie di Reich nascosto nell'ombra.

Dall'altra parte c'è anche chi sostiene, come per esempio la ex spia nazista Wilhelm Hoettl, che ODESSA come organizzazione fu molto sopravvalutata dai giornalisti dell'epoca: «Funzionava più che altro come una specie di istituzione benefica nata per aiutare i gerarchi nazisti a fuggire dalla Germania per evitare di essere processati» spiega. Anche lo scrittore e investigatore Christopher Simpson crede che questa rete fu molto mitizzata: «Così come l'FBI a un certo punto diede a intendere di avere un agente dietro ogni cittadino americano, ODESSA ha sfruttato il suo alone di mistero facendo credere che in ogni gruppo di estrema destra nazista ci fosse uno dei suoi uomini».

24

Hitler e l'occultismo

L'ascesa fulminea di Adolf Hitler, che in poco meno di quindici anni passò dal più assoluto anonimato a detenere l'intero potere nella Germania nazista, ha suscitato molti interrogativi tra i suoi contemporanei e tra alcuni storici odierni, che si chiedono se fu solo un abile maestro delle cattive arti politiche o se invece seppe avvalersi di qualche forma di potere occulto. A ogni modo, è certo che fin da giovane Hitler si mostrò fermamente convinto della sua elevata missione, e il nazismo finì per costituire ben più di una semplice dottrina politica. Il Partito nazista si ispirò a gruppi occultisti nati alla fine del XIX secolo in Germania, le cui idee erano abbastanza diffuse in quegli anni nel paese; queste si combinarono con il violento rifiuto, manifestatosi agli inizi del XX secolo, del materialismo e del positivismo, e assunsero il carattere di una sorta di spiritualità che difendeva un ritorno alla natura e la ricerca delle vere forze della vita. Alcuni circoli pseudointellettuali tedeschi di fine Ottocento e inizio Novecento erano completamente rapiti da movimenti di inclinazione più o meno mistica e promossero scuole e tradizioni iniziatiche, rituali pagani e ideali di purezza nordica che influenzarono Hitler fin dalla sua gioventù.

A grandi linee, questa era la realtà in cui nacque Hitler, nel 1889, a Braunau am Inn, «una piccola città lungo il fiume Inn, di sangue bavarese e di nazionalità austriaca, illuminata dalla luce del martirio tedesco», come egli stesso la descrive. La lingua materna della sua famiglia era il tedesco, ed è alla Germania – nazione moderna e industrializzata – che Hitler si sentiva intimamente legato, arrivando perfino a idealizzarne il lontano e mitico passato. Sappiamo che da giovane Hitler voleva dedicarsi all'arte, e per questo motivo si trasferì a Vienna nel 1907, ma non riuscì a superare l'esame d'ingresso alla prestigiosa Scuola di Belle Arti. Trascorse un periodo in questa città grazie a una piccola eredità e alla vendita degli acquerelli che dipingeva; e fu qui che scoprì alcune pubblicazioni antisemite intitolate *Ostara Hefte* («I quaderni di Ostara»); Ostara era una divinità germanica poco conosciuta, la dea del Sole che si rinnova a primavera secondo Beda il Venerabile. Gli *Ostara Hefte* promuovevano una visione occultista del mondo, fondata su una grottesca lotta razziale cominciata in un passato remoto. Una delle loro teorie affermava che gli uomini-scimmia ebrei erano riusciti a sconfiggere gli ariani, stirpe di giganti semidivini, oltraggiandone le bionde donne. In questo modo gli Ebrei corrompevano la razza ariana. Un altro dei loro principi fondamentali era la profonda fede in un salvatore, un messia ariano che avrebbe restituito la grandezza al popolo germanico. Grosso modo queste furono le idee di antisemitismo estremo che Hitler abbracciò per tutta la vita.

Il primo segnale misterioso

Nel maggio del 1913 Hitler lasciò l'Austria per stabilirsi nella sua amata Germania, dove si arruolò nell'esercito appena scoppiata la Prima guerra mondiale. Di ritorno dal fronte, Hitler era solito raccontare un fatto miracoloso per dimostrare che la Provvidenza lo proteggeva. Stando alle sue parole, registrate su documenti sonori, un giorno mentre si trovava in una trincea con altri commilitoni udì una voce improvvisa che gli disse: «Alzati e spostati là». Il messaggio era così chiaro e insistente che il soldato Hitler ubbidì subito e, dopo aver percorso appena 20 metri, una bomba cadde sul luogo da cui si era allontanato, uccidendo tutti i suoi compagni.

Molti occultisti videro in questo episodio una chiara manifestazione delle forze soprannaturali che guidavano la missione del giovane Hitler. Un intervento miracoloso che non impedì la disfatta della Germania nella Grande Guerra nel 1918, circostanza che provocò un profondo malcontento sociale nel paese e numerosi scontri tra le organizzazioni dei lavoratori e i cosiddetti *Freikorps*, milizie nazionaliste composte da reduci dell'esercito tedesco sconfitto, soprattutto ufficiali, tra cui si contavano decine di disoccupati. La sconfitta aveva scatenato forti sentimenti di collera, inquietudine e umiliazione, che furono condizioni imprescindibili per la futura affermazione del partito guidato da Hitler.

Ripercorrendo la storia, sappiamo che Hitler, quando ancora era un soldato, ricevette l'incarico di sorvegliare le riunioni di un piccolo gruppo radicale, che presto si trasformò nel Partito nazionalsocialista tedesco dei lavoratori, un lungo nome spesso abbreviato in Partito nazista. In soli tre anni Hitler compì un'ascesa vertiginosa nel suo organigramma, diventandone leader – il Führer – nel 1921.

Consapevole del potere quasi magico dei simboli, una delle sue prime ossessioni fu la ricerca di un emblema potente per il suo partito, almeno quanto la falce e il martello dei comunisti. La scelta cadde sulla croce gammata, o svastica. *Svastika* è una parola sanscrita che significa «buon augurio» e rappresenta un simbolo solare dell'antica India. Il suo famoso disegno è una stilizzazione del sole, che si ritrova in culture tra loro molto lontane come l'antica Cina o l'America precolombiana. Lo stesso simbolo è stato ritrovato nelle rovine di Troia, su vasi iberici a Numanzia e su lapidi delle tribù cantabriche. Per i Greci e i Romani era un elemento decorativo, come si può ammirare per esempio nei mosaici della villa romana di Carranque (Toledo). La adottarono anche i primi cristiani, e compare nelle catacombe di Roma; secondo l'interpretazione cristiana, fornita dagli scrittori mistici medievali, si tratta di una rappresentazione di Cristo derivata dall'omega greca. In tempi più recenti, prima che fosse screditata dal nazismo, la svastica era l'emblema dell'Aeronautica militare finlandese e di quella lettone, perché la sua figura suggerisce un movimento elicoidale. In Germania, già prima dell'avvento del Partito nazionalsocialista, la croce gammata era usata da gruppi ultranazionalisti, come mostrano alcune fotografie precedenti al nazismo, in cui compaiono membri dei *Freikorps* con svastiche sui caschi.

Fu lo stesso Hitler a modificare quell'antico simbolo per conferirgli il suo caratteristico disegno: una bandiera con sfondo rosso – simbolo del sangue e dell'ideale sociale –, su cui si staglia un disco bianco – espressione del nazionalismo e della purezza della razza – con al centro la croce gammata nera.

Non è un caso che i colori rosso, bianco e nero fossero quelli della bandiera dell'Impero tedesco, il Secondo Reich (1871-1918), scelti dal suo fondatore Otto von Bismarck, il «Cancelliere di ferro», figura storica ammirata da Hitler. I colori non sono mai innocenti. La Repubblica Democratica di Weimar, che sostituì il Secondo Reich, rimpiazzò quella bandiera con una di color nero, rosso e giallo, la stessa brandita dai liberali e dai rivoluzionari prima dell'Impero. Questa bandiera verrà scelta, dopo la caduta del Terzo Reich hitleriano, sia dalla Repubblica Federale di Germania sia dalla Repubblica Democratica Tedesca.

In quel periodo il Partito nazista stava entrando nella sua prima grande crisi, da cui Hitler sarebbe uscito ancora più rafforzato. Il 9 novembre 1923 ebbe luogo il cosiddetto putsch di Monaco, o *Bierkeller Putsch* (l'insurrezione della birreria), a cui prese parte un miscuglio di ultranazionalisti capeggiati da Hitler e dall'illustre generale Erich Ludendorff, il cervello militare tedesco durante la Grande Guerra.

Hitler e le sue squadre d'assalto, le *Sturmabteilung* o SA, marciarono sul palazzo municipale di Monaco con l'intenzione di prendere il potere e avviare una rivoluzione nazionalista. Tuttavia, la polizia soffocò sul nascere il colpo di Stato uccidendo sedici membri del Partito nazionalsocialista. Hitler fu condannato per tradimento alla patria, ma il processo per lui si trasformò in una vera e propria tribuna di propaganda politica e alla fine del 1924, dopo otto mesi di reclusione, venne liberato. Uscì di prigione come un vero patriota, il difensore della Germania contro quello che definì il tradimento degli Ebrei. Il suo simbolo personale, la svastica, divenne il potente emblema dei martiri nazisti caduti a Monaco e veniva esibito in tutte le riunioni del partito che presiedeva.

A quell'epoca l'avvicinamento dei nazisti all'occultismo dipendeva dai suoi collaboratori diretti più che dallo stesso Hitler. Alcuni esperti affermano che i suoi compagni d'ideologia Hess, Goebbels e Heydrich formavano una piccola «classe» di studenti di occultismo, a cui più tardi si unì Heinrich Himmler. Rudolf Hess aiutò il Führer, imprigionato con lui nella fortezza di Landsberg dopo il putsch del 1923, a redigere il *Mein Kampf* («La mia battaglia»), la sua opera più famosa: Hitler dettava e Hess batteva a macchina, capitolo dopo capitolo. Quando Hess lasciò il carcere, qualche mese dopo Hitler, questi lo nominò suo vice, uno degli uomini più influenti del NSDAP, il Partito nazista.

Tutti i biografi riconoscono che Hitler entrò in contatto con il sinistro geografo e occultista Karl Haushofer tramite Rudolf Hess. Attraverso gli occhi di Haushofer prende vita una storia fantastica in cui gli ariani sono elevati a razza speciale: astuti, intelligenti, umani ma in contatto con gerarchie spirituali che li istruiscono, e in confronto ai quali le altre razze appaiono inferiori. Teorie che più tardi il Terzo Reich applicò con determinazione nella ricerca del superuomo e nello sterminio degli Ebrei.

Riti iniziatici

Quando uscì di prigione, Hitler creò una nuova unità paramilitare, la Schutzstaffel, meglio nota con la sigla SS. I suoi membri indossavano un'uniforme nera, giuravano lealtà personale al Führer e seguivano misteriose pratiche d'iniziazione e tortura. Il capo di questo gruppo, scelto con cura da Hitler, era Heinrich Himmler, un personaggio iniziato alle scienze occulte che divenne il secondo uomo più potente del Reich. Anche se verosimilmente fu Rudolf Hess, l'uomo di fiducia del Führer, a suggerire a Hitler l'idea di essere la possibile figura redentrice del potere teutonico menzionata da molti gruppi occultisti e antisemiti del XIX secolo, furono le idee di Himmler – convinto che Hitler fosse la reincarnazione di vari eroi e guerrieri dell'antichità germanica – a incoraggiare ulteriormente il messianismo del leader nazista.

Fedele alle sue convinzioni, Himmler reclutava gli ufficiali tra coloro che potevano dimostrare una discendenza ariana incontaminata di almeno centosettantacinque anni. Era anche persuaso che i bambini concepiti nei cimiteri nordici ereditassero lo spirito degli eroi che vi erano sepolti e, a questo proposito, pubblicò una lista dei cimiteri propizi alla procreazione.

Himmler si iniziò all'occultismo attraverso i suoi studi sul Santo Graal. Così, l'addestramento dei membri delle SS, di cui era soprintendente, prevedeva un rituale iniziatico al pari degli ordini religiosi medievali, che si svolgeva nel castello di Wewelsburg, in Vestfalia, acquistato in rovina da Himmler nel 1934 e ricostruito negli undici anni seguenti. Nel salone principale c'era una tavola rotonda decorata con croci uncinate; sotto, era stato disposto il «vestibolo dei morti», dove Himmler aveva in mente di collocare dodici urne funerarie con i resti degli eroi delle SS, per il loro culto futuro. Si trattava di chiari riferimenti alla leggenda arturiana dei cavalieri della Tavola Rotonda e all'epopea dei Dodici Pari di Carlo Magno, che fondò il Sacro Romano Impero germanico o Primo Reich, durato fino alla sconfitta dell'imperatore Francesco II d'Asburgo nella battaglia di Austerlitz (1805).

«Questo modo di intrecciare passato e presente,» spiega lo storico George Mosse «di mischiare modelli teutonici medievali con le SS ha grande importanza nella dottrina occultista, e Himmler, per quanto strano possa apparire visto il suo genio razionale per l'organizzazione, credeva nelle scienze occulte.» Credeva nel magnetismo, nel mesmerismo, nell'omeopatia, nei veggenti, nei cartomanti, nei guaritori, negli ipnotizzatori e negli stregoni; personaggi di cui si circondò per tutta la vita, fino al punto che spesso – assicurano i suoi pochi biografi – non si azzardava a prendere una decisione senza averli consultati.

Controllo mentale

Dopo la scarcerazione, le autorità tedesche proibirono a Hitler di parlare in pubblico. Il Führer approfittò di quel periodo non solo per creare le SS e riorganizzare la gerarchia del partito, ma anche per preparare il suo ritorno trionfale, che avvenne nel marzo del 1927, appena riottenuto il permesso di convocare raduni pubblici, da cui la sua autorità e il suo carisma uscirono rafforzati.

Alcuni esperti assicurano che in questo dominio delle masse ebbe grande influenza la misteriosa figura di Erik Jan Hanussen, un celebre illusionista, medium e veggente, uno dei personaggi più singolari dei primi tempi del nazismo tedesco. Le sue esibizioni paranormali erano un tema abituale delle polemiche berlinesi nei primi anni Trenta. Hitler aveva già una buona padronanza della retorica, ma Hanussen gli insegnò qualche astuzia in più sullo spettacolo e lo aiutò a perfezionare alcuni gesti teatrali abbastanza efficaci in un'epoca in cui la gente non aveva occasione di vedere gli oratori da vicino. Gli occultisti sostengono inoltre che Hanussen formò Hitler nelle tecniche di controllo mentale e dominio delle masse. Fu una presenza che non tutti i collaboratori del Führer accettavano: è risaputo che Hanussen irritava profondamente Goebbels; il futuro ministro della Propaganda lo considerava un ciarlatano da fiera camuffato da consulente autorevole.

Con o senza l'apporto di Hanussen, basta osservare i filmati dell'epoca per avvertire il terribile potere che si sprigionava dalle parole di Hitler, capaci di mobilitare intere masse, tanto da vedersi attribuiti la sensibilità di un medium e il magnetismo di un ipnotizzatore. Tuttavia, molti storici avanzano una spiegazione meno esoterica del suo potere di seduzione orale e della sua straordinaria abilità nell'influenzare gli altri e affermano semplicemente che ai tedeschi, umiliati dalla sconfitta e impoveriti dalla caotica situazione economica, piaceva ascoltare quello che Hitler diceva.

Per sostenere il suo discorso razzista e di supremazia contro i presunti traditori della patria e nemici della razza ariana, gli Ebrei, Hitler si appoggiava a una serie di movimenti politici destinati a inimicare tra loro i rivali del Partito nazista. Pur non avendo ottenuto la maggioranza nelle elezioni del 1932, Hitler assunse la cancelleria (presidenza del Governo) nel gennaio del 1933; la nomina fu salutata dai suoi sostenitori con numerose riunioni costellate di bandiere e svastiche.

A ogni modo, che l'arrivo al potere del Partito nazista fosse o no il risultato di pratiche occultiste, è certo che, dopo l'insediamento di Hitler al governo tedesco, il partito poté portare avanti i suoi piani di eliminazione della democrazia, appoggiato da ampi strati di una popolazione che si oppose appena al progetto di rivendicazione e rinascita nazionale del leader nazista. Perfino i media cambiarono tono nei confronti della maggior parte dei politici tedeschi: passarono dall'accusarli dei mali del paese, prima dell'arrivo di Hitler, a una luna di miele con il governo, tutta elogi per l'operato delle autorità hitleriane.

Collegamento tra presente e passato

Il rapporto di Hitler con il passato tedesco si afferma attraverso la sua passione per le opere del compositore Wagner e le sue eroiche saghe ispirate alle leggende e ai miti germanici. In più di un'occasione Hitler dichiarò che la sua religione si basava sul *Parsifal* wagneriano, un dramma incentrato sul cavaliere medievale germanico – un eroe nazionale – che consacrò tutta la sua vita alla ricerca del Santo Graal. Dusty Sklar, autrice del libro *The Nazis and the Occult* («I Nazisti e l'occulto»), assicura che Hitler «era fortemente attratto dall'immaginario medievale, al punto da farsi fotografare con addosso un'armatura». Fu perfino stampata una cartolina propagandistica intitolata *Der Bannerträger* (l'alfiere o portabandiera), divenuta molto popolare, che mostrava Hitler a cavallo con un'armatura completa mentre regge una bandiera nazista.

Ma c'è di più: secondo una leggenda molto diffusa, seppur di scarso fondamento, Hitler da giovane visitò la *Schatzkammer* (camera del tesoro) della Hofburg, il palazzo imperiale di Vienna, dove vide, tra i tesori storici del Sacro Impero, la Lancia Sacra. Hitler rimase affascinato da questa reliquia, che si diceva fosse la lancia che aveva trafitto il costato di Cristo in croce, come recita il Vangelo di Giovanni (19,34): «ma uno dei soldati con una lancia gli colpì il fianco, e subito ne uscì sangue e acqua». La tradizione cristiana attribuisce il gesto a Longino, il centurione romano incaricato dell'esecuzione secondo il Vangelo apocrifo di Nicodemo, e citato nel martirologio cristiano come «san Longino, soldato che con la sua lancia trafisse il costato del Signore». La Lancia Sacra venne opportunamente ritrovata nel 1098, durante la Prima Crociata, in un momento in cui i conquistatori cristiani si trovavano in grande difficoltà, assediati ad Antiochia. La scoperta della reliquia infuse così tanta forza ai crociati che sbaragliarono gli assedianti e ripresero la loro avanzata trionfale verso Gerusalemme. Presumibilmente la Lancia venne poi portata in Europa e finì ad arricchire il tesoro degli imperatori germanici.

A ogni modo, si conosce una miriade di leggende sulla Lancia Sacra, a cui vengono attribuite peripezie diverse. In una si narra che finì nelle mani di Parsifal, o Perceval, il cavaliere germanico dei racconti di re Artù e i cavalieri della Tavola Rotonda, e che i guerrieri teutonici la adottarono come talismano. Gli occultisti dell'epoca affermavano che chi avesse impugnato la Lancia avrebbe avuto in pugno anche le sorti del mondo. La leggenda vuole che Hitler, conscio del significato mistico della reliquia, cercò di impadronirsene: nel pensiero occultista uno strumento usato per un proposito tanto importante diventa un centro di potere magico. Così, il 14 marzo 1938, dopo l'annessione dell'Austria, Hitler ordinò che la Lancia fosse trasferita dall'Austria alla Germania. Venne caricata su un treno blindato e scortato dalle SS insieme ad altri oggetti del tesoro degli Asburgo, e varcò la frontiera tedesca.

Molto più attendibile di questa diceria storica è il collegamento che Hitler stabilì tra il Cristianesimo convenzionale e l'occultismo nazista. Nonostante si riferisse spesso ai suoi subordinati come ai suoi «apostoli», quest'uso dell'iconografia e della dottrina cristiana era puramente superficiale, perché il Cristo di Adolf Hitler era una figura nazionale che aveva ben pochi legami con il Gesù del Nuovo

Testamento e ancora meno con l'Antico: era il superuomo ariano. Di fatto, Hitler era violentemente anticristiano e descrisse il Cristianesimo come lo scherzo peggiore che gli Ebrei avevano fatto all'umanità. Manfred Rommel, figlio del celebre maresciallo di campo tedesco Erwin Rommel, rivelò che Hitler disse a suo padre, che era credente: «Il tuo Dio è per i deboli, il mio è per i forti».

La creazione di una nuova razza

Per poter creare il nuovo superuomo, gli scienziati nazisti effettuarono esami, prove e misurazioni di ogni tipo cercando i soggetti migliori tra i giovani tedeschi, eletti a paradigma dell'ariano perfetto, biondo e con gli occhi azzurri. Ai prescelti veniva impartita un'educazione speciale affinché sviluppassero tanto la salute e il benessere fisico come il dovuto rispetto per l'autorità. Ovviamente le loro intenzioni si spingevano oltre la semplice formazione dei giovani: aspiravano a una nuova razza di dominatori derivati dall'ideale ariano, travisando a proprio favore la teoria della selezione naturale di Darwin, secondo cui sopravvivono solo gli esemplari più forti e meglio adattatisi all'ambiente. In questo caso la razza più forte era quella del superuomo ariano.

Il comandante generale delle SS (*Reichsführer*), Himmler, fu il difensore più accanito di questa missione. Promosse lo studio sull'origine della razza ariana incaricando antropologi nazisti, tra cui Walther Darré, Schäfer e Sieberg, di investigare la questione, a volte con studi piuttosto sinistri condotti nei campi di concentramento. E sembra che Himmler, oltre a disporre misure per la procreazione della razza pura e distorcere Darwin per istigare al genocidio sistematico intrapreso negli anni finali dal Terzo Reich, avesse altre strane abitudini. Dusty Sklar riporta nel suo libro che «un professore di antropologia, analizzando alcune testimonianze dei processi di Norimberga, scoprì che era una pratica comune decapitare alcuni tra i membri delle SS che meglio incarnavano l'ideale ariano per cercare di comunicare con i maestri orientali tramite le loro teste».

I nazisti, preoccupati di avvalorare la tesi occultista secondo cui i tedeschi discendevano dai superuomini ariani, ingaggiarono una squadra di archeologi per ottenere prove materiali della relazione tra tedeschi e ariani. Dusty Sklar sostiene che ci fu un reparto delle SS incaricato di ricercare tra la popolazione di tutta l'Europa i possibili discendenti degli ariani che conservassero ancora la purezza del loro sangue. Si spinsero addirittura fino in Tibet per cercarli. Ma questo fatto è messo in dubbio da molti autori e ricercatori. A ogni modo è certo che il sogno di Hitler di far rivivere una razza di superuomini ariani che dominassero il mondo scatenò la Seconda guerra mondiale.

L'influenza di veggenti e astrologi

Il rapporto di Hitler con l'astrologia e le predizioni in generale è stato dibattuto a lungo, perché non ci sono prove che abbia mai consultato degli astrologi, sebbene in molti abbiano millantato di essere stati i guru del Führer. Di fatto, allontanava dalla sua cerchia ogni sorta di profeta: era già sufficiente lui e, inoltre, era terrorizzato dai cattivi presagi. Così, nel 1934 venne presa la prima misura contro le pratiche occultiste; la polizia di Berlino proibì ogni forma di arte divinatoria, dai chiromanti da fiera agli astrologi di professione. In seguito venne disposta la soppressione di tutti i gruppi occultisti.

Ciononostante, un oscuro astrologo, di nome Karl Krafft, divenne il personaggio chiave di uno dei più enigmatici episodi della guerra. Dopo soli due mesi dall'inizio ufficiale del conflitto, il 2 novembre 1939, Krafft predisse che la vita di Hitler sarebbe stata in pericolo a causa di un'esplosione. Sei giorni dopo, un potente ordigno distrusse la tribuna che Hitler aveva lasciato qualche minuto prima. Questa previsione gli valse la fiducia di un membro della gerarchia nazista già intrappolato nelle reti del misticismo: Rudolf Hess, allora secondo uomo per importanza, dopo il Führer, all'interno del governo nazista.

Ma dopo questa predizione bisognò attendere un anno e mezzo, fino alla primavera del 1941, per avere prova della possibile influenza di Krafft e altri veggenti su Hess. Allora la Germania dominava praticamente tutta l'Europa occidentale e il suo principale avversario era la Gran Bretagna. Per motivi sconosciuti Hess era convinto che sarebbe stato l'unico in grado di firmare un trattato di pace con il Regno Unito, e a questo scopo s'imbarcò in un pericoloso e rocambolesco volo solitario attraverso il Mare del Nord, il 10 maggio 1941. Munito di vari simboli esoterici, Hess terminò il suo viaggio atterrando col paracadute sulla Scozia e divenne il prigioniero di guerra più famoso al mondo. Quasi tutti gli storici concordano nel segnalare che Hitler era completamente estraneo ai piani di Hess. Quel giorno di maggio si era verificato l'allineamento di sei pianeti con la Luna piena, un presagio che Hess considerò enormemente favorevole per la sua missione. Dopo quel fallimento, Hitler lo allontanò, dichiarando che era impazzito a causa di astrologi e indovini.

In seguito a questa vicenda, l'intelligence britannica pensò erroneamente che anche il Führer si lasciasse guidare da disegni astrali. I servizi segreti entrarono in contatto con Louis de Wohl, un rifugiato che diceva di conoscere l'«astrologo prediletto» di Hitler, Karl Krafft, il veggente che aveva annunciato la bomba del 1939. Investigazioni posteriori rivelarono che Wohl non aveva alcuna confidenza con Krafft, ma i servizi britannici approfittarono del personaggio e del momento per creare cinquanta profezie false attribuite a Nostradamus, il famoso astrologo del XVI secolo, in cui si predicevano risultati catastrofici per i piani del Terzo Reich. Le profezie scritte da Louis de Wohl, stampate in modo che sembrassero pubblicate legalmente in Germania, vennero fatte circolare in tutto il territorio tedesco. Minare il morale del nemico è un altro modo di fare la guerra...

L'apocalisse finale

Nel 1945 la Germania era completamente assediata dai suoi nemici: le forze alleate – Gran Bretagna e Stati Uniti – da un lato, e i russi dall'altro. Col nuovo corso della guerra, Hitler praticamente scomparve dalla scena pubblica. Parte della sua energia e della sua forza provenivano direttamente dalle masse, e il suo magnetismo si indeboliva a vista d'occhio, finché nel gennaio del 1945 decise di ritirarsi nel suo bunker di Berlino, dove orchestrò il suo ultimo piano: la distruzione totale della Germania. Come prima mossa ordinò la demolizione di tutte le fabbriche, delle centrali elettriche, delle vie ferroviarie, dei ponti, delle strade e l'interruzione delle forniture di indumenti e di alimenti.

Manfred Rommel afferma che nella fase finale della guerra «Hitler ripeteva spesso che, se i tedeschi non erano capaci di vincere, meritavano la morte», un giudizio che per alcuni si rifaceva al pensiero occultista. Secondo George Mosse questa mentalità «ha la peculiarità di attribuire sempre al flusso degli eventi una fine brusca con una grande Apocalisse». Così, quando la Germania si avvicinava al collasso, la reazione di Hitler fu esattamente quella che ci si poteva aspettare dal patto di un mago con le forze del male; e, motivata dal sacrificio, cominciò un'orgia di sangue e distruzione.

Adolf Hitler sembrava ossessionato dall'idea della fine, e il 29 aprile si sposò con la sua amante, Eva Braun. Secondo alcuni storici furono, probabilmente, l'alta considerazione che aveva di sé e della sua missione sulla Terra che gli impedirono di compiere questo gesto molto prima. Il giorno dopo si ritirarono insieme negli alloggi privati del bunker e si suicidarono mentre le bombe russe cadevano su Berlino. La data della loro morte, il 30 aprile, nasconde una sinistra correlazione, tanto da spingere alcuni a credere che non fu scelta a caso: coincideva con la notte di Valpurga, una delle celebrazioni più importanti per i seguaci del satanismo. Per la Germania la morte del Führer ebbe l'effetto di un incantesimo spezzato. Nel giro di una settimana la Germania nazista si arrese incondizionatamente e il regno della svastica giunse alla sua fine.

Alcuni esperti affermano senza esitare che l'occultismo risiedeva alla base dei crimini che differenziarono il nazismo dalle altre dittature: la guerra contro gli Ebrei, ispirata a una visione occultista dell'umanità, divisa in superuomini e creature subumane. Lo sterminio sistematico degli Ebrei fu l'obiettivo principale del suo regime; un fine che Hitler mise nero su bianco nel suo testamento politico, dettato poche ore prima della morte, e in cui chiamava ancora alla lotta contro l'Ebraismo.

Anni dopo, cercando di spiegare perché avevano seguito il cammino di crimini e barbarie disegnato da Hitler, alcuni cittadini tedeschi sostennero che i poteri occulti del Führer si erano impadroniti della loro volontà. Al contrario di chi crede nella forza intrinseca dei rituali, dei simboli e della magia, gli scettici sostengono che il potere dell'occultismo risiede solo nel dominio che una persona riesce a esercitare su coloro che credono in esso. Nel marzo del 1936 Hitler fece una dichiarazione che riassumeva con precisione la fede nelle forze occulte che guidava il suo spirito: «Seguo il cammino che la Provvidenza mi indica» disse «con la sicurezza di un sonnambulo».

25

Il Treno Fantasma dei nazisti

Il ruolo della Resistenza nell'Europa occupata è valutato in modo diverso dagli storici. Soltanto nei Balcani e nelle immense aree dell'Unione Sovietica occupate dopo l'invasione tedesca del 1941 ci furono numerosi gruppi di partigiani che realizzarono importanti azioni militari durante la guerra, al punto che Jugoslavia, Albania e Grecia si liberarono da sole. Nell'Europa occidentale il coinvolgimento della popolazione avvenne in modo diverso nei diversi paesi, dalla resistenza pacifica e passiva, ma quasi unanime, dei danesi, fino al caso della Francia in cui la collaborazione fu più diffusa della Resistenza. Ciononostante, dopo lo sbarco alleato in Normandia del giugno 1944, quando fu chiara la sconfitta dell'Asse, il numero dei partigiani e delle loro azioni crebbe moltissimo.

In generale si può dire che nell'Europa occidentale la Resistenza non ebbe un peso militare significativo, in quanto il suo apporto alla causa alleata era quello di fornire informazioni, realizzare azioni di spionaggio e sabotaggio o organizzare reti intese a facilitare la fuga, attraverso la Spagna o la Svezia, di prigionieri scappati dai campi di prigionia, di aviatori abbattuti, di perseguitati politici o di Ebrei.

In Belgio era attiva una rete dedita a salvare i piloti alleati abbattuti dal fuoco tedesco e ad aiutarli a fuggire attraverso la rete della Linea Cometa (*Le Réseau Comète*) seguendo una rotta che attraversava tutta l'Europa per arrivare fino ai Pirenei, e lungo la quale si trovavano contatti e case sicure per potersi nascondere. Gli uomini e le donne della Linea Cometa belga furono i protagonisti di una delle storie più straordinarie della guerra: quella del convoglio che fu chiamato il «Treno Fantasma».

Tutto ebbe inizio quando, nel 1940, i tedeschi attraversarono la frontiera belga sconfiggendo rapidamente sia l'esercito nazionale sia le truppe britanniche accorse per fornire aiuto. Inizialmente, il governo militare nazista insediatosi a Bruxelles cercò di presentarsi come la forza che aveva liberato il popolo belga dall'imperialismo britannico.

A questo contribuì l'atteggiamento accomodante del re di fronte all'occupazione e la collaborazione di molti belgi, soprattutto fiamminghi, sedotti dall'ideologia fascista. Ma dopo lo sbarco in Normandia, nell'estate del 1944, la pressione alleata si fece sempre più forte e Heinrich Himmler, comandante della Gestapo, decise di inviare in Belgio Richard Jungclaus, un comandante più autoritario, perché governasse con un pugno di ferro. Come membro della Gestapo, la polizia nazista, Jungclaus avrebbe dovuto incaricarsi di soffocare qualsiasi azione sovversiva che la popolazione civile, animata dall'avanzamento inarrestabile degli Alleati, avesse potuto organizzare.

Al suo arrivo, Jungclaus si trovò di fronte a un problema logistico: nella prigione di Saint-Gilles di Bruxelles, erano già rinchiusi millecinquecento prigionieri. Cosa avrebbe potuto fare di tutti quei prigionieri politici che occupavano la prigione? Poiché erano nemici del Reich, Jungclaus decise di applicare la «soluzione finale» e inviarli tutti a un qualche campo di sterminio tedesco. A questo scopo, ordinò di rinchiudere i prigionieri – quasi tutti membri della Resistenza belga, più una cinquantina di piloti alleati – in un treno speciale composto da vagoni per il trasporto di bestiame in cui furono stipati senza pietà.

L'appoggio della Resistenza

In quel 1944, il tenente statunitense John Bradley si trovava nell'ultimo vagone, occupato da militari che, prima di essere stati catturati, erano riusciti a nascondersi dai tedeschi, perlomeno per un certo tempo. Il suo viaggio fino al Treno Fantasma era iniziato due anni prima quando, venticinquenne, si era arruolato nelle Forze Aeree. La sua prima destinazione era stata l'Inghilterra, dove giunse nel 1943. Il 5 novembre di quello stesso anno, il pilota statunitense decollò dalla sua base per bombardare la città di Gelsenkirchen. La sua missione prevedeva venticinque passaggi con il suo aereo e quel giorno stava realizzando il passaggio numero 24. Fu colpito e il suo velivolo prese fuoco, per cui dovette abbandonare l'aereo in fiamme e lanciarsi con il paracadute. Quando raggiunse terra, racconta Bradley in un resoconto dettagliato trascritto alla fine della guerra da sua moglie Barbara, mentre lui era convalescente dalla tubercolosi, domandò da che parte dovesse dirigersi per andare in Germania e si allontanò correndo in direzione opposta. Pochi giorni più tardi, sua moglie ricevette un telegramma delle Forze Armate in cui le si diceva che Bradley era scomparso durante un'azione.

Bradley era precipitato in Olanda. Travestitosi con un'uniforme avuta in prestito da un poliziotto, iniziò il viaggio che lo portò fino a Bruxelles, dove sperava di poter entrare in contatto con la rete della Linea Cometa per lasciare il paese. Alcuni membri della Resistenza lo nascosero in casa di belgi antinazisti insieme a un suo compatriota, il sergente Royce MacGillvary. Una notte, la Gestapo bussò alla porta ed entrambi dovettero fuggire da un'uscita sul retro, portando con sé solo ciò che indossavano. Vagarono per la campagna belga, fino a che, cinque mesi più tardi, furono catturati.

Il capitano Alfred Sanders, pilota di un B-24, fu un altro degli americani che viaggiarono su quel convoglio. Durante un bombardamento lampo su Lipsia, in Germania, l'aereo di Sanders fu colpito, tutti i motori si guastarono e tanto lui quanto l'equipaggio si lanciarono col paracadute, disperdendosi poi nei dintorni della città belga di Ronquières. Caso volle che un fotografo riuscisse a catturare quell'immagine e Sanders ricevette la fotografia per posta dopo la guerra. L'aereo si incendiò immediatamente, ma i militari americani furono subito circondati da un gran numero di belgi che si incaricarono di nasconderli. Sanders alloggiò presso quattordici famiglie diverse, persone coscienti del pericolo che correvano ospitando un militare nemico.

Un giorno, un agente infiltrato della Gestapo lo ingannò dicendogli che il Tribunale di Bruxelles gli avrebbe fornito i documenti necessari per uscire dal paese. Sanders, come tanti altri, finì a Saint-Gilles, la prigione della Gestapo nella capitale belga. Nonostante i tentativi degli ufficiali tedeschi, Sanders non fornì informazioni sui membri della Resistenza e la loro attività. D'altra parte, questi ultimi facevano sempre in modo che le persone da loro protette non venissero a conoscenza di informazioni che potessero farli scoprire in caso di cattura: Sanders non aveva praticamente nulla da raccontare.

La connessione tra sopravvissuti

Il canadese Stuart Leslie fu un altro dei piloti prigionieri del Treno Fantasma. Aveva soltanto ventidue anni e pilotava un aereo della Royal Canadian Air Force. Rientrando alla base dopo un bombardamento sulla frontiera tra Belgio e Francia, fu avvistato e raggiunto dagli aerei tedeschi. Unico sopravvissuto, Stuart Leslie arrivò fino a una fattoria i cui residenti parlavano soltanto francese, ma lì accanto viveva una ragazza, Elizabeth Regout, che conosceva un po' d'inglese. «Ricordo che per prima cosa mi portarono una bottiglia di gin e degli abiti» racconta Leslie. Durante la sua permanenza presso la fattoria, Leslie dovette seguire una routine particolare. Di giorno restava sulla terrazza della fattoria e di sera usciva a passeggiare con Elizabeth o con Alice, sua sorella, ma sempre indossando abiti femminili, in modo che chi lo avesse visto da lontano lo avrebbe scambiato per una donna.

Poco tempo dopo, nel tentativo di farlo uscire dal paese, la Resistenza lo inviò a Bruxelles. Là restò sotto la protezione di Louise Schouppe, un'attivista della Resistenza. Ma Leslie tornò a fuggire e rifugiarsi in campagna per un altro paio di mesi. Un giorno incontrò per caso due persone che non erano belghe come gli era inizialmente parso: si trattava di John Bradley e Royce MacGillvary, che si nascondevano già da diverse settimane. Di comune accordo, proseguirono la fuga insieme, ma furono arrestati da una pattuglia di controllo tedesca a Namur, nel sud del Belgio. Erano quasi riusciti a farla franca, ma uno dei poliziotti nazisti volle eseguire un'ultima perquisizione e così scoprì la piastrina d'identificazione di MacGillvary.

I piloti furono condotti al Petit Château di Bruxelles, luogo in cui la Luftwaffe, l'aviazione nazista, teneva i suoi prigionieri. Secondo il regolamento di guerra, i militari trovati senza uniforme potevano essere fucilati immediatamente con l'accusa di spionaggio, ma se avessero confessato l'identità di coloro che li avevano aiutati a fuggire, potevano essere trattati come prigionieri di guerra. Alla fine, tutti e tre furono inviati alla prigione della Gestapo di Saint-Gilles.

Lì si trovava anche Elisabeth Regout, molto coinvolta nelle attività della Resistenza da quando aveva aiutato Leslie a fuggire. Elizabeth ricorda che le condizioni in cui erano tenuti i prigionieri erano drammatiche, «le celle erano buie e asfissianti, piene di scarafaggi e con soltanto tre materassi per sei persone». In quella cella, Elisabeth scoprì un nome scritto sulla parete: Stuart Leslie. Il pilota canadese era stato nella stessa cella che ora occupava lei. Mentre il carcere di Saint-Gilles si riempiva sempre più di prigionieri, la situazione dei tedeschi mutava, giacché le forze alleate, dopo lo sbarco in Normandia del 6 giugno 1944, continuavano a guadagnare terreno. Quel giorno, il capo della Resistenza belga Herman Bodson e un gruppo di uomini esperti di sabotaggio, nascosti in un bosco, avevano l'incarico di far saltare la linea telefonica tra Parigi e Berlino. Specializzato in esplosivi, Bodson riuscì nel suo intento di interrompere le linee di comunicazione tedesche. La posizione dei tedeschi continuava a peggiorare.

Un viaggio terrificante

La liberazione di Parigi alla fine di agosto aumentò la pressione sperimentata da Richard Jungclaus di fronte alle continue sconfitte tedesche. Approfittando della recente liberazione della capitale francese, vari diplomatici di paesi neutrali, quali la Svezia, cercarono di negoziare con Jungclaus la liberazione dei prigionieri politici di Bruxelles, ma questi optò per la misura più drastica possibile, forse in un ultimo disperato tentativo di dimostrare il potere nazista agli Alleati che si avvicinavano sempre di più alla capitale belga.

Il 1° settembre, Jungclaus ordinò che i prigionieri di Saint-Gilles fossero portati alla Gare du Midi di Bruxelles, caricati su un treno e inviati in Germania. Alle due del mattino, tutti i prigionieri furono trasportati in camion fino alla stazione e lì obbligati a entrare in vagoni per il trasporto del bestiame. Le condizioni erano ancora più disumane di quelle già vissute nelle celle senza finestre di Saint-Gilles. In ogni vagone, invece delle quaranta persone corrispondenti alla capacità massima, se ne stiparono più di cento. L'aria e la luce entravano soltanto dalle fessure delle assi delle pareti e per le necessità corporali v'era a disposizione soltanto un secchio, unica «latrina» per tutto il vagone.

Ma non erano soli in questo viaggio drammatico. I ferrovieri a cui era stato dato ordine di preparare il treno per la partenza tranquillizzarono i passeggeri promettendo loro che avrebbero fatto tutto il possibile perché il treno non potesse partire. Con il sabotaggio di una pompa di carburante, quella stessa notte iniziò una lunga catena di ritardi e avarie che rendevano i tedeschi sempre più furiosi. Operazioni che in teoria non erano altro che semplici preparativi di routine si prolungarono fino al mattino successivo. Non erano soltanto gli operai e i meccanici a darsi da fare: il macchinista che doveva sostituire il collega del turno di notte disse di essere malato, cosa che causò ulteriori ritardi nella revisione del treno e dei binari prima della partenza alla volta della Germania. Infine si trovò il macchinista Louis Verheggen. Anni più tardi, Verheggen avrebbe confessato che gli ufficiali delle SS che lo custodivano si erano fatti premura di fargli sapere fin dall'inizio che qualsiasi tentativo di sabotaggio da parte sua gli sarebbe costato la vita e, per essere più convincenti, lo avevano minacciato varie volte con le armi, mentre era intento al lavoro.

Il treno non riuscì a partire prima del tardo pomeriggio. Gli uomini di Jungclaus avevano ordinato che si dirigesse verso Malinas, una città a 20 chilometri da Bruxelles, dove sarebbe stato raccolto anche un gruppo di Ebrei. Quel viaggio durò otto ore. Le difficoltà che si presentarono lungo il cammino furono innumerevoli: i segnali imponevano di fermarsi e gli scambi deviavano il treno nella direzione sbagliata. Si prevedeva che il treno sarebbe arrivato verso mezzanotte.

Due sparizioni in poche ore

Nel frattempo, i diplomatici stranieri proseguivano le trattative con l'inflessibile Jungclaus a Bruxelles. Ci fu un momento in cui sembrò che Jungclaus avrebbe ceduto: fu quando un medico tedesco gli disse che la Resistenza belga minacciava di attaccare i soldati tedeschi sui loro stessi treni se i prigionieri non fossero stati liberati. Jungclaus optò comunque per non liberarli, però decise che non li avrebbe portati in Germania ma li avrebbe consegnati alle autorità belghe. Nel frattempo, nessuno dei ferrovieri, nemmeno il macchinista Verheggen, era al corrente del nuovo ordine di Jungclaus e tutti si sforzavano per ritardare al massimo l'avanzare del treno.

Verheggen sapeva che a Malinas il serbatoio d'acqua era stato distrutto e quindi, pur non avendone bisogno, chiese dell'acqua con l'intenzione di portare il convoglio fino alla vicina città di Muizen. Lì il treno si fermò per la notte, ma gli impiegati della stazione si dimenticarono di informare Bruxelles che il treno era lì e non a Malinas. A mezzanotte, a Bruxelles, Jungclaus cedette e inviò a Malinas il telegramma che ordinava il rientro del treno. Ma il treno non era là. Per le autorità e i negoziatori di Bruxelles, il convoglio dei prigionieri si era trasformato nel Treno Fantasma.

Il 3 settembre, dopo diverse ore di ritardo, gli ufficiali SS di Muizen ricevettero il telegramma di Jungclaus. Con gli inglesi che si spostavano rapidamente lungo la frontiera con la Francia, avanzando di 120 chilometri in undici ore, l'amministrazione nazista di Bruxelles era ormai alle corde. Jungclaus, esperto di tattiche di repressione di polizia, ma meno esperto di tattica militare, fu nominato comandante militare della regione belga, ma non fu capace di raggruppare i suoi uomini per respingere l'attacco britannico.

Intanto, nella città di Muizen, il macchinista Louis Verheggen riusciva a far partire il treno verso Bruxelles in meno di trentacinque minuti. Sospettava che l'ordine di rientro fosse una trappola e, una volta nelle vicinanze della Gare du Midi, prese improvvisamente un'altra direzione, lasciando il convoglio in un terminale merci chiamato Petite-Île.

I nazisti sembravano non rendersi conto della cosa, o quantomeno pareva non dessero grande importanza a tutti questi movimenti del treno. La capitale del paese si trovava in una situazione di vero caos e gli inglesi erano ormai molto vicini. Si sentiva il rumore degli spari e dei colpi di cannone e i tedeschi erano ovunque tranne, appunto, nella stazione di Petite-Île, un luogo isolato dal resto della città, e così, per la seconda volta in un breve arco di tempo, il treno dei prigionieri di Saint-Gilles spariva.

La liberazione e la fuga

Gli uomini della Croce Rossa non trovarono il Treno Fantasma prima delle undici di mattina. Elizabeth Regout racconta: «Ci dissero che avevano negoziato la nostra liberazione ma poiché i tedeschi erano ancora presenti nella zona, c'era la possibilità che ci sparassero se fossimo usciti allo scoperto». Due ore più tardi, le porte dei vagoni furono aperte, ma la liberazione dei prigionieri non fu completa, perché nessuno aprì il vagone in cui c'erano i piloti alleati. Forse i nazisti che li avevano catturati erano fuggiti dalla stazione dimenticandosi di loro.

Trascorsero altre sei ore e giunse la notte del 3 settembre. I piloti riuscirono ad aprire la porta del vagone e, non sapendo che i guardiani nazisti erano fuggiti, iniziarono a uscire in silenzio, uno alla volta, per timore di essere scoperti. Stuart Leslie e Alfred Sanders ricordano che avevano così tanta paura che si convinsero che i tedeschi stavano sparando loro alle spalle mentre scappavano.

Sanders riuscì a fuggire attraversando i sobborghi industriali della città, fino ad arrivare al canale centrale di Bruxelles, dove si riunì con John Bradley e Royce MacGillvary. Quando videro una chiatta attraccata al pontile, si avvicinarono e intavolarono con l'equipaggio un dialogo assurdo fatto di mescolanze di lingue diverse. Il saluto del capitano olandese fu «Regina Guglielmina». La regina Guglielmina d'Olanda, insieme a tutto il governo, aveva abbandonato il suo paese quando i tedeschi lo avevano invaso. Stabilitasi a Londra, aveva mantenuto nell'esilio la legittimità dello Stato olandese. Gli antinazisti olandesi la considerarono sempre un simbolo, a differenza del re Leopoldo III del Belgio che invece rimase sul trono durante l'occupazione nazista. A quel saluto, Alfred Sanders rispose immediatamente «Presidente Roosevelt» e il capitano della chiatta disse «mio compagno», si affacciò per vederli e domandò in olandese che cosa volessero. John Bradley disse in inglese «pilota americano». Il capitano comprese e dopo questo breve scambio di frasi d'identificazione permise loro di salire sulla chiatta per trascorrere la notte.

Quella notte, mentre i piloti fuggivano, i primi uomini della fanteria motorizzata britannica entravano in Bruxelles. Il mattino seguente, quando i tre piloti alleati si svegliarono sulla chiatta olandese, la liberazione della città era ormai completa. Le strade brulicavano di persone che avanzavano correndo verso il centro, sempre più affollato. All'incrocio di due grandi viali videro infine l'esercito alleato dentro Bruxelles.

Nel frattempo, Jungclaus era riuscito a lasciare il Belgio e a tornare in Germania, dove fu degradato dai suoi superiori come punizione per avere perso il Belgio. Inviato in Jugoslavia, morì durante una scaramuccia contro la Resistenza nel 1945.

Oggi il tenente John Bradley è convinto che la liberazione del Treno Fantasma fu un simbolo per la popolazione belga che andò ben oltre la solidarietà con i prigionieri. Nonostante gli anni trascorsi, gli amici e i commilitoni sopravvissuti continuano a riunirsi nella basilica nazionale di Koekelberg, a Bruxelles, per ricordare la loro esperienza del 1944 e rendere omaggio ai compagni deceduti della Linea Cometa. Anche il Treno Fantasma ha subito le conseguenze del trascorrere del tempo. Di lui restano soltanto due vagoni di legno, conservati in un deposito della società ferroviaria nazionale belga.

MISTERI RELIGIOSI

26

I manoscritti del Mar Morto

Nel 1947, sulle alte scogliere da cui si domina il Mar Morto, venne ritrovato un gruppo di importanti manoscritti che attirarono l'attenzione del mondo intero. Sessant'anni dopo, gli stessi manoscritti conservano ancora il loro mistero. Sono in lingua ebraica, aramaica e greca, e alcuni riportano chiaramente i libri dell'Antico Testamento, ma è ancora aperto il dibattito su chi li abbia redatti. Alcuni studiosi pensano che potrebbe trattarsi degli esseni, membri di una comunità religiosa esistita più di duemila anni fa le cui idee sembrano anticipare il Cristianesimo. Dato che risalgono al periodo in cui nacque il Cristianesimo, i ricercatori speravano di trovarci le prove dell'esistenza del Gesù storico, ma ancora non è emerso nulla di concreto. Oggi le antiche pergamene sono studiate da occhi nuovi che, seguendo indizi affascinanti, danno ai testi interpretazioni inedite. Grazie all'impiego di tecnologie innovative e di strumenti ideati dai moderni medici legali, i ricercatori sono in grado di individuare nuove piste e seguirle fino a grotte inesplorate che potrebbero contenere altri testi. Con il computer e i raggi infrarossi si scoprono di volta in volta parole invisibili a occhio nudo. Questi testi, a differenza del Nuovo Testamento, non sono mai stati corretti o ritoccati: potrebbero forse svelare qualche segreto sulla cristianità o su Gesù stesso? Potrebbero contenere qualcosa di tanto compromettente da mettere in discussione, o addirittura smentire, la tradizione così come è giunta fino a noi?

Le rive del Mar Morto, 395 metri al di sotto del livello del mare, sono il luogo più basso e più arido della Terra. I manoscritti del Mar Morto furono ritrovati in undici grotte situate in un tratto di costa lungo 3 chilometri, tra scogliere spettacolari. Queste pergamene rivoluzionarono il mondo dell'archeologia e diedero una gigantesca mole di lavoro a storici e traduttori, che ancora oggi non hanno finito di studiarle. E non è tutto: gli esperti sperano di trovarne altre; per questo nella zona ci sono sempre spedizioni che usano moderni radar a penetrazione per cercare eventuali grotte nascoste. Secondo tutti gli esperti, il potenziale culturale e storico del luogo è enorme. La speranza di trovare nuovi documenti che possano fornire ulteriori indizi incoraggia a proseguire le ricerche nel deserto della Giudea, lo stesso che secondo i vangeli fu attraversato da Gesù e in cui parlò Giovanni Battista.

Il ritrovamento

Nel 1947, un pastore beduino di nome Mohamad ed-Dhib (il Lupo) che cercava una capra sperduta lanciò un sasso in quella che oggi viene chiamata grotta numero 1. Dal rumore che fece sembrò che avesse colpito della ceramica, o comunque non una roccia normale.

Nella grotta il giovane pastore trovò dieci vasi, di cui uno conteneva vari oggetti avvolti con cura nel lino. Di ritorno all'accampamento dove lo aspettavano i cugini più grandi Jumaa Mohamad e Khalil Musa, anche loro beduini della tribù Ta'amireh, mostrò loro una lunga striscia di pelle su cui comparivano scritte incomprensibili. I tre pastori capirono subito di aver trovato qualcosa di antico, ma non avevano idea di quale potesse essere la sua età. In seguito vendettero le pergamene a un calzolaio di Betlemme, soprannominato Kando. Kando non poteva stimarne il valore, ma era un arabo cristiano della Chiesa ortodossa siriaca e gli sembrò che i manoscritti fossero in siriaco antico, decise quindi di offrirli al metropolita (equivalente dell'arcivescovo) Mar Athanasius Yeshue Samuel, capo della Chiesa siriaca di Gerusalemme. Le trattative durarono tre mesi e alla fine Mar Samuel pagò a Kando 24 lire palestinesi (97 dollari), di cui 16 andarono ai beduini autori del ritrovamento.

Chi avrebbe mai immaginato che quei fagotti sudici e strappati contenessero il più importante gruppo di manoscritti della storia, in grado di gettare uno sguardo nella mente degli Ebrei che più di duemila anni fa combattevano per le strade di Gerusalemme in nome delle loro convinzioni religiose? Doveva però passare mezzo secolo prima che si riuscisse a decifrarli e ancora oggi gli esperti hanno teorie divergenti riguardo all'interpretazione storica di questi documenti misteriosi.

Le grotte in cui furono ritrovati i manoscritti erano state create artificialmente per nasconderli: sono infatti piene di buchi in cui probabilmente erano fissati dei ripiani, come nelle moderne biblioteche. «La maggior parte dei manoscritti del Mar Morto fu trovata nella grotta numero 4. In origine dovevano esserci circa 375.000 frammenti di testo impilati fin quasi a raggiungere il soffitto, insieme a fango, roccia e feci... insomma tutto ciò che si era accumulato con il passare degli anni» spiega Robert Eisenman, professore dell'Università statale di Long Beach (Stati Uniti) e autore di *Giacomo, il fratello di Gesù*. Nella grotta si poteva leggere e, inoltre, era «un buon posto per nascondere i manoscritti in caso di attacchi dei nemici» segnala il professor James C. Vanderkam, dell'Università di Notre Dame, membro dell'équipe internazionale incaricata dell'edizione e della traduzione dei manoscritti, nonché esperto di testi sacri ebraici.

I testi risalgono per lo più al periodo tra il 200 a.C. e il 66 d.C., e tra essi vi sono i più antichi testi in lingua ebraica giunti fino a noi dell'Antico Testamento. Ventiquattro dei manoscritti biblici trovati nella grotta numero 4, che corrispondono al *Deuteronomio* e ai libri di *Giosuè*, dei *Giudici* e dei *Re*, hanno circa mille anni più dei testi ebraici conosciuti fino ad allora. Inoltre, tra i documenti più antichi e interessanti, compaiono più di seicento testi settari o non biblici. E da qui comincia l'emozionante lavoro di interpretazione dei manoscritti: il contenuto dei testi biblici era noto perché erano copie dei libri dell'Antico Testamento, ma i testi settari rappresentano una novità assoluta e forniscono informazioni sulla situazione della Giudea al momento della nascita del Cristianesimo. Gli esperti si aspettavano grandi rivelazioni. Gli studiosi della Scuola americana di studi orientali che esaminarono i manoscritti furono i primi a rendersi conto di quanto fossero antichi. Negli anni Quaranta, la confusa situazione politica della zona creò non poche difficoltà ai ricercatori; le grotte erano situate nella parte della Palestina posta sotto il mandato britannico prima della nascita di Israele. Quando furono ritrovati i manoscritti scoppiò la guerra che divise il territorio del mandato tra Giordania, Egitto e il nuovo Stato ebraico, e la zona delle grotte finì sotto la sovranità giordana. Il 12 aprile 1948, a Baltimora, il reporter W.F. Albright diffuse un comunicato che, per quanto oscurato dalle notizie sul conflitto, conteneva un dato importante sulle pergamene: disse infatti che appartenevano all'epoca dei Maccabei, di Erode e, quindi, di Gesù.

Per anni le ricerche rimasero bloccate. Le guerra nella regione non facilitò lo studio dei manoscritti, anche se, dato il loro valore, se ne cercarono altri nelle scogliere vicine, mentre prendeva il via un commercio di documenti di origine ancora poco chiara. La grotta più importante rimase la numero 4, ma padre de Vaux (della Scuola biblica e archeologica francese di Gerusalemme) e G. Lankester Harding (del Dipartimento per le antichità della Giordania) con la prima spedizione scientifica organizzata nel febbraio 1949, esplorarono in tutto duecentosettantasette grotte, e in trentasette di queste trovarono tracce della presenza dell'uomo; molte avevano contenuto dei manoscritti e ciò significava che nel mercato nero delle antichità circolavano numerosi frammenti. Peggiorò la situazione l'idea dell'équipe che scoprì la grotta numero 4 di offrire ai beduini trenta piastre per ogni centimetro quadrato di testo che avessero trovato: andò a finire che le pergamene più grandi furono fatte a pezzi per ottenere una maggiore ricompensa, complicando ulteriormente il lavoro di conservazione e in seguito di interpretazione. Per poter completare il puzzle, gli storici dovevano procurarsi il maggior numero di pezzi possibile. All'inizio del 1949, durante una parentesi nella guerra tra arabi e israeliani per la proclamazione dello Stato di Israele, il Servizio archeologico giordano, con la collaborazione del Museo Archeologico della Palestina, iniziò l'esplorazione sistematica delle grotte e gli scavi nell'area circostante, e i lavori andarono avanti per circa un decennio.

Nel 1954, il metropolita Samuel mise in vendita sul «Wall Street Journal» quattro manoscritti del Mar Morto. Nel febbraio del 1955 lo Stato di Israele li comprò anonimamente per 250.000 dollari e si mise all'opera per costruire il Santuario del Libro, un padiglione del Museo di Israele progettato appositamente per esporre i manoscritti, la cui forma richiama quella dei vasi in cui furono ritrovati. I manoscritti del Mar Morto diventarono un simbolo dell'identità del nuovo Stato, che fece di tutto per procurarsene il maggior numero possibile. Nel Santuario del Libro se ne possono ammirare alcuni dei più spettacolari, come per esempio il grande «Rotolo di Isaia» spiegato in tutta la sua lunghezza, ma vi sono esposte anche diverse copie e alcuni documenti risalenti alla Seconda rivolta giudaica (132-135 d.C.).

I manoscritti contenevano tutti i libri dell'Antico Testamento tranne quello di *Ester*, e costituivano un grande tesoro per il Giudaismo dato che sono ancora più antichi della Bibbia così come la conosciamo oggi. Alcuni storici li ritengono il seme da cui nacque il Giudaismo e pensano che anche il Cristianesimo potrebbe avere la stessa origine. Oggi questo legame non è ancora stato provato, ma il lavoro di interpretazione dei frammenti non è ancora giunto a una conclusione.

Non tutti i documenti ritrovati sono però testi biblici. Uno dei più affascinanti è il cosiddetto «Rotolo di Rame» (attualmente custodito nel Museo di Amman), che dovette essere tagliato a strisce per consentirne l'apertura; conteneva un elenco di tesori e di sessanta luoghi in diversi punti della Palestina. Un altro manoscritto, chiamato «Rotolo del Tempio», riportava una serie di norme stabilite direttamente da Dio che regolavano la vita della setta degli esseni, e istruzioni dettagliate per la costruzione di un Tempio di Gerusalemme che non aveva niente a che fare con quello di Erode, già esistente all'epoca. Questo rotolo, conservato a Betlemme dal famoso calzolaio Kando che voleva venderlo per 1.300.000 dollari, fu invece confiscato dagli israeliani dopo la vittoria nella Guerra dei sei giorni (1967).

Il Giudaismo come base del Cristianesimo

Le grotte erano vicine a un'antica comunità chiamata Qumran, sulle rive del Mar Morto, in particolare la grotta numero 4. Oggi le rovine di Qumran cuociono in silenzio sotto il sole, ma per gli archeologi queste pietre parlano chiaro. La fine dell'insediamento fu violenta, probabilmente dovuta a un attacco militare da parte dei Romani, e si pensa che prima fosse abitato da un gruppo di Ebrei eterodossi, gli esseni (anche se alcuni esperti ritengono che potrebbe essersi trattato dei sadducei). Secondo lo storico Flavio Giuseppe gli esseni erano uno dei tre principali gruppi ebraici dell'epoca, insieme ai farisei e ai sadducei. Al tempo di Gesù, parlarono di questa setta lo storico romano Plinio e gli ebrei Giuseppe e Filone. «Credo si possano definire radicali. Si consideravano custodi del giusto stile di vita. Pensavano di essere gli unici a interpretare correttamente la Legge di Mosè e cercavano di vivere nel rispetto di questa legge» osserva il professor Vanderkam.

In osservanza della Legge di Mosè, conducevano una vita austera e ricercavano la purificazione attraverso bagni rituali, che ripetevano dalle tre alle sette volte al giorno, cosa per niente facile nel deserto. Per questo motivo avevano costruito un elaborato sistema che consentiva di canalizzare l'acqua piovana da Gerusalemme, a una trentina di chilometri da lì, e di farla convergere dalle scogliere verso piccoli acquedotti che finivano nelle cisterne in cui la conservavano per uso personale e per i bagni rituali. Oltre a tutto il materiale archeologico, nelle grotte furono ritrovate delle specie di cisterne dotate di scale in modo che le persone potessero immergersi per i rituali di purificazione. «Dall'esame dei documenti, soprattutto quelli con le norme comunitarie, emerge che i bagni erano un rito quotidiano per i membri della comunità» fa notare Robert Eisenman.

Gli esseni erano vegetariani, non ammettevano le donne all'interno della comunità e dopo la morte lasciavano agli altri membri tutti i loro averi. Tra le rovine, gli archeologi hanno trovato resti di quello che secondo alcuni potrebbe essere uno scriptorium usato dagli scribi per copiare le sacre scritture del Vecchio Testamento. «Molti sono testi poetici come i salmi, ma esprimono le idee di questo gruppo. Ce ne sono diversi che parlano del futuro, del messia, della fine della guerra...» dice ancora Vanderkam.

Il professore di storia ebraica dell'Università di Chicago Norman Golb crede che la varietà dei testi contenuti nei manoscritti sia prova del fatto che non furono tutti originari di Qumran, ma che alcuni potrebbero essere stati portati in salvo durante un attacco dei Romani. «I posti in cui furono ritrovati» dice Golb «sono collocati dentro e intorno al Uadi di Qumran. La storia degli Ebrei di Gerusalemme in quel periodo suggerisce che potrebbero essere stati costretti a portare via i manoscritti dalla città. È probabile che abbiano percorso i passaggi segreti di cui parla Flavio Giuseppe nelle *Guerre giudaiche* e li abbiano nascosti nelle grotte, nelle cisterne e in tutto il territorio vicino al Mar Morto, con la speranza di poterli recuperare e riportare a Gerusalemme una volta finito il flagello.» Secondo il suo parere però, non furono gli esseni a trasportarli, dato che all'epoca non avevano ancora una grande importanza. «Giuseppe disse che non ce n'erano più di quattromila in tutta la Palestina, solo una piccola percentuale della grande quantità di Ebrei che abitavano la città.»

Anche se l'opinione di Golb è molto rispettata, la maggioranza degli studiosi continua a ritenere che i custodi degli scritti ebraici del Mar Morto fossero gli esseni di Qumran.

A prescindere dalla loro provenienza, questi manoscritti rimangono un'importante testimonianza del contesto storico del I secolo della nostra era. «Ci mostrano qual era il pensiero del popolo ebraico in un momento cruciale della sua storia» afferma Golb. Il periodo tra il II-I secolo a.C. e il I secolo d.C. fu un'epoca di immensi successi. I Romani occupavano la Palestina e sul popolo ebraico regnava una dinastia straniera, sostenuta da Roma. La Prima rivolta giudaica, nel 66 d.C., fu sedata da Tito che nel 70 conquistò Gerusalemme e la rase al suolo insieme al Tempio (non quello di Salomone, ma di Erode) simbolo della nazione ebraica. L'ultima resistenza degli insorti sfociò nei sanguinosi eventi di Masada. Masada è un monte scosceso di 396 metri che si innalza vicino al Mar Morto, con un pianoro in cima su cui il re Erode aveva costruito una fortezza inespugnabile per difendersi dagli invasori, se non addirittura dal suo stesso popolo. Lì si rifugiarono un migliaio di nazionalisti radicali, detti zeloti. Le altissime mura della fortezza erano inattaccabili, ma i Romani, con grande pazienza, costruirono un imponente terrapieno che ancora oggi lascia i visitatori a bocca aperta, e che consentì loro di accedere alle mura con le macchine da guerra. Gli zeloti non erano in grado di contrastare i legionari romani e non ci provarono nemmeno: quando cominciò l'assalto incendiarono la fortezza e si suicidarono in massa. Gli unici a sopravvivere furono due donne e cinque bambini che erano sfuggiti al suicidio rituale nascondendosi nei depositi d'acqua sotterranei. Tra il 133 e il 135 ci fu una seconda rivolta, ma anche questa fu sedata dai Romani con grande determinazione. In entrambi i casi, i sopravvissuti furono espulsi in massa dalla loro terra, dando inizio alla diaspora ebraica.

Mentre accadeva tutto questo, i pensatori ebraici tentavano di conciliare le loro credenze e la Legge di Mosè con le costanti sofferenze che pativa il loro popolo. Gran parte di queste riflessioni è contenuta nei manoscritti settari del Mar Morto, dove si parla di apocalisse, di una guerra finale, del messia che verrà in loro soccorso... «Sono idee singolari, preziose, e ci consentono di vedere da dove proviene il Cristianesimo» afferma Eisenman.

Similitudini tra i testi

I primi a studiare i manoscritti si resero subito conto del grande valore che avevano per l'Ebraismo, ma capirono anche che potevano intaccare il Cristianesimo. Cominciarono a confrontare le parti che apparivano simili tra il Nuovo Testamento (l'aggiunta cristiana alla Bibbia ebraica) e i manoscritti del Mar Morto. Così facendo scoprirono che alcuni pensieri appartenuti agli antichi Ebrei ed espressi nelle pergamene hanno una certa somiglianza con le idee dei primi testi cristiani. Per esempio, negli *Atti degli Apostoli* (4,32-37 e 5,1-10), si descrive come nella Chiesa primitiva, la cosiddetta Chiesa di Gerusalemme, i seguaci di Gesù offrissero i loro beni alla comunità perché fossero usati da chi ne aveva più bisogno. Molti ricercatori ricollegano quest'usanza a quella in vigore nel gruppo degli esseni, associato ai manoscritti: per entrare a far parte di questa comunità bisognava consegnare qualsiasi proprietà privata per eliminare le distinzioni di ricchezza.

Altre similitudini si riscontrano, secondo Eisenman, tra il «Documento di Damasco» e il Nuovo Testamento cristiano. Il cosiddetto «Documento di Damasco» non è altro che un antenato dei manoscritti del Mar Morto. Fu trovato nel 1987 nella *genizah* (un deposito per i testi inutilizzabili) di una vecchia sinagoga del Cairo, dallo studioso Solomon Schester. Il testo risaliva al Medioevo e conteneva informazioni preziose sulla setta degli esseni, che a un certo punto erano fuggiti in massa da Gerusalemme diretti a Damasco. A sorpresa, nelle grotte del Mar Morto comparvero frammenti di copie del «Documento di Damasco» risalenti a un migliaio di anni prima del manoscritto del Cairo.

Vari testi del Nuovo Testamento ricordano passaggi del «Documento di Damasco»: quello in cui compare l'espressione «gettare le reti», che riprende la simbologia dei cristiani come pescatori (*Matteo*, 13,47); i riferimenti al calice che «è la nuova alleanza nel mio sangue» (*Luca*, 22,20), secondo il resoconto dell'Ultima Cena che fanno i tre vangeli sinottici e il testo della via nel deserto. Vanderkam sostiene che entrambi i gruppi abbiano accolto la profezia di *Isaia* 40,3: «Nel deserto preparate la via al Signore».

«Dai manoscritti» spiega Eisenman «si intuisce che si trovano nel deserto della Giudea ad attendere l'arrivo di Dio. Nel Nuovo Testamento, nei quattro vangeli, si parla di Giovanni Battista e della voce che gridava nel deserto, esortando a preparare la via del Signore.» Per alcuni studiosi è possibile che Giovanni Battista abbia vissuto per un certo periodo con la comunità di Qumran, dato che nei vangeli (*Matteo* 3,1-3, *Marco* 1,4, *Luca* 1,80 e 3,2-4) si dice che visse nel deserto, proprio in questa zona.

«Non sappiamo» aggiunge «se qualche seguace di Gesù abbia letto i manoscritti, ma di certo in questi testi ritroviamo alcune delle idee del Nuovo Testamento. Si ripetono intere frasi. Come quando gli autori dei documenti del Mar Morto si definiscono "figli della luce" e chiamano i loro rivali "figli delle tenebre"; le stesse espressioni vengono utilizzate nel Nuovo Testamento.» Gli esseni scrissero che Dio aveva diviso l'umanità in due fazioni. Una, formata da loro, era quella dei figli della luce. Chi era al di fuori della comunità era invece un figlio delle tenebre, e andava evitato in quanto impuro; questa seconda fazione comprendeva vari nemici del gruppo radicale, tra cui i sacerdoti del Tempio di Gerusalemme, i farisei, i sadducei, san Paolo, i Romani o chiunque non rispettasse alla lettera la Legge di Mosè. Gesù Cristo si riferisce ai «figli della luce» in *Luca* 16,1-9, in contrapposizione ai «figli del mondo», e, secondo l'interpretazione di alcuni esperti, questi versetti potrebbero racchiudere una critica agli esseni per il loro stile di vita, soprattutto per il rifiuto dei peccatori che contrasta con l'idea cristiana dell'amore universale.

Su questa linea, molti affermano che i manoscritti provano qualcosa che gli storici accademici sospettavano da lungo tempo: il Cristianesimo non costituì un'innovazione o una rottura del sistema ebraico, ma ne fu la continuazione, anche se in seguito subì influenze cosmopolite che lo differenziarono dall'Ebraismo. Per Eisenman non c'è alcun dubbio a riguardo: questi testi sono una conferma del fatto che il Cristianesimo nasce da radici ebraiche. Egli ritiene che la versione del Cristianesimo di Paolo di Tarso (un ebreo cosmopolita che viveva fuori dal ristretto ambiente della Palestina ed era un cittadino romano) non è altro che una rivisitazione delle forme strettamente ebraiche, portate in Grecia e a Roma e trasformate in una religione universale che accettava anche i gentili. I primi cristiani erano però ebrei ed erano intrisi della cultura del loro popolo (compresa quella letteraria e filosofica). «È questo che hanno rivelato i documenti del Mar Morto,» indica Eisenman «cioè che il Cristianesimo quantomeno prese in prestito concetti, idee e testi da questi manoscritti, per poi evolversi e differenziarsi dall'Ebraismo.» Il linguaggio era simile, ma con l'evoluzione del Cristianesimo cambiò il contesto. «Credo che chiunque leggerà questo documento vi ci ritroverà tutti i tratti distintivi del Cristianesimo: battesimo, immersioni nei fiumi, purificazione del corpo, Spirito Santo, battesimo dell'anima, pulizia dell'anima, creazione di una via nel deserto... Solo che la via è legata alle leggi imposte da Mosè» continua Eisenman.

Per la maggior parte degli studiosi, i riferimenti all'apocalisse e al messia sono un'interpretazione delle difficoltà dell'epoca, caratterizzata dalla lotta contro un esercito occupante, quello romano, nonché un tentativo di capire come si potessero affrontare le turbolenze politiche con l'aiuto di Dio.

I movimenti messianici dei manoscritti non fanno riferimento a Gesù, ma ci sono prove che dimostrano che «aspettavano l'arrivo di due messia: un discendente di Davide e un sacerdote. Nel Nuovo Testamento, Gesù è il messia che discende da Davide, stando alle genealogie presenti nei vangeli, ma mostra anche aspetti sacerdotali, soprattutto nella *Lettera agli Ebrei*» dice Vanderkam. In effetti, in questa lettera di san Paolo, indirizzata probabilmente alla comunità cristiana di Gerusalemme, si paragona Cristo al re-sacerdote Melchisedec (*Ebrei* 7,17).

Un tesoro ancora da scoprire

Gli scribi del Mar Morto utilizzavano come supporto per i loro testi pergamene in pelle di capra e carta fatta con fibre di papiro. Anche se alcuni dei manoscritti, che risalgono a duemila anni fa, sono ancora in buono stato, ci sono migliaia di frammenti molto deteriorati. Gli scienziati di diverse istituzioni archeologiche portano avanti da anni un lavoro chirurgico per salvare questi frammenti e utilizzano gli strumenti più moderni per svelarne i segreti. L'opera di restauro procede dal momento della scoperta. Il primo passo fu quello di correggere gli errori dei precedenti proprietari, come per esempio l'avere unito i frammenti con del comune nastro adesivo. Poi è stato necessario occuparsi del restauro dei supporti di cuoio, rovinati dall'elevatissima salinità ambientale della zona. Altre équipe di ricerca internazionali sono impegnate da anni nella soluzione del più grande enigma del mondo, ma il lavoro di traduzione di questi antichi manoscritti è decisamente complicato non solo per l'enorme quantità di testi e per le condizioni non ottimali dei frammenti, ma anche per la calligrafia complicata in cui sono scritti, che presenta poche vocali e parole spesso scritte attaccate, in modo che diano luogo a diverse interpretazioni a seconda di come vengono separate.

Bruce Zuckerman, professore presso l'Università della California del sud, e la sua équipe hanno creato un software per pulire i testi più difficili da leggere. «Spesso, nei manoscritti del Mar Morto come in altre iscrizioni antiche, la lettura di una singola lettera può cambiare il senso di interi pezzi di storia o religione» racconta Zuckerman. «A volte io e i miei colleghi ci ritroviamo seduti a un grande tavolo tentando di risolvere settecento puzzle, ognuno con diecimila pezzi tutti in disordine.» Questo dà un'idea delle difficoltà che i ricercatori stanno incontrando nell'interpretazione dei manoscritti. Grazie al suo lavoro con il computer, il professor Zuckerman sta illuminando alcune zone oscure di questi testi, chiarendo nuove parole e consentendo una maggiore comprensione grazie alla riparazione di alcune lettere e al riempimento di spazi in bianco. Il suo metodo consiste nell'utilizzare raggi di luce infrarossa per vedere attraverso la sporcizia che si è accumulata con il passare del tempo.

Uno dei testi era scritto su una lunga e delicata lamina di rame, cosa molto insolita. Mentre il 25 per cento degli altri documenti erano copie di libri sacri, il «Rotolo di Rame» sembrava essere la mappa di un tesoro, con un elenco delle ricchezze che lo costituivano e indicazioni su dov'erano sepolti l'oro e l'argento. Il testo indica sessanta luoghi diversi in cui potrebbe trovarsi una copia dello stesso documento con la sua interpretazione. «La mia teoria è che esistano due documenti che sono come una serratura e una chiave, e sono necessari entrambi per arrivare a sapere dove si trova il tesoro» dice Zuckerman. È anche possibile che il tesoro non esista. In molti hanno seguito le indicazioni e ancora non hanno trovato niente. Però è un mistero che continua ad affascinare.

E non è l'unico mistero contenuto nei manoscritti. Molti riferimenti a luoghi o persone sono codificati: un ostacolo in più per arrivare a comprenderne il significato. Contengono pochissimi nomi, e non è menzionato Gesù, ma questo potrebbe anche voler dire che gli scribi utilizzarono parole cifrate. I riferimenti a paesi e individui sono spesso nascosti sotto codici o epiteti, e anche sotto vari giochi di parole non sempre facili da comprendere. Secondo molti ricercatori, l'impiego di parole cifrate potrebbe essere un metodo per sfuggire alle persecuzioni.

In tutti i manoscritti compaiono espressioni come «Maestro di Giustizia», «sacerdote malvagio», «Kittim», e c'è chi pensa che si riferiscano a Gesù o a Giovanni Battista, mentre gli storici ritengono che gli scribi stessero solo descrivendo i loro nemici e le problematiche del tempo. Per esempio, si pensa che il Maestro di Giustizia fosse il fondatore degli esseni, e il sacerdote malvagio una persona con cui erano in disaccordo o il portatore di un messaggio differente. La cosa certa è che non c'è nessun manoscritto che attesti con certezza un'influenza fondamentale su Gesù, Pietro o sui primi cristiani. Gli studiosi concordano su questo punto, ma anche sul fatto che questi documenti abbiano un grande valore come fonte storica unica nel suo genere che fornisce dati preziosi sulla vita del popolo ebraico in un'epoca determinante, quella in cui ebbero luogo le infruttuose rivolte contro l'occupazione romana che sortirono come risultato finale la dissoluzione del regno ebraico, la distruzione del suo simbolo principale (il Tempio di Gerusalemme), e la dispersione del popolo ebraico attraverso una diaspora di duemila anni. Parallelamente, uno dei tanti gruppi eterodossi dell'Ebraismo, quello cristiano, si allontanò dalla radice comune per dare inizio a un percorso che lo avrebbe portato a diventare la cultura dominante nel mondo.

«L'unico gruppo che sopravvisse fu quello dei cristiani che seguivano gli insegnamenti di san Paolo, cioè la Chiesa cristiana di san Paolo, che si convertì poco dopo la crocifissione di Gesù.» Eisenman crede che da qui nasca il Cristianesimo come lo conosciamo oggi, e che la sua origine sia da ricercare tra i gruppi ebraici autori dei manoscritti del Mar Morto. «Paolo fu preparato da questa comunità. Il suo vocabolario riflette l'istruzione ricevuta presso questo gruppo. È evidente che lo abbandonò a causa di qualche screzio. Quando Paolo e altri come lui portarono questo materiale all'estero, nel mondo greco-romano, assorbirono elementi delle religioni misteriche, come il culto di Osiride» sostiene Eisenman. E fu allora che il Cristianesimo cambiò, quando smise di circolare solo tra gli Ebrei e le loro tradizioni persero d'importanza. «Ci furono notevoli cambiamenti, ma la base resta comunque l'Ebraismo» afferma Vanderkam. «I membri della comunità di Qumran furono sterminati, ma ci hanno lasciato i loro documenti, e noi abbiamo avuto la fortuna di scoprirli nel XX e XXI secolo» aggiunge Eisenman. Quasi tutti gli studiosi concordano su un punto: i manoscritti del Mar Morto provano che cristiani ed Ebrei condividono un passato comune, anche se a qualcuno l'idea non piace.

27
Alla ricerca dell'Arca di Noè

L'Ararat, a 5.200 metri sul livello del mare, è la montagna più alta della Turchia e la più grande al mondo per volume. Il suo nome in armeno significa «la madre del mondo»; i turchi la chiamano Agri Dagi, «il monte impervio», mentre gli iraniani significativamente dicono Kuhi Nuh, «la montagna di Noè».

La sua cima è ricoperta da una crosta di ghiaccio permanente di 40.000 metri quadrati e spessa 91 metri. Se a questa sommiamo temperature che arrivano fino ai 40 gradi sotto zero e venti di 160 chilometri orari, si delinea un ambiente difficile e pericoloso per la scalata. Il monte sorge nella parte orientale della Turchia, vicino al confine con l'Armenia e l'Iran e a soli 240 chilometri dall'Iraq. L'area è quasi interamente militarizzata ed è molto difficile ottenere un permesso per esplorarla. Nonostante tutte queste difficoltà, l'Ararat è stata la mecca dei cercatori dell'Arca di Noè per tutto il XX secolo, senza contare le molteplici testimonianze di chi, nel corso di duemila anni, ha assicurato di poter provare che l'Arca si incagliò proprio lì, come indica l'Antico Testamento. In tempi più recenti, Rex Geissler, co-curatore dell'opera The explorers of Ararat *(«Gli esploratori dell'Ararat»), ha dichiarato di aver riunito le testimonianze di circa settanta persone che assicurano di aver visto con i propri occhi un oggetto a forma di barca sotto i ghiacci del monte Ararat.*

La storia dell'Arca di Noè, riportata nei capitoli dal sesto al nono del libro della *Genesi*, narra di un'enorme imbarcazione costruita su ordine di Dio per salvare dal diluvio Noè e la sua famiglia, e «degli animali puri e di quelli impuri ... un maschio e una femmina» (*Genesi*, 7,8-9). Quando si placò il diluvio «nel settimo mese, il diciassette del mese, l'arca si posò sui monti dell'Ararat» (*Genesi*, 8,4).

Il sentimento religioso degli uni e lo spirito avventuriero degli altri ha spinto un elevato numero di persone a realizzare un'ascensione molto rischiosa sul monte Ararat, in cerca di una reliquia la cui esistenza è messa in dubbio da molti studiosi. Tuttavia, la religione cristiana, quella ebraica e l'Islam credono in Noè e nella sua Arca.

Se ci atteniamo alla narrazione biblica, il versetto 15 del capitolo sesto della *Genesi* dice che l'Arca di Noè era lunga 300 cubiti, che equivarrebbero a una misura tra i 135 e i 274 metri. Sulle sue dimensioni esatte c'è grande discrepanza tra gli storici, perché ci sono divergenze sull'effettiva lunghezza di questa unità di misura. La maggior parte degli studiosi ebrei ritiene che il cubito corrispondesse a circa 45 centimetri. Quindi l'Arca sarebbe stata lunga 135 metri, larga 22,5 e alta 13,5, con una superficie disponibile di più di 9.000 metri quadrati, suppergiù l'equivalente di venti campi di pallacanestro. La Bibbia non precisa neppure dove si arrestò l'Arca. La *Genesi* dice che si diresse ai monti di Ararat, e non al monte. Il problema della localizzazione si pone perché Ararat era anche il nome di un regno che, agli inizi del secondo millennio avanti Cristo, si estendeva su un raggio di 483 chilometri attorno all'omonimo monte, tra il fiume Aras e il Tigri. Si tratta dell'Urartu dei documenti assiri, citato anche nella Bibbia come il luogo in cui si rifugiarono i figli del re Sennacherib dopo aver ucciso il padre (2 *Re*, 19,37). Da qui nasce la confusione di molti cercatori.

Riferimenti storici

È certo che in ogni angolo del mondo esistono molte storie simili di arche alla deriva. Il Corano, riprendendo abbastanza fedelmente la *Genesi*, fa un racconto dettagliato del diluvio e di come Dio salva Noè nella sura XI, versetti 27-51, dove dice che «l'arca si posò sul monte al-Jûdî» (versetto 44), un massiccio montuoso alto quasi 4.000 metri situato nella regione di Mossul, nel Kurdistan iracheno.

L'*Epopea di Gilgamesh*, incisa con caratteri cuneiformi su alcune tavolette ritrovate a Ninive, la capitale assira, è probabilmente la fonte a cui si ispirò il racconto biblico e narra in prima persona l'approdo di un'arca sul monte Nisir, a nordest di Babilonia. Il mito indù del diluvio contenuto nel *Satapatha Brahmana* fa riferimento a una «montagna del nord», dove Manu assicura la sua barca a un albero su consiglio del suo amico, il pesce gigante.

I Greci citano il monte Parnaso o le montagne della Tessaglia come porto della nave di Deucalione e Pirra dopo il diluvio della mitologia ellenica. Leggende simili si ritrovano dall'Alaska al Perù. Tutte le civiltà antiche, infatti, narrano di una grande alluvione che distrusse il mondo e di una nave salvatrice, e questo ci porta a pensare che si tratti di un mito fondatore di molti popoli arcaici e che, in seguito, venne adottato dal Cristianesimo.

«Quasi tutti i cercatori dell'Arca arrivano all'Ararat per una combinazione di fede e richiamo sensazionalistico del luogo» ritiene B.J. Corbin, studioso e co-curatore del libro *The explorers of Ararat*. Un richiamo che cominciò già nell'anno 275 a.C., con uno dei racconti sul diluvio mesopotamico scritto da Beroso, un sacerdote caldeo del dio Bel, poi ripreso dall'erudito cristiano Eusebio di Cesarea, detto il «padre della storia ecclesiastica». Lo storico ebreo del I secolo d.C., Flavio Giuseppe, cita i pellegrinaggi alle reliquie dell'Arca di Noè.

Tra gli altri avrebbe intrapreso la scalata al monte Ararat per contemplare l'Arca anche l'apostolo san Giacomo – patrono dell'Armenia e della Spagna –, e per questo ai suoi piedi venne eretto un monastero intitolato al santo. Questa piccola costruzione sorgeva nei pressi del villaggio di Arguri, che nella tradizione armena era stato fondato nel primo luogo abitato da Noè dopo il diluvio, dove aveva costruito un altare per offrire sacrifici a Dio. Infatti, in lingua armena «egli cominciò a piantare una vigna» (*Genesi*, 9,20) si dice «*argh urri*», perciò il nome del villaggio alludeva al noto episodio di Noè e il vino. Ad Arguri c'era un solo albero, che secondo gli abitanti del luogo era un'asse dell'Arca che, piantata nel terreno, aveva messo radici. L'albero, il villaggio e il monastero vennero distrutti da un'eruzione vulcanica nel 1840 e non ne rimane più alcuna traccia.

Nel 1274 il re Aitone d'Armenia scrisse che sulla vetta del monte Ararat, «il più alto che esiste», si scorge «un grande oggetto nero» che è l'Arca di Noè. Anche Marco Polo nei suoi viaggi descrisse di aver incontrato testimoni che situavano l'Arca sulla cima dell'Ararat.

Nel 1829 emersero nuove testimonianze sull'Arca. Dopo la sua spedizione sul monte Ararat, l'esploratore tedesco Friedrich Parrot – il primo occidentale a raggiungere la vetta – raccontò nel suo libro *Reise zum Ararat* («Viaggio sull'Ararat») di aver visto un frammento dell'Arca nel monastero di Echmiadzin. Nel 1876, quarantasette anni dopo, il nobile inglese James Bryce tornò dall'Ararat con una prova – assicurò – dell'esistenza dell'imbarcazione biblica. A 4.000 metri di altitudine aveva rinvenuto un pezzo di legno poco più lungo di un metro e in apparenza lavorato a mano. Tuttavia, non potendone determinare l'antichità, il ritrovamento fu semplicemente ignorato.

Dopo questo episodio la ricerca dell'Arca venne abbandonata. Le teorie evoluzionistiche di Darwin mettevano seriamente in discussione i racconti biblici, e si optò per altre spedizioni archeologiche più rilevanti per accattivarsi l'opinione generale, come gli scavi di città omeriche nell'ultimo terzo del XIX secolo o la scoperta della tomba di Tutankhamon nel 1920. Nel 1936 il giovane archeologo neozelandese Hardwicke Knight riaccese l'interesse per l'Arca rinvenendo delle enormi assi sotto i ghiacci sul versante nord del monte Ararat, ritrovamento che innescò mezzo secolo di incessanti investigazioni, ricerca di prove e voci sull'esistenza e la localizzazione dell'Arca di Noè, che durano ancora oggi.

Tre anni dopo la scoperta di Hardwicke Knight, la rivista cristiana «The New Eden» pubblicò una singolare storia secondo cui nel 1917 il pilota russo Vladimir Roskovitski avvistò un'imbarcazione grande quanto un blocco di case mentre sorvolava il monte Ararat. Dopo aver sentito il suo racconto, lo zar Nicola II inviò una spedizione militare sul luogo per scattare alcune fotografie e si diceva perfino che avesse fatto girare alcune immagini su pellicola cinematografica. Questi documenti vennero inviati allo zar qualche giorno prima della Rivoluzione russa ma, presumibilmente, i bolscevichi intercettarono la squadra della spedizione e le foto durante le rivolte. Tuttavia, quarantasette anni dopo, l'editore di «The New Eden», Floyd Gurley, confessò di essersi inventato la storia del pilota russo, una farsa a cui ancora in molti ammettono di aver partecipato.

Negli anni Quaranta continuò l'avvistamento di resti dell'Arca di Noè sul monte Ararat, finché nel 1955, e per la prima volta nella storia, vennero filmate immagini del luogo. Queste riprese sono parte di un documentario realizzato dall'ingegnere francese Fernand Navarra durante una sua visita all'Ararat, accompagnato dal figlio tredicenne Raphaël. Navarra raccontò la sua esperienza nel libro *J'ai trouvé l'arche de Noé* («Ho trovato l'Arca di Noè»), dove, proprio come nel documentario, narra di quando, dopo quattro giorni di scalata, gli sembrò di avvistare del legno sul fondo di un crepaccio profondo 12 metri. Navarra, sicuro che si trattasse dell'Arca, cercò di calarsi fin lì, ma si rese conto che, sebbene il legno fosse perfettamente visibile, era coperto da una spessa crosta di ghiaccio. Riuscì comunque a sezionarne un pezzo lungo 1,5 metri. Negli anni Cinquanta non era stata ancora inventata la datazione con il carbonio 14; a ogni modo, gli esami disponibili allora stabilirono che il reperto risaliva a circa 5000 anni prima, un risultato che combaciava con la maggior parte delle date proposte dagli storici biblici per il Diluvio Universale. Questa scoperta, che non è stata avvalorata da alcuna autorità accademica, motivò ulteriormente i cercatori dell'Arca.

Nuove piste

La ricerca dell'Arca prese una nuova strada quando nel 1960 la rivista «Life» pubblicò delle immagini fornite da un esperto dell'aviazione turca, il capitano Ilhan Durupinar. Le foto mostravano una depressione o un solco a forma di barca – da allora chiamato Durupinar in onore del suo scopritore – scavato nella roccia a 24 chilometri a sud dell'Ararat, simile per sagoma e dimensioni all'ipotetica Arca di Noè. Nello stesso anno la Fondazione di ricerche archeologiche si recò in Turchia per studiare quella struttura e stabilì che si trattava probabilmente di una formazione lavica che non sembrava modellata da alcuna imbarcazione.

Tuttavia, la Fondazione raccolse fondi per compiere una nuova spedizione nel 1969, che sarebbe stata guidata da Fernand Navarra. Gli scavi diedero il risultato sperato: trovarono altro legno sotto i ghiacci. Quando il materiale venne analizzato, confrontandolo con quello estratto da Navarra nel 1955, si scoprì che erano identici per tipo ed età: una varietà di quercia irreperibile nel raggio di centinaia di chilometri. Ed è proprio questa la prova su cui si basano i difensori dell'esistenza dell'Arca di Noè: se questa specie non è originaria dell'Ararat, il modo più semplice con cui poteva aver raggiunto quei 5.000 metri era navigando sull'acqua. Ma, anni dopo, quando venne effettuata la datazione con il radiocarbonio, risultò che la quercia aveva tra i millesettecento e i millenovecento anni, molti meno di quanto si era pensato in principio. Fu una scoperta scoraggiante per i cercatori dell'Arca: gli alberi erano troppo giovani per essere stati adoperati nella costruzione della nave.

La Fondazione non si perse d'animo e volle un secondo parere, quello dell'inventore del metodo di datazione mediante carbonio 14, Willard F. Libby. Secondo Elfred Lee, membro della spedizione e disegnatore specializzato in archeologia, «Libby chiarì che la tecnica del carbonio 14 in certi casi può non essere affidabile, in particolare se i campioni sono contaminati, proprio come apparivano i frammenti di legno estratti dall'Ararat». Ma neanche questa spiegazione fu sufficiente a convincere gli scettici, e presto cominciarono a levarsi voci contro Navarra, da storici islamici che assicuravano che la zona era densamente popolata di alberi prima dell'anno 1000 d.C. a una guida della prima spedizione, del 1955, che sosteneva di aver visto Navarra comprare il legno in una località vicina al monte Ararat. Malgrado le posizioni più scettiche, questa vicenda contribuì a diffondere il dibattito e le testimonianze sull'Arca di Noè.

Elfred Lee, che partecipò alla spedizione del 1969, ricevette a casa sua, negli Stati Uniti, la chiamata di un anziano di origine armena, George Hagopian; l'uomo gli raccontò che in un'epoca in cui il suo villaggio natale pativa da quattro anni un'intensa siccità e sulle vette era rimasta solo una piccola macchia di neve, uno dei suoi zii gli rivelò che suo nonno e altri patriarchi del luogo avevano già visto l'imbarcazione di Noè. Allora, approfittando delle condizioni climatiche, salirono sul monte Ararat. L'Arca era lì, sul bordo di un precipizio, con una scala laterale che non toccava terra. Hagopian si arrampicò sul tetto dell'Arca e si affacciò dalle circa cinquanta grandi finestre – stando alla sua testimonianza – dell'imbarcazione. «È possibile che l'Arca di cui parla George Hagopian si trovi sotto i ghiacci nella gola di Ahora» afferma Elfred Lee. La gola di Ahora è una profonda fenditura sul versante nord del monte Ararat.

Ma le testimonianze di questa straordinaria visione non si fermavano lì. Ed Davis fu un altro dei testimoni che contattarono Lee assicurando di aver avvistato l'Arca da una distanza di meno di un chilometro e mezzo. Membro del corpo del genio dell'esercito statunitense, Davis stava costruendo una rotta logistica attraverso l'Iran nell'estate del 1943. Durante una pausa, il suo amico e autista, un giovane di nome Badi, civile incorporato nell'esercito, lo portò sul monte Ararat per mostrargli l'Arca. Come Hagopian, anche Davis mantenne il segreto per molti anni. Non si conoscevano tra loro, e Hagopian era morto già da tempo quando Davis rivelò quello che aveva visto. L'arca descritta dall'americano giaceva sul fondo di una grossa voragine, spaccata in due, probabilmente a causa di uno dei frequenti movimenti sismici della regione. Stando alle sue parole, conteneva grandi gabbie in legno di diverse dimensioni e altre più piccole in ferro. Tuttavia questo metallo non venne adoperato fino al 1500 a.C.; perciò, rispettando alla lettera la cronologia biblica, Noè avrebbe scoperto il ferro quasi mille anni prima, nel 2300 a.C.

Le vivide esperienze e immagini racchiuse in disegni da Elfred Lee animarono una nuova generazione di cercatori dell'Arca. Purtroppo, a causa della recrudescenza del conflitto curdo, la zona venne chiusa agli esploratori fino al 1982, quando fu riaperta grazie agli sforzi dell'ex astronauta James B. Irwin, l'ottavo uomo che sbarcò sulla Luna e il primo a guidare un *buggy* sulla superficie lunare nel 1971. Membro del gruppo religioso High Flight Foundation, Irwin effettuò sette spedizioni sul monte Ararat in Turchia negli anni Ottanta. Da nessuna emerse la prova definitiva dell'esistenza dell'Arca. Morì d'infarto nel 1991 senza aver raggiunto il suo obiettivo.

Dopo la revoca del blocco nel 1982, varie spedizioni si sono recate sul luogo ma senza ottenere prove concrete dell'esistenza della mitica Arca di Noè e senza fornire piste decisive sul suo approdo finale. Curiosamente questa lunga lista di ricerche infruttuose e di scoperte timidamente accolte dalla comunità scientifica non ha fatto altro che accrescere la febbre dell'Arca. Tra il 1985 e il 1991 vennero realizzate più di venti spedizioni sul monte Ararat e cominciarono a circolare fotografie e video delle immagini che fino ad allora erano state viste solo in disegno. Nel 1989 il giornalista turco Ahmet Ali Arslan, che aveva scalato l'Ararat più di cinquanta volte come guida di esploratori stranieri, fotografò, da una distanza di 200 metri, una formazione rettangolare coperta dal ghiaccio sull'altopiano occidentale. Venne prontamente organizzata una nuova spedizione, con una squadra di esperti americani e turchi, per sondare la zona con il radar, ma gli apparecchi usati erano così primitivi che si ottennero scarsi risultati. Prima di riuscire a portare attrezzature più complesse, le autorità turche chiusero nuovamente la montagna agli esploratori. Da quel momento si riuscì a effettuare solo qualche raro studio, ad analizzare voracemente le immagini della gola di Ahora e dell'altopiano occidentale riprese da un elicottero, che però sono così sfocate da non poter rappresentare una prova convincente.

Gli esploratori degli anni Novanta e la CIA

Dopo gli scarsi risultati delle spedizioni degli anni Ottanta, esploratori come Ron Wyatt e David Fasold s'interessarono a Durupinar, il complesso geologico a forma di barca scoperto dal capitano Durupinar, che inizialmente non era stato preso in considerazione. Sebbene i loro metodi non fossero considerati molto ortodossi dalla maggior parte della comunità scientifica, riuscirono a mostrare delle striature a forma di scafo nella roccia. Nei pressi di Durupinar venne rinvenuto un frammento di ceramica su cui era disegnata una figura umana con un martello in mano, che recava l'iscrizione NOACH al contrario, parola che potrebbe identificarla con Noè. A pochi chilometri scoprirono anche un cimitero con lapidi che potevano essere appartenute all'Arca; una di esse aveva otto croci, forse simbolo degli otto umani che nel racconto biblico viaggiavano sulla nave, e altre sono identiche alle ancore in pietra usate tradizionalmente dagli Ebrei.

Mentre alcuni investigatori cercavano di localizzare l'Arca a Durupinar, venne intrapresa una ricerca ben diversa tra i documenti dei servizi d'intelligence statunitensi. Le voci si erano diffuse già dagli anni Settanta. Si diceva che esistessero fotografie militari e istantanee riprese dai satelliti della CIA, dichiarate riservate. Nessuno sapeva se fosse vero o no. Porcher Taylor, oggi professore all'Università di Richmond (Virginia), cominciò a interessarsi al mistero dell'Arca di Noè quando era allievo dell'Accademia militare di West Point, nel 1973. Nell'istituto girava voce che un satellite spia statunitense KH-9, a 643 chilometri dalla Terra, avesse deviato accidentalmente la traiettoria della sua fotocamera durante una normale missione di vigilanza del corridoio turco-sovietico: invece di identificare i missili di una base sovietica, a 64 chilometri dal monte Ararat, riprese immagini del monte stesso. Gli analisti fotografici della CIA individuarono in queste foto la prua di una barca che spuntava da un ghiacciaio.

Vent'anni dopo, quando lavorava come avvocato in Florida, Taylor assistette a una conferenza tenuta dal dottor George Carver, che era stato dirigente della CIA negli anni Settanta. Quando venne il momento delle domande, si azzardò a chiedere chiarimenti sulle voci che aveva sentito durante la sua permanenza a West Point a proposito dell'Arca di Noè. «Il dottor Carver rispose che la CIA non si occupava dell'Arca di Noè, ma che in effetti quelle fotografie esistevano» racconta Taylor. Quel giorno del 1993 Carver lo invitò a seguire con lui la questione dell'Arca e Taylor accettò. «Carver mi avvertì subito di non pronunciare mai le parole "Arca di Noè" se non volevo vedermi chiudere in faccia tutte le porte dei servizi segreti» spiega. Finalmente, nel 1995, dopo due anni di richieste formali e di trattative nell'ombra, Taylor e Carver convinsero il Pentagono a declassificare alcune fotografie riprese da una missione di ricognizione statunitense nel 1949. Le foto erano state catalogate con la dicitura «L'anomalia dell'Ararat». Quest'anomalia è rappresentata da un'enorme sporgenza che emerge dai ghiacci nell'angolo a nordovest dell'altopiano occidentale del monte Ararat. Nelle foto si osserva una struttura curva e orizzontale in apparenza fabbricata dall'uomo. Neppure questa prova viene considerata decisiva perché le immagini non sono state riprese da una distanza tale da poter determinare con esattezza cosa sia la misteriosa forma sotto il ghiaccio.

Porcher Taylor scoprì negli archivi del servizio segreto immagini più nitide, ma classificate ancora come top secret, scattate da aerei spia U-2 e satelliti KH-11, capaci di fotografare un pompelmo dallo spazio. «Nonostante il fatto che all'interno dei servizi di spionaggio» racconta Taylor «si riconosce sottovoce che "l'anomalia dell'Ararat" è un'arca, tutte le mie richieste di declassificare le immagini sono state respinte.» Il motivo, secondo Taylor, è che, se si trattasse di una formazione geologica, in molti potrebbero contestare che il governo degli Stati Uniti perde il suo tempo studiando rocce qua e là per il mondo; e «se l'Arca esistesse veramente, qualcuno potrebbe criticare il fatto che il governo si dedichi a investigare oggetti con significato religioso invece di veri obiettivi militari».

Nel settembre del 1999 Taylor s'ingegnò per ottenere lui stesso delle immagini ad alta risoluzione. Convinse l'azienda proprietaria dell'*Ikonos*, un satellite commerciale ad alta risoluzione, a calibrare, durante il suo primo viaggio, un nuovo satellite con le coordinate che quello statunitense aveva usato per «l'anomalia dell'Ararat». Il 5 ottobre vennero diffuse per la prima volta le immagini più ravvicinate riprese dallo spazio; mostrano una sagoma rettangolare che spunta dal lato a nordovest dell'altopiano occidentale del monte. La maggior parte degli esperti concorda nel dire che questa formazione non segue la struttura del resto della montagna, ma non tutti credono di poter affermare con certezza che si tratti di un'imbarcazione, o di qualche altro manufatto. Nel settembre del 2000 venne scattata una nuova immagine della medesima area: in essa si scorge una serie di buchi. Un team di sei esperti di analisi fotografiche diede il proprio parere professionale: tre di loro credevano che potesse trattarsi di una struttura manufatta; altri due giunsero alla conclusione che si trattava solo di una roccia; l'ultimo la considerò di dubbia interpretazione.

L'ondata di caldo del 2003 sciolse grandi quantità di neve sul monte Ararat e consentì di scattare immagini satellitari più chiare di quelle esistenti ma, per ora, è impossibile affermare con certezza che la formazione sulla cima dell'Ararat sia l'Arca di Noè. Rex Geissler, scrittore e presidente di ArcImaging (Archaeological Imaging Research Consortium, la prima organizzazione che venne autorizzata dal governo turco a compiere indagini sulla montagna nel 1981), propone che si continui la ricerca ma con la tecnologia adeguata. Crede che sia «imprescindibile usare radar di penetrazione potenti ed esplorare accuratamente le profondità del ghiacciaio che ipoteticamente ricopre l'Arca». Al momento, la sua squadra di ricerca sta negoziando con il governo turco per poter accedere nuovamente alla montagna. Uno dei motivi per cui il governo non concede l'accesso alla zona è la presenza della guerriglia curda, che ne ha fatto uno dei suoi nascondigli preferiti; gli abitanti della montagna affermano che il luogo più apprezzato dai ribelli è una grande struttura rettangolare che chiamano Arca Sacra. E, mentre Geissler cerca di ottenere l'autorizzazione, le prove scientifiche dell'esistenza di Noè e della sua nave salvatrice non sono ancora emerse.

28
La Sacra Sindone

Dal 1578, attratti dalla reliquia più famosa del Cristianesimo, migliaia di credenti si recano in visita nella città di Torino per vedere un pezzo di tela lungo poco più di 4 metri e largo 1,10, su cui si vede riprodotta l'immagine della fronte e della schiena di un uomo morto per crocifissione. Come molti altri milioni di cristiani, questi credenti sono convinti che si tratti dell'autentico sudario di Gesù, la «Sacra Sindone» che ne avvolse il corpo dopo la morte. Alcuni scienziati avallano questa convinzione; ritengono che l'immagine sfumata color seppia contenga dati preziosi sul modo in cui Cristo morì: dai segni dei colpi violenti sulle gambe e dell'abrasione sulle spalle causata dalla croce, fino alle impronte lasciate sulla fronte dalla corona di spine, passando per le ferite dei chiodi nei polsi e nei piedi. Si può notare anche una ferita a livello del costato. Eppure non tutta la comunità scientifica è d'accordo.

La prova del carbonio 14, condotta nel 1988 con il placet della Santa Sede, ha confermato che la datazione del sudario corrisponde al Medioevo, ma molti esperti l'hanno confutata asserendo che non era stata condotta nel modo corretto, per cui dubitano del suo valore. Le speculazioni non si fermano lì. Sul fronte opposto, tra tutte le posizioni discordanti, a poco a poco prende forma una controversa teoria che afferma che il sudario fu creato da Leonardo da Vinci, poco più di cinquecento anni fa.

Secondo la tradizione cristiana, la Sacra Sindone di Torino è il telo che avvolse il corpo di Gesù dopo la morte. È un lenzuolo di lino che misura 4,36 metri di lunghezza e 1,10 di larghezza, su cui si vedono chiaramente due linee scure, triangoli bianchi, segni di bruciatura prodottisi durante l'incendio di Chambéry nel 1532. Vi si vede anche la doppia immagine, cioè l'immagine frontale e dorsale, di un uomo morto per crocifissione. Alcuni scienziati sono scettici al riguardo e hanno messo in dubbio queste convinzioni con prove che contraddicono la tradizione cristiana.

Primi riferimenti storici

I racconti biblici narrano che Gesù fu sepolto secondo la tradizione ebraica. Quando lo deposero dalla croce, avvolsero il cadavere in un sudario della misura di un corpo umano. Nel Vangelo di Giovanni si narra che quando Pietro e un altro discepolo seppero che la pietra che chiudeva il sepolcro di Cristo era stata rimossa, vi si recarono immediatamente: «Correvano insieme tutti e due, ma l'altro discepolo corse più veloce di Pietro e giunse per primo al sepolcro. Si chinò, vide i teli posati là, ma non entrò. Giunse intanto anche Simon Pietro, che lo seguiva, ed entrò nel sepolcro e osservò i teli posati là, e il sudario – che era stato sul suo capo – non posato là con i teli, ma avvolto in un luogo a parte» (*Giovanni*, 20,3-7). San Luca dice: «Pietro tuttavia si alzò, corse al sepolcro e, chinatosi, vide soltanto i teli» (*Luca*, 24,12). «Se i racconti biblici sono esatti, la tomba di Gesù non era completamente vuota, giacché in essa c'era il sudario. Ma il Nuovo Testamento non parla di nessuna immagine miracolosa presente sul sudario» conferma lo storico Timothy M. Thimbodeau del Nazareth College.

In realtà, dovettero trascorrere decenni prima che, nel secolo I, i testi cristiani dicessero qualcosa al riguardo. In questi documenti si fa riferimento a un lenzuolo custodito nella città di Edessa, nella Turchia orientale. In seguito, le tracce del sudario si persero per più di mille anni, fino a che, nel secolo XIV, improvvisamente se ne ebbe di nuovo notizia: un lenzuolo, definito come «l'autentico sudario di Cristo», venne esibito nel 1355 a Lirey, una cittadina francese situata circa 200 chilometri a sudest di Parigi. Il suo proprietario, il cavaliere Goffredo di Charny – appartenente a una famiglia francese legata ai cavalieri Templari, un ordine militare che custodiva e commerciava le reliquie – non spiegò mai come fosse venuto in possesso di quel telo di lino, ma finanziò la costruzione di una chiesa che accogliesse la reliquia: la chiesa di Lirey. Questo luogo attrasse un gran numero di pellegrini che fecero sì che il sudario di Cristo contribuisse a incrementare gli affari della zona. Enrico di Poitiers, vescovo di Troyes, riuscì a scoprire che si trattava di un telo dipinto con grande astuzia.

Immediatamente scoppiò lo scandalo. Il suo successore, Pietro d'Arcis, ordinò che l'esposizione fosse sospesa e alla fine del 1389 scrisse a papa Clemente VII chiedendo il suo aiuto per porre fine a quell'inganno. In modo totalmente inaspettato, però, il papa disse che il lenzuolo poteva essere esposto. Lo storico Antonio Lombatti così spiega la decisione papale: «Il clero aveva bisogno di cose simili per aumentare il numero degli adepti. A quell'epoca, pochissimi sapevano leggere e scrivere. Una volta, un papa scrisse che per far sì che la gente ignorante credesse, un quadro o una reliquia valeva più di cento sermoni». A quei tempi, inoltre, la prosperità dei monasteri e di intere regioni europee girava attorno alle reliquie che attraevano moltitudini di fedeli e trasformavano piccoli villaggi in città fiorenti, arricchendo ordini religiosi e signori feudali.

Nel 1453 la famiglia De Charny visse un periodo di ristrettezze economiche, per cui dovette vendere il sudario al duca Luigi I di Savoia, che continuò a esporlo al pubblico. Dopo mezzo secolo di esposizioni itineranti, Sisto IV autorizzò la costruzione a Chambéry della Santa Cappella della Sacra Sindone. Un incendio divampato nella cappella nel 1532 danneggiò parzialmente il sudario. Poiché la figura impressa nel tessuto si salvò, si pensò che il telo avesse qualcosa di miracoloso. Da allora fu esposto in rare occasioni. Nell'ottobre del 1578 il duca Emanuele Filiberto di Savoia trasferì la sindone a Torino perché fosse venerata da san Carlo Borromeo, arcivescovo di Milano, e il sudario non tornò mai più a Chambéry, ma fu collocato definitivamente nella cattedrale di San Giovanni Battista di Torino, nel 1694.

I sostenitori della cosiddetta «teoria di Leonardo», che sostengono si tratti di un'opera del grande artista rinascimentale, affermano che nel 1494 apparve una nuova Sacra Sindone a Vercelli, in Italia. «Era un lenzuolo diverso da quello che tempo addietro era stato denunciato come dipinto fraudolento. Questo, del 1494, è stato fatto da Leonardo ed è l'attuale Sindone di Torino» assicura la scrittrice Lynn Picknett.

Una delle ipotesi è che non si tratti di un'opera d'arte. Non è dipinta, non è un'inchiostrazione ma qualcosa di molto simile a una primitiva immagine fotografica realizzata tre secoli prima dell'invenzione della fotografia. In effetti, quando in un computer si invertono le luci e le ombre di un'immagine, la figura risulta ancora più chiara. Il fotografo Stephen Berkman ha utilizzato unicamente la tecnologia del Rinascimento per realizzare un facsimile fotografico della reliquia e crede che esistano prove sufficienti per pensare che potrebbe essere opera di Leonardo. Coloro che si schierano a favore dell'autenticità del sudario, affermano che cinquecento anni fa nessun artista avrebbe potuto fare una copia con dettagli tanto precisi. È chiaro che se qualcuno poteva esserne capace, il candidato perfetto sarebbe Leonardo, un vero genio. Inventò il carro armato, la bicicletta, macchine volanti, il sottomarino e molte altre cose ancora. Inoltre, possedendo nozioni di anatomia, sapeva ciò che accade a un corpo umano che sia stato crocifisso e ciò che ignorava lo poteva immaginare.

La prima fotografia della storia

La ricerca di Stephen Berkman si addentra nel campo scientifico: dimostrare il fatto che Leonardo avesse fatto la prima fotografia della storia, cosa che lascia gli scienziati molto dubbiosi. «Nel Rinascimento si usavano lenti e occhiali, anzi compaiono menzionate addirittura prima, nel 1276, da Roger Bacon. Esistevano pertanto conoscenze sufficienti sulle lenti e le loro proprietà. Se Leonardo progettò un metodo fotografico, ognuna delle lenti utilizzate sarebbe parte di una camera oscura» assicura Berkman. Una camera oscura, come indica il nome, è qualcosa di simile a una stanza buia, con un'apertura che lascia penetrare la luce. Per una semplice legge fisica, la luce viaggia in linea retta. Tuttavia quando i raggi luminosi riflessi da un oggetto brillante passano attraverso un piccolo foro praticato in un materiale sottile e opaco, non si disperdono ma si incrociano e formano un'immagine capovolta sulla superficie parallela alla fessura. Questa legge ottica della camera oscura è nota dal secolo V. È possibile che Leonardo sia stato un precursore della sua applicazione quando creò l'immagine spettrale del sudario. La sua capacità di fissare l'immagine sarebbe un'altra opera maestra del genio del Rinascimento.

Per confermare questa teoria della possibilità che Leonardo abbia combinato una tecnica fotografica, innovatrice e sconosciuta, con un po' di colore o addirittura sangue umano, il fotografo Stephen Berkman ha utilizzato la sua camera oscura di tela nera e ha mescolato sostanze chimiche a cui Leonardo avrebbe potuto avere accesso: sale comune e nitrato d'argento. Con questi ingredienti, ha preparato un'emulsione sensibile alla luce e l'ha applicata a una tela dello stesso tipo di quella utilizzata per il sudario, cioè tessuto di lana a spina di pesce 3:1. Come modello ha utilizzato un manichino a dimensione naturale perché la camera oscura aveva bisogno di un lungo tempo d'esposizione e l'oggetto da fotografare doveva rimanere perfettamente immobile, posto che sarebbe stato catturato perfino il movimento della respirazione. Nella Sindone l'immagine è molto solida, scolpita come una pietra, e Leonardo, che aveva studiato anche anatomia, poteva benissimo avere creato un manichino di questo tipo. Oltretutto, è noto che facesse esperimenti con i cadaveri. Il resto stava nel seguire le indicazioni dei testi del Nuovo Testamento, dove si descrivono in dettaglio tutti gli effetti della crocifissione.

Per quarantatré giorni, la camera oscura di Stephen Berkman ha mantenuto un'inquadratura fissa sul manichino. Alla debole luce di una lampadina ambrata si è visto che sulla tela si riproduce un'immagine del manichino a toni sfumati e delicati. Si è potuta vedere chiaramente la figura con la testa rivolta verso il basso e in negativo e, una volta invertita l'immagine, diventare più chiara fino a somigliare in modo sorprendente all'immagine sul sudario. Con questo esperimento, Berkman ritiene di avere dimostrato che era possibile fare una fotografia con le tecniche esistenti all'epoca di Leonardo.

È certo che se Leonardo poté creare un suo metodo per fare fotografie trecento anni prima della nascita ufficiale di questa tecnica, non sembra logico che nelle sue biografie non si faccia cenno di un fatto così importante. La spiegazione può risiedere nella segretezza in cui era tenuto tutto ciò che il grande genio faceva. In più di un'occasione utilizzò la scrittura codificata per occultare messaggi, altre volte questi potevano essere letti solo riflessi in uno specchio. I sostenitori di questa ipotesi affermano che Leonardo aveva ragioni più che valide per mantenere nascoste le sue scoperte. «Il fatto che non ci siano testimonianze riguardo alla sua capacità di creare un'immagine fotografica potrebbe essere dovuto alla pericolosità che una tale invenzione comportava, in quanto la Chiesa puniva quel tipo di attività» dice Lynn Picknett, e Stephen Berkman aggiunge: «Se si fosse saputo che utilizzava questi composti chimici, sarebbe stato sospettato di stregoneria o alchimia, cosa molto pericolosa a quei tempi».

I sostenitori del fatto che la Sindone sia opera di Leonardo si convinsero ancora di più della loro idea quando nel 1898 si fece una scoperta che fornì le prime indicazioni riguardo alla sua realizzazione. L'avvocato italiano Secondo Pia ottenne il permesso di scattare la prima fotografia della tela e rimase molto sorpreso di fronte ai negativi: apparivano in essi il volto e il corpo di un uomo con barba e baffi, capelli lunghi e occhi chiusi. Era il volto di Gesù e nei negativi si vedeva molto più chiaramente che sulla stessa Sindone. Era come se si fosse utilizzato un procedimento fotografico per creare l'immagine.

E se fosse lo stesso Leonardo da Vinci?

C'è anche chi pensa che la Sacra Sindone sia in realtà l'autoritratto di Leonardo. «Osservando obiettivamente la Sindone di Torino, anche coloro che continuano a ritenere che si tratti dell'immagine di Gesù mormorano a bassa voce che assomiglia a Leonardo da Vinci. Si riconoscono molto bene il suo viso allungato, il naso prominente e l'attaccatura della barba sulle guance» indica Lynn Picknett. Alcuni sostenitori di questa teoria credono addirittura che l'artista abbia aggiunto del colore all'immagine per alterare la somiglianza.

Alcuni antropologi dell'Università del Michigan si sono offerti di studiare la Sindone e di confrontarla con l'immagine di Leonardo. Il metodo utilizzato è stato quello di un confronto di tipo forense in due fasi: nella prima fase si sono analizzati i tratti, immagine per immagine, segnando i punti chiave dell'espressione; nella seconda fase, invece, si è eseguito un semplice procedimento di sovrapposizione per controllare la coincidenza di quei punti chiave. Questo era il primo obiettivo: determinare la coincidenza di una serie di tratti facciali, chiaramente definiti sul volto visualizzato sullo schermo del computer. In questa seconda fase, se la mappa espressiva personale composta con i punti in questione fosse stata praticamente identica, era possibile che si trattasse della stessa persona.

Prima di utilizzare questa tecnica per confrontare un ritratto di Leonardo con l'immagine sul sudario, i ricercatori statunitensi hanno realizzato una precedente prova di controllo tra due autoritratti di Leonardo, disegnati dall'artista in momenti diversi della sua vita. «Quando abbiamo sovrapposto le immagini, abbiamo potuto dimostrare che la proporzione tra l'immagine più vecchia e quella più recente era praticamente identica. Se si trattasse di un caso forense, diremmo che l'evidenza è schiacciante, che si tratta della stessa persona» afferma l'antropologo forense Norman Sauer. Successivamente si è applicata la stessa tecnica a un'immagine della Sindone e a un ritratto di Leonardo da Vinci ma, a causa della diversa angolazione del volto, non è stato possibile realizzare la prova della sovrapposizione tra queste due immagini. Ciononostante, si è potuto sottoporle ad analisi comparativa, ponendole l'una accanto all'altra. In primo luogo si è confrontata la linea degli occhi, poi la posizione del naso e, infine, la bocca. In tutti e tre i casi, la proporzione era mantenuta. Il risultato dell'esperimento ha confermato che esistono somiglianze tra i tratti espressivi delle due immagini. I dati dell'analisi facciale hanno offerto risultati interessanti che non sono però stati considerati definitivi. Ancora una volta le prove non sono state conclusive, cosa che da decenni preoccupa gli studiosi della Sindone.

Nel 1976 il fisico John Jackson volle dimostrare che l'immagine della Sindone poteva essere stata stampata sulla tela collocando la stessa sopra un oggetto tridimensionale, ad esempio un corpo. Jackson, che lavorava presso i laboratori delle Forze Aeree statunitensi, decise di studiare la possibile applicazione alla Sacra Sindone delle tecniche di miglioramento digitale delle immagini. Per diversi anni lavorò in collaborazione con Eric Jumper, membro del consiglio esecutivo della Confraternita del Santo Sudario, e riuscì a studiare una fotografia della reliquia con un analizzatore d'immagini VP-8, un avanzato strumento militare utilizzato per l'intercettazione di fotografie satellitari. Jackson mostrò ciò che riteneva fosse uno schema primitivo delle caratteristiche facciali del sudario e constatò che le immagini della Sacra Sindone non si formarono per contatto ma in modo tridimensionale. L'intensità e la lucentezza dell'immagine variano da un punto a un altro. Così, ad esempio, il naso è più definito delle guance, cosa che il ricercatore riteneva dimostrasse che la tela copriva un corpo tridimensionale, posto che, considerando l'intensità e la distanza, sia possibile calcolare i reali livelli di intensità che si vedono sul sudario. Jackson ritiene che i risultati della sua ricerca, che confermano la tridimensionalità del sudario, siano il certificato di autenticità della sacra reliquia.

Il DNA di Cristo

Qualche decennio dopo l'esperimento di Jackson, i disegnatori grafici di un'importante società di animazione di Los Angeles utilizzarono computer molto più potenti per ampliare lo studio tridimensionale di Jackson del 1976. Uno dei componenti di questo team era Barrie

Schwartz, un fotografo esperto di immagini tridimensionali. Fu lui che si incaricò di eliminare il colore e ottenere un'immagine negativa in bianco e nero. In seguito si cancellò l'informazione grafica ritenuta inutile, come le pieghe della tela e i segni triangolari presenti vicino alle spalle, frutto dell'incendio che quasi distrusse il sudario nel 1532. Con l'aiuto di programmi informatici specifici, in grado di trasformare le luci e le ombre dell'immagine in valori spaziali, si ottenne un risultato incoraggiante per coloro che credono nell'autenticità della Sacra Sindone come sudario di Cristo: l'aspetto indistinto e fantasmatico dell'immagine ottenuta da questa ricerca californiana è considerato dai credenti una prova a favore dell'autenticità.

Due anni più tardi John Jackson condusse una nuova ricerca. Questa volta studiò il tessuto della Sacra Sindone, dopo avere ottenuto il permesso dalla Chiesa cattolica, cosciente del potere ipnotico della reliquia sulla massa dei credenti. Il 30 settembre 1978, in occasione del quattrocentesimo anniversario del trasferimento a Torino della Sacra Sindone, gli scienziati americani dello Shroud of Turin Research Project (STURP) iniziarono a studiare il sudario sul posto. Il team di ricerca era composto, oltre che da molti volontari e credenti legati alla Confraternita del Santo Sudario, da trentadue scienziati di diversi laboratori statunitensi – quali il Sandia National Laboratory, il Jet Propulsion Laboratory, il Los Alamos National Laboratory –, di alcune industrie scientifiche – quali la Oriole Corporation – e di varie università. Come in tutte le occasioni in cui la Chiesa ha esibito la Sacra Sindone (all'ultima esibizione pubblica del 2000 giunsero a Torino più di tre milioni di persone), anche quella volta le aspettative furono enormi.

I ricercatori dello STURP esaminarono il sudario per centoventi ore: cinque giorni di seguito, dall'8 al 13 ottobre 1978. Una delle prove più interessanti, basata su campioni delle fibre, fu realizzata tre mesi più tardi dal dottor Walter McCrone, esperto autorevole di analisi microscopiche, famoso per avere autenticato numerose opere d'arte. I suoi studi mostrano la presenza nell'immagine di una quantità significativa di pigmenti: ocra rosso sulle zone del corpo e vermiglio nelle zone del sangue, entrambi colori utilizzati nel Medioevo. Trovò anche resti di sostanze rosate e particelle di pigmento incollate tra di loro con un fissatore organico che identificò come tempera al collagene.

Da tutto questo, McCrone dedusse che l'immagine del sudario era un dipinto e aggiunse che non conteneva residui di sangue. I risultati del lavoro di McCrone, che confermavano l'ipotesi della creazione artistica, ovviamente non piacquero a coloro che credevano all'autenticità della reliquia sacra. Altri specialisti che esaminarono la tela dopo McCrone giunsero alla stessa conclusione: non ci sono tracce di sangue ma tracce di ossido di ferro.

Per i sostenitori dell'autenticità della Sacra Sindone, però, il fatto che il sudario presenti leggeri resti di pittura, non significa necessariamente che ci si trovi di fronte a un dipinto. «Nel Medioevo furono fatte molte copie del sudario e dopo averle dipinte, copiandole dall'originale, venivano sovrapposte a questo e su di esso premute. Era quella che si chiamava una seconda reliquia, perché era stata in contatto con l'originale; potrebbe essere la spiegazione per la presenza di tracce di pittura» afferma lo scrittore Mark Gustin. La conclusione di McCrone sul fatto che sulla tela non fossero presenti residui di sangue fu confutata nel 1980 dal dottor Allen Adler, membro dello STURP, che analizzò chimicamente le fibre del sudario. Il dottor Adler assicurò di aver trovato proteine del sangue. Nonostante questa affermazione, la polemica riguardo alla presenza di tracce di sangue o di pittura non è ancora stata risolta.

Raggi gamma e carbonio 14

Alcuni ricercatori, come August D. Accetta, dello Shroud Center of Southern California, assicurano che l'immagine si formò per proiezione sul lino di un'intensa energia di raggi gamma, emessa nell'istante preciso in cui Cristo resuscitò. Dice Accetta: «Come molti dei miei colleghi, credo che la Sacra Sindone sia il sudario di Cristo e che l'immagine sia frutto di un fenomeno strano e insolito avvenuto nelle trentasei ore successive alla morte, fatto che corrisponde a ciò che storicamente conosciamo come Resurrezione». Per dimostrare la sua teoria, lui e altri volontari si iniettarono isotopi radioattivi a dosi innocue. Attesero che il preparato si diffondesse nel corpo, come fosse ossigeno, e applicarono uno scanner a raggi gamma per misurare il voltaggio in tutte le parti del corpo. I risultati mostrano un'immagine nucleare con diverse somiglianze oggettive con la Sacra Sindone.

Negli anni Ottanta altri scienziati pensarono che la via più diretta per arrivare alla verità fosse la determinazione dell'età della tela con il metodo del carbonio. Nell'ottobre del 1987, dopo più di sei secoli di controversie, il Vaticano autorizzò qualcosa di insolito: l'asportazione di un piccolo campione della reliquia più famosa del mondo per poter eseguire la datazione con il metodo del radiocarbonio. Alla presenza del cardinale Ballestrero, l'allora arcivescovo di Torino, si prelevò una striscia di tessuto di 1×7 centimetri, pesante circa 150 milligrammi. Il metodo di datazione del carbonio 14 prevede che il campione sia bruciato per poter recuperare il gas, cioè il biossido di carbonio. Poiché il lino del sudario è una materia vegetale, contiene isotopi di carbonio 14 e carbonio 12. Mentre il carbonio 12 è un isotopo stabile, il carbonio 14 – presente in ogni essere vivente – si trasforma per decadimento in un intervallo di tempo noto: come scoprì Libby, dal momento della morte, la quantità di tale isotopo si riduce della metà ogni 5.568 anni. In questo modo, se si conosce la porzione di radiocarbonio contenuta nel corpo di un uomo e si analizza il cadavere di una persona morta nel passato, è possibile sapere quando visse. Per stabilire l'età del sudario, gli scienziati dovevano calcolare il rapporto tra le percentuali dei due isotopi. Il campione fu diviso in tre parti che furono analizzate in laboratori specializzati di Zurigo, Oxford e Tucson, senza che i ricercatori che svolgevano il lavoro sapessero che stavano datando campioni della Sindone.

Il 18 settembre 1988 i mezzi di comunicazione diffusero i risultati e i sostenitori dell'autenticità della Sindone di Torino ricevettero una notizia che li abbatté: in base alle analisi scientifiche realizzate nei tre laboratori, la Sacra Sindone di Torino risaliva a un periodo compreso tra il 1260 e il 1390, date che corrispondono abbastanza con la prima menzione del sudario, avvenuta all'inizio del secolo XIV in Francia. La prova del carbonio 14 si sommava ai documenti storici, all'iconografia, ai materiali e alle tecniche utilizzate, sufficienti per collocare l'apparizione del sudario nella Francia del Trecento. Il radiocarbonio forniva quindi una spiegazione ragionevole, basata su elementi scientifici, per coloro che avevano dubitato dell'autenticità del sudario. «In quanto scienziati, possiamo offrire solo risposte oggettive e riteniamo che queste non lascino spazio a un ragionevole dubbio. Questi risultati forniscono la prova finale sull'origine medievale del lino del sudario di Torino. Non possiamo però avere influenza alcuna su ciò che altre persone vogliono o non vogliono credere» afferma Tom Brown, del Lawrence Livermore National Laboratory (LLNL). La Chiesa accettò il verdetto della scienza, ma confermò che il valore dell'immagine ha la priorità sull'eventuale valore di oggetto storico.

Nel 1989 un rapporto pubblicato da una ventina di scienziati sulla rivista «Nature» confermò l'origine medievale della Sacra Sindone. Ciononostante, il caso del sudario di Torino resta aperto perché, nel gennaio 2005, lo scienziato del progetto STURP Raymond Rogers, del Los Alamos National Laboratory, pubblicò un rapporto che invalidava i campioni esaminati con il carbonio 14. Rogers riteneva che i campioni fossero stati prelevati in una zona che era stata riparata e che non aveva nulla a che vedere con il telo originale. Il microscopio di Rogers e le analisi chimiche rivelarono la presenza nel campione analizzato di fibre di cotone di un tipo non presente nel sudario. Un altro eminente ricercatore, il fisico John Jackson, ritiene però che Rogers si sbagli, perché se si fosse eseguita una riparazione del tessuto si noterebbe un'interruzione dei fili che formano la trama, ma nella tela non ci sono interruzioni. Inoltre, Jackson contesta i risultati della datazione con il carbonio 14, ma lo fa per ragioni molto diverse. Secondo lui, l'incendio del 1532 può avere provocato un'interazione chimica con il biossido di carbonio naturale presente nell'atmosfera, con la conseguente formazione di strutture chimiche all'interno del tessuto stesso.

A discredito della prova del radiocarbonio, alcuni ricercatori affermano che il campione del telo è stato prelevato in un solo punto e non è stata realizzata una campionatura statistica di tutta la superficie del telo (o quantomeno delle sue parti essenziali) come richiede il metodo. Non solo, per coloro che sono a favore della fede, la prova del radiocarbonio non serve per determinare l'antichità della Sacra Sindone, posto che l'energia rilasciata dal corpo di Cristo al momento della Resurrezione avrebbe alterato la proporzione del carbonio 14.

Pertanto, dal 1990, dopo i rapporti di scienziati indipendenti che mettevano in dubbio la ricerca con il carbonio 14, lo STURP e altri organismi si sono dedicati a promuovere nuove ricerche a causa delle irregolarità che avrebbero avuto luogo durante il prelievo dei campioni per la datazione.

Analisi forensi

Visti i dubbi relativi alle prove di datazione in base al metodo del carbonio 14, i ricercatori hanno scelto altre vie per scoprire la verità. Bob Cornuke, ex poliziotto ed esperto di investigazione forense, e Barie Goetz, specialista nell'analisi di sangue sui tessuti, hanno esaminato il sudario dal punto di vista forense. A questo scopo hanno preso in considerazione la base e la direzione delle macchie rosse per vedere se potevano essere attribuite a sangue o a pittura e hanno applicato gli stessi principi di analisi utilizzati dalla polizia sul luogo di un delitto, per scoprire se il sudario potesse essere un ritratto autentico di Cristo dopo la morte. «Si vedono chiaramente i segni di abrasione e i tagli. C'è una grande macchia scura, molto simile a quella che si produrrebbe se qualcuno si tagliasse e la ferita fosse strofinata con carta vetrata. Questo corrisponde all'abrasione causata dal movimento di una grossa tavola di legno sulla schiena di Cristo mentre lo trasportavano e quando fu crocifisso» afferma Bob Cornuke.

I segni potrebbero determinare quanto tempo durò la tortura di Cristo, partendo dalle ferite inflittegli. Ma è proprio la collocazione perfetta dei residui di sangue a non convincere pienamente gli investigatori. «In caso di ferita sul cuoio capelluto i capelli restano schiacciati contro il cranio. E il sangue secco, come quello delle braccia, non si trasferirebbe mai sulla tela. Però sul sudario di Torino c'è» assicura Joe Nickel, della rivista «Skeptical Enquirer». Cercare la verità attraverso una traccia di sangue ha soltanto portato a nuove domande.

Un'altra delle prove forensi condotte da un gruppo statunitense di disegnatori grafici, che hanno realizzato un modello tridimensionale della figura della Sacra Sindone di Torino, ha messo in evidenza il fatto che alcune proporzioni dell'immagine del sudario sono sbagliate dal punto di vista anatomico. La figura umana utilizzata coincide con quella del sudario soltanto se viene deliberatamente allungata. In questo caso, le proporzioni della testa appaiono deformate: la fronte è troppo corta, il volto troppo stretto e le braccia sono eccessivamente lunghe. I disegnatori hanno spiegato l'errore delle proporzioni nell'immagine del corpo avvolto. Questo fatto potrebbe essere avvalorato perché nelle sepolture ebraiche del I secolo, i cadaveri riposano su una specie di cuscino di pietra, cosa che faceva sì che il capo si inclinasse in avanti. Secondo questi esperti, però, neppure le mani hanno una posizione corretta. Tenendo conto della mancanza di mobilità muscolare di un cadavere, quella è una posizione impossibile da mantenere. Ciononostante, coloro che credono nella reliquia hanno un'altra risposta: un cadavere può mantenere quella posizione se il rigor mortis è già iniziato e le braccia vengono spezzate per poterle muovere. Come in passato, il mistero del telo di lino con la sua immagine sfumata continua a non trovare soluzione. Nonostante l'analisi degli esperti forensi, restano molti dubbi sulla natura del sudario.

Se da una parte c'è chi crede con fervore nell'autenticità della reliquia, dall'altra c'è chi assicura che la storia della Sacra Sindone è soltanto una storia scandalosa nata nel secolo XIV. In ogni caso, la Sacra Sindone è come uno specchio: per alcuni riflette ciò che sappiamo, per altri ciò che crediamo. Come afferma John Jackson: «Questa immagine chiude alcune menti e apre qualche cuore».

29

La ricerca della Lancia Sacra

Nel corso della storia, uno degli oggetti sacri più venerati e ambiti dalla cristianità è stata la Lancia di Longino, l'arma con cui un centurione romano trapassò il costato di Cristo crocifisso. La leggenda narra che questa lancia trasmette dei poteri a chi la possiede. Personaggi storici come Attila, l'imperatore Costantino, Carlo Magno, gli imperatori germanici e perfino Hitler hanno creduto a questi poteri miracolosi. La storia compare per la prima volta nel Nuovo Testamento, e precisamente nel Vangelo di Giovanni in cui si parla di un soldato che trafisse Cristo in croce con una lancia per assicurarsi che fosse morto. La leggenda dà a questo personaggio il nome di Longino e la sua arma cominciò a essere venerata. Con il passare dei secoli questa credenza si diffuse e acquisì una certa forza: si diceva che chiunque fosse entrato in possesso della Lancia avrebbe avuto nelle proprie mani le sorti del mondo intero.

La crocifissione di Cristo, nel suo trentatreesimo anno di età, è senza dubbio uno degli eventi più importanti nella storia dell'umanità. Per più di due miliardi di cristiani, Gesù è il figlio di Dio che morì in croce per la redenzione del genere umano. Questa credenza è così radicata che gli strumenti usati per la crocifissione sono venerati come oggetti sacri: la croce, i chiodi, la corona di spine e la lancia che gli trapassò il costato sono stati ricercati e bramati dagli uomini più potenti e influenti della storia.

La Passione e la crocifissione di Cristo compaiono nei vangeli di san Marco, san Matteo, san Luca e san Giovanni. Ma i fatti riportati da Matteo, Marco e Luca differiscono leggermente da quelli descritti da Giovanni. San Giovanni, nel capitolo 19, versetti 33-37, dice che gli Ebrei, affinché i condannati non restassero sulla croce durante il giorno sacro del sabato, chiesero a Pilato che venissero loro spezzate le gambe in modo che non potessero scappare, e che fossero liberati. «Venuti però da Gesù, vedendo che era già morto, non gli spezzarono le gambe, ma uno dei soldati con una lancia gli colpì il fianco, e subito ne uscì sangue e acqua» (versetti 33-34).

«La Passione di Cristo e la scena del soldato che lo trapassa con la lancia sembrano essere fatti certi nel resoconto dell'esecuzione che compare nei vangeli; il ricordo di questo evento, che fu l'episodio fondamentale della vita di Gesù, era molto vivido tra i primi cristiani. Secondo tutti gli studiosi dei vangeli si tratta di un fatto realmente accaduto» spiega Thomas Parker, professore di storia presso l'Università statale del North Carolina.

Il primo miracolo

I vangeli sinottici (quelli di Matteo, Marco e Luca) non riferiscono questo episodio, anche se parlano di un centurione, cioè un ufficiale romano con una carica equivalente all'attuale capitano, a capo dei soldati che vigilavano l'esecuzione: «Il centurione, che si trovava di fronte a lui, avendolo visto spirare in quel modo disse: "Davvero quest'uomo era Figlio di Dio!"». (*Marco*, 15,39; in termini simili, *Matteo*, 27,54 e *Luca* 23,47). A partire dalle due diverse fonti, la tradizione greca identificò il soldato che colpì Gesù con il centurione che, a quanto pare, fu protagonista della prima conversione. Il Vangelo apocrifo di Nicodemo, scritto nel IV secolo, si spinge ancora più in là, dando al centurione che riconobbe la natura divina di Gesù il nome di Longino. È probabile che questo nome derivi dalla parola greca *longkhè*, che significa appunto «lancia».

Il martirologio romano, tuttavia, cita «san Longino, soldato che si dice abbia trafitto con una lancia il costato del Signore». Che fosse un centurione o un semplice soldato, le tradizioni cristiane lo hanno identificato e gli hanno attribuito diverse azioni prodigiose, dall'avere avvertito Pilato dell'errore che aveva commesso crocifiggendo Cristo, alla storia secondo cui aveva un occhio malato che guarì con uno schizzo del sangue di Gesù. In seguito avrebbe vissuto da eremita in Cappadocia, dove, dopo il martirio, sarebbe diventato san Longino.

«Nel XIII secolo un domenicano chiamato Iacopo da Varazze raccolse tutte le storie riguardanti Longino nella *Legenda aurea*, testo che ci consente oggi di avere una versione dettagliata rappresentata in numerose opere d'arte occidentali» spiega padre Michael Morris, della Scuola domenicana di Berkeley (San Francisco).

Non esiste una prova che testimoni il tipo di arma utilizzato da Longino, ma si sa che faceva parte di un distaccamento assegnato alla fortezza di Gerusalemme. Di norma i legionari erano armati di *pilum*, un tipo di giavellotto, ma usavano anche l'*hasta longa*, che è più simile alla lancia convenzionale e sarebbe proprio l'arma usata per ferire il costato di Cristo. Era composta da una punta di ferro tra i 25 e i 35 centimetri, un'asta di legno e un puntale in metallo, e nel complesso poteva misurare da 1,80 a 2,70 metri circa.

Si dice che questa lancia si trovasse nell'armeria di Gerusalemme, ma nel 66 gli Ebrei insorsero contro la dominazione romana e si impossessarono di tutte le installazioni militari degli oppressori, compresa l'armeria che svuotarono per attrezzarsi. Stando alla tradizione, in questo periodo turbolento la Lancia di Longino sarebbe rimasta nascosta e ben protetta.

Quando Tito riconquistò Gerusalemme, nel 70, della città non rimase più nulla: fu letteralmente rasa al suolo e spopolata, e sulle rovine si stabilì l'accampamento della X Legione. Anche se agli Ebrei fu proibito di risiedervi, nel corso degli anni molti di loro tornarono nell'antica capitale. Nel 131 ci fu una nuova rivolta degli zeloti, che ripresero possesso della città fino al 135, quando tornò sotto il dominio di Roma. Adriano decise allora di creare una colonia, vale a dire una città romana popolata da ex legionari, per porre fine all'esistenza della città simbolo del fondamentalismo ebraico. Sorse così la Colonia Aelia Capitolina, dove ancora una volta fu proibito agli Ebrei di stabilirsi, mentre i cristiani erano tollerati.

In quei giorni il nascondiglio della Lancia era un segreto custodito gelosamente. Con il passare del tempo la leggenda crebbe e la Lancia diventò un simbolo di fede: la gente cominciò a pensare che avesse dei poteri, e l'arma divenne l'ossessione di molti governanti europei.

La storia della reliquia

La Lancia rimase nascosta per trecento anni dopo la morte di Cristo e fu recuperata durante la più grande spedizione archeologica dell'antichità: gli scavi di Gerusalemme ordinati da sant'Elena, madre dell'imperatore Costantino, in seguito a un sogno. «Nella città sorgeva un tempio dedicato a Venere. Elena fu portata sul posto e ne ordinò la demolizione. Sotto le fondamenta trovarono una tomba che credettero appartenesse a Gesù, tanto che oggi qui si trova la basilica del Santo Sepolcro» segnala Parker.

Sant'Elena trovò anche gli strumenti usati per l'esecuzione di Cristo: la corona di spine, alcuni chiodi e la croce di legno su cui morì. La leggenda vuole che sant'Elena sia riuscita a identificare la vera croce di Cristo in seguito a un miracolo. Erano state ritrovate tre croci vicino a quello che si supponeva fosse il monte Calvario (dove oggi sorge la basilica del Santo Sepolcro); dato che secondo le testimonianze evangeliche Gesù fu crocifisso insieme a due ladroni, sant'Elena pensò di essere sulla strada giusta e organizzò una prova di fede.

«Fece portare un uomo morto, lo fece mettere sulla prima croce e non accadde nulla. Poi sulla seconda e di nuovo non successe niente. Ma quando fu posato sulla terza croce, l'uomo si alzò resuscitato. Considerarono quell'avvenimento come la conferma divina che si trovavano di fronte alla vera croce di Cristo» racconta Michael Morris. Questa storia sembra incredibile o quantomeno poco probabile, ma fu documentata da diversi testimoni e raccolta dagli storici successivi.

Alcune tradizioni orali e scritte dei primi cristiani assicurano che il ricco ebreo Giuseppe d'Arimatea, membro del sinedrio e seguace di Gesù che viene citato in tutti e quattro i vangeli come colui che chiese e ottenne da Pilato il cadavere del figlio di Dio e gli diede sepoltura, si preoccupò di conservare il sudario in cui era stato avvolto, la croce, i chiodi e la corona di spine. Giuseppe aveva cominciato a collezionare oggetti personali di Gesù dopo l'Ultima Cena, a partire dal calice in cui era stato consacrato il vino. C'è quindi chi considera Giuseppe d'Arimatea il primo custode del Santo Graal e della Santa Lancia. Alcuni storici affermano che in seguito queste reliquie arrivarono nelle mani di san Maurizio, comandante della Legione Tebana martirizzato dall'imperatore Massimiliano. Fu grazie agli indizi lasciati da Giuseppe d'Arimatea e da san Maurizio che sant'Elena poté ritrovare a Gerusalemme alcuni di questi oggetti.

Ciò accadde all'epoca dell'imperatore Costantino, nel 312, quando tutti credevano fermamente nei poteri magici delle sacre reliquie: erano impregnate di santità e quindi di forza. Allora, e durante tutto il Medioevo, erano considerati veri e propri talismani dotati di poteri curativi e di protezione, oltre che capaci di infondere forza e magnetismo a chi li possedeva. Il vescovo Eusebio di Cesarea, biografo contemporaneo di Costantino, racconta che nel 312, prima della battaglia di Ponte Milvio contro Massenzio, il futuro imperatore ebbe una visione e un sogno. «Vide con i propri occhi, sovrapposto al sole, un trofeo a forma di croce luminosa e la scritta "In questo segno vincerai" ... In sogno vide Cristo, figlio di Dio, con il segno che gli era apparso in cielo, che gli ordinò di servirsene in battaglia...» Costantino si convertì al Cristianesimo in seguito all'aiuto divino ricevuto in battaglia. L'anno seguente pubblicò l'Editto di Milano che stabiliva la libertà di culto per i cristiani, e fece varie donazioni alla Chiesa che furono la base del potere materiale da essa acquisito nel corso della storia.

Secondo alcuni storici, la sua conversione fu il frutto di una reale esperienza religiosa. Nel 312 d.C. non sussistevano ragioni pratiche per convertirsi. «I cristiani erano pochi, non erano potenti né uniti tra loro» chiarisce Parker. Ci sono però diversi altri storici convinti del contrario. I cristiani erano diventati abbastanza numerosi da formare un'importante minoranza. Intorno al 300 d.C. costituivano almeno un 10 per cento della popolazione dell'Impero, che all'epoca contava circa sessanta milioni di abitanti. Alcuni autori ne stimano addirittura altri sei milioni e più, per un totale di circa quindici milioni di cristiani. Inoltre, quella cristiana era una comunità coesa, attiva e costituita da membri molto solidali tra loro, oltre ad avere una forte presenza nella capitale, Roma. Durante la guerra civile in cui Costantino contestava il potere imperiale di Massenzio alle porte di Roma, l'alleanza con i cristiani poteva essere un'interessante scelta politica.

Elena tornò a Roma e lasciò la Lancia a Gerusalemme per timore di commettere un sacrilegio trasportando una reliquia. Insieme al figlio Costantino diede inizio alla costruzione di grandi chiese come atto di devozione. Si incoraggiarono i pellegrinaggi verso i Luoghi Santi della Palestina, e fu proprio uno di questi pellegrini a lasciarci il primo documento storico scritto sulla collocazione della Lancia. Era il 570 quando un pellegrino, chiamato Antonino di Piacenza, visitò la basilica del monte Sion a Gerusalemme e vide una lancia forgiata in modo da sembrare una croce. Questa cronaca, conservata in un archivio, è arrivata fino ai giorni nostri.

La devozione di Costantino

Costantino non prese la lancia, che rimase a Gerusalemme, ma si impossessò dei chiodi usati per la crocifissione di Cristo e li trasformò in simboli dell'Impero: uno venne fuso per farne una corona (la cosiddetta Corona Ferrea, conservata oggi nel Duomo di Monza), mentre l'altro servì a creare una seconda lancia, chiamata Lancia di Costantino. Alcune fonti la collegano alla fondazione della città che sarebbe diventata la capitale di un potente impero, dicendo che proprio con questa lancia furono tracciati i confini di Costantinopoli. Di certo sia la lancia sia la croce erano reliquie sacre che denotavano un grande potere. Da allora, i capi delle tribù barbare che attaccavano l'Impero d'Occidente, da Alarico fino ad Attila, pretendevano la lancia come parte del trattato di pace con Roma: anche i guerrieri pagani credevano infatti nei suoi poteri mistici. Durante il V secolo, tuttavia, non fu consegnata da sovrani o papi nessuna reliquia considerata sacra. Le due lance, quella di Gerusalemme e quella di Costantinopoli, rimasero sotto il controllo degli imperatori bizantini fino al 614, quando i Persiani saccheggiarono Gerusalemme. Le sacre reliquie della Passione finirono in mano ai pagani ma, stando al *Chronicon Paschale*, la punta della Santa Lancia fu donata a Niceta, che la portò a Costantinopoli e la depositò nella chiesa di Santa Sofia.

«Quando fu presa Gerusalemme, qualcuno riuscì a strappare la punta della lancia e a fuggire verso Costantinopoli. Nel 631 l'imperatore bizantino Eraclio riconquistò la città e le reliquie furono restituite alla basilica del Santo Sepolcro, tranne la punta della lancia che rimase a Costantinopoli» afferma Morris. La parte più grande della lancia fu avvistata intorno al 670 da un pellegrino a Gerusalemme, nella chiesa del Santo Sepolcro. La lancia di Longino era rotta, ma non aveva perso il proprio potere mistico. Due città potevano ora rivendicare il possesso della Santa Lancia originale: l'asta era custodita a Gerusalemme, mentre la punta rotta si trovava a Costantinopoli, nella cattedrale di Santa Sofia.

Potere religioso e potere politico

Nell'800 Carlo Magno fu proclamato imperatore del Sacro Romano Impero. La cerimonia dell'incoronazione si tenne a Roma e fu celebrata da papa Leone III. Carlo Magno fece della Santa Lancia il simbolo del proprio governo, e fu solo il primo di una lunga serie di sovrani che utilizzarono questo potere religioso per unificare i loro regni. Nei secoli successivi si servirono della lancia i re sassoni dell'Inghilterra, Enrico I di Germania e l'imperatore Ottone I: tutti la portarono in battaglia, ottennero grandi vittorie e resero omaggio all'invincibile potere dell'arma, lottando anche fino alla morte per proteggerla.

Ma come arrivò nelle mani di Carlo Magno la potente reliquia? Per il suo venticinquesimo anno di regno, l'imperatore ricevette in dono dal papa una lancia con cui si diceva avesse combattuto Costantino, conosciuta come Lancia di San Maurizio; Carlo Magno credette che fosse quella con cui era stato ferito Cristo, la Santa Lancia dai poteri divini. «Si pensava che l'imperatore in possesso della Santa Lancia avesse la vittoria garantita dal potere intrinseco dell'arma. La missione dell'imperatore era quella di difendere l'impero di Cristo da tutti i suoi nemici, e l'avrebbe portata a termine perché possedeva, sotto forma di reliquie, le vere armi di Gesù» nota lo storico Hermann Fillitz, ex direttore del Kunsthistorisches Museum di Vienna.

Come si poteva dedurre dalla forma inconfondibile, la Lancia di San Maurizio risaliva al VII secolo, e quindi era poco probabile che fosse stata usata da Costantino; ma all'epoca non aveva molta importanza, perché il papa affermava che quella era la Santa Lancia e che mostrava ancora i segni dei chiodi che sant'Elena aveva portato da Gerusalemme per Costantino. Per i sudditi dell'Impero era sacra. «Era diffusa la credenza secondo cui tutto ciò che veniva avvicinato alla reliquia avrebbe ricevuto il dono della santità. Per questo motivo spuntarono in ogni dove lance e chiodi di Cristo» dice Morris. Questo spiegherebbe le diverse tradizioni sulle vicissitudini della Lancia, che si perdono nelle origini del Cristianesimo. Accadde poi che le grandi vittorie di Carlo Magno contro Sassoni e musulmani aumentarono la sacralità della Lancia di San Maurizio, e i suoi soldati si convinsero che se combatteva con quell'arma l'imperatore era invincibile. La leggenda narra che un giorno, mentre Carlo Magno attraversava un ruscello, fece cadere la lancia; per i soldati fu un presagio terribile, che in seguito divenne realtà: l'imperatore morì di lì a poco, nell'814.

Da quel momento la Santa Lancia divenne un trofeo per i re di tutta Europa. All'inizio del X secolo faceva parte dei tesori del re sassone d'Inghilterra, che la vendette a un conte italiano che a sua volta la regalò a Rodolfo di Borgogna. Rodolfo, cosciente del valore del talismano per il Sacro Romano Impero Germanico, si accordò con Enrico I di Germania, detto l'Uccellatore, e riuscì a barattare la Lancia di San Maurizio con l'intero cantone di Basilea, nell'attuale Svizzera.

L'attrazione degli imperatori germanici

Enrico I l'Uccellatore, primo re di Germania appartenente alla casa sassone, è considerato il fondatore della Germania moderna, e fu il primo regnante tedesco a desiderare la Lancia. Credeva di essere stato scelto da Dio come erede diretto dell'Impero romano di Costantino, ma il papa non la vedeva nello stesso modo. Per dimostrare la propria legittimazione divina, Enrico fece sfoggio della Santa Lancia e così cominciò la lotta secolare tra il potere temporale e quello ecclesiastico. Il re di Germania si dedicò alla raccolta di reliquie sacre e costruì una cappella speciale per esporre la sua collezione. Quando morì, la Lancia passò al figlio Ottone I il Grande. Si dice che nella battaglia di Andernach, nel 939, abbia pregato sulla Lancia fino a ottenere la vittoria. «Nel 955» spiega Robert Benson, esperto di storia medievale e professore presso l'Università di Los Angeles (UCLA) «conseguì una vittoria schiacciante contro gli ungari e accrebbe il suo potere. Iniziarono a circolare voci secondo cui Ottone I era più che un re e in Germania si cominciò a pensare che meritasse gli onori di un imperatore.» Di fatto, fu incoronato imperatore da papa Giovanni XII nel 962. Ottone il Grande sapeva che la Lancia di Longino, l'altra Santa Lancia, si trovava in Oriente. «Rese grazie a Dio per la vittoria, e cominciò a credere che il suo potere dipendesse dalla Lancia, così ne regalò una copia ai re di Ungheria e Polonia e i tre divennero amici» spiega Fillitz.

Suo nipote Ottone III, per aumentare i poteri della Lancia di San Maurizio, aggiunse sulla punta dell'arma, fissandolo con fili d'oro, argento e rame, un chiodo che si riteneva fosse stato usato per la crocifissione di Cristo. Nelle successive battaglie gli imperatori del Sacro Romano Impero continuarono a vincere e la Lancia si trasformò ancora una volta nel simbolo divino del potere germanico. «Nel mondo germanico antico, la Lancia era un simbolo di potere: chi governava era in qualche modo il rappresentante di Dio in Terra, e quest'arma conferiva autorità al nuovo re quando saliva al trono attraverso una cerimonia religiosa. La Lancia diventò quindi un simbolo religioso e di potere» dice Benson.

Nel XIII secolo, la Lancia di San Maurizio, regalo del papa a Carlo Magno, rimase legata agli imperatori germanici e cominciò a essere messa in relazione con Longino e con il Santo Graal. Secondo la tradizione germanica, quest'arma, che in seguito passò agli Asburgo, fu brandita da Carlo Magno come talismano in quarantasette campagne vittoriose nel corso del IX secolo. Nel 1227, papa Gregorio IX assicurò all'imperatore Federico II Hohenstaufen che era proprio la lancia che aveva trafitto il costato di Cristo. Nel 1250, Federico II portò l'arma a Norimberga, dove costituì parte del tesoro del Sacro Romano Impero germanico per cinquecentocinquant'anni, fino all'arrivo di Napoleone. Nel 1350 Carlo IV, imperatore germanico della casa di Lussemburgo, fece incidere sulla lancia una frase che confermava ciò che i suoi sudditi già credevano, cioè che si trattasse dell'autentica reliquia di Cristo. L'iscrizione dice «*Lancea et clavus domini*» («Lancia e chiodo del Signore») e il papa Innocenzo VI decretò che fosse venerata come Lancia della Passione. Tuttavia, in occasione di ogni battaglia importante per le sorti dei regni europei, faceva la sua comparsa una Santa Lancia nelle mani dell'esercito vincitore.

La cavalleria e le Crociate

Nel 1095, l'imperatore d'Oriente scrisse una lettera a papa Urbano II per chiedere il suo aiuto nella guerra contro i turchi selgiuchidi. Il 27 novembre dello stesso anno, nel penultimo giorno del concilio di Clermont (in Francia), il papa usò questa lettera per attaccare il comportamento dei nobili dell'epoca, che definì blasfemi e saccheggiatori. Il papa li incitò a combattere come valorosi cavalieri di Cristo per salvare Gerusalemme e proclamò, al grido di «*Dieu le veult!*» («Dio lo vuole!»), l'inizio della Prima Crociata (1096-1099). Un esercito di cavalieri normanni, occitani e borgognoni rispose alla chiamata di Urbano II e si recò in Terra Santa.

«L'appello alla cavalleria rappresentò un tentativo della Chiesa di contenere la nobiltà dei secoli X e XI, fornendole una causa nobile per cui lottare e l'idea di un nuovo stile di vita. Ciò emerge chiaramente anche dalla letteratura dell'epoca: il sogno della ricerca di reliquie religiose era uno dei temi ricorrenti nei libri cavallereschi» segnala il medievista Robert Benson. Da allora gli scrittori medievali, a partire dal 1180 con il poeta francese Chrétien de Troyes, e più tardi Robert de Boron, entrambi ispirati dalla *Storia dei re di Britannia* scritta da Goffredo di Monmouth nel 1126, legarono il destino del Santo Graal e della Santa Lancia alle avventure di re Artù e dei cavalieri della Tavola Rotonda. Più tardi, tra il 1200 il 1205, il tedesco Wolfram von Eschenbach rese nota la storia di Parsifal, che completava i miti arturiani del secolo precedente e fu d'ispirazione a Wagner che nel XIX secolo compose il *Parsifal*, l'opera che tanto avrebbe impressionato Adolf Hitler. Verso la fine dell'XI secolo, la nobiltà europea rispose a papa Urbano II mandando i propri cavalieri a salvare la Terra Santa e le reliquie di Cristo dalle mani dei turchi. Migliaia di crociati provenienti da posti lontani come l'Inghilterra o le Fiandre si unirono alla causa. Quando arrivarono a Costantinopoli, l'imperatore bizantino era più intimorito che sollevato dalla loro presenza, e fece in modo che raggiungessero in fretta l'Oriente, senza fermarsi troppo in città. Nell'inverno del 1097, giunti in Siria, i Cavalieri di Cristo assediarono Antiochia. Dopo sette mesi, nel maggio 1098, un commerciante li fece entrare e l'antica città cristiana fu conquistata. A quel punto arrivò un esercito musulmano e i crociati si ritrovarono a loro volta sotto assedio. La situazione continuava a peggiorare per i cristiani ormai stanchi, affamati e decimati. A un certo punto un soldato disse di aver avuto una visione di sant'Andrea che gli aveva indicato il luogo in cui si trovava la Sacra Lancia di Cristo. Sotto lo sguardo attento degli scettici, il soldato cominciò a scavare sotto il pavimento della chiesa di San Pietro e trovò un'antica lancia di ferro. I crociati si riempirono di un rinnovato ardore e riuscirono a sconfiggere i nemici. «Il ritrovamento della Lancia li rinvigorì dando loro una grande sicurezza. I crociati erano stanchi e l'esercito musulmano era più numeroso e combatteva sul proprio territorio: fu un'impresa straordinaria, spiegabile solo grazie alla passione e al fervore religioso» afferma Benson.

I crociati attribuirono la vittoria al potere della Lancia, che per loro era l'unica vera reliquia di Cristo. Un anno dopo, Gerusalemme cadde e non tardarono a sorgere dubbi e dibattiti sull'autenticità dell'arma, ma i comandanti dei crociati non badarono a queste polemiche e offrirono in dono all'imperatore d'Oriente la Lancia di Antiochia. L'imperatore aveva senza dubbio dei validi motivi per accettarla, anche se quella che si supponeva fosse la Lancia originale era in suo possesso da generazioni. L'apparizione della Lancia di Antiochia scatenò una grande confusione tra i cristiani armeni che affermavano di possedere «l'autentica reliquia della crocifissione» e anche su questa nacquero una serie di miti e leggende. Alla fine, la Lancia di Longino trovata da sant'Elena, la lancia forgiata da Costantino con un chiodo di Cristo e quella di Antiochia finirono tutte a Costantinopoli.

La Quarta Crociata, nel 1204, abbandonando l'intento iniziale di aiutare l'Impero d'Oriente nella lotta contro i turchi, attaccò invece l'Impero stesso e conquistò Costantinopoli che venne saccheggiata. I crociati fondarono così l'Impero Latino d'Oriente e uno dei suoi imperatori, Balduino II, vendette nel 1241 la punta della Lancia di Longino al re di Francia Luigi IX che la custodì a Parigi, nella Sainte Chapelle, fino alla Rivoluzione francese. Il resto dell'arma rimase a Costantinopoli. Jean de Mandeville, autore del libro *Viaggi*, nel 1357 dichiarò di aver visto la Santa Lancia a Parigi e a Costantinopoli, e che tra le due la seconda era decisamente più antica.

Le lance di Costantino e di Antiochia scomparvero e si persero nella storia. Quando i turchi presero Costantinopoli nel 1453 si impadronirono anche dell'asta della Lancia: nel 1492 papa Innocenzo VIII propose al sultano turco di barattarla con la libertà del fratello, che era stato fatto prigioniero. Da quel momento la Lancia appartiene al Vaticano. «Si trova in uno dei quattro pilastri della crociera di San Pietro» indica Michael Morris.

Attualmente esistono tre Lance Sante: una è conservata in Vaticano, un'altra si trova a Parigi (dove la portò san Luigi nel XIII secolo dopo la Settima Crociata), e la terza è nella *Schatzkammer* o camera del tesoro del palazzo imperiale di Vienna (è quella che abbagliò e sedusse Costantino il Grande, Carlo Magno, Federico Barbarossa e Hitler). A questa terza lancia manca l'asta, ma ha una lama a doppio taglio con tre fili d'oro, argento e rame che sostengono l'iscrizione «*Lancea et clavus domini*» risalente al XIV secolo. Con la Lancia sono custoditi la corona e altri gioielli del Sacro Romano Impero germanico. Esiste poi una quarta Lancia Sacra conservata nella cattedrale di Cracovia, ma si tratta di una copia di quella viennese regalata da Ottone a Boleslao l'Ardito.

L'ossessione di Hitler

L'acquisizione della Lancia da parte di papa Innocenzo VIII nel XV secolo segnò la fine di un'era. La fede nel potere della reliquia che aveva dominato durante tutto il Medioevo era destinata a scomparire. Il Sacro Romano Impero Germanico, cominciato con Carlo Magno nell'800, finì mille anni dopo (nel 1805) con la vittoria di Napoleone ad Austerlitz contro Francesco II, l'ultimo imperatore germanico che in seguito diventò Francesco I d'Austria. L'Impero Romano Germanico si dissolse e nacque l'Impero austriaco guidato dagli Asburgo che dal 1438 avevano occupato ininterrottamente il trono imperiale e, considerandosi i continuatori dell'Impero, ne custodirono i trofei nella camera del tesoro del palazzo imperiale a Vienna.

Dopo mille anni in cui le reliquie del Cristianesimo erano state utilizzate come simboli del potere, l'era del misticismo e della magia cedette il posto a quella della ragione e dell'Illuminismo, che culmina nel cosiddetto Secolo dei Lumi, il Settecento. Tuttavia, nel XIX secolo, in seguito ai turbamenti causati dalla Rivoluzione francese e dalle guerre che ne derivarono (fino alla battaglia di Waterloo del 1815), in Europa la razionalità fece un passo indietro, e l'Illuminismo lasciò il posto al Romanticismo, un movimento deluso dal presente e nostalgico del passato.

«L'identità nazionale in Europa occidentale cambiò all'inizio del XIX secolo. Il Romanticismo era profondamente radicato nel passato nazionale e costituiva la fonte dei valori umani» afferma il professor Benson. La letteratura, la poesia e la musica europee del XIX secolo erano intrise di Romanticismo. Le origini delle storie romantiche tedesche erano da ricercare nelle antiche leggende del Sacro Romano Impero Germanico. Richard Wagner è uno dei maggiori rappresentanti dello spirito dell'epoca.

In Europa cominciava a rinascere un certo interesse per il Medioevo. Le imprese dei valorosi cavalieri che mettevano a repentaglio la propria vita in nome dell'onore e della fede vennero idealizzate. «All'inizio del XIII secolo cominciò la prima grande rinascita letteraria in Germania, che riguardò la lingua, la letteratura e la poesia. Wagner sfruttò il momento, e si fece forte di questa energia per tentare di creare una mitologia germanica che ispirasse le sue opere ed entrasse a far parte dell'immaginario nazionale collettivo del popolo tedesco» dice Benson.

Richard Wagner compose il *Parsifal*, la sua ultima opera, a partire da una storia medievale sui cavalieri teutonici alla ricerca del Santo Graal. Proposta al pubblico per la prima volta il 26 luglio 1882, un anno prima della sua morte, il *Parsifal* è la più controversa tra le opere di Wagner, piena com'è di connotazioni esoteriche e simboliche, manifestazioni sceniche del misticismo tradizionale. La chiave per il successo era la Santa Lancia, la Lancia di San Maurizio simbolo dell'imperatore del Sacro Romano Impero Germanico. Si dice che nel 1912, durante una rappresentazione a Vienna, Adolf Hitler fosse rimasto affascinato dall'opera e dalla leggenda su cui era basata. Hitler conosceva bene la Lancia degli Asburgo: era stata in mano dei suoi eroi Federico Barbarossa e Ottone il Grande, imperatori del Primo Reich (il Sacro Impero) che incarnarono la grandezza del popolo germanico. Cominciò così la leggenda moderna della Santa Lancia, conosciuta in seguito anche come «lancia del destino».

Sembra che Hitler già dal 1913, quando studiava arte a Vienna, fosse un assiduo frequentatore del Museo del palazzo imperiale e provasse una forte attrazione per l'insieme di reperti conosciuti come «insegne degli Asburgo» o tesoro sacro. Adolf Hitler era interessato soprattutto alla Lancia che la leggenda identificava con quella che trapassò il costato di Cristo. L'8 marzo 1938 Hitler entrò a Vienna e a settembre, poco dopo l'annessione dell'Austria al Terzo Reich, ordinò il trasferimento dei tesori degli Asburgo a Norimberga, centro spirituale del movimento nazista. È noto il feticismo del Führer per i simboli del potere germanico, e la Lancia poteva essere un mezzo per legittimare il suo regime facendo ricorso al valore storico dell'arma. «Per lui, il tesoro del Sacro Romano Impero Germanico era importante per dimostrare il legame tra questo impero e quello tedesco che aveva in mente di creare. Voleva che la Lancia fosse un simbolo di continuità tra il X secolo e il XX. Per i nazisti queste reliquie irradiavano una sorta di magia: chi le avesse toccate avrebbe ottenuto forza e potere» spiega lo specialista di oggetti antichi Willi Korte.

Il Sacro Romano Impero Germanico durò mille anni; il Terzo Reich di Hitler doveva durarne altrettanti. Ma l'impero di Hitler non fu né sacro, né romano. Hitler disprezzava il Cristianesimo e temeva il cattolicesimo e basò il suo regime sul pensiero di Nietzsche, il suo filosofo preferito che per primo elaborò la teoria della «volontà di potenza», per cui una razza di superuomini si sarebbe distinta dalla plebe e avrebbe governato col pugno di ferro. Il filosofo pensava che l'idea cristiana di porgere l'altra guancia fosse ridicola e parlava di Gesù di Nazaret come di qualcuno che si era meritato la morte per mano dei Romani. Hitler condivideva queste idee.

Nel 1938 prese possesso della Lancia che si riteneva avesse ferito Gesù e che nelle sue mani cessò di essere un segno di redenzione e governo divino, per diventare simbolo di pulizia etnica e tirannia. La espose nella cripta di Santa Caterina a Norimberga, principale scenario delle attività dei Maestri cantori nel Medioevo (argomento su cui Wagner compose l'opera preferita dal dittatore). In seguito a una rivelazione, Hitler la lasciò sotto la custodia degli ufficiali delle SS. L'allora comandante in capo (*Reichsführer*) delle SS Heinrich Himmler – poi incaricato del genocidio degli Ebrei – considerava il suo lavoro una questione quasi religiosa. L'ossessione di Hitler per la razza ariana pura portò alla creazione di un centro dedicato allo studio scientifico delle varie sfaccettature dell'identità tedesca: la *Deutsches Ahnenerbe*, ovvero «eredità ancestrale». Himmler prese questi studi molto sul personale e vi partecipò attivamente, raccogliendo fondi e reclutando ricercatori, archeologi e storici incaricati di trovare reliquie religiose e le ossa di Enrico I l'Uccellatore, il re fondatore della Germania di cui Himmler si credeva discendente diretto. Prese possesso della chiesa in cui Enrico I aveva custodito la Lancia e altre reliquie sacre e vi organizzò cerimonie religiose secondo lo stile delle SS.

Anche Hitler ammirava questo re. Nel famoso castello di Wewelsburg, in Vestfalia, decorò le varie stanze nello stile caratteristico dell'epoca dei suoi imperatori preferiti e scelse per sé quella di Enrico I. Il Führer regalò a Himmler una copia della Lancia di San Maurizio ed espose l'originale nella chiesa di Santa Caterina a Norimberga, città in cui era rimasta per tutto il Primo Reich, fino a quando l'esercito di Napoleone, nel 1796, era entrato in città e la Lancia era stata trasferita a Vienna. Norimberga aveva avuto un grande potere all'epoca del Sacro Romano Impero Germanico e fu la prima capitale della Germania. Tra il 1938 e il 1939 la Lancia venne esibita durante i raduni nazisti in città, ma nel 1940, quando la guerra si intensificò e cominciarono i bombardamenti da parte degli Alleati, fu trasferita in una camera blindata; neanche questa sistemazione sembrava però a Hitler sufficientemente sicura e il dittatore fece costruire un'altra camera blindata sotto la fortezza di Norimberga, a una profondità di 150 metri. «I nazisti volevano proteggerla perché pensavano che, alla fine della guerra, la Germania avrebbe potuto recuperare il suo potere, con o senza i nazisti, e la Lancia sarebbe stata nuovamente un simbolo» afferma Willi Korte.

Il 20 aprile 1945, il generale dell'esercito degli Stati Uniti Mark Clark trovò nel castello di Norimberga la Lancia degli Asburgo. Hitler e il Terzo Reich erano caduti. Il 7 gennaio 1946 la Lancia di San Maurizio tornò al palazzo imperiale di Vienna, dove si trova ancora oggi. La copia che Ottone il Grande regalò ai polacchi rimane nel Duomo di Cracovia. La Lancia Sacra di Antiochia, che fu ritrovata grazie alla rivelazione di sant'Andrea e servì a rianimare i crociati nel 1098, andò perduta come quella di Costantino. La reliquia conservata gelosamente oggi a Echmiadzin, in Armenia, è un tesoro culturale per il popolo armeno, mentre la Lancia di Longino è ancora in Vaticano. Durante la Rivoluzione francese, la punta fu portata dalla Sainte Chapelle di Parigi alla Biblioteca nazionale francese, dove andò peduta. Ma dov'è la Lancia originale? Non ha importanza. Tutto sta alla fede, una fede che nasce da un mistero che cominciò più di duemila anni fa su una collina nei pressi di Gerusalemme, con l'esecuzione di un falegname di Nazaret chiamato Gesù.

30

«Il Codice da Vinci» sotto esame

Qual è la vera storia che si cela dietro Il Codice da Vinci *e il suo sconvolgente ritratto di Gesù e Maria Maddalena? È possibile che le vere origini del Cristianesimo siano state occultate o modificate dai fondatori della Chiesa? Leonardo da Vinci ha nascosto piste eretiche segrete nelle sue opere d'arte? C'è qualcosa di vero nel libro di Dan Brown? E nelle trame complottistiche ordite nell'ombra da poteri occulti della Chiesa cattolica, come racconta il suo libro?*

Il Codice da Vinci offre una versione audace della leggenda del Santo Graal, che mette in discussione le origini della fede cristiana. Secondo il romanzo, esiste una credenza segreta così potente che per più di mille anni è stata protetta da una misteriosa setta medievale. Si tratta di una verità così rivoluzionaria da avere perfino causato la morte di alcuni re. Quest'eresia appare codificata nelle opere di uno dei più grandi artisti della storia... Così narra il libro. Senza dubbio l'argomento è sconcertante e affascinante, motivo per cui ha conquistato milioni di lettori in tutto il mondo. Il romanzo mischia con astuzia la storia vera con fatti totalmente inventati. In realtà, nessun materiale eretico o ortodosso del *Codice da Vinci* è nuovo. Da secoli viene trattato in opere teologiche e storiche. Per distinguere la verità dal mito, dobbiamo prima retrocedere di duemila anni e analizzare la singolare storia alternativa suggerita nel romanzo, stabilendo quali parti sono veritiere e quali sono semplici invenzioni letterarie, imprecisioni storiche o deliberate divagazioni.

Il Codice da Vinci si apre con la morte di un curatore del Museo del Louvre di Parigi, assassinato e disposto nell'esatta posizione dell'uomo di Vitruvio, il famoso disegno di Leonardo; viene ritrovato disteso a terra, con un misterioso messaggio scritto accanto al corpo e un pentacolo disegnato sull'addome con il suo stesso sangue. A partire da qui sorge una serie di enigmi, rivelazioni, simboli, rompicapi e ipotesi narrati a un ritmo vertiginoso in una trama poliziesca che viene sviluppata nelle oltre cinquecento pagine del libro. La prima pista porta alla chiesa del Tempio di Londra, dove sono custodite alcune effigi di antichi cavalieri che proteggono un lignaggio sacro. E gli indizi seguenti conducono a una chiesa di Parigi, dove un monumento allude alla nascita, in Egitto, della figlia di Gesù e a una stirpe di discendenti. Ma altri segreti si nascondono in una cappella in Scozia, colma di simboli di un'antica cospirazione che mirava a conservare quel lignaggio sacro. Infine, una misteriosa setta è decisa a rivelare al mondo questa sconvolgente verità.

Il contenuto del romanzo di Dan Brown si basa su una storia che circolava già molto prima del *Codice da Vinci* e di cui abbiamo già parlato in queste pagine. L'opera sviluppa l'idea che Maria Maddalena, discepola di Gesù Cristo, fosse anche la sua amante; e ne divenne perfino la sposa. Questa teoria ritorna in molte leggende, che sono state raccolte nel saggio *Il Santo Graal. Una catena di misteri lunga duemila anni*, scritto da Michael Baigent, Richard Leigh e Henry Lincoln, su cui ci siamo soffermati nel capitolo 5. I tre autori hanno anzi denunciato per plagio gli editori del *Codice da Vinci*. «È più probabile che un uomo fosse sposato, avesse dei figli e rivendicasse il proprio diritto al trono» afferma Richard Leigh «piuttosto che fosse nato da una vergine, camminasse sulle acque e resuscitasse i morti.»

Ma *Il Codice da Vinci* si spinge oltre e assicura che al momento della crocifissione Maria Maddalena era incinta e fu costretta a fuggire per salvare la sua vita e quella di suo figlio. Una leggenda francese, risalente circa all'anno 900, narra che la donna scappò in Egitto, dove il suo segreto sarebbe stato al sicuro. Lì diede alla luce una figlia, che chiamò Sara, l'unica vera discendente di Gesù ed erede del suo regno sulla Terra. «Il nome della bambina, Sara, in ebraico significa "principessa". Perciò credo che il nome alluda al lignaggio» spiega l'esperta Margaret Starbird, autrice del libro *Maria Maddalena e il Santo Graal*.

Gli storici assicurano che non ci sono prove dell'esistenza di una discendenza di Gesù giunta fino a noi. A ogni modo, la leggenda narra che nell'anno 42 dell'era cristiana Sara, allora dodicenne, Maria e altre persone attraversarono il Mediterraneo e approdarono sulla costa meridionale della Francia su una barca senza remi, portando con sé il «sangue reale». A questo punto *Il Codice da Vinci* afferma che i discendenti di Sara s'imparentarono con il casato dei re di Francia nell'Alto Medioevo, i Merovingi.

I Merovingi, effettivamente, regnarono sulla Francia per circa trecento anni (476-750). Ma nel 751 il loro potere era ormai tramontato. Pertanto, secondo *Il Codice da Vinci*, fu necessario un nuovo sforzo per tenere vivo il lignaggio sacro. Per lo storico e scrittore Richard Leigh, i tentativi moderni d'interpretare la convulsa cornice storica in cui prende forma il pensiero esoterico, gnostico e cavalleresco del Medioevo sono inevitabilmente sfociati nell'invenzione di una società segreta o semisegreta conosciuta come Priorato di Sion. È vero che nel 1099 venne fondato un autentico Priorato di Sion, ma nel mondo fittizio del *Codice da Vinci* l'obiettivo di quest'Ordine è niente meno che la protezione della stirpe di Gesù e Maria Maddalena. A questo scopo il Priorato creò uno dei gruppi più enigmatici della storia, i cavalieri Templari, monaci guerrieri delle Crociate.

Il Codice da Vinci narra che il Priorato di Sion incaricò questi cavalieri di cercare dei documenti nelle rovine del Tempio di Salomone, a Gerusalemme, dove si pensava fosse custodita una genealogia della discendenza di Gesù. Secondo il romanzo, i documenti e la sconvolgente verità che celavano potrebbero essere stati usati dai Templari per ricattare la Chiesa. In breve tempo questi cavalieri divennero ricchi e potenti e si trasformarono in nemici da eliminare. Fu così che venerdì 13 ottobre 1307 re Filippo IV di Francia, detto il Bello, ordinò un attacco a sorpresa contro i cavalieri Templari nei suoi domini. I membri dell'Ordine furono incarcerati e i loro capi torturati e giustiziati, episodio che scosse l'Europa di allora.

Come abbiamo già detto in questo libro, i Templari esistettero realmente e così la loro persecuzione. Ma è nell'interpretazione dei motivi e degli effetti di quel massacro che il romanzo di Dan Brown si discosta dalla storia. Secondo il *Codice da Vinci* alcuni cavalieri riuscirono a fuggire portando con sé i segreti dei documenti del Sangue

Reale, che vennero affidati al Priorato di Sion affinché li custodisse in un luogo sicuro. Nel romanzo si dice che la Chiesa si mise sulle tracce dei documenti con l'intenzione di distruggerli. La ricerca del Sangue Reale si trasformò nella ricerca del Santo Graal.

«Oggigiorno tendiamo a considerare questa ricerca come quella di un oggetto materiale: un tesoro, un calice d'oro o qualcosa di simile. Ma nelle versioni medievali della vicenda si allude a una ricerca trascendente o spirituale» osserva Karen Ralls, professoressa di storia all'Università di Oxford. Nel libro *Maria Maddalena e il Santo Graal*, Margaret Starbird afferma che l'idea del Santo Graal come un calice o un recipiente in cui era contenuto il sangue di Cristo rappresenta un simbolo archetipico del femminile. La Terra come recipiente, la madre come recipiente, l'utero come recipiente. Ed è accogliendo questa interpretazione che la stessa Maria Maddalena può essere identificata con il Santo Graal, come suggerisce *Il Codice da Vinci*.

Il romanzo prosegue narrando che il Priorato di Sion tenne nascosta questa verità alla Chiesa per secoli, e che i manoscritti in cui si documentava la stirpe sacra vennero tramandati da un gran maestro a un altro per finire poi nelle mani del gran maestro più famoso di tutti, Leonardo da Vinci... o almeno così afferma il libro. In esso si assicura, inoltre, che Leonardo lasciò tracce codificate di questo segreto nelle sue opere d'arte. Per esempio, il romanzo sostiene che la figura dall'aspetto femminile che nell'*Ultima Cena* siede alla destra di Gesù non è san Giovanni, come tutti pensano, ma una donna: Maria Maddalena. Da qui seguono le supposizioni dell'autore. Leonardo stava cercando di dirci qualcosa? Nascose veramente indizi nei suoi quadri? Siamo di fronte al segreto più sconvolgente di tutti i tempi che la storia ufficiale si è sforzata di occultare?

Il matrimonio di Gesù e Maria Maddalena

I primi racconti su Maria Maddalena, non inclusi nel Nuovo Testamento, rimasero nascosti nel deserto per quasi duemila anni, finché nel 1945 vennero riportati alla luce da un contadino nei pressi del villaggio di Nag Hammadi, nella regione di Luxor, in Egitto. Si trattava di tredici codici scritti dopo la morte di Gesù, probabilmente nel II secolo, che gettavano nuova luce sui primi anni del Cristianesimo e che contenevano idee sulla religione cristiana estranee alla Bibbia. Questi papiri risvegliarono l'interesse di tutti gli specialisti del mondo, perché rappresentano una delle poche fonti dirette esistenti dei cosiddetti «vangeli gnostici», e riportano versioni ben poco ortodosse della vita di Gesù.

Tra gli oltre cento testi cristiani – oltre alla *Repubblica* di Platone – contenuti nei codici, gli studiosi delle Scritture hanno dato particolare importanza al Vangelo di Tommaso, che alcuni arrivano a definire «il quinto vangelo», anche se oggi quello più conosciuto dal grande pubblico, grazie a una forte campagna mediatica, è il Vangelo di Giuda.

Stando al *Codice da Vinci*, l'ipotesi che Maria Maddalena fosse la sposa di Cristo e la madre di sua figlia venne immediatamente censurata dalla Chiesa primitiva, ragione per cui, si dice, i vangeli gnostici dovettero essere nascosti nei deserti dell'Egitto.

Maria Maddalena, così chiamata perché originaria di Magdala (probabilmente il villaggio di Tarichea, in Galilea, sulle sponde del lago di Tiberiade) è citata nei quattro vangeli canonici (ovvero quelli di Matteo, Marco, Luca e Giovanni) come una delle donne che, insieme ai dodici apostoli, accompagnavano Gesù (*Luca*, 8,1-2). La scrittrice Margaret Starbird segnala che «viene citata in otto liste diverse che includono anche altre donne; in sette è menzionata all'inizio». Si parla di lei quasi esclusivamente alla fine del racconto della Passione, come di una dei testimoni della crocifissione che in seguito presero parte ai riti funebri di Gesù, e come di una delle persone a cui apparve Gesù dopo la Resurrezione. In un episodio, appare solo a lei (*Giovanni*, 20,11-18), fatto che indicherebbe una considerazione speciale da parte di Cristo.

A parte ciò, non si racconta altro di Maria Maddalena, eccetto che Gesù «aveva scacciato sette demoni» da lei (*Marco*, 16,9 e *Luca*, 8,2), ovvero le aveva praticato un esorcismo.

Il nome di Maria equivale all'ebraico Miriam, che significa «luogo elevato dove risiede la divinità». È ovvio che la Vergine che concepì il Figlio di Dio doveva chiamarsi Maria. Si potrebbe, quindi, argomentare che anche il nome di Maria Maddalena indica che portò in grembo il seme della divinità, ovvero, un figlio di Gesù Cristo. Tuttavia, la verità è che questo nome, appartenuto anticamente alla sorella di Mosè, era molto comune tra gli Ebrei dell'epoca di Gesù. Il Nuovo Testamento cita sette Miriam, o Maria; cinque – inclusa la Vergine – nei vangeli, un'altra negli *Atti degli Apostoli* e la settima nella *Lettera ai Romani*.

L'immagine che più frequentemente si associa a Maria Maddalena, cioè quella di prostituta pentita, è frutto di un equivoco molto antico. Di fatto, nelle Scritture non c'è traccia che Maria Maddalena fosse una prostituta. Nel Vangelo di Luca (7,36-49) si narra che una donna, descritta come una peccatrice della città, si recò a casa di Simone, dove stava mangiando Gesù, e «portò un vaso di profumo; stando dietro, presso i piedi di lui, piangendo, cominciò a bagnarli di lacrime, poi li asciugava con i suoi capelli, li baciava e li cospargeva di profumo». Se isolassimo questo passaggio dal suo contesto, indubbiamente potrebbe avere una connotazione erotica, andando ad alimentare l'idea che Maria Maddalena fu amante di Gesù.

Il punto è che Luca non fa alcun nome. Ma alla tradizione piace attribuire nomi e, così, in Occidente questa figura è stata identificata con Maria Maddalena, come ritiene la teologa e studiosa del Nuovo Testamento Deirdre Good, del Seminario generale di Teologia di New York.

I padri greci della Chiesa distinguevano tre diversi personaggi evangelici: Maria Maddalena, Maria di Betania, che era sorella di Lazzaro, e la peccatrice senza nome. I padri romani e la tradizione latina, invece, tendevano a confondere le tre donne in una sola. Fu papa san Gregorio Magno a identificare la prostituta del vaso di profumo con Maria Maddalena nel VI secolo, trasformandola così in uno dei grandi protagonisti dell'arte occidentale. La pittura europea, dal Rinascimento al Barocco, ha raffigurato innumerevoli volte Maria Maddalena con abiti sfarzosi e ricchi gioielli, per indicarne la lussuriosa condizione di prostituta, oppure nuda, coperta in parte dai capelli o da pelli animali, come penitente. Indubbiamente, gli artisti si servirono di quest'ultima iconografia come scusa per dipingere nudi e farli passare per quadri di devozione. Certamente la profusione di nudi di Maria Maddalena contribuì ad alimentare l'idea che fosse una meretrice.

Ma, presentando la Maddalena come una prostituta, san Gregorio non voleva mettere in discussione l'aspetto «femminista» del Cristianesimo. «Gregorio» spiega la Good «non lo fece con l'intenzione di denigrare le donne, bensì per mostrare alla gente che perfino peccatori così disprezzati erano amati da Dio tanto da essere nella sua grazia.»

Non esiste neppure alcuna prova che i vangeli gnostici furono deliberatamente distrutti o nascosti; la maggior parte degli storici pensa che, con molta probabilità, questi testi andarono semplicemente perduti. Aggiungono, inoltre, che le scarse allusioni bibliche alla relazione tra Maria Maddalena e Gesù nei vangeli canonici non provano né smentiscono che fossero sposati e che avessero una figlia. Ma anche se fosse così, non si tratta di un elemento da censurare necessariamente, perché era la condizione più comune all'epoca, come osserva Margaret Starbird: «Agli inizi del I secolo i padri ebrei avevano il dovere di trovare una moglie ai loro figli prima che questi compissero il ventesimo anno d'età. Le eccezioni erano molto rare».

Ma, se non c'era nulla da nascondere sulla vita di Maria Maddalena, quali pericoli possono celarsi nei vangeli gnostici per la Chiesa ufficiale? *Il Codice da Vinci* si basa su questi testi, scritti da quella parte del Cristianesimo primitivo che difendeva l'idea di cercare Cristo dentro ogni uomo invece di affidarsi alla Chiesa, un concetto che differenzia gli gnostici dagli altri cristiani e dalla tradizione giunta fino a noi. È questo concetto che per le autorità ecclesiastiche rappresentava un'importante minaccia; in questo modo, la tesi del *Codice da Vinci*, secondo cui la Chiesa da duemila anni cerca di distorcere la storia, diventa plausibile. Una delle principali fonti di Brown per costruire questa teoria è il libro *I vangeli gnostici*, di Elaine Pagels, specializzata nello studio delle origini del Cristianesimo, pubblicato nel 1979; il saggio viene perfino citato nel *Codice da Vinci*.

Le leggende francesi sulla figlia di Gesù

Le storie che narrano del Graal sono diffuse ovunque, dalla Palestina fino all'Inghilterra. Tra le leggende più popolari ce n'è una secondo cui Maria Maddalena e sua figlia cercarono rifugio in Egitto insieme a Giuseppe d'Arimatea, zio della Vergine Maria. Ad Alessandria trovarono sicuramente un ambiente ebraico a cui potersi adattare facilmente. Si narra, quindi, che nell'anno 42 della nostra era Maria, Sara e Giuseppe lasciarono l'Egitto e navigarono su una barca senza remi fino alla costa delle Gallie, la provincia romana che oggi corrisponde alla Francia, più precisamente fino alla regione della Provenza. «Una leggenda dice che portarono con sé il sangue reale. Ma questo non significa che lo portarono in un recipiente chiuso; si riferisce al sangue che scorre nelle vene della bambina» assicura Margaret Starbird. Alcuni racconti seguono le loro tracce fino nei pressi del villaggio di Saintes-Maries-de-la-Mer, sulla costa provenzale, dove Maria e sua figlia trascorsero il resto della loro vita.

Oggi in questo villaggio esiste una chiesa del IX secolo che commemora questa credenza. È dedicata a due figure delle Scritture: a Maria di Cleofa, sorella della Vergine Maria, e alla madre di Giacomo il Maggiore e di Giovanni, che nei vangeli è chiamata semplicemente Salomè, anche se nella tradizione è detta Maria Salomè.

In questa regione della Provenza sopravvivono altre leggende secondo le quali lo spietato re Erode fece salire vari discepoli di Gesù su barche prive di vele e remi che vennero spinte in alto mare, affinché i loro passeggeri morissero. Tra di essi si citano le due Marie a cui è dedicata la chiesa locale, la Maddalena, Lazzaro il risuscitato e sua sorella Marta, e perfino il cieco di Gerico (*Marco*, 10,46-52). Anche Sara, che raggiunse la barca camminando sull'acqua, si unì a loro. Alcuni identificano quest'ultima con una badessa egizia, provenienza che giustificherebbe la carnagione scura che la caratterizza, ma le sono state attribuite anche origini più fantastiche. Secondo altre versioni leggendarie, Sara si trovava già sulla costa meridionale della Francia, dove accolse le Marie e si convertì al Cristianesimo. Nelle leggende francesi, gli occupanti della barca si dispersero e sulla costa rimasero soltanto Maria di Cleofa, Maria Salomè e Sara come loro serva.

Nel santuario di Saintes-Maries-de-la-Mer è esposta una statua dal volto nero che la gente del luogo chiama «Sara l'egizia». Le comunità romanì, invece, la chiamano Maria La Kali («la Nera», in lingua calò) e sono molto devote al suo culto.

Sembra che la localizzazione del Santo Graal proposta da Dan Brown non coincida con la tradizione popolare. Infatti, secondo l'ipotesi più diffusa, il Santo Graal non si trova in Francia, come indica *Il Codice da Vinci*, ma a Glastonbury, in Inghilterra, dove sorge una maestosa abbazia del XII secolo, innalzata sulle rovine di una chiesa anteriore, risalente addirittura al VII secolo, all'epoca dell'avvento dei Sassoni; si pensa che qui venne inoltre sepolto il mitico re Artù.

La tradizione assicura che questo fu anche il luogo in cui Giuseppe d'Arimatea portò il Graal per custodirlo. Il santo lasciò una traccia visibile del suo passaggio: piantò nel terreno il suo bastone, che si trasformò in un arbusto spinoso di una specie orientale, oggi noto anche come Spina Santa di Glastonbury. Karen Ralls, professoressa di storia all'Università di Oxford, sostiene che fu l'abate John di Glastonbury a inventare, a metà del XIV secolo, questa leggenda sul Graal e su Giuseppe d'Arimatea, ma fu solo dalla fine del XV secolo che i monaci dell'abbazia cominciarono a diffondere il racconto. La leggenda dice, inoltre, che da allora è comparsa una fonte da cui sgorga una strana acqua, di color rossastro, simbolo del sangue di Cristo versato dalla coppa sacra. Ancora oggi quest'acqua scorre dal cosiddetto Pozzo del Calice, meta di fedeli e pellegrini che giungono da ogni parte del mondo in cerca delle proprietà miracolose e curative della sorgente.

Il concilio di Nicea

Una delle trame più famose del libro di Dan Brown riguarda le eresie abbracciate da Leonardo da Vinci e da altri artisti, che non osarono riconoscerle in pubblico per il timore di rappresaglie religiose. L'opera di Leonardo sarebbe, quindi, disseminata di indizi che alludono a rivelazioni segrete su Maria Maddalena allo scopo di mantenere vivi i fatti che le autorità ecclesiastiche avevano costretto a nascondere. «È molto probabile che ci sia una parte di verità nelle leggende. A mio avviso, la sacra unione di Cristo e Maria Maddalena era il fulcro della storia cristiana, ma sfortunatamente, o forse tragicamente, andò perduta agli inizi del Cristianesimo e non venne inclusa nella storia» sostiene Margaret Starbird.

Secondo *Il Codice da Vinci*, nell'anno 325 della nostra era il culto di Maria Maddalena fu relegato alla clandestinità in seguito al concilio di Nicea, convocato dall'imperatore romano Costantino allo scopo di costruire un'unica Chiesa e dare una struttura semplice e uniforme al Cristianesimo, in grado di rappacificare tutti i vescovi, spesso in disaccordo tra loro. La Chiesa condannò come eretica la dottrina gnostica e stabilì un testo ufficiale per il Nuovo Testamento. Costantino ordinò, quindi, la distruzione dei testi gnostici, preservando solo i vangeli canonici che troviamo oggi nella Bibbia. Anche questa teoria del *Codice da Vinci* non è originale. Secondo Timothy Freke, co-autore del libro *The Jesus Mysteries* («I misteri di Gesù»), «la verità sulle origini del Cristianesimo si perde perché viene consentita la sopravvivenza di una sola storia, quella scritta dal vescovo Eusebio, l'addetto alle pubbliche relazioni di Costantino, il suo propagandista».

Ma, come afferma la maggior parte degli storici religiosi, sembra che durante il concilio di Nicea non ci fu alcun dibattito sulla censura di quei testi, e non vennero neppure selezionati i libri che avrebbero dovuto costituire la dottrina ufficiale. Anche in questo caso – come segnala, tra gli altri, George Gorse, professore di storia dell'arte al Pomona College – non disponiamo di alcun documento dei concili cristiani che provi l'inclusione o l'esclusione dei libri che sarebbero stati identificati come i testi non canonici della biblioteca di Nag Hammadi. In realtà, il canone si sviluppò nell'arco di svariati secoli e i ventisette libri che oggi compongono il Nuovo Testamento vennero riuniti solo quarantadue anni dopo il concilio di Nicea. L'affermazione che alcuni documenti sulle origini del Cristianesimo vennero distrutti in quel periodo è semplicemente un'esagerazione. Alcuni libri vennero effettivamente bruciati, ma ciò avvenne secoli dopo e per ragioni diverse.

L'idea del *Codice da Vinci* secondo cui la Chiesa vuole porre fine alla leggenda di Maria Maddalena trova eco tra coloro che collegano questa leggenda a un antico mito egizio. Basandosi su questa teoria, la Chiesa primitiva si sarebbe affannata a cancellare ogni legame tra la storia del Nuovo Testamento e rituali di adorazione pagani, come quelli della divinità egizia Osiride e della sua sposa, la dea Iside, che nel Cristianesimo primitivo si sarebbero trasformati in Gesù morto e risorto e nella sua sposa Maria Maddalena. Quindi, agli occhi della prima comunità cristiana, Cristo e Maddalena potevano incarnare quello stesso principio di unione sacra che si ritrova nel mito di Iside e Osiride. Tuttavia, i teologi tradizionali assicurano che considerare Maria Maddalena come una dea significa andare oltre il racconto contenuto nelle fonti esistenti. Inoltre, la Chiesa venera Maria Maddalena come santa, festeggiandola il 22 luglio fin da tempi antichi, da prima del X secolo in Oriente e a partire dal XII secolo in Occidente, e dopo la Controriforma il suo culto crebbe perfino d'intensità. Sono stati eretti molti santuari in suo onore, e molte suore nei secoli hanno scelto come nome religioso quello di Maria Maddalena; alcune di esse sono state a loro volta canonizzate, e così il santorale romano conta oggi diverse Maria Maddalena. Pertanto, è fuori luogo pensare che la Chiesa abbia voluto disprezzarla o cancellarla dalla storia.

I re merovingi

Come abbiamo spiegato nel capitolo 5, il sacerdote Bérenger Saunière, un umile parroco di campagna, da cui Brown ha ripreso il cognome di Jacques, il curatore del Louvre assassinato nel *Codice da Vinci*, avviò un restauro della sua chiesa di Rennes-le-Château. Stando alla leggenda, durante i lavori, Saunière trovò i cosiddetti *Dossiers sécrets* («Dossier segreti»), dei documenti che attesterebbero l'idea di una stirpe sacra giunta fino a noi attraverso una dinastia di re francesi medievali, monarchi che potrebbero essere i discendenti di Gesù Cristo.

Nel saggio *Il Santo Graal*, gli autori giunsero alla conclusione che era possibile che Gesù fosse sposato e avesse avuto dei figli, e che questi si fossero a loro volta sposati legandosi alla dinastia merovingia, a cui vennero attribuite storie incredibili, come la capacità di curare con le mani e di parlare con gli animali o di avvalersi di una specie di comunicazione extrasensoriale con il mondo naturale. L'ultimo re merovingio fu Dagoberto II, che si sposò con una principessa visigota e il cui regno durò solo tre anni. Morì assassinato e alcuni storici credono che esistano indizi, non prove, che la Chiesa fu in qualche modo implicata nella sua morte.

I Merovingi e questa leggenda vengono citati nei *Dossiers sécrets* scoperti in una colonna visigota di Rennes-le-Château, di cui si trova eco nel *Codice da Vinci*. In realtà, la connessione tra Gesù e Dagoberto, l'ultimo dei Merovingi, non è dimostrata. Dagoberto esistette, ma non ci sono prove che attestino la sua appartenenza a una stirpe sacra e alcune fonti assicurano che la sua morte fu causata da un clan nemico. Inoltre, la colonna visigota rimossa durante la riforma di Saunière non ha un buco abbastanza grande da poter contenere dei documenti segreti. Ancora una volta siamo di fronte a un mistero più romanzesco che storico.

Il Priorato di Sion e i Templari

Le storie di una progenie sacra non finiscono qui. Secondo *Il Codice da Vinci*, esistono altri documenti molto più antichi che conterrebbero niente meno che una genealogia risalente a Gesù e a Maria Maddalena; queste antiche scritture sono chiamate i *Documenti del Sangraal*; Sangraal è una parola medievale che designa il Santo Graal. Infatti, nella prima menzione del Graal, questo è citato come un'unica parola, Sangraal. Nel Medioevo, qualcuno separò la parola in modo arbitrario dopo la «n» e prima della «g», e il risultato fu San Graal, il Santo Graal. Tuttavia, se dividiamo la parola Sangraal dopo la «g», otteniamo Sang Raal o Sang Real, cioè il Sangue Reale. O almeno così sostiene Richard Leigh nel suo libro *Il Santo Graal*.

Con i documenti del Sangraal la storia si sposta dalla Francia a Gerusalemme, nelle rovine del Tempio di Salomone, dove *Il Codice da Vinci* assicura che erano nascoste queste antiche pergamene. Il condottiero della Prima Crociata, Goffredo di Buglione, discende, secondo Leigh, dal casato merovingio.

Nel luglio del 1099 i crociati ruppero le difese saracene di Gerusalemme, conquistarono la città e acclamarono il trionfante Goffredo di Buglione sovrano della Terra Santa. Anche se rifiutò la corona regia, adducendo che non poteva portarla dove Gesù Cristo ne aveva portata una di spine, Goffredo adottò il titolo di Difensore del Santo Sepolcro. Secondo *Il Codice da Vinci*, quello stesso anno fondò il Priorato di Sion, la misteriosa società che per dieci secoli s'incaricò di proteggere la stirpe sacra.

Esistono prove documentate secondo le quali nel 1099, quando Gerusalemme fu presa dai crociati, un gruppo di giovani religiosi s'installò in un'abbazia situata in cima al monte Sion e fondò un ordine: l'Ordine di Sion. Di fatto, un Priorato di Sion medievale esistette davvero, ma nel romanzo gli viene attribuita una missione segreta: impossessarsi dei documenti del Sangraal. Per portarli via da Gerusalemme, il Priorato creò un'unità militare, un ordine di cavalieri chiamati Templari. Nel *Codice da Vinci* i Templari, presumibilmente, consegnarono i documenti del Sangraal ai loro maestri, il Priorato di Sion, guardiani della progenie sacra. Si sarebbero incaricati loro di custodire il segreto.

Come già sappiamo, l'Ordine del Tempio non aveva nulla a che vedere con sette o società segrete. Era un'istituzione della Chiesa, un cosiddetto ordine militare, ovvero un ordine religioso i cui membri facevano voto di povertà, castità e obbedienza, pur essendo in realtà dei soldati e avendo per missione la guerra contro gli infedeli. Ma non esiste nessuna prova che alcuni cavalieri, dopo la dissoluzione dell'Ordine, fuggirono verso Gerusalemme portando con sé i documenti del Sangraal, come pretende *Il Codice da Vinci*.

Altre dottrine eretiche: i catari

Tra i nemici della Chiesa ufficiale che hanno dato adito a leggende esoteriche vanno ricordati anche i catari, nome di origine greca che significa «puri». Non costituivano una setta segreta ma agivano in tutta normalità alla luce del sole; erano un'eresia del Cristianesimo o, secondo alcuni studiosi, costituirono perfino una religione diversa, tanto erano grandi le loro divergenze con la dottrina cattolica. Il catarismo si diffuse nel XII secolo principalmente nel sud della Francia, e dalla città di Albi, uno dei centri principali del movimento, deriva il termine di albigesi, altro nome con cui venivano chiamati i suoi seguaci. Si trattava di un'eresia di tipo dualista, credeva cioè nell'esistenza di due principi opposti, il Bene e il Male. I suoi seguaci negavano l'esistenza della Santissima Trinità, sostenendo che Gesù Cristo e lo Spirito Santo erano semplici emanazioni di Dio. Negavano la libertà delle creature umane e non credevano nella Resurrezione e neppure nell'inferno. Criticavano i vizi e l'avarizia dei membri del clero ufficiale; rifiutavano i sacramenti, sostituiti da pratiche peculiari come il *consolamentum*, che corrispondeva al battesimo, alla confessione e alla comunione, o l'*endura*, un digiuno che andava osservato fino a morirne e che i catari consideravano una specie di martirio.

Visti i loro precetti, in un'epoca in cui non esisteva la libertà religiosa, non stupisce che la Chiesa volesse estirpare la dottrina catara; dopo vari tentativi infruttuosi di riconversione dei catari, nel 1208 venne lanciata contro i suoi seguaci la cosiddetta Crociata albigese, una soluzione militare seguita dal lavoro di «pulizia» dell'Inquisizione, istituzione creata apposta contro di loro. In queste operazioni repressive, Roma si avvalse della collaborazione del re di Francia, preoccupato dal carattere eterodosso dei catari anche nelle questioni sociali, che minacciava le strutture del regno.

«Fu la Prima Crociata che ebbe luogo in Europa, in territorio europeo, e non in Terra Santa. Fu anche la prima crociata che vide cristiani schierati contro cristiani» precisa Richard Leigh, autore del *Santo Graal*. I soldati del re francese furono inviati a difendere la fede ortodossa. La Crociata albigese durò quattro decenni, durante i quali caddero tutti gli insediamenti catari del sud della Francia, vittoria che permise al re di Francia di confiscare le loro proprietà.

L'eresia venne quindi usata come scusa per un'appropriazione massiccia delle terre. In uno degli ultimi attacchi contro i catari compare una nuova leggenda. L'episodio risale al XIII secolo e si racconta che, il giorno prima della conquista della fortezza di Montségur da parte del siniscalco di Carcassonne nel 1244, dopo lunghi mesi di assedio, quattro monaci fuggirono dalla ripida scarpata con un misterioso tesoro cataro, forse i documenti del Sangraal che la Chiesa voleva distruggere. Ma si tratta di semplici supposizioni. Uno studente universitario nazista di origini tedesche, Otto Rahn, che negli anni Trenta si stabilì nella città di Ariège, nell'antica regione catara, fu il primo, anticipando di settant'anni Dan Brown, a connettere i catari con il Graal, pubblicando un fantasioso libro intitolato *La corte di Lucifero.*

Le piste nascoste nell'«Ultima cena»

Leonardo da Vinci è una figura molto carismatica ed enigmatica; secondo il best seller di Dan Brown, sarebbe il gran maestro del Priorato di Sion e le sue credenze occulte potrebbero aver trovato espressione nei suoi dipinti, in particolare nell'*Ultima Cena.* Il romanzo sostiene che la figura accanto a Gesù Cristo, che dovrebbe essere san Giovanni, è in realtà Maria Maddalena. Lei e Gesù si trovano entrambi al centro del quadro, come fossero figure di pari importanza. Un altro mistero del dipinto sarebbe la mano di Pietro che stringe un coltello rivolto verso il lato sinistro (la destra di Cristo e degli apostoli), simboleggiando forse l'ostilità di alcuni nei confronti dell'importanza che Gesù attribuiva a Maria Maddalena. La mano di Tommaso, inoltre, è alzata, con l'indice teso verso l'alto, in un gesto minaccioso, forse per esprimere la gelosia degli apostoli verso la Maddalena e il suo ruolo di amante di Cristo. Al centro del quadro, la composizione delle figure di Cristo e della presunta Maddalena forma una V, un antico simbolo che rappresentava le divinità femminili della fertilità, raffigurazione che potrebbe essere interpretata come un'allusione alla funzione di portatrice del seme della stirpe di Gesù, di Santo Graal vivente, che avrebbe assunto Maria Maddalena.

«Leonardo da Vinci, come tutti gli artisti, includeva simboli nelle sue opere d'arte affinché il pubblico ne cogliesse il significato visivo. Ma non si trattava di simboli eretici introdotti segretamente nei quadri» spiega George Gorse, professore di storia dell'arte al Pomona College. Nel Rinascimento vennero dipinti numerosi quadri raffiguranti l'Ultima Cena. Giovanni si trova sempre al lato di Cristo e ha sempre un aspetto femminile, tanto nelle cene come nella numerosa iconografia dell'epoca che lo ritrae in scene della Passione. È l'unico apostolo imberbe, ha i capelli lunghi e i lineamenti fini e belli, ma questo non significa che sia una donna. L'androginia, d'altronde, è presente in alcune opere di Leonardo, e di lui si dice che fosse attratto dagli efebi effeminati. Il suo *San Giovanni Battista* è un provocatorio esempio di ciò e, per di più, alza il dito proprio come l'apostolo dell'*Ultima Cena*. Alcuni storici dell'arte sostengono, inoltre, che il coltello impugnato da Pietro è chiaramente rivolto verso Bartolomeo, uno dei dodici apostoli, a cui toccò il martirio di essere scorticato vivo.

Un'altra delle teorie di Dan Brown attaccata dagli storici è la disposizione a V come simbolo del sacro femminile. La distribuzione delle figure in questo quadro è molto comune in Leonardo, che creava sempre una composizione dinamica. La forma a V nella parte di centro-sinistra del quadro, quindi, serve a creare un effetto dinamico che non ha nulla a che vedere con simbolismi del sacro femminile.

La connessione tra Leonardo e il Santo Graal è storicamente poco probabile. La leggenda del Graal, legata al ciclo arturiano, ebbe grande fortuna nel Medioevo, quando, servendosi di fonti molto più antiche, Robert de Boron compose i suoi poemi attorno al 1180, e Chrétien de Troyes nello stesso periodo scrisse *Le Conte du Graal* («Il racconto del Graal»). Nel XIX secolo il Romanticismo resuscitò il mito, con la pubblicazione di alcune opere medievali, ma nell'Italia del Rinascimento risvegliava poco interesse. D'altro canto, Leonardo non poteva essere un gran maestro del Priorato di Sion, poiché questo non rispecchia la personalità solitaria e individualista dell'artista. «Nei quindici manoscritti di Leonardo, composti di centinaia e centinaia di frasi, non emerge alcuna prova che dimostri una sua qualsiasi adesione a organizzazioni religiose segrete del XV e XVI secolo» osserva George Gorse.

I Templari nel Regno Unito

Nel *Codice da Vinci* un possibile nascondiglio del Santo Graal è la chiesa del Tempio di Londra, costruita dai cavalieri Templari e consacrata nel 1185. All'interno dell'edificio si distinguono due strutture differenti: uno spazio tradizionale che termina con un altare, decorato da una vetrata raffigurante due Templari in sella a un cavallo; e a fianco, la chiesa originaria, di pianta circolare secondo lo schema caratteristico delle chiese templari, sul cui pavimento sono visibili le figure di dieci cavalieri.

L'aspetto più importante è la struttura circolare della costruzione che, secondo *Il Codice da Vinci*, sarebbe appartenuta originariamente a un tempio pagano, dove probabilmente vennero praticati rituali sessuali e dove i Templari cercavano rifugio da un mondo che rifiutava i documenti che proteggevano e la discendenza che avevano giurato di difendere. Per gli storici, il luogo non cela alcun mistero: il disegno circolare si ispira alla chiesa del Santo Sepolcro di Gerusalemme, di pianta circolare, che logicamente fu il modello architettonico dei Templari, legati fin dalla loro fondazione a questo santuario, la cui difesa era la loro ragion d'essere originaria. Il legame architettonico con il paganesimo appartiene già al Santo Sepolcro, ispirato alle più antiche chiese di Roma, chiamate *martirium*, che a loro volta si rifacevano al modello del mausoleo di Augusto, di pianta circolare, tanto che nel XVII secolo gli spagnoli di Roma lo usarono come arena taurina.

Il romanzo afferma che i documenti del Sangue Reale vennero custoditi solo una notte nel Tempio di Londra prima di essere portati a nord, in Scozia, in un altro nascondiglio: la cappella di Rosslyn, nei pressi della città di Edimburgo. Si crede che essa venne costruita dai Templari nel 1466 e nel *Codice da Vinci* viene definita «la cattedrale dei codici». È decorata con numerosi e affascinanti rilievi di tradizione cristiana, ebraica, pitagorica, rosacrociana e di altri canoni esoterici. Il romanzo assicura che questi rilievi sono piste che uniscono tutti i gruppi associati alla stirpe sacra. È noto che la cappella di Rosslyn, nel distretto di Midlothian, fu costruita con gli auspici di Sir William Saint Clair, l'ultimo principe di Orkney (1410-1484), discendente dei Merovingi. E nel tempio, inoltre, c'è una pietra sepolcrale che lascia intendere che questo nobile scozzese era anche un cavaliere Templare. Nel romanzo i Saint Clair, che storicamente furono legati al Tempio, come dimostra il fatto comprovato che nel XIII e XIV secolo due membri della famiglia erano gran maestri di quest'Ordine, sono annoverati tra i primi gran maestri del Priorato di Sion. Pertanto, Rosslyn è il punto che unisce i Merovingi ai Templari e al Priorato.

La maggior parte degli storici considera questo collegamento una semplice illazione: né i rilievi sono legati ai Templari, né il pentacolo – che nel *Codice da Vinci* simboleggia il femminile – al Priorato di Sion, né la lapide appartiene al fondatore di Rosslyn, perché in origine non si trovava lì ma venne trasferita da un altro luogo. E neppure la rosa – da dove presumibilmente proviene il nome di Rosslyn – ha nulla a che vedere con la cosiddetta «Linea Rosa», che il romanzo identifica con il primo meridiano che funse da indicatore geografico dei fusi orari prima che venisse adottato quello di Greenwich. Nella finzione letteraria la Linea Rosa attraversa la cappella scozzese e passa proprio sopra la piramide del Museo del Louvre, a Parigi, il luogo dove ha inizio la trama del libro. Secondo *Il Codice da Vinci*, la Linea Rosa traccia i collegamenti di una cospirazione, in vari punti del continente, che mira a conservare l'antica verità della discendenza sacra. In realtà, il primo meridiano non coincide con quello che passa da Parigi e non si è mai chiamato Linea Rosa, e non va neppure dall'obelisco della chiesa parigina di Saint-Sulpice a Rosslyn.

Dossier non molto segreti

A questo punto, tutto sembra smontare la storia di una vasta cospirazione finalizzata a conservare la stirpe sacra. Parimenti, va segnalata una lunga lista di affermazioni non dimostrate; i Templari non vennero fondati dal Priorato di Sion; il Priorato non protesse la stirpe sacra e non c'è alcuna prova che dimostri l'esistenza dei documenti del Sangue Reale. Ma allora, com'è nata quest'incredibile leggenda antica di duemila anni che alla fine si è trasformata nel romanzo più venduto degli ultimi tempi? La genialità del *Codice da Vinci* risiede nel suo modo brillante di combinare storia, leggenda e fantasia in una trama avvincente. Inoltre, quanto più retrocediamo nella storia raccontata da Dan Brown tanto più ragionevoli e interessanti sono le sue idee. Ma, secondo gli storici, più si avvicina ai tempi odierni e più si allontana dagli studi concreti e dal pensiero accademico.

In effetti, dietro *Il Codice da Vinci* si cela una storia segreta che ha inizio con il sacerdote Bérenger Saunière, il mistero di Rennes-le-Château e la scoperta dei *Dossiers sécrets*, fondamentali nel libro. Questi dossier segreti vennero realmente resi pubblici nel 1956, quando un giornale francese, «La Dépêche du Midi», pubblicò alcuni articoli su di essi dopo il loro ritrovamento nella Biblioteca nazionale di Francia, a Parigi. Risulta che vennero depositati da un'associazione che nel 1956 si registrò formalmente col nome di Priorato di Sion, un'organizzazione moderna che aveva come gran maestro un tale chiamato Pierre Plantard. Quest'uomo e il suo circolo erano intellettuali di destra e nazionalisti francesi che cercavano di creare un mito moderno, servendosi di storie, fatti e leggende, e assicurando che Plantard stesso apparteneva a una società segreta. Il gruppo compilò i *Dossiers sécrets*, che in sostanza contenevano pagine e pagine di genealogia atte a dimostrare l'effettiva esistenza di un discendente dei Merovingi, un re perduto.

Questi documenti ravvivarono l'interesse di ricercatori come Richard Leigh, che rimase intrigato dall'idea di un antico Priorato di Sion e i cui studi culminarono con la pubblicazione del *Santo Graal* nel 1982. Leigh afferma che ci sono documenti antichi relativi a trasferimenti di terreni che dimostrano l'esistenza di un priorato medievale con questo nome, ma si trattò di un ordine cattolico piuttosto insignificante durato fino al 1619. E fino al 1956 non si produssero nuove attestazioni storiche, finché il gruppo di Pierre Plantard non lo fece rinascere con l'obiettivo di ristabilire una dinastia antica di milleseicento anni. Questa storia è stata ingegnosamente incorporata nella finzione del *Codice da Vinci* e costituisce una trama stupenda. Ma in Francia, principale scenario della leggenda, conoscono molto bene la verità dei fatti e poche delle idee del *Codice da Vinci* sono considerate attendibili. Secondo il giornalista e storico Jean-Luc Chaumeil, da trent'anni in Francia tutti sapevano che quella di Plantard era una truffa.

Finzione di natura storica

Nel romanzo le mosse del Priorato di Sion costringono a entrare in azione un gruppo conservatore religioso che vuole cancellare la conoscenza della stirpe sacra: l'Opus Dei. Si tratta di un'organizzazione della Chiesa cattolica il cui nome significa «Opera di Dio». L'Opus Dei venne fondato nel 1928 dal sacerdote Josemaría (scriveva il suo nome composto come un'unica parola, per avere un nome nuovo nella nomenclatura cristiana quando sarebbe stato canonizzato, come poi avvenne) Escrivá de Balaguer, allo scopo di diffondere il messaggio che chiunque può arrivare alla santità attraverso il lavoro e le mansioni quotidiane. Oggigiorno conta circa sessantamila membri e viene da molti considerata una delle voci più conservatrici del mondo cattolico. I suoi seguaci sostengono di incarnare i valori tradizionali, ma i loro detrattori li accusano di estremismo religioso.

Il Codice da Vinci sostiene che il Vaticano strinse una specie di accordo fraudolento con l'Opus Dei che ricevette denaro dalla Chiesa. «Questa è un'affermazione infamante, la più vergognosa del libro ed è completamente falsa» afferma Andrew Soane, portavoce dell'Opus Dei nel Regno Unito. Nel libro si afferma, inoltre, che il gruppo osserva pratiche medievali, come l'automortificazione, per ottenere la salvezza. È vero che nell'Opus Dei vengono praticate queste penitenze, che non appartengono solo al Medioevo ma sono giunte fino a noi attraverso la Chiesa ufficiale; alcuni membri a volte indossano il cilicio, una cintura con punte metalliche che si avvolge attorno alla gamba o al braccio. «L'idea è che, se pratichi mortificazioni, quando si manifesterà l'occasione di cadere in tentazione, avrai più forza per resistere» spiega Soane. Qualsiasi opinione si abbia di loro, una cosa è certa: non è mai esistita una missione per estinguere la stirpe sacra dalla storia, soprattutto perché l'Opus Dei non crede che esista una stirpe sacra.

Un'altra incongruenza del libro di Brown è rappresentata dal «cattivo» del romanzo, un monaco assassino membro dell'Opus; ma l'Opus non annovera né frati, né suore, né alcun membro di nessun ordine religioso, solo sacerdoti secolari, integrati nella Società Sacerdotale della Santa Croce.

Le teorie che Brown formula nella sua opera sono state oggetto di molte critiche negli ambienti accademici, portando anche alla redazione di vari libri che ne confutano uno a uno gli argomenti storici e artistici. Gli esperti avanzano diverse spiegazioni sul successo del libro, dall'interesse per le teorie cospirative al fatto che oggigiorno molte persone cercano di trovare un legame col passato o le origini della verità o sono più aperte ad accogliere una nuova interpretazione del Cristianesimo. Da questo punto di vista, il thriller in realtà ha avuto la funzione di un grande catalizzatore.

Il racconto di Dan Brown, sebbene teoricamente si basi su fatti storici, è interamente inventato. Apre molti interrogativi e lascia che sia il lettore a trarne le proprie conclusioni. I più critici sostengono che il romanzo è molto contraddittorio e che, concretamente, non offre alcuna risposta. Costruisce la trama attorno alle origini del Cristianesimo, un'epoca che risveglia grande curiosità tra la gente. Affronta il tema del ruolo della donna nella storia del Cristianesimo e della Chiesa, va alla ricerca del significato spirituale e del senso della vita nel XXI secolo, argomenti molto affascinanti per milioni di lettori, e ancor di più quando la storia è carica di azione e fitta di misteri e cospirazioni.

Bibliografia

CIVILTÀ SCOMPARSE

1. *I segreti di Stonehenge*

Camp, Gabriel, *Introduction à la préhistoire*, Librairie Académique Perrin, Paris 1982.

Richards, Julian C., *Stonehenge: A History in Photographs*, English Heritage, 2004.

—, *The amazing pop-up Stonehenge*, English Heritage, 2005.

The Award winning Great Orme Ancient Copper Mines, in «Current Archeology», 130, 1995.

The Boscombe Bowmen, in «Current Archeology», 193, 2004.

2. *Atlantide, il continente perduto*

Platone, *Timeo*, in *Opere complete*, Laterza, Bari 1973.

—, *Crizia*, in *Opere complete*, Laterza, Bari 1973.

Ramírez Rodriguez, Roberto, *Alanticú, semilla de un mito. Confusión babélica de Platón*, in «Punto y aparte», febbraio 2002.

Vidal-Naquet, Pierre, *Atlantide. Breve storia di un mito*, Einaudi, Torino 2006.

Zapp, Ivar – Erikson, George, *Atlantis in America. Navigators of the Ancient World*, Adventures Unlimited Press, Kempton 1998.

3. *Il mistero degli Anasazi*

Brody, Jerry J., *Anasazi. La civiltà degli antichi indiani pueblo*, Jaca Book, Milano 1990.

Cordell, Linda S., *Prehistory of the Southwest*, Academic Press, New York 1997.

Noble, David Grant, *Ancient Ruins of the Southwest*, Northland Publishing, Flagstaff (Arizona) 1995.

Nordenskiöld, Gustaf, *The Cliff Dwellers of the Mesa Verde*, P.A. Norstedt & Söner, Chicago 1893.

Oppelt, Norman T., *Guide to Prehistoric Ruins of the Southwest*, Pruett Publishing, Boulder (Colorado) 1989.

4. *Le piramidi segrete del Giappone*

Hancock, Graham, *Impronte degli dei*, Corbaccio, Milano 1996.
Schoch, Robert, *La voce delle pietre*, Tropea, Milano 2009.
West, John Anthony, *Il serpente celeste*, Fabbri, Milano 2005.

TESORI OCCULTI

5. *Il Santo Graal*

Alvar, Carlos (a cura di), *La búsqueda del Santo Grial*, Alianza, Madrid 1997.
Barber, Malcom, *Processo ai templari. Una questione politica*, Ecig, Genova 1998.
Baigent, Michael – Leigh, Richard – Lincoln, Henry, *Il Santo Graal. Una catena di misteri lunga duemila anni*, Mondadori, Milano 2004.
Bordonove, Georges, *La tragedia dei templari*, Rusconi, Milano 1998.

6. *Alla ricerca di El Dorado*

Cobo Borda, Juan Gustavo, *Fábulas y leyendas de El Dorado*, Tusquets, Barcelona 1987.
Gil, Juan, *Miti e utopie della scoperta*, Garzanti, Milano 1991-1993.
Neuenschwander Landa, Carlos, *Paititi: en la bruma de la Historia*, Cuzzi Impresores, Arequipa 1983.
—, *Paititi: hipótesis final*, Taller Majestic, Lima 2000.
Polentini Wester, Juan Carlos, *Por las rutas del Paititi*, Editorial Salesiana, Lima 1979.
Rodríguez Freyle, Juan, *Conquista y descubrimiento del Nuevo Reino de Granada*, Historia 16, Madrid 1986.
Vázquez, Francisco, *El Dorado: crónica de la expedición de Pedro de Ursúa y Lope de Aguirre*, Alianza, Madrid 1989.

7. *Il mistero dell'oro afgano*

Dupree, Nancy Hatch, *Museum Under Siege*, in «Archaeology», Archaeological Institute of America, aprile 1998.
The Institute of archaeology of the USSR academy of sciences, Moscow; The National museum of Afghanistan, Kabul, From the excavation of Tilya-Tepe Necropolis in Northern Afghanistan, Aurora Art Publisher, 1985.
Sarianidi, Viktor, *Bactrian Gold*, Art Publishers.
Afghanistan, les trésors retrouvés, in «Connaisance des Arts», Hors-série, Société Française de Promotion Artistique, 2006.

8. *Il recupero del Titanic*

Ballard, Robert D., *Alla ricerca del Titanic*, Leonardo, Milano 1990.
—, *Il ritrovamento del Titanic*, G. Mondadori, Milano 1995.
Haas, Charles A. – Eaton, John P., *Titanic. A Journey Through Time*, Patrick Stephens Ltd., Sparkford 1999.
Robertson, Morgan, *The wreck of the Titan or Futility*, Buccaneer Books, New York 1991.

9. *I gemelli del Titanic*

Jessop, Violet – Maxtone-Graham, John, *Titanic Survivor. The Newly Discovered Memoirs of Violet Jessop Who Survived both the Titanic and Britannic Disasters* , Sheridan House, New York 1997.

Miller, William H., *The First Great Ocean Liners*, Dover Publications, New York 1987.

Mills, Simon, *H.M.H.S. Britannic. The Last Titan*, Waterfront Publications, Dorset 1992.

FENOMENI INESPLICABILI

10. *Piramidi: il mistero della loro costruzione*

Bresciani, Edda, *Sulle rive del Nilo: l'Egitto al tempo dei faraoni*, GLF editori Laterza, Roma 2000.

Heródoto, *Egipto, el Don del Nilo*, Maeva Ediciones, 2001.

11. *Il mistero del Triangolo delle Bermuda*

Berlitz, Charles, *Bermuda. Il triangolo maledetto*, Sperling & Kupfer, Milano 1976.

Ellis, Richard, *Atlantide. L'ultima e più accurata sintesi sul mistero dell'isola scomparsa*, Corbaccio, Milano 1999.

Kusche, Lawrence David, *The Bermuda Triangle Mistery – Solved*, Harper & Row, New York, 1975.

12. *L'Alaska e il suo Triangolo delle Bermuda*

McKnight, Gerald D., *Breach of Trust: How the Warren Commission Failed the Nation and Why*, University Press of Kansas, 2005.

13. *Il Roswell russo*

Baxter, John – Atkins, Thomas, *Il fuoco venuto dal cielo: l'enigma della grande esplosione siberiana del 1908*, introduzione di Isaac Asimov, Sperling & Kupfer, Milano 1978.

Harford, James, *Korolev: How One Man Masterminded the Soviet Drive to Beat America to the Moon*, John Wiley & Sons, New York 1997.

Pedlow, Gregory W. – Welzembach, Donald E., *The* CIA *and the* U-2 *Program, 1954-1974*, Center for the Study of Intelligence, Central Intelligence Agency, 1998.

Pigariova, Tatiana, *Autobiografía de Moscú*, Laertes, Barcelona 2001.

14. *Il mistero dei cerchi nel grano*

Andrews, Colin – Delgado, Pat, *L'enigma delle tracce circolari*, Armenia, Milano 1991.

Nickell, Joe – Fischer, John F., *The Crop Circle Phenomenon. An Investigative Report*, in «Skeptical Inquirer», XVI , 1992.

Sagan, Carl, *Il mondo infestato dai demoni. La scienza e il nuovo oscurantismo*, Baldini & Castoldi, Milano 1997.

Schnabel, Jim, *Round in Circles*, Penguin Books, London 1994.
Wilson, Terry, *The Secret History of Crop Circles*, Centre for Crop Circle Studies, 1998.

15. *Cacciatori di extraterrestri*

Lowell, Percival, *Mars*, Kessinger Publishing, Montana (USA) 2004.
—, *Mars and its Canals*, Readex Microprint, New York 1970.
Verne, Jules, *Dalla Terra alla Luna*, Ugo Mursia Editore, Milano 2009.
Welles, Orson, *La guerra dei mondi. Libero adattamento radiofonico dal racconto «La guerra dei mondi» di H.G. Wells*, Baskerville, Bologna 1990.
Wells, H.G., *La guerra dei mondi*, Ugo Mursia Editore, Milano 2009.
—, *I primi uomini sulla Luna*, Ugo Mursia Editore, Milano 2007.
—, *L'uomo invisibile*, Ugo Mursia Editore, Milano 2006.

PERSONAGGI LEGGENDARI

16. *La vita segreta di Ramsete II*

Desroches-Noblecourt, Christiane, *Ramsete II figlio del sole*, Sperling & Kupfer, Milano 2001.
Freed, Rita E., *Ramses II, The Great Pharaoh and his Time*, catalogo dell'esposizione al Denver Museum of Natural History, 1987.
Kitchen, K.A., *Pharaoh Triumphant. The life and Times of Ramsess II*, The American University in Cairo Press, 1997.
Weeks, Kent R., *Egyptology and the Social Sciences*, The American University in Cairo Press, 1979.
—, *La valle dei re: le tombe e i templi funerari di Tebe ovest*, White Star, Vercelli 2001.
—, *La tomba perduta*, traduzione di Franca Genta Bonelli, Piemme, Casale Monferrato 2003.

17. *La maledizione di Tutankhamon*

Carter, Howard, *Tutankhamen*, Garzanti, Milano 1973.
—, *La scoperta della tomba di Tutankhamon*, White Star, Vercelli 2005.
Carter, Howard – James, T.G.H., *The Path to Tutankhamen*, Tauris Parke, London 2001.
Cooper, Gregory M. – Denevi, Don – King, Michael R., *Who Killed King Tut?*, Prometheus Books, New York 2004.

18. *La leggenda di re Artù*

Alvar, Carlos, *Dizionario del ciclo di re Artù*, Rizzoli, Milano 1998.
Ashe, Geoffrey, *The Quest for Arthur's Britain*, Frederick A. Praeger, New York 1968.
Cirlot, Victoria, *La novela artúrica: orígenes de la ficción en la cultura europea* , Montesinos, Barcelona 1987.
Collingwood, Robin George, *Roman Britain*, Clarendon Press, Oxford 1970.
Fernández Rojano, Joaquín, *Mito y leyenda del rey Arturo: una guía para entender*

las leyendas del rey Arturo y los caballeros de la Mesa Redonda, BmmC Editores, Málaga 2003.
García Gual, Carlos, *Historia del rey Arturo y de los nobles y errantes caballeros de la Tabla Redonda*, Alianza, Madrid 1983.
Lloyd, Scott – Blake, Steve, *Pendragon: The Definitive Account of the Origins of Arthur*, The Lyons Press, Connecticut 2004.
Mérida, Rafael, *Lírica trovadoresca versus novela artúrica: una aproximación*, in «Parole», 1, Universidad de Alcalá de Henares, 1988.
Morris, John, *The Age of Arthur: A History of the British Isles from 350-650*, Charles Scribner's Sons, New York 1973.
Rhys, John, *Studies in the Arthurian Legend*, Clarendon Press, Oxford 1981.

19. *Il codice dei Templari*

Bernardus Claraevallensis, *Ai cavalieri del Tempio in lode della nuova milizia*, Volpe, Roma 1976-1977.
Curzon, Henri De, *The rule of the Templars: the French text of the Rule of the Order of the Knights Templar*, traduzione e introduzione di J.M.Upton-Ward, Boydell, Woodbridge 1992.
Leroy, Thierry, *Les templiers: legéndes et histoire*, Imago, Paris 1974.
Martinez Díaz, Gonzalo, *Los templarios en la Corona de Castilla*, La Olmeda, Burgos 1993.
Melville, M., *La vie des Templiers*, Gallimard, Paris 1974.
Pernoud, Régine, *Les Templiers chevaliers du Christ*, Gallimard, Paris 1997.
Runciman, Steven, *Storia delle Crociate*, Einaudi, Torino 1993.
Torre Muñoz de Morales, Ignacio de la, *Los templarios y el origen de la banca*, Dilema, Madrid 2004.
Wallace-Murphy, Tim – Hopkins, Marilyn, *Rosslyn: il misterioso tempio dei segreti del Santo Graal*, Newton & Compton, Roma 2000.

20. *L'assassinio dei Medici*

Burke, Peter, *Il Rinascimento italiano*, il Mulino, Bologna 1991.
Cole, Alison, *La Renaissance dans les cours italiennes*, Flammarion, Paris 1995.
Conti, Giuseppe, *Firenze vecchia*, Vallecchi, Firenze 1985.
Frattini, Eric, *La conjura. Matar a Lorenzo de los Médicis*, Espasa, Madrid 2006.
Martines, Lauro, *La congiura dei Pazzi. Intrighi politici, sangue e vendetta nella Firenze dei Medici*, Mondadori, Milano 2004.
Racionero, Luis, *La Florencia de los Médicis*, Planeta, Barcelona 1990.
Tenenti, Alberto, *Firenze dal comune a Lorenzo il Magnifico, 1350-1494*, Mursia, Milano 1970.

21. *Un caso di cospirazione: l'assassinio di Robert Kennedy*

Hall, Sue G. – Owens, Robert T. (a cura di), *El pensamiento político de Robert Kennedy*, Sagitario, Barcelona 1968.
Kennedy, Robert F., *I tredici giorni della crisi di Cuba*, Garzanti, Milano 1968.

Klaber, William – Melanson, Philip, *Shadow Play: The Murder of Robert F. Kennedy, the Trial of Sirhan Sirhan, and the Failure of American Justice*, St. Martin's Press, New York 1997 .
Melanson, Philip, *The Robert F. Kennedy Assassination: New Revelations on the Conspiracy and Cover-Up, 1968-1991*, S.P.I. Books, New York 1992.

LEGGENDE NAZISTE

22. *Le profezie sul nazismo*

Bergman, Dr. Klaus, *Las profecías de Nostradamus. Lo que nos reserva el destino, con todas las centurias y cuartetas completas en francés y español*, Antalbe, Madrid 1987.
Blavatsky, Helena Petrovna, *The Secret Doctrine, the Synthesis of Science, Religion and Philosophy*, The Theosophical Publishing Company, London 1888; trad. it. di E. Ossipoff – E. Forcellini, *La dottrina segreta*, Edizioni Teosofiche Italiane, Vicenza 2002.
Burckhardt, Jacob, *Weltgeshichtliche Betrachtungen*, W. Spemann, Berlin 1905; trad. it. di M. T. Mandalari, *Considerazioni sulla storia universale*, Mondadori, Milano 1996.
Goodrick-Clarke, Nicholas, *The Occult Roots of Nazism: The Ariosophists of Austria and Germany, 1890-1935*, The Aquarian Press, Wellingborough 1985; trad. it. di C. Donato, *Le radici occulte del nazismo*, SugarCo, Carnago 1993.
Sacra Bibbia CEI, Nuovo testo 2008, Edizioni Messaggero, Padova 2008.
Lemesurier, Peter, *The Nostradamus Encyclopedia: The Definitive Reference Guide to the Work and World of Nostradamus*, St. Martin's Press, New York 1997.
Levenda, Peter, *Unholy Alliance: A History of Nazi Involvement With the Occult*, Avon Books, New York 1998; trad. it. di A. Sora, *Satana e la svastica. Nazismo, società segrete e occultismo*, Mondadori, Milano 2005.
Rzhevskaya, Elena, *La fine di Hitler. Fuori dal mito e dal romanzo giallo*, C.E.I., Milano 1965.

23. *L'operazione odessa*

Forsyth, Frederick, *Dossier Odessa*, Mondadori, Milano 1978.
Simpson, Christopher, *Blowback: America's Recruitment of Nazis and Its Effect on the Cold War. Our Domestic and Foreign Policy*, Grove Press, New York 1988.
Wiesenthal, Simon, *Gli assassini sono tra noi*, Garzanti, Milano 1967.

24. *Hitler e l'occultismo*

Burleigh, Michael, *Il Terzo Reich: una nuova storia*, Rizzoli, Milano 1992.
Friedländer, Saul, *Reflections on Nazism: an Essay on Kitsch and Death*, Harper & Row, New York 1984.
Mosse, George, *Le origini culturali del Terzo Reich*, Il Saggiatore, Milano 2008.
Sklar, Dusty, *The Nazis and the Occult*, Dorset Press, New York 1977.

Treitel, Corinna, *A Science for the Soul: Occultism and the Genesis of the German*, The Johns Hopkins University Press, Baltimore 2004.
Vondung, Klaus, *The Apocalypse in Germany*, University of Missouri Press, 2000.

25. *Il treno fantasma dei nazisti*

Bodson, Herman, *Agent for the Resistance*, Reveille Books, 1994.

MISTERI RELIGIOSI

26. *I manoscritti del Mar Morto*

Casciaro Ramírez, José M., *Qumrán y el Nuevo Testamento*, EUNSA, Pamplona 1982.
Daniélou, Jean, *I manoscritti del Mar Morto e le origini del Cristianesimo*, Archeosofica, Roma 1990.
Eisenman, Robert, *Giacomo, il fratello di Gesù. Dai rotoli di Qumran le rivoluzionarie scoperte sulla Chiesa delle origini e il Gesù storico*, Piemme, Casale Monferrato 2007.
García Martínez, Florentino (a cura di), *Testi di Qumran*, Paideia, Brescia 1996.
Piñero, Antonio – Fernández-Galiano, Dimas, *Los manuscritos del mar Muerto. Balance de hallazgos y de cuarenta años de estudios*, El Almendro, Córdoba 1994.
Shanks, Hershel, *Understanding the Dead Sea scrolls. A reader from the Biblical archaeology review*, Random House, New York 1992.
Stegemann, Hartmut, *Gli esseni, Qumran, Giovanni Battista e Gesù. Una monografia*, EDB, Bologna 1996.
Trebolle Barrera, Julio, *Paganos, judíos y cristianos en los textos de Qumrán*, Trotta, Madrid 1999.
Vanderkam, James, *Manoscritti del Mar Morto. Il dibattito recente oltre le polemiche*, Città nuova, Roma 1995.
Vermès, Géza, *The Dead Sea Scrolls. Qumran in perspective*, Collins, London 1977.
Vidal Manzanares, *César, Los documentos del mar Muerto*, Alianza, Madrid 1993.
Wilson, Edmund, *I manoscritti del Mar Morto*, Einaudi, Torino 1958.

27. *Alla ricerca dell'Arca di Noè*

Corbin, B.J. – Geissler, Rex – Crouse, Bill – Morris, John, *The Explorers of Ararat*, Gci Books, 1999.
Navarra, Fernand, *L'expédition au Mont Ararat*, Éditions Bière, 1953.
—, *J'ai trouvé l'Arche de Noé*, France Éditions, 1956.
Parrot, André, *El Diluvio y el Arca*, Garriga, Barcelona 1961.
Ryan, William – Pitman, Walter, *Il Diluvio*, Piemme, Casale Monferrato 1999.

28. *La Sacra Sindone*

Alarcón, Juan, *La Sabana Santa*, Temas de Hoy, Madrid 1994.
Ansón, Francisco, *La Sabana Santa*, Palabra, Madrid 1994.
Corsini, Manuela, *Historia del sudario de Cristo*, Rialp, Madrid 1988.
Mills, A.A., *Image formation on the Shroud of Turin*, in «Interdisciplinary Science Reviews», XX, 1995.

Nickell, Joe, *Scandals and Follies of the "Holy Shroud"*, in «Skeptical Inquirer», XXV, 5, settembre-ottobre 2001.
Picknett, Lynn – Prince, Clive, *El enigma de la Sábana Santa*, Martínez Roca, Barcelona 1996.
Radiocarbon dating of the Shroud of Turin, in «Nature», 337, 1989, pp. 611-15.
Siliato, Maria Grazia, *L'uomo della Sindone*, Piemme, Casale Monferrato 1985.
Solé, Manuel S.I., *La Sábana de Turín*, Mensajero, Bilbao 1986.

29. *La ricerca della Lancia Sacra*

Buechner, Howard A., *Adolf Hitler and the Secrets of the Holy Lance*, Thunderbird Press, Metairie 1989.
Crowley, Cornelius Joseph, *The Legend of the Wanderings of the Spear of Longinus*, Heartland Book, St. Louis 1972.
Maclellan, Alec, *Il segreto della lancia. Chi controlla i destini del mondo?*, L'età dell'Acquario, Torino 2009.
Ravenscroft, Trevor, *La lancia del destino. Il potere occulto della lancia che penetrò nel fianco di Cristo*, Edizioni mediterranee, Roma 1989.
—, *Hitler e la lancia del destino. Il potere esoterico dell'arma che trafisse il costato di Cristo*, Edizioni mediterranee, Roma 2003.
Smith, E. Jerry – Piccard, George, *Secrets of the Holy Lance. The Spear of Destiny* in *History & Legend*, Adventures Unlimited Press, Kempton 1998.

30. *«Il Codice da Vinci» sotto esame*

Baigent, Michael – Leigh, Richard – Lincoln, Henry, *Il Santo Graal: una catena di misteri lunga duemila anni*, Mondadori, Milano 2007.
Bordonove, Georges, *La tragedia dei Templari*, Bompiani, Milano 2000.
Brown, Dan, *Il Codice da Vinci*, Mondadori, Milano 2005.
Nicholl, Charles, *Leonardo da Vinci. The Flights of the Mind*, Penguin Books, London 2005.
Pagels, Elaine, *I vangeli gnostici: le testimonianze dimenticate del Cristianesimo primitivo*, Mondadori, Milano 2011.
Sanders, E.P., *The Historical Figure of Jesus*, Penguin Books, London 1995.
Sierra, Javier, *La cena segreta*, Marco Tropea Editore, Milano 2005.
Starbird, Margaret, *Maria Maddalena e il Santo Graal*, Mondadori, Milano 2005.

History

Unico canale tematico in alta definizione dedicato alla storia, History (canale 407 di Sky) propone un nuovo modo di vivere la storia con serie di successo, produzioni italiane e internazionali e grandi speciali, programmi capaci di coniugare intrattenimento e approfondimento.
Dalle battaglie antiche ai conflitti che hanno insanguinato il XX secolo, dagli eventi più recenti alle grandi sfide del nostro presente: History rappresenta uno dei luoghi privilegiati per conoscere la storia e i suoi protagonisti, dai grandi personaggi alle persone comuni.
Il passato torna a vivere grazie a rievocazioni filmate, ai più aggiornati strumenti di computer grafica, ai documenti d'archivio, alla viva voce di chi ne è stato testimone o protagonista. Il presente viene raccontato attraverso le vicende di chi fa la storia tutti i giorni.